홉킨스 평전

예수회 수도사제 시인 제라드 맨리 홉킨스의 삶과 시

김연규 지음

어문학사

일러두기

* 성경 구절은 한국 천주교 주교회의가 2005년 출판한 『성경』을 참조했다.
* 홉킨스의 시는 시행이 긴 경우 들여쓰기를 원칙으로 했다.
* 홉킨스의 산문과 편지는 주석에 작성 일자와 수신인을 밝혔다.
* 모든 말줄임표(…)는 필자가 추가한 것이며, 그 외 소괄호( )와 대괄호[ ]는 홉킨스의 원문 표기를 그대로 따랐다.

※ 이 저서는 2020년 대한민국 교육부와 한국연구재단의 지원을 받아 수행된 연구임 (NRF-2020S1A5B5A16082693)

글쓴이의 말

홉킨스(Gerard Manley Hopkins, 1844-1889)는 로마 가톨릭 예수회 수도사제이며 19세기 후반기 영국을 대표하는 시인이다. 그의 시는 형식적으로는 19세기 후기에 일반적이던 정형성에서 벗어나고, 내용 면에서는 전통적 사고와 현대적 특성이 혼재한다. 19세기라는 세속주의 시대에 전통적인 가톨릭 질서를 추구했다는 점에서 그는 매우 전통적인 종교 시인이다. 던(John Donne), 허버트(George Herbert)와 함께 3대 종교 시인으로 불리며, 17세기 이후 끊긴 영국 종교시 전통을 이었다는 평가를 받는다.

또한 홉킨스는 걸출한 자연 시인이기도 하다. 그의 시에서는 작은 풀잎 하나까지도 독특한 제 형상을 뽐낸다. 자연에서 창조의 위대함을 읽는 종교 시인으로서의 특성에 개별성을 강조하는 19세기적 특성이 더해진 결과이다. 확고한 신학적 세계관에 기초한 그의 자연 시는 낭만주의 시대의 범신론적 자연 시와 구분되는 독창적인 자연 시로 간주되고, 인간과 자연의 운명이 하나라는 관점을 제시했다는 점에서 현대의 생태주의적 특성도 보여준다.

그가 아일랜드에 머물던 생애 마지막 시기에 쓴 시에는 구도자로서 겪은 심리적 갈등이 고스란히 드러난다. 거기에는 절대적 존재를 향한 갈구, 시인으로서 그리고 직업인으로서의 실패와 좌절, 공동체에서 분리된 존재로서 겪는 소외감, 내적 갈등에서 오는 자기혐오와 자기 연민이 처연하게 녹아있다. 오늘날 비평은 아일랜드 시절 홉킨스가 구현한 자아상을 '해결 불가능한 고독으로 고통받는 현대적 인간의 전형'이라고 평가한다. 홉킨스는 자연 시인으로서 그리고 종교 시인으로서, 19세기의 특성을 담아내는 동시에 현대적 특성을 미리 보여준다는 점에서 문학사적으로 매우 특별한 위치에 있는 시인이다.

홉킨스는 생애 동안 시를 거의 출판하지 않는다. 학창 시절과 예수회 시절에 잡지에 기고한 몇 편을 제외하면 당대에 그의 시를 읽은 사람은 극소수이다. 스스로 시가 사제라는 직업에 도움이 되지 않는다고 판단했기 때문이기도 하고, 당대 예수회와 문학계가 그의 실험적인 시를 좋아하지 않았기 때문이기도 하다. 다행히 대학 시절부터 친구였던 브리지스(Robert Bridges)가 홉킨스의 희망에 따라 육필 원고를 보존했고, 홉킨스 사망 후 30년이 된 때인 1918년에 시집으로 엮어 750부를 출판한다. 이것이 모더니즘이라는 새로운 시대의 비평가들 눈에 든다. 1930년 첫 시집을 재판할 때 홉킨스는 이미 비평계의 총아가 되었고 대중의 사랑도 그만큼 커졌다.

홉킨스의 시가 세상에 나온 지 100년이 훌쩍 지났다. 그간 홉킨스에 관한 연구물은 국외뿐 아니라 국내에도 상당할 만큼 쌓였다. 아쉬운 점은, 우리말로 된 홉킨스 전기가 아직 없다는 것이다. 어떤 시인은 교묘하리만치 철저하게 자신을 시와 분리하지만, 홉킨스는 그런 시인이 아니다. 삶의 순간이 찬란하면 찬란한 대로, 암담하면 암담한 대로, 시에 고스란히 담아낸 시인이다. 고지식하리만치 솔직한 성품과 진실을 지킨다는 결심이 그의 생애 모든 순간에 작동하기 때문이다. 따라서 유복한 유년기, 전도유망한 청년기, 개종 과정에서의 심리적 갈등, 예수회 수도사제로서 고수했던 복종의 원칙, 세상에 대한 애정과 근심, 학자로서의 성공과 실패, 남다른 애국심과 정치적 견해 등을 이해하면 그의 시는 더욱 풍부하고 입체적으로 보인다.

이런 이유로 홉킨스의 생동감 있는 시구와 솔직한 산문을 담아내기에 턱없이 부족한 글솜씨임에도 그의 삶의 여정을 빠짐없이 따라가는 평전을 펴낸다. 사제

시인이라는 이유로 홉킨스의 삶과 시를 턱없이 신성하게 그리려 노력하지 않았다. 오히려 그가 남긴 일기와 편지들을 뼈대로 삼아 그의 마음속에 지나간 인간적인 것들을 가감 없이 전달하기 위해 애썼다. 글을 마치고 돌아보면 홉킨스는 분명 천재적 재능과 예민한 감수성을 지닌 예술가이다. 그런데도 그는 세속주의 시대를 거스르며 종교적 삶을 선택했다. 이 결단이 홉킨스의 삶에 어떤 불균형과 갈등을 초래했는지, 그러한 시련 앞에서 결단을 지켜내기 위해 홉킨스가 얼마나 부단한 노고를 쏟았는지를 보며 독자들이 공감했으면 한다.

후반부로 갈수록 시의 해설이 더해지면서 가독성이 떨어진다. 홉킨스의 시는 비평가들 사이에서도 어렵다고 정평이 나 있다는 말을 핑계로 삼으니, 부디 양해 바란다.

2025. 04. 07.

김연규

목차

글쓴이의 말 ... 3

1. 행복한 유년기 ... 8
2. 하이게이트 스쿨의 작은 영웅 ... 13
3. 옥스퍼드 대학 ① "나의 공원, 나의 기쁨" ... 26
4. 옥스퍼드 대학 ② "부정한 나 자신" ... 38
5. 옥스퍼드 대학 ③ "진실한 가톨릭의 장소에" ... 61
6. 첫 직장: 버밍엄 오라토리오 수도회 세인트 필립 가톨릭 학교 ... 84
7. 예수회 견습 수사 수련기: 영신 수련 ... 99
8. 예수회 철학 수련기: 스코투스의 개체 신학 ... 114
9. 예수회 주니어리트 담당 수사학 교수 ... 144
10. 예수회 신학 수련기 ① 「도이칠란트호의 난파」 ... 158
11. 예수회 신학 수련기 ② 「신의 장엄」 ... 182
12. 사제로서 적당한 자리 찾기 ... 202
13. 교구사제 ① 옥스퍼드 ... 228
14. 교구사제 ② 북부 대도시 ... 247
15. 제3수련기: '열정을 회복하고 영원을 준비하는' ... 273
16. 가르치는 직업의 소명 ... 282
17. 아일랜드 ① '어둠의 소네트' ... 304
18. 아일랜드 ② "해야 할 일" ... 335
19. 아일랜드 ③ "불멸의 금강석" ... 362

홉킨스 연대기 ... 383
주석 ... 385
인용 문헌 ... 406
홉킨스 작품 찾아보기 ... 413

제라드 맨리 홉킨스
Gerard Manley Hopkins

1844. 7. 28. - 1889. 6. 8.

1.
행복한 유년기

    1844년 7월 28일 장차 로마 가톨릭 예수회 수도사제*이자 세계가 사랑하는 시인이 될 제라드 맨리 홉킨스(Gerard Manley Hopkins)가 태어난다. 그의 부모 맨리 홉킨스(Manley Hopkins)와 캐더린 스미스(Catherine Smith)가 런던 동부 스트라트포드(Stratford)에 신접살림을 차린 지 일 년 만이다. 맨리는 마틴 에드워드(Martin Edward Hopkins)의 다섯 아이 중 첫째이고, 케더린은 존 스미스(John Smith)의 여덟 아이 중 첫째이다. 제라드(-이후 홉킨스라 한다)는 양쪽 집안 모두에 아주 오랜만에 태어난 아기이다. 온 집안의 관심과 사랑이 그에게로 향한다. 맏아들답게 아버지의 이름 "맨리"를 중간 이름으로 물려받는다. 아버지 맨리의 유산이 홉킨스에게 승계되기를 바라는 마음이 담겨있다.

    맨리는 개인적으로나 사회적으로 흠잡을 데 없는 삶을 살아낸 사람이다. 15

---

* 수도사제는 수도회에 소속되어 공동체 생활을 하고 수도회 사명에 따라 활동하는 사제로, 특정 교구에 소속된 교구사제와 구분된다. 홉킨스는 예수회 소속 수도사제이며, 이후에는 간략히 예수회 사제라 칭한다.

살에 정규교육을 마친 맨리는 보험중개인 사무실에 취직한다. 매우 성실하고 숫자에 밝았던 그는 보험 업무에 빠르게 적응하면서 차곡차곡 실력을 쌓아간다. 입사한 지 11년이 되던 해에 홉킨스가 태어나자, 맨리는 해상보험 회사를 차려 독립한다. 오늘날 손해사정인과 비슷한 업무를 주로 다뤘지만 매사에 열성적인 맨리는 마치 선구자처럼 혼란스러운 업계 관행을 정리해 나간다. 그가 작성한 세 권의 보험 관련 서적 『해양 보험 매뉴얼』(A Manual of Marine

런던 스트라트포드 도서관 홉킨스 기념비

Insurance), 『해손 편람』(A Handbook of Average)과 『피난항』(The Port of Refuge)이 현재까지 남아있다. 이외에도 수출입 사업에 손을 대 꽤 성공한다.

맨리는 아들 홉킨스만큼 비범하지는 않지만 문학적 재능도 뛰어나다. 그는 여러 편의 잡지에 계속해서 비평이나 창작 시를 기고한다. 그중에는 홉킨스의 「빈지의 미루나무들」("Binsey Poplars")에 영감을 주었다고 평가받는 「늙은 나무들」("The Old Trees")도 있다.[1] 시기적으로 맨리의 시가 조금 앞서는 데다 나무가 훼손되는 것에 대한 안타까움이라는 주제가 비슷해 그렇게 평가받는다. 당시 런던은 늘어나는 빈민 수를 감당하지 못해 빈민 구역이 계속 확대되고 있었다. 이를 피해 중산층은 새로 개발된 교외 주거 단지로 이동한다. 이로 인한 자연 훼손을 안타까운 시선으로 바라보는 사람들이 늘어난다. 맨리의 시는 나무가 사라지는 것에 대한 근심을 담아 대중적 공감을 얻는다. 이외에도 맨리는 화석과 같은 자연 과학 분야와 지역 역사에도 조예가 깊었다. 홉킨스의 자연에 대한 사랑, 문학적 재능, 끊임없이 솟아나는 지적 호기심은 아버지에게서 물려받은 것이다.

맨리는 영국에서 성공한 중상류층 대부분이 그렇듯이 영국 국교회(Anglican Church) 신도이다. 성공회(Anglicanism)라고도 불리는 영국 국교회는 19세기 영국에서 국가교회라는 우월한 지위를 누린다. 누구든 사회 주류로 인정받기 위해서는 영국 국교회 신도인 것이 유리하다. 물론 맨리는 이런 이유로 영국 국교회를 선택한 것이 아니다. 태어날 때부터 영국 국교회 신도였고 평생을 매우 독실한 국교회 신도로 산다. 교회 교구 위원을 역임했고 주일 학교 선생님으로도 활동했다. 한동안은 영국 국교회 사절단으로 하와이에 파견된다. 이를 계기로 1856년 신생국이던 하와이 독립국의 영국 주재 총영사로 임명되어 이후 40년 동안 그 직을 유지한다. 1862년에는 하와이 역사를 담은 책 『하와이: 섬 왕국의 과거, 현재와 미래』(Hawaii: The Past, Present and the Future of Its Island-Kingdom)를 출판한다. 이 책은 옥스퍼드 대학 주교 윌버포스(Samuel Wilberforce)가 서문을 부쳐 공신력을 더한다.[2]

어머니 캐더린은 케이트(Kate)라고도 불렸다. 남편과 마찬가지로 충실한 영국 국교회 신도인 케이트는 1897년 남편 맨리가 사망할 때까지 43년간의 결혼 생활을 유지하며 9명의 자녀를 낳아 8명을 훌륭하게 길러낸다. 안타깝게도 한 아이를 잃었지만, 당시 영아 사망률을 고려하면 축복받은 어머니라 할 수 있다. 당대 여성치고는 드물게 지적 수준도 높아, 단테(Durante Alighieri)의 작품을 원서로 읽을 만큼 이탈리아어에 능숙했고 음악에도 조예가 깊었다. 생각이 깊고 논쟁을 좋아하지 않는 성격이라서 다소 즉흥적이고 감정적인 남편 맨리와 적절한 대조를 이루며 집안에 안정감을 불어넣는다.[3]

케이트의 형제자매 모두 상당한 지적 능력과 예술적 소양을 갖춘 인물들이다. 케이트의 남동생 에드워드(Edward)는 법률 공부를 하다가 화가로 전향했고, 여동생들은 그림과 음악에 소질이 있었다. 여동생 중 마리아(Maria)는 아마추어 사진작가인 지번(George Giberne)과 결혼했으며, 현재 남아있는 홉킨스의 어린 시절 사진은 모두 지번이 찍은 것이다. 지번은 그림을 그리는 마리아 옆에서 어린 홉킨스의 사진을 찍거나 홉킨스에게 사진 기법을 설명해 주곤 했다.[4] 홉킨스의 피에 흐르는 예술가적 성향은 외가 덕이기도 하다.

어린 홉킨스의 교육에는 친가와 외가가 총동원된다. 맨리의 여동생 앤 일레노어(Ann Eleanor)가 가정교사 역할을 전담하며 홉킨스가 학교에 입학하기 전까지 돌본다. 앤 일레노어는 어린 홉킨스가 음악과 그림에 비범한 재능이 있다는 사실을 처음으로 간파한 사람이다.[5] 어린 시절 홉킨스의 그림은 진지한 관찰 태도와 섬세한 표현 능력을 보여준다. 주변의 많은 사람이 홉킨스가 장차 화가가 될 것이라 예상했고, 그 자신도 화가가 되겠다는

앤 일레노어가 그린 홉킨스 초상화, 1866

꿈을 오래도록 유지한다. 또한 그는 음악에도 관심이 많아 평생 손에서 놓지 않는다. 예수회 사제가 된 후에도 악기를 배우고 노래를 작곡한다. 그가 작곡한 노래의 악보가 현재까지 상당수 전해진다.[6]

맨리의 해상보험 회사는 홉킨스가 자라나는 동안 함께 성장한다. 홉킨스의 동생도 줄지어 태어난다. 1852년 맨리와 케이트는 신접살림을 차렸던 집(제2차 세계 대전 중 폭격으로 소실)이 좁아지자 런던 북부에 새로 개발된 주택 단지인 햄스테드 오크 힐(Oak Hill, Hampstead)로 이사한다. 홉킨스가 8살 되던 해이다. 오크 힐은 숲 한가운데 있다. 런던 어디서나 볼 수 있는 도시 빈민도 없고 역겨운 냄새를 뿜어대는 공장도 없다. 홉킨스는 그곳을 놀이터 삼아 행복한 유년기를 보낸다.

아쉽게도 홉킨스의 유년 기록은 남은 것이 거의 없다. 홉킨스가 너무 늦게 유명해진 탓이다. 그가 문학사에 중요한 인물이라는 인식이 생겨나고 전기의 필요성이 대두될 무렵에는 그의 어린 시절을 기억하는 사람이 많이 남아있지 않았다. 다만 두세 살 무렵 홉킨스를 기억하는 증언이 딱 하나 전해진다. 전염병에 걸린 동생 시릴(Cyril)의 얼굴이 뻘겋게 변해 물집까지 잡히자, 어린 홉킨스가 "시릴이 너무 못생겨졌다"라며 울음을 터뜨렸다는 일화이다.[7] 이를 두고 말하기 좋아하는 비평가들은 아름답지 못한 것을 거부하는 홉킨스의 본성이 일찍 드러났

다고 평가한다. 일리 있는 말이다. 홉킨스는 평생 아름다운 것만 추구하기 위해 애쓴다. 하지만 그가 추구하는 아름다움은 단순히 외적인 것이 아니라 내면의 생기와 고유한 본성이 밖으로 드러나는 것이다. 어린 홉킨스가 동생의 얼굴에서 아름다움이 사라진 것을 슬퍼한 이유도 그것이 어떤 중대하고 본질적인, 슬픈 변화를 나타낸다고 본능적으로 느꼈기 때문이다. 다만 너무 어려 말로 제대로 표현하지 못했을 뿐이다.

그나마 두 살 아래인 시릴이 홉킨스의 어린 시절 모습을 가장 많이 기억한다. 시릴은 다음과 같이 증언한다. "형은 도덕적 용기든, 육체적 용기든 간에, 부족하지 않았다. 나무 타기를 겁내지 않았고 햄스테드 오크 힐에 있는 정원의 커다란 느릅나무 꼭대기에 올라가 모두를 놀라게 했다."[8] 홉킨스는 성인이 된 후에도 종종 이처럼 겁 없는 행동을 해서 사람들을 놀라게 한다.

홉킨스에게는 시릴 외에 여섯 명의 동생이 더 있다. 남동생은 아서(Arthur), 라이오넬(Lionel), 에버라드(Everard)이고 여동생은 밀리센트(Milicent), 어머니의 이름을 딴 케이트(Kate), 그레이스(Grace)이다. 시릴은 홉킨스를 대신해 일찌감치 아버지의 가업을 이었지만, 아서와 에버라드는 직업 화가와 삽화가가 된다. 라이오넬은 중국 상하이 주재 영국 총영사가 되지만 곧 그만두고 중국어를 연구해 당대에 손꼽히는 중국학자가 된다. 여동생 밀리센트는 영국 국교회 수녀가 되고, 그레이스는 음악에 전념한다. 케이트는 1918년 브리지스가 홉킨스의 첫 번째 시집을 출판하는 것을 돕는다.

홉킨스 남매가 선택한 인생행로를 요약하면 예술, 종교, 그리고 언어이다. 이것들은 홉킨스가 평생에 걸쳐 추구한 것들이기도 하다. 다만 신기하리만치 그 모든 재능이 홉킨스 한 몸에 가장 풍부하게 담겼다. 부모는 홉킨스에게 큰 기대를 걸고 그를 잘 키우기 위해 최선을 다한다. 자유롭고 예술적인 집안 분위기와 가족의 넘치는 사랑 속에서 홉킨스는 당당하고 자신감 넘치는 아이로 자란다.

2.
하이게이트 스쿨의 작은 영웅

1852년 홉킨스는 집 근처에 있는 주간 학교에 다니기 시작한다. 이때의 학교생활에 관한 기록은 거의 남아있지 않다. 여기서 약 2년을 보낸 후 홉킨스는 1854년 집에서 약 2.5km 떨어진 기숙학교인 하이게이트 스쿨(Highgate School)에 입학한다. 학교의 정식 명칭은 설립자의 이름을 딴 로저 촘리 스쿨(Sir Roger Cholmeley's School)이지만 일반적으로 하이게이트 스쿨이라 불린다.

아버지 맨리는 중산층치고 상당히 성공한 편이지만, 토지 소유 계급인 귀족이나 젠트리(Gentry)에 비할 정도는 아니었다. 맨리가 아들 홉킨스를 이튼 스쿨(Eton School)이나 럭비 스쿨(Rugby School) 같은 오랜 전통 명문 사학에 보낼 형편이 안 된다는 말이다. 결국 맨리는 심사숙고 끝에 하이게이트를 대안으로 선택한다. 하이게이트는 이제 막 명문으로 발돋움하는 중이고, 특히 고전을 잘 가르쳐 교육 방법 면에서는 런던에서 최고라는 평판이 있었다.[9] 고전이란 그리스어와 라틴어로 된 책을 읽는 과목이다. 당시 대부분의 명문 대학은 대학 수준을 자랑하기 위해 라틴어로 강의했다. 라틴어 강의 의무 조항이 없어진 지 오래되었지만,

옥스퍼드 대학(Oxford University)에는 여전히 라틴어로 수업하는 교수들이 많았다. 따라서 고전은 대학 교육과정 이수를 위해 가장 필요한 과목이자 대학 입학시험 비중도 가장 높은 과목이다. 맨리는 홉킨스를 대학까지 보낼 계획이었기 때문에 고전을 잘 가르치는 하이게이트가 좋은 선택이라고 판단한다.

홉킨스는 1863년 옥스퍼드에 입학하기 전까지 10대 전부를 하이게이트에서 보낸다. 슬프게도 홉킨스는 하이게이트 시절을 긍정적으로 기억하지 않는다. 하이게이트를 떠나고 거의 15년이 지난 후에도 "솔직히 말하면 학창 시절에 대해 좋은 기억이 전혀 없다. 그때의 기억이 모두 사라지기를 바란다. 미안한 일이지만 내게 친절했던 몇몇 사람도 기억하고 싶지 않다"라고 말할 정도이다.[10] 그가 하이게이트를 이토록 싫어한 것은 강압적인 교육 방식 때문이다.

당시 하이게이트에는 대략 주간 학생이 80명, 기숙 학생이 50명 정도 있었다. 혈기 왕성한 10대 소년들이 집단생활을 한 것이다. 학교는 효율적이고 즉각적인 통제를 위해 강한 규칙과 체벌을 적용한다. 그것이 교육적으로 바람직하다고 용인되던 시절이다. 더욱이 당대의 소년 교육목표는 신사(gentlemen)를 양성하는 것이다. 신사의 정의는 다양하지만, 일반적으로 "바람직한 도덕적, 사회적 가치"를 내재한 남성을 의미한다.[11] 또한 점잖고, 예의 바르며, 겸손하고, 도덕적인 태도를 통해 바람직한 내재적 가치를 외적으로 구현하는 남성이다. 학교의 목표는 10대 소년들이 이러한 신사적 가치와 태도를 갖추도록 교육하는 것이다. 동시에 명문 대학 입학이라는 현실적인 목표도 달성해야 한다. 이런 상황에서 체벌은 매우 효율적인 교육 수단으로 여겨졌다.

홉킨스는 학교의 교육 방식을 유순하게 따르지 않는다. 체벌과 강압적 교칙에 강하게 저항한다. 하이게이트 시절 홉킨스의 별명은 스킨(Skin)이다. 작고 마른 체형을 강조하기 위해 '킨스'(kins)의 철자를 뒤집은 것이다.[12] 그러니 유독 연약해 보이는 작은 체구의 아이가 교육 방식에 자주 이의를 제기하며 맞섰던 것이다. 홉킨스는 곧 학교장의 골칫거리가 되어 채찍질까지 당하게 된다. 다음은 동급생 친구 럭스무어(Charles Luxmoore)에게 보낸 편지에서 해당 사건을 설명한 부분이다.

> 지난 학기에 장학금 경시대회를 준비하면서 교장에게 혼자 공부할 수 있는 공간을 요청했다. (심지어 교장은 그로브-뱅카이트 형제들(The Grove-Bankites) 세 명에게도 조용한 방을 여섯 개나 내주었다) 이들과 비교하면 나는 경쟁자들, 사실상 6학년 전체와 비교해도 엄청난 불이익을 받고 있다고, 나만 시끄러운 장소에서 장학금 준비를 위해 고군분투해야 하고, 그마저도 곧바로 비워줘야 한다고 따졌다. 그러자 교장이 흔쾌히 리치 부인(Mrs. Rich)의 방에 있는 응접실을 쓰라고 허락했다. 사실 그 방은 리치 부인이 방값을 내고 있기에 교장이 마음대로 할 권리가 없다. (…) 교장은 내가 요청하지도 않았는데 매일 밤 난로를 켜도 좋다고 허락했고, 덕분에 잠시나마 조용하고 편안하게 공부할 수 있었다. 거기까지는 좋았는데 얼마 지나지 않아 거의 쫓겨나다시피 했고, 장학금에 지원할 수 있는 추천서도 못 받았다. 내가 관련되지도 않은, 아주 시시하고 우스운 작은 사건 때문에 교장은 최우수 등급 중 가장 낮은 성적을 주고 방을 빼앗았다. 더 심한 처벌을 피하려면 반성문 여섯 장을 제출하라고 강요했다. 결국 나는 교장과 엄청난 말다툼을 벌였고 참다못해 무례하고 거칠게 대들었다. 그러자 교장이 내게 말채찍을 휘둘렀다.[13]

홉킨스가 말하는 경시대회(The Exhibition)는 옥스퍼드 대학 벨리올 칼리지(Balliol College)에서 주최하는 것이다. 여기서 우수한 성적을 거두면 벨리올 칼리지의 입학 자격과 장학금을 보장받게 된다. 홉킨스가 벨리올을 목표로 삼은 이유는 그곳이 옥스퍼드 대학의 모든 단과대학 중 고전 분야에 가장 뛰어난 칼리지이기 때문이다. 홉킨스는 전 과목에서 최우수 등급을 받지만, 특히 고전 과목에서 더욱 탁월하다. 그래도 벨리올 칼리지 경시대회는 만만한 경쟁이 아니다. 동급생들 모두 적절한 환경에서 공부하는데 홉킨스만 합당한 배려를 받지 못한다. 홉킨스는 이에 대해 교장에게 직접 이의를 제기한다. 교장은 마지못해 다른 사람의 방을 내주지만, 홉킨스는 그 또한 불공정한 처사라고 생각한다. 급기야 교장이 홉킨스가 "관련되지도 않은" 일로 정당한 권리를 박탈하자 그동안 쌓였던 홉킨스의 불만이 한꺼번에 터져 나온다. 결국 홉킨스가 채찍을 맞고 반성문을 쓰는 것으로 일이 마무리된다.

홉킨스가 말하는 "아주 시시하고 우스운 작은 사건"이 무엇인지는 기록에 없다. 하지만 그 "작은 사건"을 두고 홉킨스와 교장은 서로 다른 판단을 한 것이 분명하다. 홉킨스는 별일이 아니라고 생각했지만, 교장은 벌을 주고 성적에서 불이익을 줄 만한 사안이라고 판단했다. 실제로 큰 문제였는데 홉킨스가 그 의미를 축소했을 수도 있고 사소한 일을 교장이 침소봉대했을 수도 있다. 이전에도 교장과 홉킨스 사이에 비슷한 갈등이 있었다면, 교장이 벼르다 혼쭐을 낼 기회를 잡은 것일 수도 있다. 분명한 것은 이 사건을 통해 홉킨스의 강한 성격이 분명하게 드러났다는 점이다. 그는 결코 고분고분한 순종형 인물이 아니다. 권위자라도 생각이 다르면 논리적으로 설득하려 애쓴다. 권위자의 기분을 거스르는 일도 개의치 않는다. 이런 성격이 엄격한 명령 체계를 고수하는 예수회에서 긍정적으로 작용할지 의문이다.

홉킨스는 교장에게는 골칫거리지만 또래 소년들에게는 영웅이다. 친구들의 시선을 한 몸에 받는 일을 종종 거침없이 해낸다. 한번은 선원의 고통과 인간의 인내심에 대한 주제로 친구들과 대화를 나눈다.[14] 대화 중에 홉킨스는 사람들이 필요한 것보다 더 많은 물을 마신다고 주장하며 이를 증명하기 위해 일주일간 물을 포함해 어떤 음료도 마시지 않겠다고 선언한다.[15] 홉킨스는 자신의 주장이 옳다고 확신하고 실제로 일주일간 수분을 전혀 섭취하지 않을 자신도 있다. 결국 자신의 성공에 10실링을 걸고 내기를 시작한다. 소년들은 홉킨스가 선언을 지켜낼 수 있을지 열심히 지켜본다.

홉킨스가 얼마나 오랫동안 수분 섭취를 중단했는지에 대해 두 가지 증언이 있다. 럭스무어는 홉킨스가 3주일 동안 물을 마시지 않았다고 말한다. 럭스무어의 말은 다소 과장되었을 수 있다. 그는 훗날 "홉킨스가 학교에서 가장 멋진 아이였으며 언제나 옳은 것만 하겠다는 얼굴"을 했었다고 회상한다.[16] 홉킨스에 대한 럭스무어의 호감과 숭배의 감정이 기억을 부풀렸을 가능성이 크다. 홉킨스보다 2년 늦게 입학해 하이게이트를 함께 다닌 동생 시릴은 1주일이라고 기억한다. 어쨌든 내기는 학교 전체를 떠들썩하게 만든다. 홉킨스가 기어코 성공했기 때문이다. 홉킨스는 자신의 이론이 옳다는 것을 증명하고 덤으로 돈까지 따지만 안타깝게도 돈을 손에 쥐지는 못한다. 홉킨스가 탈수증으로 쓰러지는 바람에 내기의 전말을 알게 된 교장이 노발대발하며 10실링을 돌려주라고 명령했기 때문이다. 홉킨스는 교장이 약속의 가치를 무시했다고 생각한다. 이번에도 교장에게 격렬하게 반발한다.

홉킨스는 소금 없이 일주일을 견딘 적도 있다. 사람들이 식사에 지나치게 많은 소금을 소비한다고 생각해서이다.[17] 이것도 쉽게 성공한다. 일부 비평가들은 이러한 행동을 강한 의지와 극기주의적 성향을 보여주는 예라고 해석한다.[18] 10대 소년의 치기 어린 모험에 지나친 종교적 함의를 부여하는 것이 과연 적절한지 의문이다. 더구나 홉킨스가 종교적 금욕의 차원에서 이런 행동을 했다는 증거는 어디에도 없다.[19] 다만 그가 육체적 고통을 견디는 극기적 태도와 한번 결심한 것은 반드시 지켜내는 강한 의지의 소유자라는 것은 분명하게 드러난다.

홉킨스가 친구들 사이에 인기가 있었던 이유는 또 있다. 예수회 사제이자 종교 시인이라는 사실에 기반해 엄숙하고 진지한 성격을 상상했을 사람들은 놀랄지도 모른다. 그가 예상외로 매우 쾌활하고 재미있는 사람이기 때문이다. 학창시절 그는 농담을 잘했고 연필이나 펜으로 그림을 즉석에서 손쉽게 그려 친구들을 즐겁게 했다.[20] 이런 성격 덕분에 그를 좋아하는 친구들이 많았다. 농담과 재밌는 장난을 좋아하는 성격은 홉킨스가 어른이 된 후에도 그대로 유지된다.

사이가 좋지 않았던 친구도 있다. 스트레이치(Alexander Strachey)와의 갈등은 홉킨스에게 큰 상처로 남는다. 둘 사이가 나빠진 계기는 산책이다. 빅토리아시대(The Victorian Era)*는 남녀 간의 사랑보다 "남성 사이의 끈끈한 우정과 애정"에 더 높은 가치를 부여한다.[21] 이런 상황에서 산책은 신사가 다른 신사와 영혼의 대화를 나누며 깊은 우정을 쌓기에 적절한 활동으로 권장된다. 어린 소년들도 이를 본받아 산책을 우정 쌓기 활동으로 여긴다. 스트레이치는 홉킨스를 친한 친구라 여겨 함께 산책하리라 기대했지만, 홉킨스는 다른 친구와 산책을 간다. 이에 크게 실망한 스트레이치는 친구들에게 "홉킨스는 이제 나의 친구가 아니다"라고 선언한다.[22]

소식을 들은 홉킨스도 화가 나서 스트레이치에게 "앞으로 나보다 더 관대한 친구를 많이 만나겠지만 나만큼 희생을 감수하는 친구를 만나기는 어려울 것"이라고 말한다. 홉킨스의 냉정한 말에 스트레이치는 "차가운 미소"만 짓는다. 홉킨스는 "다음부터는 우정에 있어 더 현명하겠다"라고 결심한다. 이날의 일기가 현재 남아있는 홉킨스 일기 중 첫 번째이다. 말은 모질게 했지만 불편한 마음이 가시지 않은 홉킨스는 어머니에게 이 문제를 의논한다. 어머니는 마음이 계속 불편하면 사과하라고 조언한다. 홉킨스는 어머니의 조언에 따라 사과를 담은 편지를 보내지만 답장은 오지 않는다. 홉킨스는 여전히 스트레이치가 좋았기 때문에 그에게 미움을 받는 것이 불행하다고 느낀다.[23]

홉킨스는 한층 성숙해진다. 스트레이치를 제외하고는 거의 모든 친구와 좋은 관계를 유지한다. 그중에서도 특히 가깝게 지낸 친구는 클라크(Marcus Clarke)이다.

---

* 빅토리아시대는 일반적으로 빅토리아 여왕 재위 기간인 1837년부터 1901년까지로 정의되지만, 문화사적으로는 낭만주의 시인 스콧(Sir Walter Scott, 1771-1832)의 사망으로 낭만주의 시대가 막을 내리고, 대개혁법(The Great Reform Act)이 제정된 1832년을 그 시작점으로 보기도 한다. 낭만주의와 20세기 모더니즘 사이에 위치한 과도기로, 산업적으로나 정치적으로 큰 변화를 겪는 시기이다. 이런 변화로 인해 다양한 특성이 서로 어우러지거나 충돌하며 당대의 복합적인 시대적 특징을 형성한다. 산업 발전과 자유방임주의, 자유주의와 제국주의, 합리주의와 세속주의 같은 키워드들이 이 시기를 특징 지으며, 특히 산업혁명과 자유경쟁의 부작용으로 빈부격차와 도시 빈민 문제가 심각하게 대두되었다. 한편으로는 점잖고 진지한 도덕적 태도를 이상적이라 여기는 반면에, 개인주의의 발달에 따라 인간 내면의 욕구에 대한 진지한 탐색도 시작된다.

둘은 여름방학 때 휴양지 와이트섬(The Isle of Wight)에서 처음 만났다. 몇 달 후 클라크가 하이게이트에 입학하면서 다시 만난다. 알고 보니 취향도 매우 비슷해 둘은 급속도로 친해진다. 둘 다 크리켓이나 풋볼 같은 활동적인 스포츠는 좋아하지 않고, 가능한 한 학업에 몰두하려 노력한다.[24] 시에 재능이 있는 것도 공통점이다. 홉킨스는 클라크가 매우 좋은 시를 쓴다고 높이 평가한다.[25] 홉킨스보다 두 살 어린 클라크는 하이게이트를 졸업한 후 17

마커스 클라크, 1858

살에 호주로 이주한다. 부친이 사망해 친척에게 의탁하기 위해서다. 이후 클라크는 문필가로 활동해 호주에서 상당한 명성을 얻는다. 그동안 홉킨스는 예수회 사제가 된다. 클라크는 "제라드 홉킨스, 나의 소년 시절 친구, 옥스퍼드 대학에서 스토니허스트(Stonyhurst)로 달려가 로욜라(St Loyola)의 사도가 된 친구"라고 쓰며 홉킨스를 그리워한다.[26]

콜리지(Ernest Coleridge)와도 친하다. 콜리지는 낭만주의 시인 사무엘 테일러 콜리지(Samuel Taylor Coleridge)의 손자이다. 할아버지만큼은 아니지만 콜리지 역시 시적 재능이 뛰어나서 홉킨스는 그를 "친애하는 시인"이라 부른다.[27] 홉킨스의 친구 관계에는 평생 지속되는 일정한 패턴이 있다. 종교나 사상의 차이와 관계없이 누구나와 친구가 되지만, 유독 시에 대한 관심을 공유하는 친구와 더 깊이 더 오래 교감한다. 콜리지도 그런 친구 중 하나이다. 홉킨스가 콜리지에게 보낸 편지를 보면 10대 소년의 것이라고 믿기 어려울 만큼 진지하다. 한번은 콜리지가 테니슨(Alfred Tennyson)의 「고행자 성 시미언」("St Simeon Stylites")을 좋아하냐고 묻자, 홉킨스는 "좋아하고말고! 하. 물론 좋아하지"라고 대답한다.[28] 테니슨은 19세기 중반에 가장 영향력 있는 유명 시인 중 하나이다. 이 외에도 두 친구는 많은 작가와 작품에 대해 더 이야기를 나눈다.

홉킨스는 콜리지에게 자신의 창작 시도 보낸다. 학교 안에서 홉킨스의 시적 재능은 이미 널리 알려져 있었다. 홉킨스가 1860년 부활절 기념 학교 백일장에서 「에스코리알」("The Escorial")로 우승했기 때문이다. 이 시는 키츠(John Keats)의 『성 아그네스 축일 전야』(The Eve of St Agnes)와 비슷한 시행이 있고 묘사나 분위기 역시 키츠와 테니슨을 연상시킨다.[29] 하지만 선배 시인을 모방했다고 마냥 저평가하기에는 장점이 많은 시이다. 특히 종교, 그림, 건축물 등 다양한 관념과 사물을 끌어와 135행이나 되는 긴 시를 이끌어가는 필력이 돋보인다. 일반적으로 사용하던 5음보격(pentameter) 리듬*을 능숙하게 다루어 무르익은 기교도 보여준다. 15살이라는 나이를 감안하면, 이 시는 충분히 훌륭하다.

홉킨스는 콜리지와 편지를 주고받는 동안 여러 편의 "좋은" 시를 한꺼번에 쓴다.[30] 홉킨스는 그중 "최고"가 밀턴(John Milton)의 「일 펜세로소」("Il Penseroso")를 모방한 「일 미스티코」("Il Mystico")라고 자평한다. "좋은"과 "최고"라는 말에서 10대 소년의 치기 어린 자신감이 엿보인다. 홉킨스는 콜리지에게 완성되지 않은 「일 미스티코」의 "일부"를 발췌해 보내며 의견을 부탁한다. 그 "일부"가 무려 165행이다.

홉킨스는 「일 미스티코」를 최고라고 말하지만, 정작 비평가들은 「인어들의 환상」("A Vision of Mermaids")을 더 높이 평가한다.

> 노를 저어 바위에 닿았어, 바다는 썰물이었지
> 조류가 넘쳐흐를 땐 가려지지만
> 빠르게 흘러들 땐 하얀 물의 장막이
> 얇게 베일을 만들어 표시하는 곳이야

---

* 5음보란 한 행에 음보(foot)가 다섯 개 배치된 리듬 구조를 말한다. 음보는 영시에서 운율을 구성하는 최소 단위로, 통상적으로 하나의 강세(stress)를 포함하며 강세의 위치에 따라 다양한 억양 패턴(예: 약강, 강약, 약약강, 강약약 등)을 형성한다. 당대에는 5음보가 가장 일반적인 율격이었지만 홉킨스는 시마다 운율의 다양성을 추구하여 2음보에서 7음보까지 폭넓게 구사한다.

일 마일 너머에 파란 해변이 있고

때는 석양 무렵이었지

　　서쪽은 자두 빛깔 보라색이지만, 햇살은

창처럼 반들거리는 홍백색 상처를 벌리며 내리꽂혀

(거기에 시선이 닿자 새빨갛게 물든 그곳이

달아났다가 모이고 둥둥 떠다니니 시선이 닿지를 않아)

벌어진 틈 사이로 내밀한 창공이

강렬하게 짧게 왔다 갔다 해

그것들은 청록색 호수에 수련 꽃잎들

황홀하게 모여 핀 고운 꽃밭 같아

곧이어 덮쳐오는 저 넘실거리는 장관을 가로질러

격렬하게 약동하는 핏빛 떨림의 수평선이

전율하는 날개깃을 흔들어, 바라보기에 너무 강렬한

눈빛 같은 그 틈 아래로 썰물이 되어 빠져나가 보이질 않아

　　이제는 모든 것이 장밋빛으로 변했지[31]

「인어들의 환상」의 시작 부분이다. 인어가 본격적으로 등장하기 전으로, 인어가 등장해도 하등 이상하지 않을 환상적인 분위기를 조성하는 중이다. 다양한 색조와 강렬하고 감각적인 표현은 라파엘 전파(Pre-Raphaelitism)의 특징이다. 라파엘 전파는 1849년 스무 살이던 단테 로제티(Dante Gabriel Rossetti)가 그림 <성처녀 마리아의 어린 시절>(The Girlhood of Mary Virgin)에 라파엘 전파 형제회(Pre-Raphaelite Brotherhood)를 뜻하는 'PRB'를

단테 로제티,
<성처녀 마리아의 어린 시절>, 1849

2. 하이게이트 스쿨의 작은 영웅

표기하면서 처음 세상에 등장한다. 당시 영국의 주류 미술계는 라파엘과 미켈란 젤로 등의 르네상스 성숙기 화풍을 최고라 여겼다. 반면에 라파엘 전파 형제회는 라파엘 이전의 덜 세련되지만 더 진솔한 15세기 예술 경향을 추구한다. 주류 예술 경향에서 벗어난 라파엘 전파는 얼마 안 가 영국 문화예술계의 총아가 된다.

어린 홉킨스는 라파엘 전파의 특징을 마치 스펀지처럼 흡수한다. 현재 남아있는 홉킨스의 그림 대부분은 꽃, 나무, 바다, 파도 같은 자연경관을 그린 것으로, 라파엘 전파의 특성을 그대로 보여주는 연필 스케치다.[32] 고딕 양식의 창문이나 기둥 등을 정밀하게 묘사한 스케치는 『건축의 일곱 등불』(The Seven Lamps of Architecture)에 남아있는 러스킨(John Ruskin)의 스케치와 흡사하다. 러스킨은 라파엘 전파의 특징을 공유하는 19세기 중반 영국의 대표적인 예술 사상가이다. 라파엘 전파를 향한 홉킨스의 열정이 러스킨에게로 이어진 것이다.

반면에 이 무렵 홉킨스가 그린 <너벅선을 탄 남자>(Man in a Punt)는 완전히 새로운 접근법을 보여준다. 남자는 배 위에 누워 책을 읽고 있지만 얼굴이 보이지 않는다. 그곳이 배라는 것도 제목을 보아야 알 수 있을 정도이다. 대담한 생략, 과감한 선 구성, 정형성에서 벗어나는 인체 묘사는 당대에 유행하는 미술 경향과 거리가 있다. 창조적 예술가로서 독자적 영역을 개척해 나갈 가능성이 충분해 보인다. <너벅선을 탄 남자>처럼, 「인어들의 환상」도 라파엘 전파와 비슷하지만 홉킨스만의 "타고난 감수성, 감각적 아름다움, 활기 넘치는 즐거움"이 담겨있다.[33] 이 때문에 많은 비평가는 하이게이트 시절에 그가 쓴 시 가운데 「인어들의 환상」을 최고로 꼽는다.

홉킨스의 뛰어난 학업 성적과 예술적 재능은 아버지 맨리를 흡족하게 만든다. 맨리는 최선을 다해 아들을 뒷바라지한다. 1857년 맨리는 홉킨스와 시릴을 데리고 벨기에와 라인 지방을 여행한다. 홉킨스가 13살, 시릴이 11살 때이다. 홉킨스가 「에스코리알」로 백일장에서 우승한 직후인 1860년에는 홉킨스만 데리고 라인강 유역을 탐방하며 독일 남부 지역을 여행한다. 맨리는 어린 홉킨스가 새로운 문화를 접하면서 안목을 넓히기를 바란다. 맨리 나름의 그랜드 투어(Grand Tour)를 홉킨스에게 제공한 것이다. 그랜드 투어란 젊은 자제를 유럽으로 보내 다양한 선진 문화를 배우게 하는 영국의 오랜 풍습이다. "엘리트 교육의 최종 단계"로 통했지만 막대한 비용이 들어 오랫동안 최상류층의 전유물로 간주되었다.[34] 19세기 중반 들어 증기기관 덕분에 유럽 여행이 쉬워지면서 중산층에서도 자녀들과 유럽으로 여행하는 일이 유행한다. 덕분에 홉킨스는 고색창연한 교회와 유적을 보며 중세 건축의 정수를 맛본다. 「에스코리알」과 「인어들의 환상」에 담긴 중세 분위기는 라파엘 전파의 영향이지만, 홉킨스가 직접 보고 얻은 미학적 영감과 상상력의 소산이기도 하다.

아버지 맨리가 홉킨스의 지적 성장을 위해 노력한다면 어머니 케이트는 정서적 의지처가 되어준다. 스트레이치와 절교한 사건에서 보듯이 케이트는 친절하게 이야기를 들어주고 적절한 조언을 하며 홉킨스가 하이게이트에서의 시간을 잘 이겨낼 수 있도록 도와준다. 어머니와의 정서적 친밀함은 홉킨스의 신앙생활에도 도움이 된다. 홉킨스는 기숙사에서 매일 밤 성경을 읽겠다고 어머니와 약속한 후 실제로 저녁마다 홀로 신약성경을 읽는다.[35] 넘치는 에너지로 잠시도 가만히 있지 못하는 소년들 사이에서 그런 홉킨스는 별스럽게 보인다. 하지만 얼마 지나지 않아 친구들은 있는 그대로 홉킨스를 인정한다. "언제나 옳은 것만 하겠다는 얼굴"을 하고 누가 뭐라 해도 신념에 따라 행동하는 친구임을 알기 때문이다.

1861년 시릴은 아버지 사업을 돕기 위해 하이게이트 스쿨을 중퇴한다. 아버지 맨리는 사업 확장으로 믿을 만한 일손이 필요했고, 또 두 아들을 한꺼번에 대학에 보낼 여력도 없었다. 둘 중 하나만 보낸다면 그것은 홉킨스여야 한다고 생각한다. 아버지 맨리의 눈에는 홉킨스의 빛나는 미래가 보이는 듯하다. 시릴이 학교를 떠나고 홉킨스는 더 큰 책임감을 느낀다. 1862년 4월에는 라틴 시 경연대회(The Governor's Gold Medal for Latin Verse)에서 우승한다. 라틴어는 대학 입시와 교육에 필수과목이라 홉킨스에게는 매우 긍정적인 일이다. 하지만 아쉽게도 10월 벨리올 칼리지 입학 자격과 장학금을 위한 경시대회에서는 실패한다. 교장이 부당한 처우를 개선해 주지 않아 공부에 전념할 수 없었기 때문이다. 그로부터 석 달이 지난 1863년 1월 홉킨스는 경시대회에 재도전해 마침내 성공한다. 옥스퍼드 대학 벨리올 칼리지 입학 자격과 함께 대학 재학 중 매해 60파운드 지급을 약속하는 장학 증서를 받는다.[36] 비록 전액 장학금인 스칼러십(Scholarship)보다 한 단계 아래지만 결코 초라한 성취가 아니다.

한 달이 지난 1863년 2월 홉킨스는 또 하나의 성공을 이룬다. 시 「걸프 강의 겨울」("Winter with the Gulf Stream")이 전국 판매망을 가진 유력 잡지 『주간』(Once a Week)에 게재된 것이다.

      나뭇가지, 나뭇가지가 그토록 앙상한데
      대지는 눈을 느끼지도 못한다
      우리 담쟁이는 성에가 털처럼 덮여 거칠고

      나무딸기는 서리 끄트머리 사이로 보인다
      쉰 소리 내는 잎사귀들이 쉭쉭거리는 땅 위를 긴다
      낮은 바람이 한숨 쉬기 때문이다

      만약 비바람이 자유를 얻어
      눅눅한 깃털에서 빗방울을 짜내면
      꽉 막힌 개울이 힘겨운 소리를 내며 흘러

      잡목 수풀에 낙엽이
      축축이 덮여 물길을 막는
      진창 둔덕을 짓이긴다

단조로운 구절의 맥없는 가락이

겨울새가 감히 불러보는 전부이다

부푼 달이 낮에 떠오니

하늘에서 그리 유리같이 희며

그리 투명한 수정 같고

그리 우아하게 푸르러 연필로 그린 것 같으니

나는 그토록 신성한 것을 전에 본 적 없다[37]

「인어들의 환상」 이후 홉킨스가 얼마나 발전했는지를 잘 보여주는 시이다. 사실 「인어들의 환상」은 표현과 감정이 채 정돈되지 않아 넘치는 면이 있었다. 반면에 「걸프 강의 겨울」은 부족하지도 넘치지도 않는다. 3행으로 연을 구성했지만, 이에 구애받지 않고 의미에 따라 시행이 자연스럽게 흐른다. 덕분에 시 전체가 여유롭고 자유로워 보인다. 멋을 부리지 않아 오히려 담백하고 유치하지 않은 서정성이 느껴진다. 간결한 표현은 겨울날 쓸쓸한 분위기를 효과적으로 전달한다. 눈도 내리지 않는 겨울 오후에 떠오른 스산한 낮달의 정취를 이만큼 표현하기는 쉬운 일이 아니다.

어떤 이는 「걸프 강의 겨울」에서 느껴지는 쓸쓸함과 깔끔함에서 홉킨스의 외로운 일생을 떠올릴지도 모른다. 그러나 이때는 누구도 그런 예상을 하지 않았다. 두 번 다시 대중 잡지에서 홉킨스의 시를 보지 못하리라고 예측하는 사람은 아무도 없었다. 「걸프 강의 겨울」은 그저 자랑거리였다. 아버지 맨리에게는 자신이 정기 구독하는 유명 잡지에 아들의 시가 실린 것이고, 홉킨스에게는 전국으로 배포되는 잡지를 통해 등단한 것이다. 아버지는 아들의 찬란한 미래를 확신하고 홉킨스는 등단한 시인이라는 주목을 받으며 옥스퍼드 대학에 입학한다.

3.
옥스퍼드 대학 ①
"나의 공원, 나의 기쁨"

1863년 4월 첫 주에 옥스퍼드 대학 벨리올 칼리지에 입성한다. 오래된 대학 건물이 고색창연한 운치를 뽐낸다. 홉킨스는 옥스퍼드를 보자마자 사랑하게 된다.

> 이곳은 나의 공원, 나의 기쁨
>
> 이곳은 내게 공적이나 더욱 큰 사적 자유를 준 곳
>
> 온전히 나의 것이나 내 모든 동료와 나눈 곳
>
> 그 매력이 내 안의 생각으로 들어왔으니
>
> 음악이 흐르는 탑, 조용한 담벼락이 된 숲
>
> 원을 이룬 창문, 이것들 모두 다른 이의 눈에는
>
> 얻고자 하는 것, 또 다른 사랑하는 이에게 감동을 주는 것
>
> 모두가 나처럼 자랑스러워하리라, 의아해하지 않으리라
>
> 그대의 사랑이기도 한 저 특별하고도 모두가 공유하는 명패를[38]

세 편의 연작시 「옥스퍼드에게」("To Oxford") 중에 가장 먼저 완성한 작품으로, 옥스퍼드를 향한 지극한 사랑을 담고 있다. 세 편 중 두 편을 먼저 완성해 대학에서 새로 사귄 친구 아디스(W. E. Addis)에게 보낸다.[39] 나머지 한 편은 미완성으로 남

옥스퍼드 대학 벨리올 칼리지 사각 중정

아있다. 벨리올 칼리지에서 "탑"이란 명칭을 가진 건물은 1853년에 건축된 살빈(Salvin) 탑이 유일하다. 하지만 탑처럼 높은 건물은 많다. 예배당에도 높다란 탑이 있고 건물마다 탑들이 솟아있다. 키 큰 나무들이 담처럼 건물들을 에워싸고, 중정을 빙 둘러선 건물들의 창문은 햇빛에 빛난다. 홉킨스는 이 모든 것에 완전히 매료된다. 그곳의 구성원과 공유한 가치를 자랑스러워한다.

홉킨스의 방에서는 벨리올 칼리지의 정원이 한눈에 들어온다. 방 배정은 무작위로 이루어지는 것처럼 보이지만, 사실은 그렇지 않다. 부유한 학생들은 미리 손을 써 좋은 방을 확보한다.[40] 상대적으로 형편이 좋지 않은 홉킨스는 지붕 바로 아래층에 있는 방을 배정받는다. 수업 중간에 오르락내리락하는 것이 피곤할 법도 하지만, 그는 전혀 개의치 않는다. 방은 침실, 거실, 창고로 나뉘어져 있고, 방에 있는 6개의 창문 가운데 4개가 벨리올 칼리지에서 최고로 멋진 경치를 담고 있기 때문이다.[41]

대학 새내기의 설렘이 어머니에게 보낸 편지에 그대로 담긴다. "사랑하는 어머니. 지금은 편지를 길게 쓸 시간이 없습니다. (…) 지금 속도라면 6주 안에 대학의 모든 사람을 알게 될 것 같습니다. 저는 열흘 동안 한 번도 제 방에서 아침을 먹지 않았습니다. (…) 오늘 아침은 라이스(Frederick Augustus Reiss)와 함께 했고, 어제는 하디(Alfred Erskine Hardy)와 함께 아침을 먹었습니다. 자기 음식을 다른 사람의 방으로 가져가는 것을 커머나이징(Commonizing)이라고 하는데, 매우 즐거운 일입니다. 친구와 조용한 식사를 나누는 즐거움과 독립적이라는 느낌을 동시에 가

질 수 있습니다."⁴²

옥스퍼드에서 칼리지는 학문 공동체이자 생활 공동체이다. 대학생은 물론 미혼 교수와 연구원까지 모두 칼리지 기숙사에 함께 거주한다. 고학년이 되어 기숙사를 나가는 학생도 있지만, 비용 부담이 크고 대학 공동체에서 멀어지기 때문에 바람직하지 않은 것으로 간주된다. 기숙사에는 다양한 사교 활동이 일상적으로 이뤄진다. 커머나이징은 각자의 음식을 가지고 한 학생의 방에 모여 함께 식사하는 관습이다. 주로 선배가 후배를 방으로 초대한다. 와인즈(Wines)라는 모임도 있다. 저녁 식사 후 대여섯 명의 학생이 한 방에 모여 포도주를 마시며 대화를 나누는 전통이다.⁴³ 대화와 사교가 목적이기에 누구도 취하도록 마시지는 않는다. 홉킨스는 아침에 커머나이징에 초대받고, 저녁 식사 후에 와인즈에 참석하면서 매일 새로운 사람을 만난다. 과제가 많아 쉴 틈이 없는 것을 빼면 "거의 지나칠 만큼 행복하다."⁴⁴

오후에 여유 시간이 생기면 보트를 타거나 산책을 한다. 친구나 선배의 산책 제안에 응하거나 먼저 요청한다. 보트는 홉킨스가 옥스퍼드에 와서 처음 해본 활동이다. 당시 옥스퍼드 대학생은 너나 할 것 없이 보트를 즐겼다. 기록에 따르면 "대부분의 학생이 보트를 탄다. 그러지 않은 소수는 바보 취급을 받는다. 첫 인사로 '너는 보트 타니?'라는 질문을 건네고, 대답이 긍정이면 '안녕 친구! 반가워'라고 환영한다. 부정이면 노려보거나 날카로운 눈빛을 보낸다."⁴⁵ 당연히 홉킨스는 '바보 취급'을 받지 않는다. 친구들과 함께 자주 옥스퍼드 중심부를 흐르는 처웰강(River Cherwell)에서 노를 저으며 한가로운 시간을 보낸다. 가끔은 경주도 한다. 일요일 저녁 보트 경기에서는 브라운(Charles Gorden Browne)이란 친구를 이겼고, 다음 날 저녁에는 데이비드슨(Strachan Davidson)을 이긴다.⁴⁶ 옥스퍼드에서 홉킨스는 여느 젊은이들처럼 활력이 넘친다. 밝고, 건강하고, 사교적이다. 대학 시절 홉킨스를 기억하는 많은 사람은 훗날 그를 '눈에 띄면서도 아주 자연스러운 매력을 소유한 친구'라고 회상한다.⁴⁷

홉킨스가 입학한 후 어머니에게 보낸 두 통의 편지는 흡사 1860년대 옥스퍼드 대학의 생활상을 기록한 사료처럼 보인다. 대학의 외관이 생생하게 묘사되어 있고, 아침 7시 15분에 일어나 쉼 없이 이어지는 대학생의 일과가 시간 순서대로 기록되어 있다.[48] 훗날 영국의 정치, 경제, 사회사에 이름을 남길 친구들의 이름도 여럿 등장한다.

홉킨스가 옥스퍼드에서 가장 먼저 친해진 친구는 아디스이다. 아디스와 홉킨스는 신앙적으로 공통점이 있다. 둘 다 영국 국교회 고교회파(The High Church) 출신이다. 18세기에 영국 국교회는 여러 분파로 분열된다. 왕과 왕비의 권한을 인정하지 않는 충성거부파(Non-Jurors), 교회와 군주에게 고유한 권한을 허용하자는 고교회파, 의회가 교회를 직접 지배해야 한다는 저교회파(The Low Churchmen)가 생겨난다.[49] 여기에 더해 18세기 말에는 신앙인의 생활 방식을 강조하는 복음주의파가 저변을 확대한다. 19세기 들어서는 자유주의를 추구하는 광교회파(The Broad Church)도 크게 성장한다.[50] 국교회 안에서만 이 정도이다. 국교회 밖으로 나가면 더 많은 종파가 있다. 이처럼 다양한 종파가 있으니 같은 종파에 속한다는 사실만으로도 특별한 유대감을 형성하게 된다.

홉킨스는 "아디스의 균형감, 쾌활함, 진지함을 점점 더 좋아하게 된다."[51] 이후 두 사람은 매우 비슷한 삶의 궤적을 그린다. 누가 먼저랄 것도 없이 거의 동시에 종교적 갈등을 겪고 거의 비슷한 시기에 로마 가톨릭으로 개종해 사제가 된다. 홉킨스의 개종을 막기 위해 애썼던 리돈(Henry P. Liddon) 교수는 홉킨스의 개종의 가장 큰 동기가 아디스를 향한 사랑과 공감이라고 평가한다.[52] 두 사람의 우정이 얼마나 각별했는지, 그리고 대학 내에서 얼마나 유명했는지를 잘 보여주는 일화이다. 1888년 아디스가 사제복을 벗고 로마 가톨릭을 떠날 때 홉킨스는 이루 말할 수 없는 충격을 받는다.

겔다트(Edmund Martin Geldart)라는 친구도 있다. 홉킨스는 겔다트의 첫인상을 "물안경 같은 회색빛 눈, 뒤에서 누가 때릴 것처럼 겁에 질려 의심에 가득 찬 얼굴, 쭈뼛거리며 발을 질질 끌고 다니는 걸음걸이, 파리한 얼굴, 그야말로 너무 초췌하고 끔찍한 인상이 내가 느끼는 전부"라고 기록한다.[53] 하지만 시간이 지나면서 홉킨스는 겔다트의 내면에서 외적 특징을 넘어서는 아름다움을 발견한다.

1882년 겔다트는 트래드레그(Nitram Tradleg)라는 필명으로 『벨리알의 아들: 자서전적 스케치』(A Son of Belial: Autobiographical Sketches)라는 소설을 출판한다. 벨리올 칼리지 시절의 추억을 엮은 책으로, 여기서 홉킨스는 "제론시오 맨리"(Gerontius Manley)라는 이름과 "나의 의례주의 친구"(my ritualistic friend)라는 애칭으로 불린다.[54] 원래 "제론시오"는 뉴먼(John Henry Newman)이 발표한 종교적인 극시(dramatic poem) 『제론시오의 꿈』(The Dream of Gerontius, 1866)의 주인공이다. 겔다트는 이 이름을 선택해 홉킨스가 뉴먼을 따라 로마 가톨릭으로 개종한 사실을 강조한다. "나의 의례주의 친구"라는 표현도 홉킨스가 가톨릭주의자임을 강조하는 말이다.

의례주의(Ritualism)는 옥스퍼드 운동(The Oxford Movement)에서 시작된 앵글로 가톨릭주의(Anglo-Catholicism)의 다른 명칭으로, 좁게는 가톨릭의 예배 관습을 강조하는 행동 양식을 가리킨다.* 당시 옥스퍼드 대학에서 앵글로 가톨릭주의를 공유하지 않은 대다수는 의례주의를 "놀라울 정도로 어리석고" 심지어 "혐오스러운 것"으로 여겼다.[55] 하지만 겔다트의 "나의 의례주의 친구"라는 말에는 그런 부정적인 느낌이 없다. 오히려 종교적 극단으로 가는 친구를 향한 애정과 염려가 느껴진다. 이 책이 출판되고 홉킨스는 "놀랍도록 슬픈 책"이라고 말한다.[56]

베일리(Alexander William Mowbray Baillie)는 홉킨스의 친구 가운데 가장 예외적인

---

* 앵글로 가톨릭주의는 영국 국교회(오늘날의 성공회)에서 가톨릭 전통의 회복을 추구하는 사상적 흐름으로, 종교개혁(The Reformation-헨리 8세가 수장령을 선포해 로마 가톨릭으로부터 영국 국교회를 독립시킨 사건) 이전의 가톨릭 전례 회복과 사도 신학 추구를 방법론으로 제시한다. 1830년대 옥스퍼드 운동에서 처음 시작해 영국 국교회 고교회파를 중심으로 전개되며, 오늘날 성공회의 신학적·전례적 정체성 형성에 중요한 기반이 된다. 앵글로 가톨릭주의라는 용어는 1838년 뉴먼이 개신교(Protestantism)와 구별하기 위해 만든 앵글커니즘(Anglicanism)에서 유래한다. 옥스퍼드 운동, 앵글로 가톨릭주의, 소책자주의(Tractarianism), 의례주의, 퓨지주의(Puseyism)는 각각 다른 맥락과 함의를 갖지만, 모두 영국 국교회에 가톨릭 전통을 복원하자는 옥스퍼드 운동 목표를 공유한다는 점에서 본질적으로 같다.

인물이다. 홉킨스와 친하게 지낸 친구들은 대부분 종교나 문학 중 한 가지 공통점을 지닌다. 둘 중 어느 것도 공유하지 않은 채 평생 친구로 지낸 사람은 베일리가 유일하다. 베일리는 고교회파 집안 출신이지만 나중에 무신론자가 된다. 문학에도 취미가 없다. 이처럼 다른데도 두 사람이 평생 친구로 남을 수 있었던 것은 서로를 향한 깊은 애정과 존경심 때문이다. 홉킨스는 베일리를 "자신의 확고한 뿌리에서 벗어나지 않으면서도 어떤 것에든 공감하고 깊이 이해할 수 있는 사람"이라고 칭찬한다.[57] 베일리 역시 홉킨스를 몹시 아낀다. 홉킨스가 사망한 후, 어머니 케이트를 위로하기 위해 베일리가 쓴 편지를 보면 잘 알 수 있다. "제가 그에게 얼마나 큰 빚을 졌는지 말로 표현하는 것은 불가능합니다. 그는 옥스퍼드 시절 제 삶의 모든 기억을 채운 사람입니다. 저의 모든 지적 성장과 그 시절 행복의 대부분이 그와의 우정에서 비롯되었습니다… 가까운 친족을 제외하고, 저는 다른 어느 누구에게도 그렇게 깊은 애정을 가져본 적이 없습니다."[58] 베일리는 홉킨스가 보낸 짧은 편지 하나도 귀하게 간직한다. 덕분에 홉킨스가 베일리에게 보낸 편지는 모두 출판된다.

완벽에 가까운 옥스퍼드의 첫 학기가 끝난다. 방학 동안 홉킨스는 베일리에게 두 통의 편지를 보낸다. 이 편지들은 아직도 비평의 관심을 종종 받는다. 첫 편지는 삼단논법에 관한 논리적 고찰을 담은 상당히 긴 글이다. 홉킨스는 "맞다, 너는 바보다"[59]라는 말로 편지를 시작한다. 아마도 베일리가 스스로를 바보라고 칭한 듯하다. 홉킨스는 베일리가 바보가 아님에도 바보라고 한 것이 얼마나 어리석은 일인지 증명하기 위해 삼단논법을 펼친다. "주 전제. 아무런 이익 없이 거짓말하는 사람은 바보다. 부 전제. 너는 아무런 이익 없이 거짓말을 한다. 결론. 그러므로 너는 바보다."

홉킨스가 베일리에게 보낸 편지는 모두 출판되었지만, 베일리가 보낸 편지는 거의 소실되었다. 홉킨스는 사제가 된 후 여러 임지를 옮겨 다녔기에 편지를 보관할 만한 여건이 안 되었다. 그나마 간직한 것도 홉킨스가 사망한 후 아일랜드 예수회가 불태운 것으로 추정된다. 이 때문에 편지에 담긴 말의 맥락과 상황이 홉킨스가 쓴 편지로만 유추될 때가 많다. 이 편지도 예외는 아니다. 베일리가 무슨 말을 했는지는 짐작의 영역이라 정확지 않다. 그렇다 해도 홉킨스의 표현은 신랄하다. 홉킨스의 언어 습관은 재기발랄하지만 냉소적일 때가 많다. 솔직하지만 종종 무례하다. 이는 홉킨스의 약점 중의 하나로, 때때로 대인 관계에 문제를 일으키기도 한다. 다행히 베일리는 한 번도 이를 불쾌하게 받아들이지 않는다. 홉킨스의 진심을 알기 때문이다.

이 시기에 홉킨스는 러스킨의 예술에 심취해 있다. 휴가지에서 본 낯선 풍경을 러스킨식으로 그려 베일리에게 보낸다. "나는 주로 연필 스케치를 많이 그리는 중이다. 네가 나의 스케치에서 러스킨의 관점을 발견하기를 바란다"라는 말도 덧붙인다.[60] 일기장에는 러스킨의 『현대 화가들』(Modern Painters)을 "읽어야 할 책"이라고 메모해 둔다.[61] 홉킨스가 언제나 러스킨에 동의한 것은 아니다. "러스킨이 종종 길을 잃고 헤맨다"라고 비평한 적도 있다.[62] 특히 러스킨이 휘슬러(James M. Whistler)의 그림 <검은색과 금색의 야상곡: 떨어지는 불꽃>(Nocturne in Black and Gold, The Falling Rocket)을 혹평해 논란을 일으켰을 때는 "러스킨이 휘슬러에게 잘못했고 매우 부당했다"라고 비판한다.[63]

휘슬러,
<검은색과 금색의 야상곡: 떨어지는 불꽃>, 1875

이때를 제외하면 대체로 홉킨스는 러스킨의 섬세한 사실주의, 중세주의, 종교적 관념과 결합한 예술관에 공감한다. 19세기에 많은 진보적 사상가는 회의주의자가 된다. 하지만 러스킨은 그 흐름에 편승하지 않는다. 오히려 빅토리아시대 후기 영국이 겪는 사회문제에 대한 근본적인 해답을 기독교의 원칙과 성경적 가

르침에서 찾는다.[64] 이런 특성이 홉킨스와 잘 맞아떨어진다.

대학에서 맞은 첫 번째 방학이 끝난다. 옥스퍼드는 이제 홉킨스에게 돌아가고 싶은 곳이 되었다. 마음껏 재능을 펼칠 수 있고 자유롭게 새로운 사상을 흡수할 수 있는 그곳이 그를 만족시킨다. 19세기 후반에 벨리올 칼리지는 옥스퍼드 대학의 여러 단과대학 중에서 학문적으로 가장 뛰어나다는 평가를 받는다.[65] 홉킨스를 지도한 교수의 명단만 봐도 교육 수준을 짐작할 수 있다. 홉킨스를 지도한 교수들로는 "엘리스(Robinson Ellis), 그린(Thomas Hill Green), 조웻(Benjamin Jowett), 윌리엄 뉴먼(William Lambert Newman), 팔머(Edwin Palmer), 페이터(Walter Horatio Pater), 리델(James Riddell), 스콧(Robert Scott), 스미스(Henry John Stephen Smith), 월(Henry Wall), 윌리엄즈(Robert Williams), 울콤(Edward Cooper Woollcombe)" 등이 있다.[66] 이들 대부분 당시뿐 아니라 지금도 각자의 전공 분야에 심대한 영향을 미친 것으로 평가받는다.

홉킨스는 이들로부터 첫 학기에는 라틴어, 데모스테네스(Demosthenes), 아이스키네스(Aeschines), 버질(Virgil), 수학, 투키디데스(Thucydides), 아이스킬로스(Aeschylus), 호머(Homer)를 배운다.[67] 옥스퍼드 대학의 일 년은 사순절 학기(Lent Term), 부활절 학기(Easter Term), 트리니티 학기(Trinity Term), 마이클마스 학기(Michaelmas Term)로 나뉜다.[68] 4월에 입학한 홉킨스는 부활절 학기에 이어 트리니티 학기에도 같은 과목을 배운다. 수학을 제외한 모든 과목이 그리스, 라틴 고전으로 그가 하이게이트에서 가장 잘했던 과목들이다. 홉킨스는 마치 물 만난 고기와 같다.

홉킨스가 옥스퍼드에서 과제로 제출한 에세이가 지금도 많이 남아있다. 대부분이 높은 수준과 완성도를 보여준다. 그를 가르쳤던 교수들은 홉킨스의 재능에 칭찬을 아끼지 않았고, 옥스퍼드에 학자로 남지 않고 로마 가톨릭으로 간 것을 안타까워했다. 영국 관념론 철학의 대가인 그린 교수도 그중 하나이다. 그린은 오랜 시간이 지난 후에도 "홉킨스와 한 번도 가깝게 지내지 않았지만 언제나 좋아했다"라고 회고한다.[69] 학기 말 성적표는 예상하는 그대로이다. 첫 학기 성적은 "장래가 매우 촉망됨"이고, 두 번째 학기는 "매우 우수하나 신학 제외"이다.[70]

장차 사제가 될 사람이 신학(Divinity) 과목에서 '우수' 성적을 받지 못했다는 점은 다소 의외일 수 있다. 옥스퍼드 대학에서 신학은 영국 국교회 정통 신학과 교리를 가르치는 과목이다. 자연히 수업 내용에 다른 견해를 허용하지 않는다. 홉킨스는 친구의 말 한마디도 삼단논법으로 조목조목 따지며 논쟁하는 것을 즐기는 사람이다. 이처럼 무비판적으로 '그냥 받아들이기'는 그에게 가능한 선택지가 아니다. 영국 국교회 교리에 관한 의문에 충분한 답을 얻지 못하는 것이 결국 홉킨스를 로마 가톨릭으로 개종하게 만드는 중대한 원인이 된다. 비록 '신학' 때문에 성적에 편차가 생기지만 이를 상쇄하고도 남을 만큼 전체적인 성적이 우수하다. 만약 홉킨스가 로마 가톨릭으로 개종하지 않았다면, 옥스퍼드 대학의 연구원이나 교수가 되고도 남았을 것이다.

조웻, 1854

홉킨스의 첫 튜터*는 조웻이다. 옥스퍼드 대학에서 첫 1년간 홉킨스의 지성이 성숙하는 데 가장 큰 영향을 미치는 인물이다. 당시 조웻은 대학 내에서 입지가 좋은 편이 아니었다. 1860년 『논문과 비평』(Essays and Reviews)에 기고한 글이 큰 논란을 불러일으켰기 때문이다. 『논문과 비평』은 광교회파가 자유주의적 관점에서 교리를 재해석하기 위해 출판한 논문집이다. 조웻은 여기에 「성경 해석에 대해」("On the Interpretation of Scripture")라는 글을 기고한다. 기존의 성경 읽기 방식에 문제를 제기하고 합리적 관념에 기초한 성경 해석을 주장하기 위해서이다. 바로 전해에 출판된 다윈(Charles Darwin)의 『종의 기원』(The Origin of Species)이 안겨준 충격도 채 가시지

---

* 옥스퍼드 대학에서 튜터 시스템은 학생 교육에 매우 중요한 부분을 담당한다. 일반적으로 각 칼리지의 펠로우(Fellows)가 튜터로 선임되어 학생과 일대일의 관계를 맺고 지속적으로 그 학생을 지도한다. 튜터는 학생의 에세이를 교정하고 시험 준비를 돕는 등 학업 전반을 지원하며, 학생이 대학 생활에 잘 적응할 수 있도록 도덕적 지도 및 생활 상담 역할도 수행한다. 따라서 튜터의 역량과 성향이 학생의 성장에 직접적인 영향을 미칠 수 있다.

않은 시점이다. 교회를 지탱해 온 전통 관념이 흔들릴지 모른다는 생각들이 조 웻의 자유주의적 사상을 위험한 것으로 간주한다. 학문적 관용을 인정받지 못한 조웻은 10년 동안 임금의 10분의 1만 받는 굴욕적인 감봉 징계에 처해진다. 승 진은 꿈도 꿀 수 없는 상태다. 하지만 잃는 것이 있으면 얻는 것도 있는 법이다. 조웻은 들불처럼 퍼져가는 합리주의와 자유주의의 대명사가 된다. 새로운 사상 에 열광하는 학생들의 존경을 한 몸에 받는다.

홉킨스도 조웻을 따른다. 조웻은 홉킨스에게 매주 제출하는 에세이 과제가 힘 들겠지만, 그것이 옥스퍼드에서 성공 여부를 결정하니 정성을 다하라고 충고한 다.[71] 이를 명심한 홉킨스는 항상 최고의 에세이를 제출하기 위해 애쓴다. 그런 홉킨스를 조웻은 "벨리올의 스타"(The Star of Balliol)라고 부른다.[72] 일각에서는 홉킨 스를 벨리올의 스타라고 부른 사람이 조웻이 아니라 퓨지(Edward Bouverie Pusey)라 고 본다. 퓨지가 앵글로 가톨릭주의 운동을 확장하는 데 홉킨스가 큰 역할을 할 것이라고 기대했다는 것이다.[73] 둘 중 어느 것이 맞든 간에, 교수들이 홉킨스를 다음 시대를 이끌어 갈 주역으로 본 것은 확실하다.

만약 홉킨스가 조웻의 길을 따랐다면 더 평탄한 삶이 되었을 것이다. 벨리올 의 스타답게 빛나는 학자의 길을 걸으면서 말이다. 하지만 홉킨스는 대학 첫 1 년을 보내는 동안 서서히 조금씩 조웻에게서 멀어진다. 홉킨스의 타고난 종교적 감수성이 조웻의 자유주의 사상에 깊이 공감하지 못하기 때문이다. 조웻에게서 멀어진 홉킨스는 조금 더 종교적이기 위해 퓨지에게로 간다. 거기서 멈추지 않 고 뉴먼을 거쳐 예수회 사제가 된다. 바로 그때 조웻은 멀어진 제자에게 복수라 도 하듯 홉킨스를 아일랜드로 보내는 데 일조한다.

이즈음 홉킨스는 일기를 쓰기 시작한다. 이 일기는 홉킨스 연구자들에게 매 우 귀중한 자료이다. 1863년부터 1875년까지 약 12년간 홉킨스의 머릿속을 지 나간 모든 것이 기록되어 있다. 학문적 관심, 인간관계, 종교적 갈등, 개종까지의 소용돌이가 고스란히 담겼다. 이 일기가 없었다면 완전히 소실되어 버렸을 초기

습작들도 보존되어 있다. 자연 관찰에 몰두하던 모습이나 라파엘 전파의 화려한 사실주의가 신앙심과 결합하는 과정도 시간 순서대로 기록되어 있다. 홉킨스 시 비평론에서 매우 중요한 개념인 '인스케이프'(Inscape)와 '인스트레스'(Instress)에 대한 설명이 수록되어 있고,* 중세 신학자 스코투스(Duns Scotus)를 발견한 순간도 생생하게 그려져 있다.[74]

첫 일기는 1863년 9월 24일 시작된다.

> 성장(growth)은 어떤 것이 힘차게(vigorously) 자라거나 활짝 피어난 것(blooming)을 의미하지만, 아직 열매(fruit)를 생산하지는 못한 단계이다. 목초지(meadow)와 벌꿀 술(mead)은 서로 어원적으로 연결되며, 목초지(meadow)는 신선한 풀밭(a field of fresh vegetation)을 의미한다. 벌꿀 술(mead)은 마시는 것이고, (같은 뿌리에서 활성화된) 고기(meat)는 영양을 주거나 강화하는 것을 의미한다. 하녀(maid)는 처녀자리(virgo)와 미류운(virga) 사이에 존재하는 상당한 유사성과 비교된다.[75]

이는 단어의 소리와 의미의 관계를 탐구하고 기록한 것이다. 홉킨스가 당시 수강한 정규 수업에는 이와 관련된 과목이 없다. 그런데도 초기 일기의 상당 부분이 이와 유사해, 그가 홀로 얼마나 열성적으로 언어 연구에 매달렸는지를 보여준다. 홉킨스의 시가 20세기 초에 처음 세상에 공개되었을 때 비평계는 그 언어의 독창성에 놀란다. 훗날 세상을 놀라게 할 홉킨스의 언어적 독창성이 이때

---

* 인스케이프와 인스트레스는 홉킨스가 고안한 용어이다. 두 개념 모두 사물의 내적 특성과 관련 있지만, 서로 분명하게 구분된다. 먼저, 인스케이프는 존재의 개별적 특성을 가리킨다. 존재를 독특하게 만드는 가장 풍부하고 두드러진 특성이자, 존재에 하나의 완결성과 통일성을 부여하는 고유한 본질이다. 이것이 각 존재의 고유한 성질을 반영하는 형태나 패턴을 통해 구현되며, 다양한 감각기관을 통해 외부에서 인식된다. '풍경'(scape)이라는 단어 때문에 시각적 이미지에 국한된 개념으로 오해되기 쉬우나, 그보다 훨씬 넓은 개념이다. 청각에 의존하는 소리나 리듬, 인간 군상, 행동 양태 등을 포함해 모든 존재와 현상에 적용된다. 반면에 인스트레스는 인스케이프가 구현되도록 작동하는 본원적이고 내재적인 힘이다. 모든 존재가 창조의 순간 창조주로부터 저마다의 본질적 특성을 부여받았으며, 신에 의해 그것이 지속된다는 상상적 믿음에 기초하는 개념이다.

부터 이미 준비되고 있었던 셈이다.

  10월 10일 미카엘 학기가 시작된다. 학기 시작과 함께 기쁜 소식이 들려온다. 기숙사 제일 꼭대기 층에서 지상층에 있는 방으로 옮기게 된 것이다. 지상층이지만 네 계단이나 올라가 있다. 밖에서는 안을 들여다볼 수 없지만, 방 안에서는 밖을 내다보며 지나가는 친구들과 이야기를 나눌 수 있다.[76] 더구나 칼리지 중심부인 사각 중정(Garden Quad)이 한눈에 보인다. 마치 대학 전부를 품 안에 둔 것 같다.

4.
옥스퍼드 대학 ②
"부정한 나 자신"

새내기의 호기심은 가라앉는다. 이제는 자신에게 가장 잘 맞는 것을 선택할 때이다. 홉킨스는 마음에 드는 동아리를 발견한다. 벨리올 칼리지 학생만 회원이 될 수 있는 '우정의 회합'(The Friends of Council)이라는 토론 모임을 특히 좋아한다. 자유롭게 생각을 드러내고 논리적으로 설득하는 것을 좋아하는 성격에 딱 맞는다. 매우 열성적으로 활동해서 1864년 4월에는 모임의 총무로도 선발된다.[77] 반면에 학내에서 가장 종교적인 특성이 강한 동아리인 '성삼위일체 형제회'(The Brotherhood of the Holy Trinity)에는 가입하지 않는다. 성삼위일체 형제회를 실질적으로 이끄는 사람은 세인트 에드먼드 홀(St Edmund Hall)의 리돈 교수이지만, 설립자는 리돈의 스승이자 사상적 동지인 퓨지 교수이다.

당시 퓨지의 대학 내 위치를 이해하기 위해서는 옥스퍼드 운동의 흥망성쇠를 살펴야 한다. 옥스퍼드 운동은 뉴먼, 키블(John Keble), 퓨지가 주축이 되어 1833년 시작한 영국 국교회 쇄신 운동이다. 당시 세 사람은 옥스퍼드 대학의 젊은 교수이자 영국 국교회 사제였다. 이들은 영국 국교회가 여러 종파로 나뉘면서 순수한 정신을 잃었고, 자유주의로 인해 교회의 역량이 약화되었다고 생각한다. 무엇보다 영국 국교회가 국가교회로서의 위상을 잃어가는 상황을 더는 지켜볼 수 없다고 판단한다. 세 사람은 교회의 권위와 전통 회복이라는 목표를 위해 사도 정신의 회복, 교부 신학 추구, 가톨릭 제례 복원을 방법론으로 제시한다. 이들의 주장은 교회 안에 신선한 바람을 불러일으키며 영국 전역으로 퍼져나간다.

퓨지

얼마 안 가 옥스퍼드 운동의 영향력을 경계하는 사람들이 생긴다. 특히 옥스퍼드 운동이 주장하는 가톨릭주의를 의심한다. 당시는 1829년에 영국 의회가 로마 가톨릭 해방령(The Emancipation)을 선포하고 몇 년 지나지 않은 때이다. 사람들은 옥스퍼드 운동이 주장하는 앵글로 가톨릭주의를 로마 가톨릭과 분리하지 못한다. 뉴먼과 퓨지가 자신들은 로마 가톨릭을 지지하지 않는다고 여러 번 해명하지만 논란이 가라앉지 않는다. 결국 1845년 뉴먼이 로마 가톨릭으로 개종하자 옥스퍼드 운동은 그 순수성을 의심받고 동력을 잃는다. 온갖 비난과 의심이 퓨지한테 쏟아진다. 퓨지는 따가운 눈총을 받으며 대학에서 앵글로 가톨릭주의를 전파하기 위해 고군분투한다.

당시 옥스퍼드 대학은 영국에서 진행되는 모든 문화적, 과학적, 정치적 논쟁을 허용하는 지식의 격전지였다. 학문과 사상의 자유를 진정으로 존중한다. 다만 종교는 예외이다. 대학은 영국 국교회만을 인정하는 배타적이고 폐쇄적인 공간이다. 마치 하나의 거대한 종교 단체와 같다.[78] 자유주의적 논문 하나 때문에 조웻처럼 저명한 학자를 이단이라 낙인찍고 그의 정년 교수직을 박탈한 곳이다. 대학의 모든 구성원은 영국 국교회라는 틀에 갇혀있다. 퓨지가 전파하는 앵글로 가톨릭주의는 퓨지를 추종한다는 의미의 '퓨지주의'나 가톨릭 의례에 집중한다는 의미의 '의례주의'로 대의가 축소된다. 성삼위일체 형제회에 소속된 학생을 바라보는 시선도 곱지 않다. 동아리 회원들도 이를 의식해 지나치게 가톨릭화되는 것을 경계한다. 퓨지가 땅만 보고 걷자거나 허리에 무명 띠를 두르자고 제안했을 때도 학생들의 반대 때문에 무산된다.[79]

홉킨스는 성삼위일체 형제회에 가입하지 않지만, 그들과 가까운 관계를 유지한다. 평생의 친구 브리지스(Robert Bridges)를 만난 곳도 이곳이다. 둘 사이에 큰 공통점은 없다. 브리지스는 영국 국교회 사제가 되는 것이 목표이고, 홉킨스는 화가나 학자를 꿈꾼다. 이후 브리지스는 자유주의에 심취해 국교회 사제의 길을 버리고 의사가 된다. 홉킨스는 로마 가톨릭 예수회 사제가 된다. 브리지스는 홉킨스의 예수회를 끔찍하게 싫어하고, 홉킨스는 브리지스의 종교적 회의주의를 못마땅해한다. 그럼에도 홉킨스의 삶 전체를 통틀어 가장 중요한 친구는 브리지스이다. 브리지스는 홉킨스에게 돌벤(Digby Mackworth Dolben)을 소개해 로마 가톨릭을 향한 열정을 가속화시킨다. 아일랜드에서 외로운 시간을 보내는 홉킨스와 삶과 시를 공유하며 위로한다. 홉킨스의 뜻에 따라 육필 원고를 간수하고, 훗날 이를 출판한다.

브리지스

1918년 브리지스가 『제라드 맨리 홉킨스의 시집』(Poems of Gerard Manley Hopkins)을 출판할 때 750부를 찍었다. 이것이 전부 팔리는 데 12년이 걸렸고, 여담이지만 현재 이 시집의 소장가는 천 달러를 넘는다.[80] 1918년은 홉킨스가 세상을 떠난 지 30년이 되는 해이다. 브리지스가 이때까지 출판을 미룬 것에 대해 논란이 많다. 대개는 비난이다. 1918년 이전에도 홉킨스의 시를 출판하려는 시도가 여러 번 있었다. 1908년 예수회 사제 키팅(Fr Joseph Keating)이 홉킨스의 시를 모아 출판하자고 제안한다.[81] 브리지스가 홉킨스의 원고를 갖고 있는 것은 당시에도 비밀이 아니었다. 홉킨스의 가족과 친구들이 모두 알고 있었다. 키팅 신부가 브리지스에게 출판을 논의하자, 브리지스는 일언지하에 거절한다. 1909년 가톨릭 시인 브레기(Katherine Bregy)가 홉킨스의 시를 수집하자는 글을 잡지에 기고했을 때도 브리지스는 침묵한다.

　홉킨스의 시를 그토록 늦게 출판한 이유에 대해 브리지스는 한 번도 명확히 설명하지 않았다. 그저 추측만 난무할 뿐이다. 가장 유력한 이유는 '브리지스가 예수회를 싫어했다'는 것이다. 실제로 브리지스는 예수회가 홉킨스의 시를 편집할 능력이 없다고 믿었다. 브리지스를 옹호하는 사람들은 그가 적절한 시대를 기다린 것이라고 주장한다. 브리지스는 1913년에 영국 계관시인으로 임명된다. 그로부터 2년 후 시집 『인간의 정신』(*The Spirit of Man*)을 출판하면서 홉킨스의 「도이칠란트호의 난파」("The Wreck of the Deutschland") 제1연과 몇몇 시를 포함한다. 이를 통해 브리지스는 대중의 반응을 살피고 3년을 더 기다려 『제라드 맨리 홉킨스의 시집』을 출판한다. 이것이 1920년대 주요 비평가들의 눈에 든다. 그들은 홉킨스를 '모더니스트'라 칭하고 그 새로움에 감탄한다. 브리지스가 홉킨스의 시를 마침 이때 출판한 진짜 이유는 오직 그만이 안다. 이유야 어찌 되었든, 홉킨스의 시를 온전히 보전하고 세상에 알린 공로는 결국 브리지스에게 돌아갔다.

　홉킨스는 브리지스와 친해진 후에도 성삼위일체 형제회에 가입하지 않는다. 이미 가입한 아디스와 거니(Frederick Gurney)도 가입을 미루는 것이 좋겠다고 조언한다.[82] 어머니도 홉킨스가 가입하지 않은 것을 기뻐한다.[83] 이런 이야기가 홉킨스 주변에서 오간 것이 1864년 1월이다. 이로부터 약 2개월 후 홉킨스는 '육일 창작회'(Hexameron Essay Society)라는 신생 동아리에 가입한다. 동아리를 개설한 사람은 리돈이다. 리돈은 성삼위일체 형제회가 너무 유명해 학부모들의 경계를 받는 상황을 심각하게 받아들인다. 편견 없이 새롭게 앵글로 가톨릭주의를 전파할 장소가 필요하다고 생각하는 차에, 때마침 홉킨스 같은 인재가 눈에 들어온다. 1864년 3월 리돈은 "능력 있는 대학생들과 함께 에세이 클럽을 조직하려고 애썼다. 그중의 몇 명은 조웻의 제자이다"라고 기록한다.[84] 리돈이 말한 "조웻의 제자" 중 한 명이 홉킨스이다.

  리돈은 홉킨스를 통해 앵글로 가톨릭주의의 부흥을 꿈꾼다. 무슨 일이 있어도 "한 학기에 여섯 번은 글을 발표하고 토론한다"라는 의미에서 '육일 창작회'라는 이름을 정하고, 주로 가톨릭 신앙과 교리와 관련된 주제를 논의하기로 한다. 홉킨스는 매우 열정적으로 동아리 활동을 한다. 1865년 2월에 「시의 과학」("Science of Poetry")이라는 제목의 글을 매우 많은 사람들이 지켜보는 가운데 발표한 기록이 남아있다.[85] 1864년 3월 홉킨스는 "어머니께서 나에게 금식을 허락하지 않으신다"라고 말한다.[86] 이미 앵글로 가톨릭주의의 극기주의를 실천하고 있다는 뜻이다. 얼마 안 있어 홉킨스는 "리돈 추종자"(Liddonite)라 불리게 된다.[87]

  이제 홉킨스는 벨리올 칼리지에서 가장 열성적인 앵글로 가톨릭주의 사도이다. 그에게선 어떤 특별한 종교적 분위기가 느껴지기 시작한다. 40년 후 동급생 레치미어(W. Lechmere)는 홉킨스를 다음과 같이 기억한다. "이제 와 40년이 넘게 지난 그 시절을 회상하면 마치 훌륭한 초상화 하나를 보는 것 같다. 그토록 차원 높은 고상함, 굳건한 목적, 고요한 슬픔 혹은 진지함을 그림자처럼 드리우는 것이 아니라 외부로 발산하다니! (…) 내가 옥스퍼드에서 만난 모든 사람 중 그의 정신과 인격의 훌륭함을 뛰어넘는 이는 아무도 없었다."[88] 다소 과장스럽게 들리지만, 홉킨스의 종교적 진지함이 남달랐던 것은 분명해 보인다.

  앵글로 가톨릭주의를 수용하면서 홉킨스에게 나타난 가장 큰 변화는 성찬(Sacrament)과 성육신의 원리를 내면화한 것이다. 성육신은 신이 인간의 몸을 입고 이 땅에 왔다는 기독교의 핵심 교리이다. 성찬은 예수의 십자가 죽음을 기념하는 성례전으로, 성찬식에서는 떡과 포도주를 예수의 몸과 피로 상징하여 나눈다. 성찬은 모든 기독교 전통에서 공유하는 관념이지만, 교파마다 조금씩 다르게 해석한다. 영국 국교회는 개신교와 마찬가지로 성찬이 예수의 죽음을 상징한다고 본다. 반면 로마 가톨릭은 성찬에서 떡과 포도주가 예수의 살과 피로 변한다는 화체설(transubstantiation)을 따른다.[89] 육일 창작회에 들어간 후 홉킨스는 성찬을 단순한 상징이 아니라 성육신의 신비가 재현되는 성스러운 사건으로 인식한다. 영국 국교회는 18세기를 지나면서 가톨릭적 특성을 거의 잃어 교리와 의례에서 개신교와 다를 바가 없었다. 홉킨스의 변화된 성찬 교리는 이미 영국 국교회의 범주를 넘어선 것이다.

그러나 홉킨스는 거기서 멈추지 않는다. 더 나아가고 싶어 한다. 그러한 마음을 이렇게 적어둔다. "나의 마음이 논리적으로 더 발전하면 돌이킬 수 없는 불충으로 이어질 것이다. 나의 믿음을 가장 돕는 것이자, 그 믿음의 핵심 대상은 제단의 성찬식에 신이 실제로 임재한다는 교리이다. 이 교리가 없는 종교는 암담하고 위험하고 비논리적이다. 비록 성체 교리의 장엄한 일관성과 확실성에 대해 제대로 설명할 수 없지만, 그것을 믿는 종교가 사랑받을 수 있다고 믿는다. 그것을 온전히 마음에 담을 수만 있다면 완전한 가톨릭 신앙을 얻을 것이다."[90] 홉킨스는 여기서 더 발전하면 영국 국교회를 향한 "불충"이 될 수 있다는 것을 안다. 그럼에도 "완전한 가톨릭 신앙"을 향해 더 나아가고 싶어 한다.

홉킨스의 생각은 빠르게 "불충"한 방향으로 나아간다. 1864년 7월에 완성한 「타작마당과 술틀의 포도주」("Barnfloor and Winepress")는 성찬에 실제로 임재한 예수가 신도와 결합하는 것을 믿는 마음이 담겼다.

> 그분께서 우리를 뿌리내리게 한 들판이
> 향로처럼 열매를 흔들어댈 것이니
> 그때 그분께서 우리를 자신의 짚단으로 묶으시고
> 그때 그분께서 우리에게 월계수 잎을 받잡게 하셨다
> 우리는 그 향연을 음식이라 부르지 않으며
> 우리 구세주의 피요 우리의 피라 칭하니
> 우리 그렇게 그분의 나무에 접붙는다[91]

전체 33행의 시로, 여기서는 마지막 7행을 인용했다. 제목 아래 성경의 "임금이 대답하였다, 주님께서 너를 돕지 않으시는데 내가 어찌 너를 돕겠느냐? 타작마당의 곡식으로 돕겠느냐? 술틀의 포도주로 돕겠느냐?"(「2열왕」, 6:27)라는 구절이 적혀있다. 이는 화체설의 근거가 성경에 있음을 강조하려는 의도이다. 이 시에서 "포도주"는 성찬례를, "접붙는다"는 성찬이 인간 속에서 예수와 결합하는 과정을 상징한다. 본질적인 면에서 로마 가톨릭의 화체설과 다르지 않다.

방학이 다가왔다. 홉킨스는 방학 동안 독서 모임(reading parties)을 계획한다. 독서 모임도 옥스퍼드 학생이 즐기는 활동이다. 부활절 방학과 긴 여름방학 동안 근교 숙소에서 친구들과 함께 책을 읽고, 토론하고, 산책하는 것이다. 좋아하는 교수를 초대해 학문적 지도를 받기도 하지만, 꼭 필요한 것은 아니다.[92] 홉킨스는 하디, 본드(Edward Bond)와 함께 서던 힐(Southern Hill)에 있는 미스 스토리(Miss Story)의 집에 머문다. 집주인 미스 스토리를 포함해 네 명의 미혼 여성이 함께 거주하는 집이다. 홉킨스가 이들을 "소녀"(girls)라고 칭한 것으로 보아, 네 명 모두 그리 나이가 많지 않을 것으로 짐작된다.[93] 홉킨스와 친구들은 이제 겨우 스물 안팎이다. 젊은 미혼 여성 네 명과 한 집에 기거하는 일은 꽤 신선한 경험일 것이다. 홉킨스는 "이 일이 엄청난 도전이지만 독서를 방해할 정도는 아니다"라고 기록한다. 더 이상 자세한 설명은 없지만, 상당히 의미심장한 구절이다. 여성과 사적 관계를 맺는 일이 다소 어렵다는 의미로 읽히기 때문이다.

포스트모던 시대가 도래하면서 이전의 금기들이 깨진다. 오랫동안 종교적, 영적 관점에서 분석되던 홉킨스의 시는 인간적 욕망을 반영한 작품으로 해석되기 시작한다. 여러 비평가가 홉킨스의 성적 지향을 남성 지향적이라고 결론 내린다. 그들은 홉킨스의 동성을 향한 욕망 억제가 "고도로 응축된 시적 에너지로 변해 그의 시에 눈부시고 신비한 아우라를 부여했다"라고 분석한다.[94] 당시 옥스퍼드 대학의 독특한 분위기도 이러한 분석에 힘을 실어준다.

일부 그리스 철학 교수들은 고대 그리스의 동성애 관습을 긍정적으로 평가한다. 그리스식 동성애 관습이란, 성숙한 남성이 연인이 되어 미성숙한 남성의 전인적 성장을 돕는 것이다. 이는 개별적이거나 일시적인 유행이 아니라 "문학과 예술에서 널리 다루어지고 공공연하게 향유된 사회적이고 문화적인 현상"이었다.[95] 그 이면에는 남성의 정신적, 사회적 성숙 과정을 특별하게 보고, 그 과정에서 여성을 배제하려는 의도가 깔려있다. 따라서 그리스식 동성애 관습은 남성 중심 문화가 극단적으로 발현된 사회문화적 현상이라 할 수 있다.

빅토리아시대 역시 가부장제를 통해 강력한 남성 중심 사회를 구축한 시기이다. 일반적으로 남녀 간의 사랑보다 남성 간의 '고상한 우정'을 훨씬 더 차원 높은 것으로 여기고, 남성 간의 우정을 통해 인격적으로 성숙하는 것을 결혼보다 우선시한다. 이 때문에 신사들의 만혼도 상당히 흔하다. 브리지스도 마흔 살이던 1884년에야 결혼한다. 비평가들은 이러한 분위기가 남성 간의 친밀한 분위기를 권장하고 은연중에 동성애를 부추기는 원인이 되었다고 본다.

옥스퍼드 운동은 종교적 이유로 남성 간의 친밀한 관계를 권장한다. 이들은 영국 국교회가 종교적 권위를 회복하기 위해서 수도원 전통을 부활시켜야 한다고 주장한다. 남성 공동체에서 형제애로 생활하는 것이 순수한 영성을 키우는 데 도움이 된다고 믿기 때문이다. 마침 옥스퍼드 대학의 모든 칼리지는 영국 국교회 울타리 안에 있는 남성 전용 공간이다. 옥스퍼드 운동가들은 칼리지를 일종의 수도원으로 간주하고, 지성과 영혼의 성숙을 꾀하는 영적 공간으로 설정한다. 실제로 뉴먼은 젊은 사람들이 서로 자유롭게 어울리면 "매일 새로운 관념과 견해, 신선한 사고의 재료, 판단과 행동을 구분하는 원칙들을 배울 것"이라 설득하고, 교수 학생 간의 친밀한 상호작용을 "학생과 타인 간에 형성되는 연대"라고 주장한다.[96] 이 때문에 사제간의 긴밀한 관계와 학생 간의 깊은 우정은 형제적 공동체를 위해 매우 바람직한 것으로 간주된다.[97]

옥스퍼드 운동이 저문 후에도 이러한 전통은 계속된다. 실제로 많은 교수가 구성원 간의 친밀한 관계가 학습 효과를 높이는 데 긍정적으로 작용한다고 본다. 또한 학생들과 강한 유대 관계를 맺는 것이 학내의 다양한 권력 경쟁에서 우위를 점하는 데 유리하다고 믿는다.[98] 그 결과 옥스퍼드 대학에서는 팔짱을 끼고 거리를 산책하는 남성들을 흔하게 볼 수 있었다.[99]

이제껏 홉킨스의 성 지향성 연구는 이처럼 다양한 옥스퍼드 대학 특유의 남성 중심 문화를 '논리적' 근거로 들었다. 하지만 이를 뒷받침할 구체적이고 실증적인 증거나 증언은 아직까지 제시하지 못하고 있다. 빅토리아시대의 소년들은 10대 중반까지 사춘기에 진입하지 못하는 경우가 흔했다.[100] 체구가 작고 연약했던 홉킨스의 사춘기는 더욱 늦어, 대학을 입학한 후 19세에 사춘기가 시작된다. 이때 홉킨스의 관심은 온통 앵글로 가톨릭주의에 있었다. 앵글로 가톨릭주의는 성에 있어 매우 금욕적이다. 세례와 성찬례를 구원의 실질적 수단으로 인정한 데서 비롯된 결과이다. 세례와 성찬례를 받은 후에도 사람들은 계속해서 죄를 짓는다. '구원 후 죄'라는 딜레마를 해결하기 위해 앵글로 가톨릭주의는 모든 종류의 인간적 욕망을 억제하라고 강력하게 요구한다. 동시대의 모든 기독교 종파가 욕망의 억제를 강조했지만, 앵글로 가톨릭주의는 다른 종파와 비교해 그 정도가 유별났다. 홉킨스는 욕망이 채 성장하기도 전에 그것이 "순결한 자아를 부정적으로 만드는 것"이라고 배운다.[101]

더해서 빅토리아시대는 사회 전체적으로 못 말릴 만큼 도덕성과 근엄함을 강조한다. 교수나 의사, 종교인을 가리지 않고 거의 모든 직업군에서 육체적 욕망에 탐닉하는 것은 개인과 조직의 평판에 심각한 위협을 초래할 수 있다.[102] 평판을 중요시하는 사람이라면, 특히나 홉킨스처럼 종교적인 삶을 선택한 사람이라면, 성적 추문에 연루되지 않기 위해 더욱 신중해야 한다. 홉킨스의 성 지향성이 무엇이든 간에 그것을 억제하는 것은 매우 당연한 일이다.

사정이 이러하니 독서 모임은 홉킨스에게 "엄청난 도전"이 된다. 하디와 본드는 네 명의 여성들을 두고 천박한 상상과 농담을 계속한다. 이에 영향받지 않기 위해 홉킨스는 힘겨운 시간을 보낸다.[103] 홉킨스라고 여성을 향한 관심이 전혀 없는 것은 아니다. 한번은 "마음속에서 거니 부인과 간통하고 싶은 유혹"이 있다고 고백한다.[104] 그가 말하는 '마음속 간통'이 무엇을 의미하는지는 불분명하지만, 그가 거니 부인을 좋아한 것은 분명하다. 그녀가 젊은 나이에 일찍 세상을 떠나자 홉킨스는 "거니는 지금 슬픔에 잠겨있지만, 대부분이 누리는 축복보다 더 큰 행복을 몇 년이나 누렸다는 사실을 기억해야 한다. 거니 부인은 상냥한 사람이었다"라고 애도한다.[105] 여담이지만, 훗날 아일랜드에서 한 학생이 다음과 같은 증언을 한다. "홉킨스 신부는 '여러분도 알겠지만 나는 여인이 벗은 모습을 본 적이 한 번도 없습니다'라고 말하고 잠시 쉰 후 '나도 보고 싶습니다'라고 덧붙였다. 그의 말은 고통스럽게 들렸다."[106] 만약 홉킨스가 앵글로 가톨릭주의에 발을 들이지 않았다면, 혹은 로마 가톨릭 사제가 되지 않았다면, 그는 평범한 삶을 살았을 것이다.

독서 모임이 끝난 후 홉킨스에게 기쁜 일이 생긴다. 거니의 집에서 크리스티나 로제티(Christina Rossetti)를 소개받는다. 단테 로제티를 포함해 라파엘 전파 형제회 회원들도 만나게 된다.[107] 하이게이트 시절이라면 아마 뛸 듯이 기뻐했을 것이다. 하지만 지금은 아니다. 이제 홉킨스는 라파엘 전파보다 더 진지하고 더 종교적인 것을 추구한다. 그래서 라파엘 전파에서 가장 유명한 단테 로제티보다 그의 누이동생 크리스티나 로제티를 만난 것에 더

단테 로제티,
<크리스티나 로제티>, 1866

기뻐한다. 크리스티나는 일찍이 옥스퍼드 운동의 영향을 받아 앵글로 가톨릭의 극기주의를 실천하며 평생 독신으로 살고, 시에도 그 믿음을 담아낸다.

홉킨스는 크리스티나 로제티가 쓴 「수녀원 문턱」("Convent Threshold")에 완전히 반한다. 집에 돌아와 크리스티나의 시에 답가를 쓴다. 「천국의 안식처: 수녀가

4. 옥스퍼드 대학 ② "부정한 나 자신"

되다」("Heaven-Haven: A Nun Takes the Veil")이다.

> 나는 가기를 바라네
> 샘물이 마르지 않는 곳으로
> 그 들판에는 매섭게 스치는 싸락눈도 없고
> 몇 송이 백합이 피었겠지
>
> 나는 그곳에 있기를 원하네
> 어떤 폭풍도 닥쳐오지 않는 그곳
> 초록빛 큰 놀이 요동치는 바다에서 벗어나
> 말 없는 안식처에 떠있는 그곳[108]

홉킨스가 이 시에 처음 붙인 제목은 「휴식」("Rest")이다.[109] 조용한 수도원의 삶에 대한 동경이 담긴 이 제목이 지금처럼 바뀐 것은 1867-68년 경이다. 이때는 홉킨스가 이미 예수회를 선택한 후이기 때문에 수도자의 삶을 선택했다는 사실이 명확히 드러나도록 바꾼다. 홉킨스가 이 시를 크리스티나에게 보였는지는 분명치 않지만, 친구인 콜스(V. S. S. Coles)와 돌벤에게 보여준 기록은 남아있다. 돌벤의 가족은 "1867년 6월"이라고 표기한 원고를 소장하고 있다. 이는 홉킨스가 꽤 여러 해 동안 이 시를 주변에 보였다는 뜻이다. 그만큼 이 시에 애정을 가졌다는 말도 된다. 비평가들도 홉킨스가 종교적 갈등 시기에 쓴 시 중에 이 시가 최고라고 평가한다. 간명한 상징성과 음악성이 잘 어울리는 시이다.

시인으로서 홉킨스의 자의식도 성숙한다. 좋은 시를 구분하기 위한 나름의 기준을 세워 세 등급으로 나누고 각 등급을 다음과 같이 정의한다. "첫째이자 가장 수준 높은 시는 적절한 시, 즉 영감의 시이다. 영감이라는 단어를 그리 어렵게 생각할 필요는 없다. 그저 대단히 비범하고 예리한 정신 상태를 의미한다.

이러한 상태에서 떠오르는 생각들은 뇌의 긴장과 작용에 의해 생성되거나 그러한 요구 없이 저절로 마음에 스며든다. 에너지 넘치게 선뜻 받아들여진다. (…) 두 번째는 시적인 시(Parnassian)이다."[110] 홉킨스가 사용한 "시적인 시"라는 표현은 원래 그리스의 파르나서스(Parnassus)산에서 유래한 말이다. 일반적으로 '고답적' 이라는 의미로 쓰이며, 19세기 중반에는 시의 기교를 중시하는 '고답파'를 칭하는 용어로 쓰이기도 한다. 홉킨스도 이와 비슷한 의미로 사용한다. "별처럼 달에 닿는 것이 불가능한" 시나 "포프(Alexander Pope)를 비롯해 기교를 중시하는 모든 학파"의 시를 "시적인 시"의 예로 든다.[111] "별처럼 달에 닿는 것이 불가능"하다는 의미는 진정한 초월적 영감으로 쓴 시가 아니라는 뜻이다. 세 번째 등급에 대해서는 아예 언급조차 안 한다. 홉킨스의 안중에 없기 때문이다.

홉킨스는 이제 익숙한 것을 새로운 관점에서 바라보기 시작한다. 자신이 닮고자 했던 테니슨도 이전과 다르게 본다. 그는 테니슨을 의심하는 자신이 "끔찍하다"라고 말한다.[112] 말은 이렇게 하지만, 내심으로는 이를 기뻐한다. 자신의 안목이 성숙한 증거라고 생각하기 때문이다. "비록 어둠 속을 질주한다 해도 우리의 마음이 비상하는 것은 항상 대단한 사건이며 엄청난 논쟁거리이다. 내가 이것에 얼마나 큰 흥미를 느끼는지 말할 수는 없지만, 얼마나 위로받고 기뻐하는지는 잘 알고 있다"라는 말에서 당시 그의 심경이 잘 드러난다. 그는 자신의 마음속에 자리 잡은 모든 의심을 마음이 "비상"하기 위한 준비 단계라고 본다. 비록 "어둠 속을 질주"하지만 충분히 가치 있는 일이라고 확신한다.

학업 성적은 변함없이 우수하다. 1864년 1월부터 3월까지 사순절 학기를 보내고 "매우 좋음"이라는 총평이 적힌 성적표를 받는다.[113] 5월부터 7월까지 이어지는 트리니티 학기는 "좋음"을, 가을 학기를 마치고는 "가장 좋음"이라는 평가를 받는다. 특히 11월 20일에 치른 종합 시험(Moderations)에서는 "일등상"을 받는다. 대학 첫 1년의 성공이 미래를 보장하는 것은 아니지만, 그의 잠재력을 입증하기에는 충분하다. 다만 그것이 미래의 성공으로 귀결되려면 옥스퍼드 대학과 영국

리돈

국교회 울타리를 벗어나지 않아야 한다. 그러나 홉킨스는 점점 더 가톨릭주의로 기울고 있다.

1864년 10월 홉킨스는 육일 창작회를 이끄는 리돈을 통해 처음으로 고해성사를 받는다. 리돈이 홉킨스에게 고해성사를 준 첫 사제라는 점에는 이견이 없으나 시기에 대해서는 다소 엇갈린다. 리돈의 일기에는 1864년 10월 홉킨스에게 고해성사를 주었다고 기록되어 있지만, 홉킨스의 일기에 고해성사가 처음 언급된 것은 1865년 3월 25일이다.[114] 홉킨스가 첫 고해성사를 일기에 기록하지 않았을 가능성이 크다. 둘 중 어느 것이 사실이든 간에, 홉킨스는 첫 고해성사에서 큰 충격을 받는다. 죄를 고백하고 정화받는 과정이 구체적으로 실현되는 가톨릭 성사의 힘을 처음으로 직접 체험했기 때문이다. 이후 셀 수 없이 많은 고백을 하지만 그에게 첫 고해성사만큼 큰 충격을 준 것은 없는 것으로 알려져 있다.[115]

이제 홉킨스는 누구라도 인정할 만큼 열성적인 가톨릭주의자이다. 1865년 1월부터는 교회 개혁을 주장하다 화형당한 15세기 이탈리아의 도미니크회 수도사 사보나롤라(Girolamo Savonarola)에 깊이 심취한다. 홉킨스는 여러 편지와 일기에 사보나롤라를 언급하고, 『빌라리의 사보나롤라 전기』(Villari's Life of Savonarola)를 독서 목록에 포함한다.[116] 엘리엇(George Eliot)의 역사 소설 『로몰라』(Romola)를 읽을 때도 사보나롤라의 묘사에 주목한다. 하지만 두 책 모두 홉킨스를 만족시키지 못한다. 『빌라리의 사보나롤라 전기』는 시적이지 않아 사보나롤라의 예술적 특성을 충분히 담아내지 못했고, 엘리엇은 이교도이기에 사보나롤라의 삶을 제대로 이해하지 못했다고 비평한다.[117]

홉킨스는 사보나롤라가 종교인이자 시인이며 동시에 교회 미술가인 점에 경외감을 느낀다. 홉킨스의 내면에 사보나롤라와 동일시하는 마음이 커진다. 사보나롤라가 파문당하는 순간을 상상하며 비참함을 느끼고, 역사적 인물 중 유일하게 진실한 감동을 주는 인물이라고 단언한다.[118] 초기 기독교 신학자 오리게네스(Origen Adamantius)의 삶에도 깊이 공감한다. 오리게네스는 스스로 거세함으로써 극기와 순결을 실천한 것으로 알려진 극기주의자다. 홉킨스는 "오리게네스를 제외하면" 사보나롤라에 견줄 만한 인물이 없다고 말한다. 이제 홉킨스는 뛰어난 재능을 지닌 교회 예술가이자 평범한 사람이

브레시아, <사보나롤라의 환상적 초상>, 1524

흉내 낼 수 없는 극기를 실천하며, 신념을 위해 목숨까지 바치는 삶을 이상적이라 여기게 되었다.

1865년 2월 홉킨스는 돌벤을 만난다. 당시 돌벤은 이튼 스쿨에 다니고 있었는데, 대학 탐방을 위해 브리지스를 방문한다. 돌벤과 브리지스는 이튼 스쿨에서 학창 시절을 함께 보냈고 둘 다 열렬한 퓨지주의자로 활동했다. 이 때문에 브리지스는 대학에 들어오자마자 퓨지가 설립한 성삼위일체 형제회에 가입했다. 반면에 돌벤은 시간이 지나면서 점점 더 가톨릭화되어 개종할 마음을 먹는다. 돌벤의 부모는 퓨지가 있는 옥스퍼드 대학이라면 아들의 가톨릭 열병을 다스려 줄 것이라 기대한다. 돌벤은 돌벤대로 옥스퍼드라면, 뉴먼이 그랬던 것처럼, 로마 가톨릭으로 개종할 길이 보일 것이라 기대한다.

돌벤은 로마 가톨릭을 향한 열정을 감추지 않는다. 이것이 홉킨스에게는 매우 충격적으로 다가온다. 홉킨스는 돌벤과 이야기를 나누면서 둘 사이에 공통점이 많다는 것도 알게 된다. 두 사람 다 사보나롤라를 흠모하고 진정한 가톨릭주의에 대해 고민하며, 더구나 시도 쓴다. 돌벤은 이미 여러 잡지에 6편의 시를 게재한 어엿한 등단 시인이고,[119] 평론가들의 호평도 받고 있다. 홉킨스 주변에 시

인이라는 이름에 걸맞은 역량과 등단 경험까지 갖춘 이는 돌벤이 유일하다. 홉킨스가 돌벤에게 호감을 느끼는 것은 거의 당연한 일이다. 안타깝게도 두 사람의 첫 만남은 마지막 만남이 된다. 이후 두 사람은 편지로만 왕래한다.

두 사람이 함께 한 시간이 이처럼 짧음에도 불구하고, 돌벤은 홉킨스에게 매우 큰 영향을 미친 사람으로 간주된다. 돌벤을 만난 1865년 2월 이후 홉킨스의 종교적 갈등이 급속도로 심화되기 때문이다. 간혹 돌벤이 홉킨스의 개종 원인이라고 보는 사람도 있다. 브리지스가 대표적이다. 브리지스의 입장에서는 자신이 돌벤을 소개했으니 자기중심적으로 결과를 해석할 수 있다. 하지만 이는 홉킨스의 개종 과정을 이해하지 못한 데서 비롯된 단순한 생각이다. 브리지스는 대학에 온 후 자유주의 사상에 심취하면서 종교적 열정을 빠르게 잃어간다. 더욱이 그는 로마 가톨릭을 몹시 혐오한다. 이 때문에 홉킨스의 마음속에 지나가는 갈등을 이해하지도, 이해하려 애쓰지도 않는다. 홉킨스도 이를 잘 알기에 브리지스에게 자신의 갈등을 털어놓지 않는다. 브리지스는 홉킨스의 종교적 갈등이 얼마나 치열했는지, 얼마나 진지했는지 알지 못한다.

물론 돌벤이 홉킨스의 종교적 갈등에 기폭제 역할을 한 것은 사실이다. 홉킨스는 돌벤을 만나기 전까지 개종을 실제로 고려하는 사람을 만난 적이 없다. 주변 친구들은 아무리 급진적이라 해도, 앵글로 가톨릭주의 안에 있다. 누구도 영국 국교회 울타리를 벗어난다는 상상을 하지 않는다. 홉킨스는 돌벤을 통해 처음으로 개종이라는 선택지가 있다는 것을 깨닫는다. 홉킨스로서는 큰 충격이 아닐 수 없다. 그의 일상에는 변화가 없다. 친구들과 체스를 두거나 산책하는 일도 여전하다. 하지만 그의 내면에는 종교적 삶에 대한 확신이 차오른다. 1865년 3월 13일 홉킨스는 마침내 계시적 확신을 받는다. 일기에는 "신의 위대한 은총을 받은 날"이라고 기록한다.[120]

홉킨스를 걱정스러운 눈으로 바라보는 이들이 생겨난다. 아디스는 홉킨스의 주장이 지나치게 감정적이라고 충고한다.[121] 하지만 아디스의 충고는 힘이 없다.

홉킨스는 5월 초 「부활절 영성체」("Easter Communion")를 쓰며 마치 오리게네스처럼 극기와 고행의 삶을 살겠다는 결심을 분명히 한다.

> 단식으로 순수해진 얼굴들이 축제에 모였다
>
> 주님께서 사순절을 지키는 그대 입술 위로 다정히 오셨다
>
> 숨을 앗는 채찍질에 그대 누구라도 몰래 찢긴다
>
> 갈고리 모양으로 거칠게 패인 격자무늬 상처들은
>
> 주님께 바칠 십자가의 일부이다
>
> 얇게 에이는 동풍의 차디찬 바람에 괴로운 그대들
>
> 이제 부활절을 들이마신다, 그대들은 동료애로 튼튼히 엮였다
>
> 그대들 철야 기도에 작은 불꽃 줄어드나
>
> 주님께서 기쁨의 기름으로 그대들이 쓴 것을
>
> 넘치게 부어주시리라, 삼베와 거친 모직
>
> 끊임없이 생채기를 내는 형벌의 옷 대신
>
> 몰약으로 가닥을 엮은 편안한 황금빛 안식의 옷을 주시리라
>
> 간신히 에워싼 뼈들을 굽히는 데 지친 그대들에게
>
> 아 신께서 모든 허약한 무릎에 힘을 주시리라[122]

사순 시기(Lent-재의 수요일부터 부활절까지 40일 기간) 고행과 영적 순수함을 묘사하고 있다. 금식을 지켜낸 입에는 은총이 내리고 얼굴에는 "순수"가 빛난다. 채찍질로 생긴 격자무늬 상처는 십자가를 상징한다. 밤샘 기도를 하는 동안 등잔 기름은 줄어들지만, 더 많은 기름 부음을 받을 것이다. 그러니 거친 옷이 살에 생채기를 내도 편안하다. "몰약으로 가닥을 엮은"(myrrhy-threaded)에서 몰약은 감나뭇과 식물에서 채집한 고무수지이다. 홉킨스가 이 고행들을 모두 실천했는지는 알 수 없다. 단식 기록은 있지만 다른 고행을 했다는 기록은 없다. 분명한 것은 고행과

극기가 영적 보상으로 이어진다는 신념이 몹시 확고하다는 것이다.

홉킨스는 여전히 훌륭한 과제물을 제출해 교수들의 마음을 흡족하게 하는 학생이다. 하지만 그의 일상적 삶은 수도자와 다름없다. 아침부터 잠들 때까지 매 순간을 되짚고 죄를 찾아 기록한다. 1865년 4월 3일 일기에는 그가 하루 동안 지은 죄라고 기록한 항목들이 이어진다.

> 거의 7시가 다 되어 학생 조합에 간 것. 그때는 독서를 하거나 적어도 독서실에 있어야 했음. 늦게까지 내 방에 뮤어헤드(Muirhead)를 머물게 한 것. 오랜 습벽에 진 것—4. 침대에서 게으름을 피운 것. 시간을 낭비한 것. 아침에 과제에 대해 이야기하며 베일리 방에서 오래 머문 것. 다인실에서 게으름을 피우고 스콧 형제(The Scotts)의 방에서 늦게 돌아온 것—3. 피페(Fyffe)에게 불친절하게 혹은 그 비슷한 태도로 말한 것—4. 교수님 방에서 비스킷 두 개를 먹은 것—5. 게으름 때문에 늦게 일어나 과제를 많이 못한 것. 밤늦게까지 아디스와 이야기하며 응당 그래야 하는 것보다 더 위험한 주제에 빠져든 것. 그림을 그리지 않은 것. 의기소침해서 좋지 않은 기분으로 애빙던(Abingdon) 옆을 배회한 것. 사전에서 끔찍한 단어를 찾아본 것—5.[123]

각 항목 옆에 붙어있는 번호가 무엇을 의미하는지는 분명하지 않다. 다만 홉킨스가 나름대로 죄의 경중이나 종류를 구분하기 위해 표시한 것으로 짐작된다. 그가 죄라고 기록한 것들 대부분이 일상에서 흔히 일어나는 사소한 것들이다. 그는 비스킷 두 개 먹은 것도 죄라 여기고, 감정의 미묘한 변화도 죄로 간주한다. 절제와 극기가 부족했다는 이유이다. "사전에서 끔찍한 단어를 찾아본 것"은 성적 호기심과 관련된 것이다. 오랜 습벽(old habits)은 수음을 의미하는 것으로, 다른 날 일기에는 "O. H"라는 약자로 표기된다. 대학 시절 홉킨스가 쓴 일기에는 총 1,546개의 죄가 기록되어 있다.[124]

홉킨스는 죄의식과 자기혐오로 고통받는다. 그것이 「'부정한 나, 부정한 나 자신에게서'」("'Myself unholy, from myself unholy'"-제목이 없는 시는 첫 행을 제목으로 삼고, 첫 행의 원문 표기를 따른다)에 담긴다.

> 부정한 나, 부정한 나 자신에게서
> 쾌활한 삶을 사는 친구들을 본다
> 까마귀 맞은편서 눈을 사로잡는 환히 빛나는 비둘기들
> 모래 까불리며 여울지는 짜디짠 물에 신선한 시냇물이 섞인다
> 그러니 그들이 더 순수하다 그러나 슬프다! 오롯이
> 흠잡을 데 없는 책 한 권을 곧이곧대로 읽는 것이 아니니
> 내 믿음은 혼란이고 충격이고 흔들림이라
> 우울의 공격에 포위되고 항복한다
> 그들은 나와 같은 죄를 지녔다, 죄와 가까운 형제이다
> 그들을 잘 아니 내게는 타락만이 보인다
> 이 친구에선 이 잘못이 저 친구에선 저 잘못이 보인다
> 그렇게 각각 하나씩 가졌지만 나는 온통 죄이다
> 최고가 아니면 주님이 아니면 누구도 나를 치료할 수 없다
> 나는 주님을 바라본다 주님에게 기도한다[125]

언뜻 보면 순수하고 죄 없을 것 같은 친구들도 가만히 들여다보면 죄의 존재이다. 하지만 그 모든 이들 중에 가장 큰 죄의 존재는 홉킨스 자신이다. 자신의 죄가 그들의 죄를 모두 합친 것보다 더 크고 무겁다고, 자신은 온통 죄로 가득한 존재라고 생각한다. 이 시는 홉킨스가 종교적 갈등 시기에 쓴 시 중에서 가장 강한 자기혐오를 보여준다. 다행인 것은 신이 자신을 구원할 것이라는 믿음이 확고하다는 점이다. 자기혐오는 곧 사그라든다.

홉킨스는 친구들과 자신을 내적으로 구분하듯이 가족과도 거리를 둔다. 가족

에게 보내는 편지가 눈에 띄게 준다. 종교적 갈등이 시작된 후 가족에게 보낸 편지는 1864년 1월에 한 통, 1865년 7월에 한 통이 전부이다. 마음속 갈등을 가족과 나눌 수 없기 때문이다. 가족에게 감추는 동안 홉킨스의 마음은 점점 더 로마 가톨릭으로 기운다. 그는 이제 단순히 가톨릭 성인의 삶을 동경하던 단계를 지나 가톨릭 교리에 대한 이성적 확신에 이르러, 다음과 같이 기록한다.

나는 가톨릭 교리를 이해할 능력이 있다. 오랫동안 이를 이성적으로 신중히 탐구해 왔기 때문에 이제는 다른 이들에게 가톨릭 진리가 다른 것들과 어떻게 구분되는지 설명할 수 있다. 특히 가톨릭 제단에서의 축복된 성사 교리를 확고하게 이해하는 것이 다른 모든 일에 대한 견해를 새롭게 한다고 설명할 수 있다. '하나는 다른 하나와 비교될 수 있다'라는 말을 빌려 만물의 더러움을 끊임없이 느끼는 것이 모든 이가 아는 것 중에 가장 순결한 고통이라고 표현한다면, 내가 말하는 바를 분명코 이해할 것이다. 그리고 이것이 가톨릭주의에 의해 객관적으로 강화되고, 주관적으로 약화된다는 말도 이해할 것이다. 이를 이해하게 된다면 무수한 마음이 가톨릭으로 이끌릴 것이다. 어떤 반론이나 설득도 그들을 다시 되돌리지 못할 것이기에 더 높은 차원의 이야기나 설득도 필요 없을 것이다.[126]

뉴먼

베일리가 홉킨스에게 지나치게 감정적으로 가톨릭주의에 이끌린다고 지적한 것을 반박한 글이다. 홉킨스는 오랜 시간 이성적으로 가톨릭주의를 깊이 이해하려 노력했다는 점을 강조한다. 이제는 누구에게도 가톨릭주의에 대해 논리적으로 "설명할 수 있다"라고도 말한다. 이는 가톨릭주의의 본질을 그의 인식구조에 내재화했다는 말과 같다. 특히 '객관적으로 강화되고 주관적으로 약화된다'라는 표현은 뉴먼의 관념을 반영한다. 뉴먼은 진리가 객관성에 의해 개별적인 마음을 넘어 진실 자체로 존재하고, 주관성에 의해 각자의 마음에 개별적으로 받아들여진 다고 주장한다.[127] 진정한 종교는 객관성과 주관성이 적절히 조화되어야 한다는 뜻이다. 교리적으로 홉킨스는 앵글로 가톨릭주의에서 로마 가톨릭으로 건너간 뉴먼과 같아졌다.

그러나 홉킨스는 현실에서 구체적인 변화를 만들지 못하고 있다. 이로 인한 답답한 마음이 「'나의 기도는 놋쇠로 된 하늘을 만나'」("'My prayers must meet a brazen heaven'")에 담긴다.

> 나의 기도는 놋쇠로 된 하늘을 만나
> 실패하고 산산이 흩어진 것이 분명하다
> 깨끗지 못한 데다 용서받지도 못하니
> 나는 거의 기도를 하지 못한다
> 나는 내 마음을 위로 올릴 수 없으니
> 저 위로 가는 입장권을 얻지 못한다
> 나는 사랑의 선례라고 생각하지만
> 오래된 죄의 성공만을 느낀다
>
> 내 하늘은 놋쇠, 내 땅은 쇳덩이다
> 그렇다 놋쇠가 내 진흙 육신에 섞여
> 이 가뭄에 그토록 단단히 굳었으니
> 기도는 그것을 없애지 못한다
> 어떤 눈물이 존재해도 눈물은, 눈물은
> 이 비천한 육신을 거푸집에 넣지 못한다
> 내 입술이 치르는 전쟁은 진실로
> 신과의 싸움이며 지금 나의 기도이다.[128]

이 시는 성경의 『신명기』 28장 23절 "너의 머리 위에 있는 하늘은 구리가 되고 아래에 있는 땅은 쇠가 될 것이다"에서 영감을 얻은 것이다. 홉킨스는 그의 기도가 하늘에 닿지 않는 것은 자신에게 죄가 많은 탓이라 생각한다. 아무리 되짚어 봐도 신을 향한 사랑의 순간보다 죄의 순간이 더 많다고 느낀다. 이제 그는 신이 원하는 대로 주형되기는 틀렸다고 실망한다. 그래도 주저앉거나 포기하지 않으려 한다. 기도가 남은 유일한 일이라면 전쟁을 치르는 마음으로 기도하려 한다. 「'부정한 나, 부정한 나 자신에게서'」를 쓰고 딱 석 달이 지난 때이다. 그 사이 자기혐오는 종교적 결단으로 숙성되었다.

1865년 10월 홉킨스는 두 편의 시를 완성한다. 둘 다 로마 가톨릭으로 개종한 뉴먼의 영향을 받은 시이다. 첫 번째는 「'내가 그대 주위를 맴도는 새가 되게 하소서'」("Let me be to thee as the circling bird'")이다. 뉴먼의 시 「친절한 빛이여, 에워싼 어둠 속에서 이끌어 주소서」("Lead, Kindly Light, amid the Encircling Gloom")와 비슷하다.[129] 두 번째는 「중간에 있는 집」("The Half-way House")이다. 뉴먼이 1865년 출판한 『나의 삶을 위한 변론』(Apologia pro Vita Sua)에서 빌려온 관념이다. 이 책에서 뉴먼은 "오로지 두 개의 대안만이 있다. 하나는 로마로 가는 길, 다른 하나는 무신론으로 가는 길이다. 영국 성공회는 한편으로 치우쳐 중간에 있는 집(The halfway house)이고, 자유주의는 다른 쪽으로 치우친 중간에 있는 집이다"라고 말한다.[130] 이 말은 뉴먼이 영국 국교회를 버리고 로마 가톨릭으로 개종한 근본적인 이유를 밝힌 것으로 널리 알려져 있다. 홉킨스는 한 번도 뉴먼의 『나의 삶을 위한 변론』을 직접 언급한 적이 없다. 하지만 1865년 10월에 쓴 두 편의 시는 홉킨스가 이 무렵 뉴먼을 열심히 사숙했다는 것을 보여준다.

「중간에 있는 집」에는 영국 국교회에 대한 홉킨스의 회의가 직접적으로 드러난다.

    사랑이 산기슭에 있는 내게 모습을 보이시고

날이 저물기 전에 자신을 쫓으라 하셨습니다

보소서 사랑이여 나는 기는데 당신은 날개를 타고 나십니다

사랑이여 이제는 저녁이고 당신은 멀리 계십니다

사랑이여 여기는 더 어두워지고 당신은 위에 계십니다

사랑이여 당신의 이름이 사랑이라면 내게로 내려오소서

내 조국의 늙은 이집트 갈대가 부러져

포도 넝쿨로 십자가 모양을 혹은 십자가를 만들었습니다

그러나 허기집니다 사람들이 말하길 사랑께서는 이곳에서

한 번도, 단 한 번도 적절히 음식을 드신 적이 없으십니다

그것을 따르지 못해 쉬거나 먹어야만 하는 내게

네 갈래 길이 만난 곳에서 평화와 음식이 거친 기운을 줍니다[131]

"내 조국의 늙은 이집트 갈대"는 성경의 "너는 저 부러진 갈대 지팡이에 지나지 않는 이집트를 믿는다마는, 그것에 몸을 기대는 사람마다 손바닥만 찔리게 된다"(『이사야』 36:6)에서 왔다. 영국 국교회가 더 이상 믿고 기대기에 적합하지 않다고 말하기 위해 빌려온 것이다. "포도 넝쿨"은 성체 전례를 통해 구현되는 가톨릭주의를 상징한다. 결국 영국 국교회에 더는 머물 수 없어 로마 가톨릭으로 가야 한다는 뜻이다. 아직 홉킨스는 이에 대한 구체적 응답을 받지 못했지만, 자신을 이끌어 줄 "사랑"의 신을 마주할 것이라 믿는다. 일기에도 "만약 내가 영원히 영국 국교회를 떠나야 한다면"이라는 말을 써,[132] 영국 국교회를 떠나는 것이 하나의 선택지임을 분명히 한다.

내적 갈등이 감당할 수 없을 만큼 커졌을 때 크리스마스가 다가온다. 홉킨스는 변함없이 학업 성적이 뛰어나고 장래가 촉망되는 젊은이로 보인다. 하지만 가족과의 사이에 보이지 않는 얼음벽이 생긴다. 미처 억누르지 못한 내적 갈등

이 뾰족한 바늘이 되어 가장 친밀한 사람인 어머니를 먼저 찌른다. 당시 종교계에서 진행되고 있던 가톨릭 성인 논쟁을 설명하다가 어머니를 울린 것이다.[133] 홉킨스는 로마 가톨릭으로 가는 길에 가장 큰 난관이 가족임을 안다. 결국 개종한다면 가족에게 크나큰 상처를 입힌다는 것도 안다. 이로 인한 고뇌가 그를 참을 수 없는 감정 상태로 몰아간다. 마치 고슴도치처럼 변한 아들을 보며 부모는 불길한 변화를 느낀다. 이때부터 개종까지 폭풍 전야 같은 고요가 홉킨스와 부모 사이에 지속된다.

5.
옥스퍼드 대학 ③
"진실한 가톨릭의 장소에"

    1866년이 시작된다. 홉킨스는 마음이 느슨해지지 않도록 더욱 강하게 금욕을 실천한다. 이른 봄날의 일상 규칙은 다음과 같다. "일요일은 푸딩 금지, 졸음을 쫓기 위해서가 아니라면 차 마시지 않기, 마시더라도 설탕 없이 마시기, 육식은 하루에 한 번만, 수난 주간과 금요일에는 시를 쓰지 않기, 금요일에는 점심과 육식 안 하기, 대안이 없는 한 팔걸이의자 사용 안 하기, 재의 수요일과 성금요일에는 빵과 물만 먹기."[134] 계속 이어지는 간결한 표현들이 마치 자신에게 내리는 명령 같다. 그만큼 그의 의지는 단호하다. 눈에 띄는 부분은 "수난 주간과 금요일에는 시를 쓰지 않기"이다. '시'를 금욕과 절제의 원칙에 어긋나는 욕망의 분출 행위로 여기고 있음이 드러난다. 홉킨스는 평생 여러 차례 시 창작을 중단한다. 창작이 사제직 수행에 도움이 되지 않아서이고, 또 시를 통해 개인적인 욕망이 분출되는 것을 경계해서이다.

    홉킨스는 할 수만 있다면 더 강력하고 더 엄격한 방식으로 금욕하고자 한다. 종교적 열정을 더 바람직한 방향으로 이끌기 위해서이다. 이즈음 완성한 「완벽의 습관」("The Habit of Perfection")에는 감각적 즐거움을 차단해서 종교적 기쁨을 얻고자 하는 마음이 잘 담겼다.

선택받은 침묵아, 내게 노래 불러라
내 소용돌이 모양 귀를 고동치게 해라
피리 불어 나를 고요한 초원으로 보내라
내가 듣고자 하는 음악이 되어라

입술아, 어떤 모양도 짓지 마라 곱게 침묵하라
침묵을 알리는 저녁 종소리에서
모든 단념이 유래하니
그것만이 너를 유창하게 하리라

눈아, 이중의 어둠 속에 갇혔으니
영원한 빛을 찾아라
네가 주목한 혼돈과 소용돌이는
소박한 광경을 휘감아 조이며 조롱만 한다

입천장아, 맛을 욕망하는 반죽 통아
포도주로도 씻겨나가지 않으려는 욕망이
신성한 금식으로 정녕 달콤해지고
바삭한 빵도 정녕 새로워지리라!

콧구멍아, 너희의 부주의한 숨결은
오만을 자극하고 유지하는 데 쓰였구나

> 향로는 얼마나 큰 즐거움을
>
> 제단에서 발산하는가?[135]

이 시는 청각, 시각, 미각, 후각을 차례로 언급하고, 그것을 차단해야 할 필요성도 잘 역설한다. 더해서 침묵도 권장한다. 외부 세계와의 상호작용을 중단해 내면에 더욱 잘 집중하기 위해서이다. 이 시의 간결한 시행 구조는 절제와 극기의 태도를 전달하기에 적합하다. 내용과 형식의 조화가 잘 이루어진 시이다.

홉킨스는 이제 앵글로 가톨릭주의가 답이 아니라는 확신에 이르렀다. 다만 최종 실행에 옮기지 못하고 있을 뿐이다. 현실이 그의 발걸음을 가로막는 장벽이다. 그는 성적 유지를 위해 수업에 출석하고 엄청난 학습량과 과제를 해결해야 한다. 동아리와 대학 자치 모임에도 참여하고 육일 창작회 활동도 계속하고 있다. 마음은 로마 가톨릭 쪽으로 향했지만, 몸은 여전히 영국 국교회 테두리 안에 있다. 이러지도 저러지도 못하는 상황에서 갈등하는 마음이 「아직 아니다」("Nondum")에 반영된다.

> 주여 당신께 찬양 올리지만
>
> 하늘에선 어떤 응답도 주지 않습니다
>
> 두려움에 떠는 죄인이 당신께 기도하나
>
> 용서의 답은 없습니다
>
> 우리의 기도는 사막의 길에서 갈 곳을 잃고
>
> 우리의 찬송은 광막한 침묵 속으로 사라집니다
>
> 우리는 지상의 영광을 보지만
>
> 그것을 지은 손을 보지 못합니다
>
> 밤은 무궁한 세계를 낳지만

불 켜진 텅 빈 공간과 닮아

어떤 주인도 문가에, 난롯가에 안 계십니다

텅 빈 창조의 등불만이 오싹합니다

우리는 추측하여 당신께, 보이지 않는 왕께

우리 생각에 맞춤하다 싶은 속성을 입혀드립니다

각자의 상상에 따라

당신의 왕좌에 그림자 하나를 세워둡니다

그러나 어떻게 은총을 얻어야 할지

어디서 당신을 맨발로 맞아야 할지는 모릅니다[136]

비평가들은 이 시가 개종 전에 쓴 시 중에서 가장 어둡다고 평한다. 아일랜드 시기에 쓴 '어둠의 소네트'(The Dark Sonnets)*와도 종종 비교한다. 그만큼 이 시에는 홉킨스의 깊은 종교적 절망이 담겨있다. 그는 간절히 기도하나 신은 응답하지 않는다.

빅토리아시대 문학에는 '기도에 응답하지 않는 신'이 종종 등장한다. 당대의 합리주의는 성경에 의문을 제기하고, 자유주의는 그러한 생각을 발표하고 토론하라고 부추긴다. 더욱이 개인주의는 자신의 사상과 신념을 스스로 결정하도록 압박한다. 지식층에서는 기독교 교리에 대한 냉담함이 널리 퍼지고, 옥스퍼드

---

* 소네트는 이탈리아에서 영국으로 전해진 14행의 정형시이다. 각운 구조에 따라 크게 이탈리아 소네트(페트라르카 소네트)와 영국 소네트(셰익스피어 소네트)로 나뉜다. 소네트는 제한된 형식 안에서 다양한 감정을 응축해 표현하려는 시적 시도를 통해 영시 발전에 크게 기여한다. 홉킨스는 특히 소네트 형식을 즐겨 사용한 시인으로, 웨일스 시기에 완성한 자연 시들과 아일랜드 시기에 쓴 '어둠의 소네트'들이 모두 이 형식으로 쓰였다. '어둠의 소네트'는 홉킨스가 아일랜드에 머무는 동안 집필한 어두운 분위기의 시들을 일컫는 고유 명칭이다. 이 시편들은 깊은 고뇌와 내적 고통을 담고 있어 '고통의 소네트'(The terrible sonnets)라고도 불리며, 영적 낙담의 시기를 반영한다는 뜻에서 '낙담의 소네트'(The desolate sonnets)라고 불리기도 한다.

대학의 많은 교수들은 종교적 합리주의를 지향하는 광교회파를 추종하거나 불가지론자적 태도를 견지한다.[137] 사람들의 마음속에는 신의 존재에 대한 의심이 생겨나고, 신이 창조한 세계 질서가 무너질지 모른다는 두려움이 자라난다. 19세기 문학은 이런 불안을 예민하게 포착한다. 신과 인간의 연결이 끊겼다거나, 신이 인간과 사물을 하나로 묶는 힘으로 작용하지 않는다고 공공연히 말한다.[138] 홉킨스의 시를 이러한 종교적 불안과 의심의 반영으로 해석하는 이도 있다. 홉킨스가 대학 교육을 통해 자유주의적 사상을 흡수했다는 이유에서이다. 하지만 분명히 말하건대, 홉킨스는 결코 시대의 흐름에 순응하지 않는다. 의심의 시대에 믿음을 선택함으로써 오히려 시대를 역행한다. 이것이 19세기 문학사에서 홉킨스를 더욱 독특하고 특별하게 만든다.

4월, 새 학기가 시작된다. 페이터가 홉킨스의 새로운 튜터가 된다. 홉킨스가 옥스퍼드 대학에서 접한 사상가는 크게 세 부류로 나뉜다. 첫째는 조웻 중심의 플라톤주의자들(Platonists), 둘째는 그린 같은 반실증주의자들(anti-empiricists), 셋째는 페이터 등의 미학주의자들(aesthetes)이다.[139] 홉킨스에게 조웻과 그린은 이미 지나온 길이다. 반면 페이터는 미지의 영역이다. 당시 옥스퍼드 학생들에게 페이터의 인기는 대단했다. 서구는 전통적으로 미와 선을 분리하지 않는다. 고대 그리스는 물론이거니와 기독교도 종교적 선과 미의 이상을 결부시킨다. 이에 반해 페이터는 예술과 종교를 명확하게 분리한다. 뿐만 아니라 삶의 목표를 즐거움이라 선언해, 현생을 고통과 처벌의 시간으로 보는 기독교적 가치관에 반대한다. 온갖 사상의 격전지인 옥스퍼드에서도 페이터의 사상은 두드러질 만큼 새롭고 위험하다. 젊은 학생들은 페이터의 사상을 통해 종교적이고 도덕적인 태도를 강요하는 세상에 저항하며 카타르시스를 느낀다.

홉킨스는 몹시 종교적이면서도 페이터의 사상에 흠뻑 빠져든다. 혹자는 홉킨스가 페이터의 영향권에 든 것을 리돈의 책임이라 말한다. 리돈이 홉킨스에게 페이터의 위험성을 "덜 경고"했다는 이유이다.[140] 물론 리돈이 개종 전의 홉킨스

페이터

에게 중요한 인물이었던 것은 맞다. 하지만 홉킨스에게 일어난 모든 사상적 변화를 리돈 탓으로 돌리는 것은 적절하지 않다. 리돈이 육일 창작회를 설립한 이유에는 당시 유행처럼 퍼지던 "페이터의 위험한 사상"으로부터 학생들을 보호하려는 의도도 포함되어 있었다. 리돈이 앵글로 가톨릭주의를 부흥시킬 주역이라 기대했던 홉킨스에게 페이터의 사상에 대해 경고하지 않았을 리 없다. 매우 열성적으로 육일 창작회 활동을 한 홉킨스가 그 모임의 방향성을 몰랐을 리도 없다. 리돈은 그저 홉킨스의 마음을 붙잡을 힘이 없었던 것뿐이다. 리돈에게 그런 힘이 있었다면 홉킨스는 개종하지 않았을 것이다.

홉킨스가 페이터의 사상에서 특히 공감한 부분은 세상을 바라보는 태도이다. 페이터는 객관적 세계에 우주적 질서를 부여하지 않는다. 시각적으로 관찰되는 현상 하나하나를 개별 사건으로 인정하고, 그 속에서 아름다움과 즐거움을 발견한다. 홉킨스도 그와 똑같은 태도로 세계를 바라본다. 다음은 홉킨스가 봄날의 들판을 기록한 일기이다.

5월 3일. 날씨는 차가움. 아침은 매섭고 축축했지만, 오후는 맑게 갬. (…) 하늘은 움직임이 없어 잠자듯 고요한 푸른색. 컴너 언덕(Cumnor Hill)에는 세인트 필립 교회(St Philip's)와 다른 교회 첨탑들이 푸른 안개 속에서 파리하게 분홍빛을 띠며 솟아있다. 휘트니 거리(The Witney road) 언덕 저편에는 곡식이나 다른 초록 식물이 여기저기서 파도 마냥 굴곡과 물결을 이루며 양털처럼 복슬복슬 펼쳐져 있다. 빛의 선명함과 불투명함이 아주 섬세한 효과를 주어 초록색에 한층 미묘한 색조를 입힌다. 왼편에는 언덕의 산등성이가 새로 쟁기질한 흙 때문에 매우 밝게 빛나고, 생생한 초록 벌판 자락은 하늘과 맞닿은 곳 너머로 비스듬히 기울어 흐릿한 장밋빛 혹은 보랏빛을 띤 구름을 등지고 있다. 바로 옆 회적색과 잿빛을 띤 숲에서는 곡식들이 그런 색조로 활짝 잎을 펼치며 싹을 뻗친다. 세븐 브리지 거리(Seven-bridge road) 끝자락에는 풀밭이 관능적인 초록색으로 펼쳐져 있고, 떡갈나무에는 어린잎이 솟아오른다. 물푸레나무는 수술 봉오리가 촘촘히 자리 잡았을 뿐 아직 잎이 나지 않았다. 산울타리는 풍성하게 자라는 중이다. 느릅나무에는 불투명한 작은 잎이 돋아나고, 흰 포플러의 회색 잎들은 빵 부스러기처럼 흩날려 아름답다. 노란 구륜 앵초는 크림색 군락을 지어 초원을 불규칙하게 물들인다. 블루벨과 보라색 난초가 피었다. 강물 위로 초록빛이 흐른다. 도시의 슬럼가를 지나면, 다리 아래 보랏빛과 푸른 강물 위에 쏜살같이 스치는 참새의 호박빛 배가 비친다. 참새들은 흔들리는 날개로 불규칙하게 비행하며 한 번은 이쪽으로, 또 한 번은 저쪽으로 방향을 바꾼다.[141]

이날의 일기는 아주 길게 더 이어진다. 홉킨스는 마치 눈에 들어오는 모든 존재를 하나도 빠짐없이 기록하겠다고 결심한 사람 같다. 그것들 각각의 특징과 아름다움을 묘사할 뿐, 하나의 완결된 의미를 부여하거나 하나의 질서 속에 통합하려 애쓰지 않는다. 페이터와 마찬가지로 그저 그 자체로서의 자연의 아름다움을 즐기고 있다. 홉킨스가 종교적 체계 안에서 자연물을 이해하게 되는 것은 이로부터 한참의 시간이 더 흐른 뒤이다. 그때에도 홉킨스는 페이터에 대한 호감을 유지한다. 로마 가톨릭 사제가 되어 옥스퍼드에 부임했을 때 홉킨스가 가장 자주 만난 사람 중의 하나가 페이터이다.[142] 페이터가 아직도 자신을 기억하고 관심을 보이는 것에 홉킨스는 "즐겁고 뿌듯한" 기분을 느낀다.

홉킨스는 이제 구체적 변화를 위해 행동에 나설 때라고 생각한다. 일단 영국 국교회 신앙에 둘러싸인 기숙사에서 나온다. 이미 개종하기로 마음을 굳힌 아디스와 함께 뉴인홀(New Inn Hall)에 방을 얻는다. 이런 이유로 아디스는 홉킨스의 개종 전 상황을 누구보다 정확하게 기억한다. 두 사람은 여름방학 동안 도보 여행을 하며 로마 가톨릭 베네딕트 수도원을 방문한다. 아디스는 이 경험이 홉킨스의 개종 결단에 결정적인 영향을 미쳤다고 확신한다.

> 우리는 헤어포드(Hereford)에서 벌몬트(Belmont)에 있는 베네딕트 수도원으로 갔다. 그곳에서 훗날 대수도원장이 되는 레이널 신부(Fr Paul Wilfrid Raynal)와 오래도록 이야기를 나누었다. 내 생각에는 레이널 신부가 우리 둘에게 깊은 인상을 남겼으며, 그 때부터 영국 국교회에 대한 우리 신앙이 진정으로 사라졌다. 레이널 신부는 영국 국교회 교계가 적어도 정당성 측면에서 미심쩍은 부분이 있다고 말했다. 진지하고 학식이 깊은 사람들이 영국 국교회에 대해 의문을 제기하거나 정당성을 부정한다는 설명도 덧붙였다. 그러므로 그러한 의심이 신뢰할 수 있는 권위를 통해 명확히 밝혀지기 전까지 영국 국교회에서 서품을 받거나 영성체 전례에 참석하는 것은 정당하지 않다고 말했다. 내가 아는 한 레이널 신부는 홉킨스가 그때까지 대화를 나눈 첫 번째 로마 가톨릭 신부이다.[143]

아마도 레이널 신부는 영국 국교회 교리의 문제점을 신학적 근거를 들어 논리적으로 설명했을 것이다. 홉킨스는 옥스퍼드 대학에 있는 그 누구에게서도 그런 이야기를 들어본 적이 없다. 이제까지 홀로 의구심을 품은 채 남몰래 뉴먼의 책 등을 읽으며 답을 찾아왔다. 레이널 신부는 홉킨스가 오랫동안 품었던 의문에 명확한 답을 제시해 준다. 홉킨스는 영국 국교회에 아무리 오래 머물러도 완벽하게 정당한 믿음에 도달할 수 없다는 확신에 이른다. 마치 머릿속에 가득했던 안개가 걷히는 느낌을 받는다.

홉킨스는 이날의 일을 "신부 가운데 하나인 프랑스인 신부가 매우 친절하게 내게 모든 것을 보여주었다"라고 기록한다.[144] 짧고 단순한 글이지만 "모든 것"이라는 말은 중의적이다. 수도원의 곳곳을 보여주었다는 뜻과 자신이 알고자 하는 "모든 것"이라는 뜻이 동시에 담겼다. 이로부터 채 한 달이 지나지 않아 홉킨스는 개종 결심을 굳힌다. 일기에 "영국 국교회에 머무는 것이 불가능하다는 것을 확실히 알게 되었다. 그러나 석 달 후 긴 방학이 끝날 때까지 누구에게도 알리지 않고, 학위를 받을 때까지 어떤 단계도 밟지 않을 것이다"라고 쓴다.[145] 개종 후 대학에서 받을 불이익을 고려해서이다.

영국은 가톨릭 해방령 이후 공식적으로 가톨릭교도의 모든 정치적 권리를 회복시켰다. 1856년에 이르면 종교적 자유와 평등은 모든 영국인의 생득권이 되고, 옥스퍼드와 케임브리지의 대학에서도 종교적 차별이 없어진다.[146] 그러나 영국 사회는 여전히 영국 국교회 중심으로 돌아가고, 로마 가톨릭 개종자는 무신론자보다 더 큰 질시를 받는다. 학내 상황은 더욱 심각하다. 표면적으로는 종교적 자유가 보장되지만 로마 가톨릭 개종자는 연구원이 될 수 없다. 학사 이상의 학위 과정에도 진학할 수 없다. 모든 학생은 종교와 관계없이 영국 국교회 예배에 의무적으로 참석해야 하고, 이를 거부하면 졸업을 못한다. 홉킨스가 개종을 졸업 후로 미룬 것은 매우 현실적인 결정이다.

홉킨스는 다짐한 것 중 어떤 것도 지키지 못한다. 방학이 끝날 때까지 누구에게도 발설하지 않겠다는 다짐은 독서 모임에서 깨진다. 이번 독서 모임에는 가렛(William Garrett)과 맥파라인(William Macfarlane)이 함께한다. 둘 다 독실한 고교회파 출신으로 성삼위일체 형제회 회원이다. 맥파라인은 곧 영국 국교회 사제로 서품될 예정이지만, 가렛은 홉킨스처럼 로마 가톨릭으로 개종할지를 두고 고민 중이다. 홉킨스는 이들이 자신의 결심을 이해해 줄 것이라 믿는다. 산책을 하면서 먼저 맥파라인에게

왼쪽부터 가렛, 맥파라인, 홉킨스

"로마로 개종하겠다는 의지가 확고하다"라고 고백한다.[147] 1866년 7월 24일의 일로, 홉킨스가 개종 결심을 타인에게 밝힌 첫날이다. 그러나 가족에게는 말하

지 않는다. 여름방학 동안 3주간이나 가족과 함께 와이트섬에 머물지만 개종의 '개' 자도 언급하지 않는다.

와이트섬에서 돌아온 홉킨스는 브리지스의 집으로 간다. 처음 브리지스의 초대를 받았을 때는 거절했다. 브리지스의 계부가 영국 국교회 사제인 것도, 브리지스가 가톨릭을 싫어하는 것도 마음에 걸렸기 때문이다. 하지만 돌벤이 방문할 계획이라는 이유를 들어 브리지스가 재차 초대하자, 홉킨스는 마음을 바꾼다. 돌벤이라면 자신의 개종을 지지해 줄 것이라 믿기 때문이다. 개종이라는 큰 결단을 앞두고 한 명의 지지자라도 더 만나고 싶은 것이다. 하지만 돌벤은 오지 않는다. 홉킨스는 브리지스가 자신의 개종을 지지하지 않는다는 것을 알기에, 속마음을 털어놓지 않고 홀로 사색하며 시간을 보낸다. 브리지스는 혼자 자기 세계에 골몰한 홉킨스의 비사교적 태도를 이해하지 못한다. 결국 앞으로는 홉킨스와 "결코 잘 지낼 수 없을 것"이라고 확신하기에 이른다.[148] 반면에 홉킨스는 그 시간을 매우 편안하게 느낀다. 나중에 "불안이 최고조에 달한 때" 브리지스의 집에서 "살면서 가장 행복했던 두 주일"을 보냈다고 회상한다.[149]

집으로 돌아온 홉킨스는 버밍엄 오라토리오 수도회(The Birmingham Oratory)에 있는 뉴먼에게 다음과 같은 편지를 보낸다.

> 저는 가톨릭교도가 되기를 간절히 바랍니다. 신부님께서 가능하시다면, 며칠 후 제가 버밍엄을 지날 때 잠시 뵐 수 있을지요. 아마 금요일쯤이 될 것 같습니다. 물론 신부님의 일정이나 편의를 방해하는 것이 매우 무리한 부탁인 줄 잘 알고 있습니다. 그러니 만나기 어렵다고 거절하셔도 괜찮습니다. 저는 믿음에 대한 결론을 얻기 위해 도움을 청하는 것이 아닙니다. 감사하게도 저는 이미 결심을 굳혔습니다. 가톨릭이 유일하게 일관성을 갖춘 곳이라고 생각한 지 오래되었습니다. 다만 가톨릭 개종이 필연적이라는 제 생각이 갑작스레 저의 상황과 관련된, 당면한 의무들과 맞물리면서 예상치 못한 혼란과 고통을 안겨주고 있습니다.[150]

버밍엄 오라토리오는 뉴먼이 1851년에 설립한 세인트 필립 네리 수도회(The Oratory of St Philip Neri)의 다른 명칭이다. 뉴먼은 수도회 운영과 겸해 1858년에는 수도원 부설 학교인 세인트 필립 가톨릭 학교(St Philip's Catholic School)를 설립한다. 당시 이 학교는 오라토리오 스쿨(The Oratory School)이라고도 불렸다. 따라서 홉킨스가 말한 것처럼, 뉴먼은 수도회와 학교 일 때문에 정신없이 바쁘다. 그래도 홉킨스는 뉴먼을 꼭 만나 현실적인 문제를 해결하는 데 도움을 얻고 싶어 한다.

뉴먼은 영국에서 로마 가톨릭으로 개종한 첫 번째 성공 사례이다. 1845년에 옥스퍼드 운동을 이끌던 뉴먼이 로마 가톨릭으로 개종하자 영국 전체가 그를 반역자라고 비난했다. 그 후 뉴먼은 버밍엄 수도회를 열었고, 더블린에 아일랜드 가톨릭 대학(Catholic University of Ireland)을 설립했다. 뉴먼이 가톨릭 사제로서 헌신적인 활동을 이어가는 동안 영국 대중은 점차 그를 잊어갔다. 1864년 뉴먼이 개종하고 거의 20년이 된 때, 갑자기 영국 국교회 광교회파 목사 킹즐리(Charles Kingsley)가 뉴먼을 공개적으로 비난한다. 로마 가톨릭 사제에게 진실은 미덕이 아니며, 뉴먼이 그것을 몸소 보여주었다는 것이 비난의 골자이다.[151]

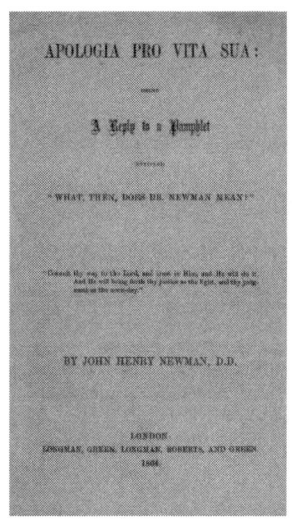

뉴먼, 『나의 삶을 위한 변론』 초판

뉴먼은 자신을 향한 비난이 로마 가톨릭 사제 전체로 확대되는 것에 책임감을 느낀다. 개종 후 수많은 비난에 침묵했던 뉴먼은 자기 입장을 설명하기 시작한다. 이것이 1865년 출판된 『나의 삶을 위한 변론』이다. 여기서 뉴먼은 자신이 개종할 수밖에 없었던 이유를 솔직하게 말한다. 자신이 겪었던 수많은 혼란과 갈등을 사실적으로 전달한다. 독자들은 뉴먼의 솔직한 고백에 감동받는다. 특히 종파의 난맥상에 혼란을 느끼고 진리를 갈망하는 젊은이들에게 로마 가톨릭은 상상할 수 있는 가장 영적인 장소가 된다.

이후 개종하려는 많은 젊은이가 뉴먼을 만나고자 한다. 뉴먼은 상황이 이렇게 된 것에 기꺼이 책임을 진다. 뉴먼은 아디스와 돌벤을 만났고, 이제 막 개종을 결심한 홉킨스도 만난다. 첫 만남이 성사된 것은 홉킨스가 편지를 보낸 때로부터 약 20일이 지난 9월 20일이다. 홉킨스는 뉴먼의 첫인상을 다음과 같이 기록한다. "뉴먼 박사는 매우 친절하다. 내가 말하는 친절은 가장 좋은 의미에서의 친절이다. 그분의 태도는 세심히 배려하는 친절이라기보다, 온화하면서 그다지 진지하지 않은 듯한 느낌을 준다."[152] 뉴먼은 수많은 젊은이와 상담하면서 나름대로 터득한 것이 있다. 다소 가벼운 태도가 오히려 심각한 고민에 짓눌린 젊은이의 심리적 부담을 덜어준다는 것이다. 뉴먼은 홉킨스의 현실적 고민에 명쾌한 해답을 제시한다. 개종은 하되 부모에게 먼저 알리고, 대학을 졸업하라고 조언한다. 이로써 홉킨스는 그동안의 현실적 고민을 모두 덜어낸다. 개종을 당장 하든, 조금 더 미루든, 종교적 확신을 유지할 수 있다는 자신감도 얻는다. 그래도 부모에게는 알리지 않는다.

부모에게 알리기를 차일피일 미루는 사이에 친구들 대부분이 홉킨스가 뉴먼을 만나고 온 사실을 알게 된다. 홉킨스를 누구보다 아끼는 본드는 가까운 미래에 개종할 계획이라면 부모에게 먼저 알려야 한다고 설득한다.[153] 홉킨스도 부모에게 알려야 한다고 생각하지만 가능한 한 나중으로 미루고 싶어 한다. 가족과의 충돌을 최소화하면서 개종에 성공하는 방식을 고민한다.

10월 10일 가을 학기가 시작되자 홉킨스는 더 이상 미룰 수 없다고 판단한다. 개강 날 부모에게 개종 결심을 알리는 편지를 보낸다. 자신은 개종을 결심했으며 10월 21일에 가톨릭으로 입교할 예정이라는 내용을 담았다. 방학 내내 아무 말 없던 아들이 옥스퍼드에 도착하자마자 이 같은 편지를 보냈으니 부모에게는 청천벽력이 따로 없다. 부모는 편지를 받자마자 답장을 쓴다. 홉킨스의 개종 과정에 오간 편지는 모두 남아있지만, 홉킨스가 개종 결심을 알린 첫 편지와 홉킨스가 받은 첫 답장은 존재하지 않는다. 두 편지는 그만큼 서로에게 고통스러운 기억을 담고 있다.

홉킨스는 부모의 편지로 인해 상처받은 마음을 뉴먼에게 털어놓는다. "저는 부모님이 보내온 편지를 다시 읽을 수 없을 만큼 고통스러웠습니다. 지금 이 순간 신부님께서 그분들과 저를 위해 기도해 주신다면 깊이 감사하겠습니다."[154] 이때부터 홉킨스가 로마 가톨릭에 입교하는 날까지 채 열흘도 안 되는 동안 부모에게서 개종을 말리는 편지가 하루가 멀다 하고 당도한다. 홉킨스의 답장을 기다리지도 않고 연거푸 보낸 것이다. 이 편지들은 당시 영국 중산층이 로마 가톨릭 개종을 얼마나 두려워했는지를 여실히 보여주는 역사적 기록이다.

홉킨스는 아버지에게 개종과 관련된 "당면한 현실적 문제들"에 대해 도움을 청하고자 두 번째 편지를 쓴다.[155] 로마 가톨릭교회가 원칙적으로 옥스퍼드나 케임브리지 대학에 다니는 것을 금지한다는 것을 알게 되었기 때문이다.[156] 이 원칙은 젊은 신도들이 이교도적 환경에 노출되는 것을 막고, 로마 가톨릭이 아닌 곳에서 예배와 성찬례에 참석하지 못하도록 하기 위해 마련된 것이다. 이 때문에 매닝 신부(Henry Edward Manning)는 홉킨스의 친구 우드(Alexander Wood)를 입교시킨 후 대학으로 돌아가면 안 된다고 설득한다.[157] 그러니 홉킨스 역시 개종한다면 대학을 다니는 일이 쉽지 않을 것이다. 설혹 로마 가톨릭의 허락을 받아 학업을 이어간다 해도, 영국 국교회 채플 수업에 참석하지 못하면 졸업 요건을 채울 수 없을 것이다. 결국 그는 대학을 졸업하지 못할 것이다.

다행스럽게도 대안이 있다. 부모가 직접 채플 수업 면제 신청서를 제출해 주면 된다. 홉킨스는 아버지가 "그런 신청서를 직접 써야 하는 고통"을 겪는 것이 안타깝다고 말하면서도, "즉시 그것을 써달라"라고 부탁한다. 아버지가 쓴 신청서만 제출하면 학교는 "어떤 불이익도 주지 못할 것"이라고 덧붙인다. 졸업을 빌미로 아버지에게 자신의 개종을 인정할 수밖에 없는 상황을 만들려는 속셈이다. 아버지는 홉킨스에게 "오랜 시간, 혹은 적어도 반년 이상은 판단을 보류"하라고 요구한다. 그때면 졸업 후이니 채플 문제는 저절로 해결된다는 논리지만, 속

마음은 일단 개종을 미룬 후 어떻게든 아들의 마음을 돌리려는 것이다.

홉킨스는 개종을 미룰 수 없다고 단호하게 말한다. "지금 이대로 가만히 있는 것은 불가능합니다. 저는 교회에 복종, 불복종 중의 하나를 선택해야 합니다. 만약 불복종한다면 판단 중지가 아니라 제가 도달한 곳에서 뒷걸음질 치는 것입니다." 그러자 아버지는 홉킨스가 "환상적이고 미학적인 취향에 이끌려" 개종하려 한다고 단정한다.[158] 18세기 이후 영국 국교회는 점점 더 개신교화되어 가톨릭 제례가 거의 사라졌다. 이 때문에 로마 가톨릭 미사를 처음 접한 사람들은 낯선 가톨릭 제례에서 새로운 형식미와 장엄함을 느낀다. 옥스퍼드 운동은 이러한 장엄미가 영국 국교회의 권위를 회복하는 데 도움이 될 것이라 판단해서 가톨릭 제례 복원을 주장했다. 반면에 옥스퍼드 운동에 반대하는 사람들은 가톨릭 제례를 향한 관심을 저급한 미학적 취향으로 취급한다. 심지어 로마 가톨릭 개종자를 제례의 시각적 화려함에 홀린 사람들이라 저평가한다.

홉킨스는 아버지가 이러한 일반적 편견을 자신에게 대입하는 것에 날카롭게 반응한다. "그런 것이라면 영국 국교회에서 더 잘 채울 수 있습니다"라고 차갑게 말한 후 로마 가톨릭으로 개종하려는 이유를 조목조목 나열한다.

> 저의 개종은 주로 다음과 같은 이유에서 비롯되었습니다. 순서와 관계없이 적었습니다. (i) 일부는 저 스스로, 그리고 일부는 다른 사람들이 계속 이어온 정확하고 세밀하게 제기되어 꾸밈없이 엄격하게 진행된 논쟁들 (ii) 상식 (iii) 성경 특히 '너는 베드로이다'라는 구절과 (이 구절의 의미를 교회가 회피하고 있다는 오직 그 이유 하나만으로도 가톨릭으로 개종할 충분한 이유가 됩니다) 복음서에서 확인되는, 사도 가운데 성 베드로의 분명한 위치가 저를 더욱 확신에 차게 해주어 더 이상 이에 대해 숙고할 필요가 없다는 판단에 이르렀습니다. (iv) 가톨릭에 대한 지식이 처음에는 소책자 운동을 통해서, 이후에는 진실한 가톨릭의 장소에서 증가함에 따라 가톨릭이 오직 사랑을 위해 존재한다는 것을 알게 된 것, 가톨릭의 위안과 놀랍도

록 이상적인 신성함, 가톨릭교도의 믿음과 헌신, 그 다채로움과 수많은 성인과 순교자들, 일관성과 통합성, 열정적인 기도와 그 담대하고 장엄한 교리적 가르침 등이 그 이유입니다.

이 편지는 홉킨스가 개종의 이유를 구체적으로 밝힌 유일한 글이다. 첫 번째 이유는 오래도록 진행된 교리 논쟁에서 가톨릭 교리의 타당성을 발견했다는 뜻이고, 두 번째는 상식적으로 볼 때 가톨릭이 마땅하다는 것이다. "상식"이라는 말에 더 이상 설명이 필요 없을 만큼 가톨릭이 타당하다는 뜻이 담겼다. 세 번째의 "너는 베드로이다"는 성경의 "나 또한 너에게 말한다. 너는 베드로이다. 내가 이 반석 위에 내 교회를 세울 터인즉, 저승의 세력도 그것을 이기지 못할 것이다. 또 나는 너에게 하늘나라의 열쇠를 주겠다. 그러나 네가 무엇이든지 땅에서 매면 하늘에서도 매일 것이고, 네가 무엇이든지 땅에서 풀면 하늘에서도 풀릴 것이다."(『마태』 16:18-19)를 가리키는 것이다. 이를 통해 홉킨스는 베드로를 다른 사도보다 높은 위치에 둔 로마 가톨릭 교리가 성경에 부합한다고 말한다. 네 번째는 가톨릭에 관한 지식이 늘어나면서 더욱 설득되었다는 뜻이다. 소책자 운동은 앵글로 가톨릭주의를 실천하는 성삼위일체 형제회나 육일 창작회를 가리킨다. "진실한 가톨릭의 장소"는 아디스와 함께 방문했던 베네딕트 수도원와 뉴먼의 버밍엄 오라토리오 수도회 등을 이르는 말이다.

아버지는 "네 편지의 어조가 너무 딱딱하고 차갑다"라고 지적한다.[159] 홉킨스가 친절한 태도와 예의를 갖추지 못했다고 나무라는 것이다. 더해서 개종 사실을 끝까지 감춘 것에 대한 섭섭함도 표현한다. "너는 네가 우리를 너무 힘들게 혹은 부당하게 대하고 있다고 생각하지 않니? 네가 최종 결정을 내릴 때까지 우리를 아무것도 모르는 상태로 내버려 두었고, 우리에게 알리지도 않은 채 로마 가톨릭교회에 입교할 지경에 이르렀잖니? 너의 선의가 아니라 본드의 간청 때문에 우리에게 잔인한 모욕이 될 상황을 간신히 면한 것이잖니? 그러니 이런 점에서 너는 잘못했고, 우리가 생각하는 다른 관점에 비추어, 너에게 잠시만 멈추라고 요구하는 것이 우리로서는 정당하지 않니?"[160] 짧은 질문마다 아들에 대한 섭섭함과 안타까움이 절절하게 묻어난다. 아버지는 기나긴 편지를 마무리하면서 한 번 더 아들의 감정에 호소한다. "우리가 너에게 원하는 것은 오직 너 자신을 위해 아주 잠깐만 조심하고 망설이면서 한 걸음만 멈추라는 것이다. 우리에게 그렇게 할 권리가 없니? 우리의 사랑과 슬픔이 우리에게 그럴 자격을 주었잖니? (…) 오 나의 사랑하는 아들 제라드, 너는 정말로 내게서 떠날 작정이니?" 아버지 맨리가 아들의 개종에 얼마나 큰 상처를 받았는지 짐작되고도 남는다.

아버지는 도무지 설득되지 않는 홉킨스를 막기 위해 일면식도 없는 리돈에게 아들의 개종을 말려달라는 편지를 보낸다. 편지는 "옥스퍼드 대학에서 당신의 강의를 들은 학생 중에, 당신의 영향력에 감화된 사람 중에, 제 큰아들, 벨리올 칼리지의 제라드 맨리 홉킨스가 있습니다"로 시작한다.[161] 지푸라기라도 잡겠다는 다급한 심정에서 비롯된 일이지만, 마음 깊은 곳에서 리돈에게 책임을 묻는 것이기도 하다.

편지를 받은 리돈은 큰 충격을 받는다. 리돈은 그간 홉킨스를 앵글로 가톨릭주의를 부흥시킬 기대주라 생각해 특별히 지켜봐 왔다. 그런 홉킨스가 한마디 상의도 없이 버밍엄으로 가서 뉴먼을 만나고 로마 가톨릭 입교를 결정했다는 사실에 상처받는다. 리돈은 이제껏 앵글로 가톨릭주의 그룹에서 여러 명이 로마 가톨릭으로 건너가는 것을 지켜보았다. 아디스는 베이스워터(Bayswater)에 있는 성모 천사 성당(St Mary of the Angels Church)에서 입교했고, 가렛은 매닝 신부에게 견진성사를 받았다. 홉킨스마저 잃을 수 없다는 생각이 리돈을 조급하게 만든다.

리돈이 홉킨스를 붙잡기 위해 얼마나 필사적이었는지는 그가 보낸 편지의 숫자만으로도 알 수 있다. 10월 16일 리돈은 홉킨스에게 "멈추기를 간청한다"라고 쓴 편지를 보낸다.[162] 이틀 후 두 번째 편지를 보낼 때는 아디스의 개종이 홉킨스에게 큰 영향을 미쳤을 것이라고 짐작되지만, 그런 상황일수록 급하게 서두르지 않는 것이 영국 국교회의 사랑을 받으며 자라난 사람의 의무라고 설득한다.[163] 다음 날 편지에는 그저 홉킨스가 "최종적이고 치명적인 단계에 들어가는 것을 미루기를 바라는 것밖에 자신이 할 수 있는 일이 없다"라고 쓴다.[164] 홉킨스의 동정심에라도 기대려는 것이다. 그리고 또 다음 날은 "신께서 기회를 발견하도록 허락하신 터전에서 완전히 다른 곳으로 문제없이 옮길 수 있다고 상상하는 것은 개종을 유행처럼 여기는 교육 수준 낮은 사람들이나 할 일이다. 자네처럼 학식이 높은 사람이 그런 것이 가능하리라 믿는다고 생각하지 않는다. 자네에게는 이런 실수가 훨씬 더 심각한 문제를 일으킬 것이다"라고 쓴다.[165]

리돈의 마지막 편지는 매우 의미심장하다. 19세기 영국에서 일어난 개종의 상당수가 실패로 돌아간 근본적인 이유를 밝힌 것이기 때문이다. 비평가들은 19세기에 유독 개종이 많았던 이유를 낭만주의적 결단에서 찾는다. 합리주의가 존재에 대해 생각하기를 요구한다면, 낭만주의는 존재에 '문제'가 있을 수 있다는 의심을 심어준다. 동시에 낭만주의는 자기 신뢰, 자기표현, 자기 확장을 향한 욕망을 무한히 자극한다.[166] 모든 인간에게 이를 실현하고자 하는 "낭만적 충동"이 있으며 "오직 완벽한 영적, 지적 자율성"에 의해서만 이 충동을 충족할 수 있다고 설득한다. 이런 생각이 19세기 세속화 바람을 타고 종교적 마음에 스며든다. 사람들의 마음에 이전에 없던 의심이 싹튼다. "오늘 밤 내가 죽는다면, 나는 구원될 것인가? 영국 국교회 안에서 구원받을 수 있을까?"와 같은 질문을 자신에게 던진다.[167] 만약 답이 부정이라면 그 사람은 "영적, 지적 자율성"을 갖춘 개인적 존재로서 결단해야 한다. 19세기 개종의 상당수는 이처럼 자신의 종교에 문제가 있고, 그것이 자신의 자아에 긍정적 영향을 미치지 못한다는 확신에서 시작된다. 그 근간에는 문제가 있는 종교를 버림으로써 더 통합되고 더 진실한 자아로 빠르고 확실하게 변모할 수 있다는 믿음이 깔려있다.

리돈은 이 같은 낭만적 결단과 개종의 연관성을 정확히 꿰뚫고 있다. 그렇기 때문에 개종이 그렇게 단순한 것이 아니며, 특히 홉킨스처럼 지적인 사람에게는 "훨씬 더 심각한 문제"를 낳을 것이라고 경고한다. 홉킨스가 아일랜드에서 쓴 '어둠의 소네트'를 아는 이들은 홉킨스의 개종이 실패했다고 본다. 브리지스처럼 로마 가톨릭과 예수회가 홉킨스를 망가뜨렸다고 믿는 사람도 있다. 이들의 의견에 조금이라도 타당한 점이 있다면, 리돈의 예언은 적중한 셈이다. 하지만 리돈의 어떤 말도 홉킨스의 마음에 깊은 인상을 남기지 못한다.

개종 과정이 마치 전쟁을 치르는 것 같다면, 정작 입교는 간단하다. 홉킨스는 어떤 기록도 남기지 않았고, 뉴먼은 10월 21일 일지에 "옥스퍼드에서 온 홉킨스 씨가 입교했다"라고 기록한다.[168] 홉킨스는 열흘 뒤 뉴먼에게서 로마 가톨릭 성경을 받은 후 그동안 사용했던 영국 국교회 성경을 아버지에게 돌려준다.[169]

옥스퍼드 대학 벨리올 칼리지 채플

이제 현실적인 문제만 남았다. 다행히 벨리올 칼리지는 홉킨스의 상황을 관용적으로 처리한다. 마침 바로 직전 학기에 로마 가톨릭교도의 대학 내 거주를 허용했기 때문에 홉킨스에게만 가혹한 원칙을 적용할 수 없었다.[170] 하지만 대학 채플 수업 문제가 여전히 남아있다. 아버지는 출석 인정 신청서를 써주지 않는다. 아버지는 영국 국교회 예배가 홉킨스의 마음을 돌려놓을지도 모른다는 실낱같은 희망을 붙잡고 있다. 이러지도 저러지도 못하는 상황을 뉴먼이 간단히 해결해 준다. 대학이 결석을 허락하지 않으면 대학 예배에 참석해 자신만의 기도를 하라고 조언한다.[171] 이로써 홉킨스의 모든 걱정거리가 사라졌다. 마음이 편해지자 홉킨스는 가장 먼저 리돈에게 감사와 사과를 담은 편지를 보낸다.[172] 비록 리돈의 충고를 따르지 않았지만, 리돈이 진심으로 친절했음을 잘 알기 때문이다.

크리스마스 시즌이 다가온다. 뉴먼은 홉킨스에게 버밍엄 오라토리오 수도회에 와서 크리스마스를 보내라고 권한다.[173] 홉킨스가 개종한 후 학교나 집에서 불편한 상황에 놓였을 것이라 짐작한 것이다. 뉴먼으로서는 그렇게 생각할 만하다. 영국에서 로마 가톨릭 혐오는 매우 강력하고 뿌리가 깊다. 1534년 헨리 8세의 수장령(Acts of Supremacy) 이후 로마 가톨릭은 줄곧 정치적 문제이자 탄압의 대상이었다. 1829년 로마 가톨릭 해방령이 선포된 후에도 상황은 좋아지지 않았다. 오히려 로마 가톨릭에 대한 경계심과 의심만 강화한다. 뉴먼을 포함한 최고 엘리트들의 로마 가톨릭 개종은 불에 기름을 붓는 격이 된다. 이후 가톨릭에 대한 전국민적 거부감이 로마 가톨릭 개종을 막는 거대한 방파제 역할을 한다. 이 때문에 뉴먼 무리가 대거 개종한 1840년대 이후 로마 가톨릭 개종은 거의 발생하지 않는다. 옥스퍼드 대학 통계만 보아도 알 수 있다. 1854년부터 1863년 사이에는 매해 평균 두 명의 가톨릭 학생이 있었고, 1872년에는 대학의 모든 구성원을 통틀어 여덟 명의 가톨릭 신도가 있었다.[174] 뉴먼은 이런 상황을 잘 알고 있었기에 홉킨스의 처지도 그와 비슷하리라 추측한다.

하지만 개종은 홉킨스가 느낄 만큼 큰 문제를 일으키지 않는다. 뉴먼의 『나의 삶을 위한 변론』이 뜻하지 않게 큰 성공을 거두자 로마 가톨릭 개종이 젊은 사람들 사이에 유행처럼 번졌다. 그 결과 대학에서 개종자를 보는 일이 상대적으로 흔해졌다. 로마 가톨릭 개종자를 무심하게 바라보는 분위기 덕분에 홉킨스는 브리지스와도 잘 지내고, 함께 개종한 친구들도 많아 소외감을 느끼지도 않는다. 개인주의적, 자유주의적 사고가 확산하면서 자리 잡은 '자기 행동은 자기가 책임진다'라는 생각이 이러한 분위기를 만드는 데 일조한다. 홉킨스의 부모도 어쩔 수 없다고 받아들인다. 개종 때문에 홉킨스가 아버지와 영원히 불화했다고 보는 비평가도 있지만, 이를 뒷받침할 증거는 없다. 개종 후 아버지와 주고받은 편지가 많지 않은 건 사실이나, 이는 개종 전과 크게 달라진 것이 아니다. 아버지 맨리는 사회적 역할에 충실한 것을 미덕으로 알고 자녀 양육을 아내에게 맡기는, 그저 전형적인 가부장적 아버지였을 뿐이다.

당장은 홉킨스가 개종으로 잃은 것이 없어 보이지만, 이는 학교 안에서만 해당되는 이야기이다. 개종 선배인 뉴먼은 로마 가톨릭 개종자가 영국 주류 사회에서 어떤 대접을 받는지 잘 알고 있다. 뉴먼은 "최근에 개종한 사람은 가톨릭의 방식에 적응하기 위해 종교 시설에서 시간을 보내는 것이 바람직하다"라는 이유로 홉킨스를 버밍엄으로 초대한다.[175] 홉킨스가 크리스마스 시즌에 버밍엄에 가지 않자, 1월에 재차 초대장을 보낸다.[176] 결국 홉킨스는 버밍엄에서 일주일간 머물며 피정한다.[177] 가톨릭으로 개종한 후 첫 피정이지만 홉킨스는 큰 감흥을 느끼지 못한 듯하다. 이에 대한 어떤 기록도 남기지 않는다.

뉴먼이 홉킨스를 계속해서 버밍엄으로 부른 이유는 또 있다. 홉킨스를 수도회 부설 세인트 필립 가톨릭 학교 교사로 임명하려는 것이다. 옥스퍼드 대학 벨리올 칼리지 출신인 홉킨스가 교사로 부임한다면 학교 선전이나 교육 수준 향상에 크게 도움이 될 것이기 때문이다. 뉴먼은 홉킨스를 영입하기 위해 여러 차례 초빙 의사를 밝힌다. 홉킨스가 원치 않으면 더는 권하지 않겠다고 말하면서도 학교 일이 힘들지 않을 것이라고 거듭 설득한다.[178]

홉킨스 입장에서는 썩 내키는 자리가 아니다. 세인트 필립 가톨릭 학교는 홉킨스의 학문적 기대와는 거리가 먼 곳이다. 홉킨스의 학력이라면 대학 연구원이 되어도 부족하지 않다. 게다가 홉킨스는 개종이 경력에 어떤 치명상을 입히게 될지 아직 실감하지 못하고 있다. 그동안은 개종만 생각했고 마침내 개종해 이제 안정되었다. 홉킨스에게 남은 현실적인 목표는 졸업이고, 그 후에 대해서는 깊이 생각하지도 않았다. 뉴먼의 요청은 홉킨스에게 새로운 종류의 억압처럼 느껴진다. 홉킨스는 뉴먼의 제안에 선뜻 답하지 않지만, 뉴먼은 막상 사회 진출 시기가 되면 개종자인 홉킨스가 선택할 수 있는 직업이 많지 않다는 것을 알고 있다. 결국 뉴먼의 계획대로 홉킨스는 버밍엄 오라토리오 수도회 부설 학교에 출근하기로 약속한다. 대신 학기가 끝난 뒤 출근하겠다는 말미를 얻는다.

새 학기가 시작된다. 학교에서 있었던 일을 속속들이 어머니와 나누는 예전 습관도 되살아난다. 주일에는 개종한 친구들과 함께 인근에 있는 로마 가톨릭교회로 가 미사에 참례한다. 성적은 직전 학기에 비해 떨어진다. 이번 학기에는 그리스 철학사, 플라톤의 『공화국』(Republic), 소포클레스(Sophocles)의 『오이디푸스 왕』(Oedipus Rex), 아리스토텔레스(Aristotle)의 『윤리학』(Ethics)을 수강했다.[179] 홉킨스가 잘하는 과목들이라 특별히 성적이 낮아질 이유가 없었다. 더구나 개종으로 마음이 편안해져 공부에 더 잘 몰입했다. 그런데도 "만족할 만함"(Satisfactory)이라는 평가를 받는다. 그리 나쁜 평가는 아니지만 홉킨스가 지금껏 받은 성적에 비하면 상대적으로 낮은 것이다. 홉킨스는 이를 개종자에게 주는 페널티라 여긴다.

학기가 끝나고 짧은 방학이 시작된다. 홉킨스는 세인트 미카엘 소수도원(St Michael's Priory)에서 피정한다.[180] 새 학기의 하이라이트는 졸업 시험(Greats)이다. 홉킨스는 졸업 시험을 망치면 모든 비난의 화살이 개종으로 향할까 염려한다. 이 때문에 엄청난 압박감을 견디며 가능한 모든 에너지를 시험 준비에 쏟는다. 결국 홉킨스는 졸업 시험에서 일등상(First Class Honours)을 차지한다. 대학 전체에서 일등상은 총 7명이었으며, 당시 시험관에 따르면 홉킨스는 그 7명 중에서도 가장 탁월했다.[181] 이로써 대학 과정은 모두 끝났다. 약속했던 대로 대학을 졸업하게 되었다. 학위 수여식은 이듬해 5월에 있을 예정이다.

또 하나의 엄중한 약속이 기다리고 있다. 버밍엄으로 가서 일을 시작해야 한다. 그 전에 홉킨스는 파리로 여행을 떠난다. 대학 동창인 푸티아틴(Basil Poutiatine)과 파리 대박람회(Great Exposition)를 보기 위해 의기투합한다. 푸티아틴은 홉킨스의 일기에 1867년 7월 파리 여행 시기에 처음 등장한다.[182] 여행 이전에 푸티아틴과

버밍엄 오라토리오 성당 돔

그리 친밀한 사이가 아니었다는 의미이다. 함께 여행하면서 좀 더 가까워지지

만, 이후 편지를 주고받거나 안부를 궁금해하는 사이로 발전하지는 않는다. 푸티아틴에게는 종교적이거나 문학적인 특성이 없기 때문이다. 그래도 파리 여행은 즐겁다. 눈앞에 그림이 펼쳐진 것 같고 날씨까지 좋아 모든 것에 만족한다.

돌벤

그러나 집에 돌아오자마자 흥이 깨진다. 돌벤의 사망 소식을 알리는 편지가 홉킨스를 기다리고 있다. 돌벤은 물에 빠진 아이를 구하려다 휩쓸려 몇 시간 만에 시체로 발견된다. 홉킨스는 돌벤의 죽음 자체에도 충격을 받지만, 돌벤이 가톨릭으로 개종하지 못한 채 죽은 것에도 크나큰 안타까움을 느낀다. 부모의 반대로 개종하지 못한 돌벤은 옥스퍼드 대학 입학에 모든 희망을 걸었다. 아마 홉킨스의 개종을 보며 옥스퍼드 입학이 더욱 간절했을 것이다. 하지만 돌벤은 너무 긴장한 나머지 입학시험 도중 시험장에서 기절한다. 간절히 바라던 대학 입학시험에 실패한 돌벤은 깊이 낙담한다. 그런 상황에서 위험에 처한 사람을 구하기 위해 목숨을 던진 것이다.

홉킨스는 돌벤의 죽음에서 용기와 희생의 숭고함을 느낀다. 그런 돌벤이 가톨릭이 아니라서 구원받지 못한다는 생각에 더욱 힘들어한다. 홉킨스는 돌벤의 죽음에 대해 어떤 말도 남기지 않은 채 한 달을 침묵한다. 마침내 다음과 같은 말로 돌벤의 죽음을 기린다. "돌벤을 다시 만나기를, 무엇보다 그가 가톨릭 신자가 되기를 고대했다. 단 한 번밖에 만나지 못했기 때문에 그의 죽음을 현실로 받아들이기도 어렵다. 마치 나에게 일어난 일이 아닌 것처럼 느껴진다. 그토록 훌륭한 육체, 정신, 그리고 삶의 아름다움을 잃는 일은, 특히 돌벤처럼 더욱 큰 아름다움을 보여줄 것이라 기대되는 사람을 잃는 일은 매우 드문 일이다. 온 세상을 통틀어도 그런 일은 거의 일어나지 않을 것이다. 그러한 특성이 한 사람에게

집약되는 것은 결코 쉬운 일이 아니기 때문이다."[183] 홉킨스가 돌벤에게 품었던 애정과 존중의 깊이가 드러나는 글이다. 그가 기도를 통해 돌벤의 구원에 대한 응답을 들은 것은 이로부터 오랜 시간이 지난 후이다.

8월에는 별다른 계획 없이 가족과 시간을 보낸다. 원래는 페이터가 여름방학 독서 모임을 위해 시드마우스(Sidmouth)로 홉킨스를 초청할 예정이었다.[184] 홉킨스는 드디어 페이터와 독서 모임을 할 수 있게 되어 몹시 기뻐한다. 하지만 약속 시간이 임박할 때까지 페이터에게서 어떤 연락도 오지 않는다. 홉킨스는 자신의 개종이 페이터의 결정에 영향을 미쳤을 것이라 짐작하고 이해한다. 덕분에 가족과 온전히 시간을 보낼 수 있다. 전람회도 가고 산책도 한다.

6.
첫 직장
: 버밍엄 오라토리오 수도회 세인트 필립 가톨릭 학교

1867년 9월 11일 홉킨스는 버밍엄으로 출발한다. 시작부터 징조가 좋지 않다. 기차를 놓치는 바람에 버밍엄까지 걸어가야 한다.[185] 홉킨스는 평소 산책을 즐기는 편이고, 런던에서 버밍엄까지는 도보 여행을 할 만한 거리이다. 그러나 정해진 시간에 도착해야 한다는 부담감에 무거운 짐까지 들었다. 애초에 세인트 필립 가톨릭 학교에 가는 일에 설렘도 없었다. 뉴먼의 청을 거절하기 어려워 받아들인 자리이고, 역량을 발휘할 수 있는 일을 제대로 찾아보기도 전에 내린 결정이다. 몸도 마음도 무거운 상태로 온종일 홀로 길을 걷는다. 홉킨스는 버밍엄에 도착하고 채 한 달도 지나지 않아 대학 친구 얼커트(E. W. Urquhart)에게 "내가 할 수 있는 일, 보수가 좀 적더라도 시간적 여유가 더 있는 일이 있는지 알아봐 달라"라고 쓴 편지를 보낸다.[186] 다른 일자리를 찾고 있지만 아직 성직이나 수도원을 염두에 두지는 않고 있다.

오랫동안 로마 가톨릭 신도들은 자녀 교육을 개신교 학교에 맡기거나, 그것이 내키지 않으면 아예 교육을 포기해 왔다. 뉴먼은 로마 가톨릭이 영국에 뿌리

내리기 위해서는 모든 가톨릭교도에게 교육의 기회가 주어져야 한다고 판단한다. 이 때문에 그는 상위 교육 기관이 아니라 초등 수준의 교육을 제공하는 학교를 설립한다. 또한 로마 가톨릭의 이상에 맞추어 교육하되, 일반 교육과 같은 내용과 수준을 유지하겠다는 교육목표도 세운다.

옛 세인트 필립 가톨릭 학교 건물

이것이 자녀의 세속적 성공을 바라는 가톨릭 신도의 희망을 충족하고, 장차 로마 가톨릭이 영국 주류 사회에 포함될 가능성을 높이는 길이라 확신한다.

하지만 처음의 야심 찬 계획과 달리 학교는 설립되고 10년이 지나도록 제자리걸음이다. 학교 운영에 필요한 자금과 인력은 늘 부족하다.[187] 뉴먼은 홉킨스에게 일이 힘들지 않을 것이라고 장담했지만, 사실은 모든 교사가 아침부터 밤늦게까지 일해야 한다. 버밍엄에 있는 동안 홉킨스는 매일 아침 6시 40분에 일어나 7시 학생 예배에 참석하고, 정규 수업이 끝난 후에도 저녁 8시 45분부터 10시까지 개인 지도를 더 한다.[188] 그 사이사이에 숙제 검사와 수업 준비를 해야 한다. 그의 모든 시간이 일로 가득 차 있다고 해도 과언이 아니다.

새로운 일자리 소식은 들어오지 않는다. 홉킨스는 우선 당면한 일을 해결하는 데 집중하기로 한다. 가르치는 일에서 나름의 즐거움도 발견한다. 특히 아이들을 바라보는 것이 즐겁고, 아이들의 "순수함과 조심스러운 태도"가 사랑스럽다고 느낀다.[189] 아쉬운 점은 그 외에 즐거울 일이 하나도 없다는 것이다.[190] 시간이 지나면서 서서히 여유를 찾아 바이올린을 배우기 시작했지만,[191] 여전히 시를 쓸 시간이나 시적 영감이 떠오를 만한 여유는 없다. 버밍엄에 온 후 두 달 만에 처음 쓴 시는 학교 행사에 맞춰 급하게 완성한 번역 시 「콩드렌 신부의 기도: 오성모 안에 계시는 주님」("Oratio Patris Condren: O Jesu Vivens in Maria")이다.

성모 안에 계시는 주님

주님의 종의 마음에도 임하소서

주님의 거룩한 영으로

주님의 충만한 힘과 강함으로

주님의 삶이 지나온 바로 그 길로

주님이 모범이 되어 보여주신 미덕으로

주님의 신비를 나누시어

당신의 힘에 대항하는

우리 안에 있는 모든 힘이 성령 안에서

위로하시는 성령 안에서 굴복하게 하소서

아버지 하느님의 영광을 위하여, 아멘.[192]

홉킨스는 이 시에 "성 필립 네리 수도원 프랑스 지회를 이끈 콩드렌 신부의 기도"(A Prayer by Fr Condren of the French Congregation of the Oratory of St Philip Neri)라는 부제를 붙인다. 콩드렌 신부가 프랑스 오라토리오 수도회 소속이라는 사실과 더불어, 이 시가 오라토리오에 전해 내려오는 콩드레 신부의 기도문을 번역한 것임을 알리기 위해서이다. 콩드렌 신부는 17세기 신비주의자이자 프랑스 오라토리오 수도회를 오래도록 잘 이끌어 오라토리오회가 신성하게 여기는 인물이다. 내친김에 홉킨스는 이 기도문을 라틴어로도 번역한다.[193] 그는 유독 버밍엄에서 라틴 시를 많이 쓴다. 비슷한 시기에 쓴 「옥스퍼드의 홍수」("Inundatio Oxoniana")도 라틴어로 작성되었다.[194] 아마도 그는 애써 쌓은 학문적 능력이 단순하게 반복되는 학교 업무들로 인해 아예 사라질까 걱정한 듯하다.

라틴 시가 지적 갈증을 반영한다면, 영어로 완성한 「도망」("The Elopement")은 버밍엄을 벗어나고 싶은 마음을 반영한다.

우리의 저속한 붉은 기와가 촘촘히
펼쳐진 별들로부터 잠든 모두를 가려준다
그때 나는 전율하며 전에는 필요 없던
   술책을 써 침대 밖을 기어 나온다
그리고 문에 다다른다, 맙소사 무거운 빗장이
문이 활짝 열리는 것을 막고 있다

문을 열자 시야가 트인다
불이 번쩍이는 것 같은 별들이 보인다
내 마음이 불규칙하게 요동친다
   나는 욕망에 차 소리 지른다
문의 빗장을 푼다
내 이마에 차가운 바람이 닿는다[195]

전체 6개 연 중에서 첫 두 연을 인용한 것으로, 소년들이 매주 발간하는 교지 『아침 새 혹은 화요일 재빠른 새』(The Early Bird or the Tuesday Tomtit)에 게재된 것이다.[196] 교지 제목이 다소 특이한데, 화요일이 반 공휴일이라 다른 날보다 더 **빨리** 서둘러야 한다는 의미를 담고 있다. 일반적인 교사라면 으레 교육적이거나 신앙심을 고취하는 시를 썼을 것이다. 그것이 학생들에게 읽히기도 좋고 수도원 학교라는 취지에도 맞다. 하지만 홉킨스에게 '으레'를 기대하면 앞으로 번번이 예상을 벗어나는 결과를 보게 될 것이다. 홉킨스의 창의적이고 자유로운 성격이 전형적이지 않은 사고와 결정으로 이어지기 때문이다.

「도망」에서 교육적이라고 긍정할 만한 부분은 형식뿐이다. 6행 6연이 완벽한 라임과 리듬 구조를 갖추어 정형시의 모범적 형태를 보여준다. 그 외에는 빅토리아시대 교육 현장에서 교육적이라고 볼 만한 것이 하나도 없다. 우선 「도망」이라는 제목부터가 적절치 않다. 누가 보아도 이 시의 배경은 기숙학교이다. 그러나 학교의 지붕은 소년들을 보호하는 대신 자연으로부터 분리하고, 억압한다. 문은 여는 것이 아니라 가두는 것이 목적이다. 기숙학교는 마치 감옥과 같다.

그때 누군가가 비밀스럽게 빠져나와 하늘의 별을 바라보고 바람을 느낀다. 수도원 학교를 벗어나 자유를 만끽하는 그 순간을 홉킨스는 "불이 번쩍이는 것"(like flash of fire) 같고, 심장이 "불규칙하게 요동"(irregularly shook)치는 것 같다고 묘사한다. 이 시를 읽은 소년들의 마음도 덩달아 뛰었을지 모른다. 그러나 생활지도를 맡은 선생님들은 학생들에게 불온한 욕망을 심어준다는 이유로 이 시를 높이 평가하지 않았을 것이다. 홉킨스는 조직의 관리자가 좋아하지 않을 만한 일을 아무런 문제의식 없이 한다. 하이게이트 스쿨에서도 그랬었다. 옥스퍼드 대학의 자유로운 분위기 덕분에 잠시 드러나지 않았을 뿐이다.

다른 곳을 꿈꾸는 마음이 홉킨스를 버밍엄에서 고립시킨다. 뉴먼이 홉킨스를 버밍엄으로 부르기는 했지만, 둘 사이가 편한 것은 아니다. 홉킨스에게 뉴먼은 인생에 큰 영향력을 미친 어른이다. 뉴먼의 길을 따라 개종했고, 현재 뉴먼 밑에서 일한다. 존경하나 친밀하게 지내기는 어려운 사이이다. 학교의 다른 구성원도 알지 못한다. 옥스퍼드 대학에서의 삶과 비교해 보면 버밍엄은 너무나 외로운 곳이다. 학기 말이 다 되었을 때 다행스럽게도 마음을 나눌 친구가 생긴다. 옥스퍼드 대학 머튼 칼리지(Merton College)를 졸업한 챌리스(Henry Challis)가 부임한 것이다. 단과 대학은 서로 달랐지만 입학 직후 홉킨스가 챌리스의 숙소를 방문할 정도로 친분이 있었다.[197] 더욱이 챌리스도 영국 국교회 고교회파에서 로마 가톨릭으로 개종했다. 두 사람은 자연스럽게 속마음을 나누며 친해진다. 이랬던 챌리스가 5년 후 로마 가톨릭을 버려 홉킨스의 마음을 아프게 한다.

엄청난 업무량 또한 홉킨스를 힘들게 한다. 홉킨스는 힘겨운 일상에 대해 다음과 같이 토로한다. "이곳을 떠나기를 너무나 간절히 바란다. 건강이 너무 나빠져 저절로 회복하거나 회복될 가능성이 거의 없는 것 같다. 가르치는 일은 너무 힘들고, 특히 일이 많을 때는 더욱 힘들다. 해야 할 일이 많아 시간이 부족하고, 내 일을 할 수 있는 에너지는 전혀 남지 않는다. 항상 피곤하다."[198] 그는 업무량이 많아 지치는 것도 문제지만, 그로 인해 소위 "내 일"을 할 수 없는 것이 더 큰 문제라고 느낀다. 여기서 "내 일"이란 시를 쓰고, 책을 읽고, 음악과 미술에 시간을 쏟는 것이다. 홉킨스는 그러지 못하는 자신의 처지가 "부끄럽다"라고 한탄한다. 아마도 그는 여유롭고 자율적인 삶, 마치 안정된 학자나 성공한 예술가의 삶을 꿈꾼 것 같다. 예상치 못한 현실의 고단함이 홉킨스를 심각한 스트레스 상황으로 몰아간다. 육체적 피로와 정신적 스트레스가 서로 상승작용을 하며 상태를 악화시키는 패턴은 이후 홉킨스 평생을 따라다니며 괴롭히는 문제가 된다. 대학 시절 홉킨스는 엄청난 학습량을 소화하면서도 건강과 활력이 넘쳤다. 만약 개종하지 않고 옥스퍼드 대학에 남았다면 더 좋았을지도 모른다.

크리스마스가 다가온다. 방학만큼 긴 휴가를 받는다. 뉴먼은 홉킨스가 충분히 휴식을 취한 후 돌아오기를 바라지만, 홉킨스는 새로운 미래를 꿈꾼다. 구체적 계획은 없지만, 막연하게라도 성직을 염두에 두기 시작한 것은 1월 초이다. "정확하게 무엇이 될지 알 수 없지만 분명코 나의 위치에 커다란 변화가 있을 것이다. 미래가 불확실하다는 것은 매우 불쾌하고 일에 필요한 에너지를 너무나 갉아먹는다. 나는 그러한 불확실성을 끝내고자 결심했다. 늦더라도 부활절 피정에는 끝을 내고 사제라는 직업을 선택할지 결정할 것이다"라고 쓴다.[199]

뉴먼에게도 결심을 알린다. 뉴먼은 "부활절이 올 때까지 결정하지 않아도 된다. 우리는 당신이 계속 있어도, 혹은 당신을 잃는 불행을 겪어도 잘 헤쳐나갈 것이다"라고 답한다.[200] 홉킨스의 결정에 부담을 주지 않으려는 의도겠지만, 해석하기에 따라 홉킨스가 꼭 필요한 사람이 아니라는 뜻으로 들리기도 한다. 뉴먼이 홉킨스를 버밍엄으로 초빙할 때 여러 차례 간청했던 것과 비교하면 분명 너무 쉬운 포기이다. 이후 홉킨스가 부임하는 곳의 모든 상관은 뉴먼과 비슷한 태도를 보인다. '가겠다면 애써 잡지는 않겠다'는 태도 말이다.

홉킨스는 사제의 길 외에 다른 대안을 생각하기가 어렵다. 현실적으로 선택할 수 있는 직업이 많지 않다. 그나마 쉽게 구할 수 있는 가톨릭 학교 교사 자리는 이미 경험했고, 평생을 지속할 만큼 매력적인 일이 아니라는 결론도 얻었다. 더구나 사제가 되지 않는다면 그토록 어렵게 이룬 개종의 의미를 지켜내기가 어렵다. 로마 가톨릭에 대한 차별이 극심한 상황에서 일반 개종자가 신앙을 지켜내기는 쉽지 않은 일이다. 홉킨스보다 며칠 앞서 개종한 우드는 이미 가톨릭을 떠났다. "신앙을 버리기 전에 엄청나게 고민했지만" 결국 현실의 벽을 넘지 못한 것이다.[201] 홉킨스는 그런 일이 자신에게도 일어나는 것을 용납할 수 없다. 뉴먼의 『나의 삶을 위한 변론』을 보아도, 영적 여행의 끝은 개종이 아니라 사제가 되어 교회 안에서 그 의미를 평생 실천하는 것이다. 홉킨스는 사제가 되는 것이 최선이라는 확신에 이른다.

사제가 되기로 결심한 홉킨스에게 더 어려운 문제는 어느 수도회를 선택할지이다. 당시는 학벌 좋고 교양 있는 가톨릭 개종자들이 일반 사제보다 베네딕트회나 예수회와 같은 수도회를 선택하는 경향이 있었다.[202] 옥스퍼드 운동의 영향 때문이다. 옥스퍼드 운동은 영국 국교회 목회자의 영성 회복을 위해 수도원 전통을 강조했다. 이것이 은연중에 수도회 소속 사제가 일반 사제보다 더 깊은 영성을 갖추었다는 믿음을 심어주었다. 로마 가톨릭 개종자들 대부분이 옥스퍼드 운동 사상에 익숙한 탓에 비슷한 생각을 공유한다. 뉴먼도 성 베네딕트 수도회(The Order of Saint Benedict)에서 시작해 지금은 자신이 설립한 버밍엄 오라토리오 수도회에 소속되어 있다.

안젤리코, <성 베네딕트>, 1440.

홉킨스는 이름만 들어도 알 만한 큰 수도회가 아니라 "작은 수도회"에 들어가고 싶어 한다.²⁰³ 버밍엄의 번잡한 삶이 그를 몹시 지치게 했기 때문이다. 홉킨스는 부활절까지만 일하겠다는 마음을 굳히고 베일리에게 "부활절 이후 몇 달만 일할 수 있는 개인 교사" 자리를 부탁한다. 뉴먼은 최종 결심이 설 때까지 학교에 머물러도 좋다고 했지만, 홉킨스는 버밍엄에 더 머물고 싶어 하지 않는다.

사제의 길을 결심했으나 가족에게는 알리지 않고 있다. 구체적으로 정해진 바도 없지만 개종으로 큰 상처를 준 부모에게 한 번 더 상처를 주는 것 같아 미루고 있다. 일자리를 부탁했던 친구들에게서는 좋은 소식이 없다. 그들도 높은 학벌과 지성을 갖춘 로마 가톨릭 신도에게 추천할 만한 일자리를 찾기가 쉽지 않은 것이다. 홉킨스는 뚜렷한 대안도 없는 상태에서 학교를 그만둔다. 뉴먼에게 부활절에 모종의 결정을 하겠다는 언질을 주었기 때문에 그즈음이 적당한 타이밍이라고 판단한다. 1868년 4월 15일 홉킨스는 약 7개월을 머물렀던 첫 직장을 떠난다. "날씨는 좋지만 약간 흐림. 오라토리오를 떠남. 햄스테드로 옴"이라는 매우 간단한 일기를 남긴다.²⁰⁴

집에서 약 2주일을 보낸 후 로햄프턴(Roehampton)에 있는 예수회 수련원 만레사 하우스(Manresa House)로 피정을 간다. 홉킨스가 버밍엄에서 일할 때 예수회 소속 콜리지 신부(Fr Henry Coleridge)가 학생 피정을 지도하기 위해 버밍엄 오라토리오를 방문한다. 뉴먼은 사제직을 염두에 두고 고민하는 홉킨스를 돕기 위해 콜리지 신부를 소개한다.²⁰⁵ 콜리지 신부는 홉킨스에게 예수회의 이모저모를 이야기하며 피정을 추천한다. 이것이 예수회와 홉킨스의 첫 번째 인연이다. 홉킨스의 예수회 첫 피정은 4월 27일부터 5월 7일까지 진행된다. 10박 11일 동안 홉킨스는 일기에 결심이 섰다고 두 번이나 쓴다. 5월 2일 "내가 생각하기에 오늘 나는 결심했다"라고 쓰고, 5월 5일에는 "종교적이리라 결심했다"라고 기록한다.²⁰⁶ 집으로 돌아온 후에는 "사제가 되어 종교적으로 살겠다고 결심했으나 아직 성 베네딕트(St Benedict)와 성 이냐시오(St Ignatius) 사이에서 고민하고 있다"라고 쓴다.²⁰⁷ "작은 수도회"를 가겠다던 마음은 예수회 피정 후 완전히 사라졌다. 예수회의 첫 피정이 홉킨스에게 크나큰 만족감을 안겨준 것이다.

피정에서 돌아온 후 나흘 만에 홉킨스는 그동안 쓴 시들을 불태운다. 일기에는 "순수의 살육"(Slaughter of the innocents)이라는 간단한 말만 남긴다.[208] 하지만 친구에게 보내는 편지에는 그 시들이 자신의 현재 "상태와 직업에 방해가 된다고 판단"해서 태웠다고 설명한다.[209] 여기서 "순수"는 종교적 결단 이전 시기에 가졌던 자신의 관념이 낭만적이고 미성숙하다는 의미를 담고 있다. 그것들을 태움으로써 미숙한 과거와 결별하겠다는 결심을 표명한다. 또한 "상태와 직업에 방해된다고 판단"했다는 말은 홉킨스가 이미 종교적 직업을 선택했다는 뜻이다. 성 베네딕트와 성 이냐시오 사이의 고민이 예상보다 빨리 끝난 셈이다. 그만큼 예수회는 홉킨스를 강하게 끌어당긴다. 분명한 것은, 예수회 누구도 홉킨스에게 시를 태우라고 요구하지 않았다는 사실이다. 오직 홉킨스의 자발적이고 파괴적인 결정이다. 홉킨스는 시가 창조적 욕망과 자아 증명 욕구의 결과물임을 잘 알고 있다. 그 욕망이 결국에는 종교적 직업에 방해가 되리라는 것도 잘 안다.

이날 얼마나 많은 시가 잿더미가 되었는지 아무도 모른다. 다행스러운 것은 브리지스가 상당한 양의 원고를 보관하고 있었고, 홉킨스가 시 창작을 완전히 중단하지 않았다는 점이다. 홉킨스는 1868년 8월 7일 브리지스에게 "「대의」("Summa")를 보내 줄 수 없다. 다른 시들과 함께 불태웠기 때문이다. (…) 갖고 있는 필사본 몇 개를 계속 수정 중이다. 수정된 마지막 버전을 보낼 테니 보관해 달라"라고 쓴 편지를 보낸다.[210] 이를 통해 유추하자면, 「대의」는 "순수의 살육"이 일어난 날 불타 없어졌다. 현재 출판된 「대의」는 1866년 겨울에 홉킨스가 브리지스에게 보냈던 원고를 인쇄한 것이다.[211] 또한 불에 태워 없앤 시와 별개로 홉킨스의 손에는 몇 개의 '필사본'이 들려있다. 애초에 태우지 않았거나 기억을 더듬어 다시 복원한 것들이다.

그중 하나가 「성 도로테아의 초상화에 부치는 시」("Lines for a Picture of St Dorothea")이다.

나는 풀로 엮은 바구니를 가져왔어요
나는 아주 쾌활하고 아주 어여쁘죠
남자들은 감탄한답니다, 지나가는 나를 보며
내가 들고 있는 바구니를 보면서요
그 속엔 갓 뽑아온 푸른 풀이 흐드러져
쓴맛이 아니라 한껏 달콤함을 풍기죠

나의 백합을 보세요 시저의 정원에는
백합이 없어요 활짝 핀 백합이 없어요
이것 보세요, 마르멜로예요 다른 과수원은
한 개의 열매도 맺지 못하죠, 그렇죠
싹이 돋지 않아 열매를 못 맺는 게 아니에요
세상이 겨울이라 봄이 아니라서 그래요.[212]

성 도로테아(St Dorothea of Caesarea)는 카이사레아(Caesarea)에 살았던 동정 순교자이다. 고문에도 불구하고 결혼과 이교 숭배를 거부하다 참수형을 당한다. 전설에 따르면, 도로테아의 굳건한 태도에 감화된 이교도 테오필루스(Theophilus)가 그녀에게 천국의 장미꽃을 보내달라고 청한다. 도로테아가 순교한 바로 다음 날, 천사가 그에게 장미꽃과 과일 바구니를 건네며 도로테아가 보낸 것이라 말한다. 「성 도로테아의 초상화에 부치는 시」는 이 전설을 시로 옮긴 것이다. 천사가 아니라 도로테아가 직접 바구니를 들고 온다

수드바란, <성 도로테아>, 1648

는 점은 전설과 다르지만, 동정 순교자의 삶을 찬미하는 시선이 가득하다는 점

은 전설과 같다. 따라서 이 시는 홉킨스가 지향하는 종교적 의미 안에서 창작 욕구를 달래기에 적합한 주제를 담고 있어, 불에 타지 않고 살아남았다.

홉킨스는 "순수의 살육" 이후 1875년 「도이칠란트호의 난파」를 쓸 때까지 무려 7년 동안 새로운 시를 쓰지 않는다. 비평은 이 7년을 사실상 절필 기간이라고 본다. 간간이 수도원 행사를 위해 종교적 시를 쓰지만, 그의 개성이 강하게 드러나지는 않는다. 이 때문에 이 시들은 대중적으로나 비평적으로 크게 조명받지 못한다. 굳이 의미를 부여하자면 홉킨스도 매우 관습적인 시를 쓸 수 있는 시인임을 증명하는 정도이다. 반면에 「성 도로테아의 초상화에 부치는 시」는 이러한 행사용 시와 여러 면에서 다르다. 그는 이 시를 1871년까지 손에서 놓지 않고 계속 고쳐 육필 원고만 네 가지 버전을 남긴다.[213] 홉킨스가 이 시에서 가장 역점을 둔 것은 리듬이다. "전개는 내 것이지만 운율은 셰익스피어의 것"이라고 말해, 이 시의 리듬이 중세 영국 영어에 기초해 있다고 밝힌다.[214] 오늘날 비평은 이 리듬을 스프렁 리듬(Sprung Rhythm)˙의 초기 버전으로 본다.

홉킨스는 예수회를 선택했다고 뉴먼에게 알린다. 뉴먼은 씁쓸한 여운을 남기는 답장을 보낸다. "당신에게 이곳을 '집'이라고 내줬을 때 당신의 소명이 우리와 함께이기를 소망했기에 이 소식은 기대 밖입니다. 그러나 나는 당신이 우리

---

* 스프렁 리듬은 홉킨스가 만든 독창적인 리듬 체계로, 스프링(spring)이 튀어 오르는 모습을 연상케 하는 리듬이라는 뜻에서 붙여진 이름이다. 우리말로는 '도약 리듬'이라 번역된다. 홉킨스는 고대 유럽시, 고대 영시, 근대 셰익스피어와 밀턴의 시까지 폭넓게 연구한 끝에 이 리듬 체계를 완성한다. 스프렁 리듬의 목표는 일반적이고 기계적인 리듬에서 벗어나 영어의 리듬이 잘 살아난 자연스러운 리듬을 구현하는 데 있다. 이를 위해 두운(alliteration)을 강조하고 약음과 강음의 배치에 변칙을 허용해, 기존의 약강(iambic) 리듬 패턴에서 벗어난다. 약강 리듬은 부드러운 느낌을 자아내기 때문에 영시에 더 적합하다는 일반적 인식이 있지만, 홉킨스는 강약 패턴이 소리를 더욱 분명하게 전달하고 차별화할 수 있다고 생각해 즐겨 사용한다. 이 때문에 홉킨스 시에서는 두운이 매우 빈번하게 사용된다. 두운 자체가 스프렁 리듬을 의미하는 것은 아니지만, 두운을 통해 스프렁 리듬의 효과가 더욱 잘 구현되기 때문이다. 또한 기존 리듬이 약음과 강음을 규칙적으로 반복하는 것과 달리, 스프렁 리듬은 약음의 수를 유연하게 조정한다. 약음절 수를 4개까지 허용하거나, 아예 약음 없이 강음만을 사용해 강강 리듬 패턴을 만들기도 한다. 이것이 더욱 자연스러운 리듬, 즉 일상어에 가까운 영시 리듬을 구현하는 방법이라 확신했기 때문이다. 다만 이런 변칙성 때문에 스프렁 리듬의 측정이 매우 어려워 동시대에는 쉽게 받아들여지지는 않는다.

에게 온 바로 그때 당신이 우리와 함께하지 않을 것이라고 분명하게 알아차렸답니다. '예수회 수련이 어렵다'라고 말하지 마세요. 그것이 당신을 천국으로 데려다줄 것입니다. 베네딕트회는 당신에게 어울리지 않을 겁니다. 우리 모두 당신을 축하합니다."[215] 이는 뉴먼이 홉킨스가 버밍엄에 도착한 순간부터 버밍엄에 뿌리내릴 사람이 아니라고 예상했다는 말이다. 뉴먼의 통찰력이 뛰어나거나, 홉킨스가 누가 봐도 알 만큼 불만을 드러냈거나, 둘 중의 하나이다. 홉킨스는 매우 솔직한 사람이다. 친구들과의 대화에서도 감정을 감추거나 돌려 말하는 법이 없다. 그러니 첫 직장에 대한 불만을 그대로 드러냈을 가능성이 크다. 어쨌든 이 일은 홉킨스의 앞날에 순탄치 않은 직장 생활을 예고한다.

뉴먼이 홉킨스에게 베네딕트회보다 예수회가 더 잘 어울릴 것이라고 말한 이유는 두 수도회의 특성 차이에서 기인한다. 베네딕트회는 5-6세기 민족대이동이라는 혼란의 시기에 창설되었다. 따라서 수도회 창설 이후, 수도자들이 불안정하게 이곳저곳 떠돌지 않고 한곳에 머무는 고요한 삶을 살면서 불안정한 시기를 안정시키는 데 기여한다.[216]

작가 미상,
<갑옷을 입은 로욜라의 이나시오>, 16세기

반면 예수회는 종교개혁 직전에 창설된다. 사람들의 종교적 변화에 대한 갈망을 충족시키고, "가톨릭교회의 쇄신을 위한 도구"가 되기 위해서이다.[217] 베네딕트회가 안정을 추구한다면, 예수회는 쇄신이 목적인 것이다. 더구나 예수회는 창설 후 '예수의 군대'를 자처하고 제4서원을 통해 교황에게 특별 순명을 맹세한다.[218] 이 때문에 예수회는 정치적으로도 베네딕트회와 다른 취급을 받는다. 근대 이후 왕권 확장을 바라는 세력에게 교황에 충성하는 예수회는 눈에 든 가시처럼 보인다. 종종 노골적인 박해의 대상이 되어 1773년 교황 클레멘스 14세 때는 예수회

가 폐지된다. 이때 영국에서는 9개의 예수회 학교와 5개의 예수회 집(예수회원의 공동 거처)이 폐쇄되고 간신히 교구사제로 일하는 것만 허락받는다.

가톨릭 해방령 이후 예수회에 대한 공식적 박해는 사라진다. 하지만 예수회를 향한 의심과 경계는 여전하다. 많은 이들은 예수회가 교황에게 충성하기 위해 정치적으로 불순한 의도를 품고 영국에서 활동한다고 의심한다. 예수의 군대라는 목적에 맞게 회원들에게 군인에 버금가는 심리적, 육체적 어려움을 요구하는 수도회의 분위기도 이런 편견을 강화한다.[219] 로마 가톨릭이 영국의 모든 종교 중에 가장 변방에 있다면, 예수회는 그 변방 중에서도 가장 극단에 있다. 홉킨스는 이를 알고 예수회를 선택한다. 가장 강력한 혐오와 가장 큰 비난의 자리에서 종교적 헌신의 의미를 완성하고자 한다. 극기주의적 성향과 자기 파괴적 본능이 이런 결정을 하도록 몰아간다.

이제 가족에게 예수회 입회를 알릴 차례이다. 홉킨스는 가족에게 또다시 상처를 주는 것 같아 몹시 미안해한다. 특히 어머니가 큰 슬픔에 빠지리라 예상한다.[220] 그러나 막상 결심을 밝히자 예상과 달리 가족 모두가 그의 새로운 결정을 환영한다. 너무나 예상 밖이라 오히려 홉킨스가 놀랄 정도이다.[221] 개종을 그토록 반대했던 부모가 정작 사제가 되는 것을 진심으로 반기니 의아할 만하다. 하지만 부모는 로마 가톨릭인 아들이 지성과 교양에 걸맞은 직업을 구하는 것이 거의 불가능하다는 것을 알고 있다. 그 때문에 마지막 순간까지도 개종을 말린 것이다. 이왕에 개종했다면, 이제는 사제가 되는 길밖에 없다고 생각한다.

영국에서는 대학을 졸업한 엘리트가 영국 국교회 사제가 되는 것이 오랜 관행이었다. 1830년대 옥스퍼드 대학 졸업생의 2/3가 국교회 사제가 되었다.[222] 이런 경향은 홉킨스 당대까지도 변하지 않아, 홉킨스의 친구들 대부분 성직을 택했다. 브리지스는 의사가 되겠다고 진로를 바꾸었지만, 대학에 입학할 때만 해도 영국 국교회 사제가 되기를 희망했다. 아디스는 로마 가톨릭 사제가 되었지만, 거니, 얼커트, 맥파라인, 겔다트, 겔다트의 동생, 그리고 콜스는 영국 국교회 사제가 되었다.[223] 홉킨스도 개종하지 않았다면 그렇게 되었을 것이다.

더구나 교양 있는 사람들은 로마 가톨릭에 대해 부정적인 경우라도, 로마 가톨릭 사제의 독신 생활과 미사에서의 역할을 존경한다.[224] 영국 국교회 사제가 사유재산을 소유하고 결혼 생활을 유지하며 세속인과 비슷하게 살아가는 것에 대한 반감이 작용한 것이다. 뉴먼이나 매닝 같은 가톨릭 사제들이 사회적으로 존경을 받으며 큰 영향력을 발휘하는 것도 이런 경향을 부추긴다. 홉킨스의 부모는 아들이 사회 변방에서 고립되는 것보다는 사제로서 존경받는 것이 낫다고 생각한다. 어쩌면 아들이 제2의 뉴먼이 되기를 바랐을 수도 있다. 12살 된 동생 라이오넬(Lionel)만 홉킨스에게 형은 왜 다른 사람처럼 '평범한 가톨릭'이 되지 못하냐고 묻는다.[225] 형이 예수회에 들어가는 것이 싫은 까닭이다. 가족 모두 같은 마음이었겠지만, 이에 대해서는 한마디도 하지 않는다. 한번 결심한 일은 되돌리지 않는 홉킨스의 성격을 개종 때 이미 경험했기 때문이다. 덕분에 홉킨스는 가족의 지지를 받으며 예수회에 들어간다.

예수회 입회는 일사천리로 진행된다. 5월 18일 홉킨스는 예수회 입회를 위한 인터뷰를 받는다. 5월 29일에는 옥스퍼드 대학 학위 수여식에 참여한다. 오랜만에 옥스퍼드를 방문했지만 겨우 45분 머문다.[226] 예수회라는 새로운 전망이 기다리고 있기 때문이다. 졸업식 바로 다음 날 홉킨스는 예수회 수련을 허락받는다. 이날의 심경을 다음과 같이 남긴다. "몇 주간 스위스 여행을 다녀온 다음 로햄프턴에 있는 예수회 수련원에 들어간다. 세상에 이처럼 밝은 전망이 또 있으리라 생각되지 않는다."[227] 예수회 입회는 홉킨스가 꿈꿀 수 있는 가장 찬란하고 가장 "밝은 전망"이다. 완벽한 평화가 그의 마음속을 채운다.[228]

스위스 여행은 본드와 함께 떠난다. 이것이 홉킨스가 예수회가 아닌 사람과 함께 하는 마지막 여행이다. 홉킨스의 일기는 특유의 화려하고 세심한 자연 관찰 기록으로 가득 찬다. 오랜 시간 여성의 머리 장식을 관찰한 후 그 모양을 세세하게 기록하거나 외국인의 얼굴을 조목조목 묘사하기도 한다.[229] 홉킨스는 그저 낯선 풍경을 눈에 들어오는 대로 낱낱이 기록하는 일에 즐거움을 느낀다. 가톨릭적 세계관에서 모든 존재는 '존재의 대연쇄' 혹은 '존재의 대사슬'이라 부르는 연결망 속에서 각자의 위치를 지키며 각자의 역할을 수행한다. 그것이 창조의 목적을 실현하는 길이다. 홉킨스가 보는 것처럼 대상이 전체적 질서 속에 포섭되지 못한 채 개별적으로 존재하는 것은 엄밀히 말해 이교도적 세계관을 반영한다. 홉킨스는 아직 이에 대한 각성이 없다. 예수회 수련기를 거치면서 모든 존재를 유일한 질서 안에 포함시키는 신학적 확신이 생기게 된다.

스위스에서 돌아온 후 다섯 주를 온전히 집에서 보낸다. 만약 예수회를 중도에 포기하지 않는다면, 홉킨스는 남은 평생을 예수회 안에서 살게 된다. 이번이 함께 보내는 마지막 시간이라는 생각이 그를 사랑하는 모든 사람의 마음을 애잔하게 만든다. 베일리가 집에 와서 며칠을 머물고, 브리지스와 아디스도 다녀간다. 조부모와 친척까지 모두 만난다. 9월 7일 저녁 로햄프턴에 있는 만레사 하우스를 향해 나선다. 어린 시절 홉킨스를 돌봐주었던 고모 앤이 기차역에 배웅 나온다. 그의 부모 형제 중에는 아무도 기차역에 나오지 않는다.

7.
예수회 견습 수사 수련기
: 영신 수련

　　홉킨스는 저녁 늦게 만레사 하우스에 도착한다. 만레사 하우스는 1861년부터 예수회 수사들의 수련원으로 사용되었다. 런던에서 멀지 않고 기차역에서도 가까운 편이지만 매우 한적한 곳이다. '만레사'라는 명칭은 스페인에 있는 한 마을에서 유래했다. 예수회 창시자인 성 이냐시오가 영적 깨달음을 얻었던 동굴이 있는 곳으로, 예수회 수사가 되겠다고 결심한 견습 수사들에게는 더할 나위 없이 적절한 명칭이다. 이곳에서 견습 수사는 마치 성 이냐시오가 동굴 속에서 묵상했듯 세상과 단절된 채 꼬박 2년의 수련 기간을 보내야 한다. 수련기를 무사히 마치면 그제야 예수회원으로서 첫 번째 맹세를 하고 정식 수사가 된다. 홉킨스처럼 사제직을 꿈꾸는 사람은 철학 수련기 3년과 신학 수련기 3년을 더 수련해야 한다. 그래도 곧바로 사제가 되지는 못한다. 예수회는 예수가 부활한 33세까지 사제 서품을 허락하지 않는다. 연학 수련기를 모두 마친다 해도 33세가 될 때까지 예수회의 지시에 따라 다양한 활동을 더 수행해야 한다. 이 모든 활동은 수련으로 간주된다. 만 33세가 되면 비로소 사제로 서품받는다.

만레사 하우스 홉킨스 기념 명판'

만레사 하우스에서 견습 수사로 보내는 첫 2년은 예수회 훈련을 견뎌낼 자질이 있는지 시험받는 기간이다. 당연히 예수회의 모든 수련 기간 중 가장 혹독한 시기이다. 배정된 숙소는 숙소라고 부르기조차 민망하다. 커다란 공간을 칸막이로 나누어 금속 침대, 주전자, 세숫대야, 요강을 들여놓은 것이 전부이고, 문도 없어 붉은 커튼이 입구 역할을 한다.[230] 수련생은 방 같지도 않은 그곳을 "매우 깔끔하게 유지해야 한다."[231] 빅토리아시대 중상류층은 대부분 하인을 둔다. 홉킨스는 대학 시절에도 방을 청소하거나 요강을 비우는 일을 직접 해본 적이 없다. 좁고 프라이버시가 보장되지 않는 공간에서 생활해 본 적도 없다. 더구나 생활에 필요한 자잘한 모든 일을 직접 해야 한다. 일반인 형제들이 요리와 전문적인 기술이 필요한 작업을 도와주지만, 비질, 걸레질, 설거지, 잔디 깎기 등은 직접 해야 하고, 여름에는 건초 말리기, 가을에는 과일 수확, 겨울에는 바느질과 장작 패기를 더해야 한다.[232] 지급된 옷은 매우 낡아 군데군데 얼룩져 있고, 누덕누덕 기운 곳도 많다.[233] 매사가 낯설고 힘들다. 매 순간이 '견디기'를 요구한다. 홉킨스는 이러한 과정을 통해 겸손, 인내, 복종의 마음을 배우고 예수회원으로 거듭날 것이다.

홉킨스는 만레사 하우스에 도착한 지 3일 만에 어머니에게 편지를 쓴다. 예수회의 정해진 일과 때문에 편지를 길게 쓸 시간은 없다.[234] 그래도 어머니를 안심시키기 위해서 가능한 한 만레사 하우스의 이모저모를 상세히 설명하려 애쓴다. 홉킨스가 어머니에게 보낸 편지에 따르면, 견습 수사 수련생 동기는 홉킨스를 포함해 7명이다. 그중에는 홉킨스와 같은 성을 쓰는 프레더릭 홉킨스(Frederick

---

* 만레사 하우스는 현재 파크스테스 하우스(Parkstead Houses)라 불리며, 로햄프턴 대학 화이트랜드 칼리지(Univirsity of Roehampton, Whitelands College)에 속한다. 칼리지 정문에 있는 기념 명판에는 "예수회 사제이자 시인 제라드 맨리 홉킨스가 여기서 살고 공부했다"라고 새겨져 있다.

Charles Hopkins)도 있다. 예수회에서는 서로의 성에 '씨'(Mr)나 '형제'(Br)라는 경칭을 붙여 부르는 것이 일반적이라, 두 명의 홉킨스는 헷갈릴 수밖에 없다. 그렇다고 이름으로 둘을 구분할 수도 없다. 홉킨스의 제라드(Gerard)와 발음이 비슷한 제라드(Jerrard)라는 형제가 있기 때문이다. 궁여지책으로 예수회 형제들은 두 사람을 별명으로 구분한다. 이후 홉킨스는 "점잖은 홉"(The Gentle Hop)으로, 프레더릭은 "점잖은 체하는 홉"(The Genteel Hop)으로 불린다. 홉킨스와 "점잖은 체하는 홉"은 대학을 마친 동갑내기로, 동기 중에 가장 나이가 많다. 가장 어린 맥밀린(Thomas McMullin)은 1851년생으로 홉킨스보다 7살 어리다.

예수회 규율에 따라 수련생은 서로 개인적으로 친해질 수 없다. 예수회가 견습 수사들 간에 특별한 우정이 쌓이는 것을 금하기 때문이다.[235] 수련생은 오직 예수만을 사랑하는 사람으로 거듭나야 한다. 그래도 사람인지라 자연스럽게 호감이 더 가는 사람이 있기 마련이다. 홉킨스는 여러 수련생 중 2년 차 견습 수사인 베이컨(Francis Edward Bacon)과 친해진다. 베이컨은 홉킨스의 강론 실력을 칭찬하고, 홉킨스의 시를 진심으로 좋아한다.[236] 덕분에 베이컨은 홉킨스의 시를 읽은 몇 안 되는 예수회원이다. 베이컨이 필사해 보관한 원고가 유일한 원고인 작품도 여러 편이다.[237]

9월16일 홉킨스는 생애 첫 '긴 피정'(The Long Retreat)을 시작한다. 긴 피정은 30일간 진행되는 영신 수련으로, 예수회원은 생애 동안 이 피정에 두 차례 참여해야 한다. 홉킨스는 그중 첫 번째는 수사 수련을 시작할 때, 두 번째는 제3수련기(The Tertianship)를 시작할 때 수행한다. 홉킨스는 본질적으로 새로운 지적 활동을 즐기는 사람이다. 옥스퍼드 대학에서 행복했던 이유도 자유롭게 새로운 사상을 탐구할 수 있었기 때문이다. 이 때문에 홉킨스의 사고 체계 안에는 많은 사상과 관념이 자리한다. 그것들이 홉킨스의 시를 더욱 풍부하게 만드는 요인이 된다. 그럼에도 '긴 피정'은 다른 모든 사상적 영향을 뛰어넘을 만큼 아주 강렬한 영향을 미친다.[238] 7년의 절필 기간을 끝낸 작품인 「도이칠란트호의 난파」는 "영신 수련에서 얻은 자신만의 경험을 시화"한 것으로 간주된다.[239] 이외에도 많은 시가 영신 수련의 영향력을 보여준다.

긴 피정은 성 이냐시오가 쓴 『영신 수련』(Spiritual Exercises)의 지침에 따라 진행된다. 이 책은 성 이냐시오가 만레사 동굴에서 겪은 영적 신비 체험을 직접 기록한 것으로 "성 이냐시오 영성의 핵심"을 담고 있다.[240] 성 이냐시오가 '수련' 혹은 '훈련'이라는 용어를 쓰는 이유는 "기도와 영성도 연습의 산물"이라는 믿음 때문이다.[241] 연습을 통해 죄와 유혹에 빠지기 쉬운 영혼이 "질적인 변화"를 거치면서 "하느님의 섭리에 맞게 준비"된다고 본 것이다.

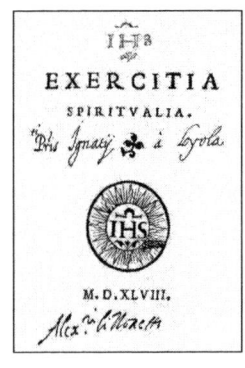

『영신 수련』 초판

긴 피정은 『영신 수련』에 명시된 4단계를 기반으로 진행되며 각 단계는 대략 1주일이 소요된다. 제1주간은 죄를 성찰하고 제2주간은 성지주일(예수의 예루살렘 입성 기념 주일)까지의 예수 생애를 묵상한다. 제3주간은 예수의 수난을, 제4주간은 부활과 승천을 묵상하는 단계이다. 수련을 돕는 지도자가 각 수련생에게 배정되며, 지도자는 매일의 묵상 주제를 제시하고 수련자의 상황에 따라 일정을 조정한다. 각 단계를 반드시 7일 안에 완료하거나 긴 피정 전체를 반드시 30일에 마쳐야 하는 것은 아니다. 수련생 개개인의 특성과 역량이 충분히 존중된다.

수련생은 방이나 기타 조용한 공간에서 홀로 묵상 수련한다. 산책 같은 활동 중에도 묵상은 계속된다. 영신 수련의 묵상법에서 가장 특이한 점은 수련자가 묵상의 과정에서 상상력을 발휘해야 한다는 것이다. 즉, 수련자는 구원의 각 단계에서 일어나는 일을 실제처럼 느끼기 위해 사건이 일어나는 장소를 '상상적으로 재현'(An imaginative representation of the place)한다.[242] 육체에 갇힌 자신의 영혼을 상상적 눈으로 바라보거나, 예수가 있는 장소를 눈앞에 보듯 상상으로 재현하는 것이다. 시각적 묵상이라는 뜻에서 예수회는 '관상'이라 부르기도 한다. 이 수련

법이 홉킨스의 시적 상상력이 발전하는 데 크게 기여한다. 특히 홉킨스의 '성숙기 시'*에는 공간과 감각을 상상하는 관상 기법이 종종 발견되어, 영신 수련이 그의 시 세계에 얼마나 깊이 자리 잡았는지를 보여준다.

피정 중의 일기는 간단하지만 경쾌하다. "날씨 좋음-석탄 조각들 혹은 주홍 흑점만큼 밝은 밤들"은 산책 도중에 발견한 밤의 빛깔을 표현한 것이다.[243] 이는 훗날 「알록달록한 아름다움」("Pied Beauty")에서 "갓 떨어진 목탄 같은 밤송이들"(Fresh-firecoal chestnut-falls)로 변주될 것이다.[244] 다음 날 일기에는 이제 날씨 외에는 아무것도 쓰지 않겠다고 적혀있다.[245] 묵상에 관한 것을 기록하는 영신 수련 노트가 따로 있기 때문이다. 아쉽게도 이 노트는 전해지지 않는다. 얼마 지나지 않아 날씨 기록도 중단된다. 영신 수련에 온 에너지를 쏟기 때문이다. 긴 피정을 무사히 마친 다음 날 홉킨스와 견습 수사들은 특별히 30분을 더 자도록 허락받는다.

견습 수사로서의 일상이 본격적으로 시작된다. 일과는 15분 단위로 쪼개질 만큼 촘촘하다. 5시 30분에 기상해서 6시에 예배당에서 묵상한다.[246] 미사, 묵상, 독서, 성경 읽기, 공동 노동 등 각종 활동이 정해진 시간에 따라 이어진다. 밤 9시에는 예배당에서 밤 기도를 한다. 그 후 15분간 이튿날 아침 묵상을 준비하고, 하루를 돌아보며 죄의 순간을 찾는 '양심 성찰 기도'(The Examen)를 한다. 소등은 밤 10시. 식사는 한 곳에 모여 조용히 한다. 하루 중 점심 식사가 가장 풍성하다. 형제 중 한 명이 대표로 종교 서적을 낭독하면, 다른 형제들은 조용히 경청하며 식사한다.

일주일에 세 번은 동료 견습 수사와 약 2시간 동안 제법 멀리까지 산책을 간다. 이때 산책 동료는 견습 수사가 임의로 선택할 수 없다. 견습 수사 간에 특별

---

* 성숙기 시는 1875년에 쓴 「도이칠란트호의 난파」부터 홉킨스가 사망할 때까지 쓴 시를 전부 포괄하는 비평 용어이다. 홉킨스의 시적 재능이 독창적 시인으로서 충분히 성숙했다는 의미가 있으며, 예수회에 들어오기 전에 썼던 초기 시와 구분하는 역할을 한다.

만레사 하우스

한 우정이 쌓이는 것을 막기 위해 교수가 그때그때 짝을 지어주기 때문이다. 예외적으로 축일에는 견습 수사가 산책 상대를 선택할 수 있다. 일 년에 한 번 '무죄한 어린이들의 순교 축일'(Holy Innocents)에는 런던으로 나가 미술관, 대성당, 수족관 등을 구경할 수 있다.[247] 그 외에 모든 것이 엄격한 규칙과 통제하에 이루어진다. 편지와 손님 방문처럼 외부 접촉은 특히 더 엄격하다. 긴 피정 동안은 외부에서 들어오는 어떤 소식도 받을 수 없다. 묵상에 방해되기 때문이다. 피정이 아닌 때라도 편지를 자유롭게 주고받을 수 없다. 일단 편지를 쓸 만큼 한가한 시간도 없고, 모든 편지는 상관의 검열을 받는다. 외부 방문객도 쉽게 만날 수 없다.

예수회가 견습 수사에게 이토록 엄격한 규율을 부과하는 것은 복종이 몸에 배도록 하기 위해서이다. 예수회가 목표하는 복종은 완전하고 철저한 복종, 자아의 억제를 넘어 자아를 버리는 복종이다. 억제가 욕망과 의지를 인정하는 것이라면, 버림은 완전한 무의 상태에 이르는 것을 의미한다. 그렇게 비운 자리를 상관의 명령으로 채운다. 예수회에서 상관에 대한 복종은 예수에 대한 복종과 같다.[248] 빅토리아시대 지식인들은 예수회가 예수의 군대라는 정체성을 내세우는 만큼이나, 상관에게 "시체처럼 복종"하는 것을 불편하게 본다.[249] 개성, 자율성, 그리고 무엇보다도 자유를 중시하는 시대적 분위기에 역행하기 때문이다.

사실 홉킨스에게 "시체처럼 복종"은 쉬운 일이 아니다. 홉킨스는 본질적으로 독창적인 예술가이다. 기존의 관념을 거부하고 새로운 것을 추구하는 일에 거리낌이 없고, 조직 내 권위자에게 도전하고 반항하는 것에 두려움이 없다. 그럼에도 남은 생애 동안 예수회원으로서 "시체처럼 복종"하며 살기로 결심한다. 예수회 견습 수사 수련기 첫 1년 동안 그의 내면에 무엇이 지나갔는지 정확히 알 수 없다. 편지는 거의 없고, 있어도 매우 짧다. 일기도 단순한 사실 기록에 불과하다. 다만 수련기 첫 1년을 무사히 마쳤다는 사실로 미루어 기도와 묵상, 거친 옷과 딱딱한 침대, 그리고 걸레질 같은 노동에 익숙해졌다고 짐작할 뿐이다.

1868년 겨울은 유난히 혹독하다. 11월 초부터 얼음이 얼고 서리가 내렸으나, 12월에 비하면 오히려 '순한' 편이다.[250] 12월에는 거센 돌풍이 불어와 온몸을 얼어붙게 만든다. 홉킨스는 날씨가 험하다고 기록하지만 힘들다고 불평하지 않는다. 12월에 대학 친구 홀란드(Henry Scott Holland)와 네틀쉽(Richard Lewis Nettleship)이 만레사 하우스를 방문해 그린 교수와 친구들의 안부를 전한다.[251] 매일같이 반복되는 수련원 생활 중에 신선한 변화라 환기가 된다.

네틀쉽

1869년 새해에는 브리지스가 찾아온다. 아쉽게도 홉킨스가 수련 중이라 만나지 못한다. 브리지스는 새해처럼 의미 있는 날, 멀리서 찾아온 친구를 규율 때문에 만나지 못하게 하는 처사를 비인간적이라고 생각한다. 이제까지 자신이 가졌던 예수회에 대한 부정적 판단이 옳았다고 더욱 확신하게 된다. 이후 브리지스는 홉킨스에게 일어나는 모든 불행을 예수회 탓으로 돌린다.

어머니는 추운 날씨에 고생하는 아들을 걱정해 두꺼운 천으로 만든 내복을 보낸다. 홉킨스는 받자마자 어머니에게 감사의 편지를 쓴다.[252] 예수회는 모든 면에서 엄격하지만, 그래도 겨울 의복에 관해서는 관용적이다. 견습 수사들에게 난방을 제공하지 않기 때문이다. 짧은 감사 인사 후 홉킨스는 최근 스페인에서 일어난 예수회 박해 사건을 들려준다. 많은 예수회원이 국외로 탈출했으며 그중 일부는 신분을 숨기기 위해 변장까지 감수했고, 심지어 열네 살 어린 소년이 예수회와 함께 가겠다며 눈물로 호소한 끝에 결국 뜻을 이루었다는 것이 이야기의 골자이다. 홉킨스는 어머니에게 예수회가 여전히 박해받고 있고, 그런 수난의 자리에 자신이 서있다고 말하고자 한다. 편지 끝에 "저는 사순 금식을 허락받지 못했습니다"라고 덧붙인다. 금식으로 건강이 상할까 염려하는 어머니를 안심시키려는 마음과 예수회가 무조건 규율을 강요하는 곳이 아니라는 것을 알리려는 의도가 모두 포함된 말이다.

하지만 홉킨스가 예수회에 들어와 첫 사순 금식을 지키지 못한 것은 좋은 신호가 아니다. 예수회에서 금식과 고행은 매우 중요하다. 육체적 고통이 영혼의 치료제라는 생각이 있고, 금식과 고행이 예수회원의 "육체를 성스러운 그릇"으로 빚는다는 믿음도 강하다.[253] 이 때문에 예수회 고행은 다른 수도회보다 더 심하다는 평판이 있다. 고행에서 가장 일반적인 것은 '단련'(discipline)이라 부르는 채찍질과 허벅지를 묶는 '가터'(garter)이다. 채찍은 끈을 꼬아 만드는 것이 가장 기본적인 형태이다. 가터는 가죽끈을 허벅지에 조이는 것이 원칙이지만, 간혹 "철사와 말굽 편자로 된 특별한 것"을 따로 주문해 사용하기도 한다.[254] 이 경우에는 고통이 매우 심하고 출혈이 동반될 수도 있다.

견습 수사에게는 이처럼 강도 높은 고행이 허락되지 않는다. 견습 수사의 건강을 최우선으로 고려하기 때문에, 훨씬 온건한 고행만 허락되고 금식도 상관의 허락이 있어야만 가능하다.[255] 홉킨스가 사순 금식을 허락받지 못했다는 것은 상관이 그의 건강 상태를 금식에 적합하지 않다고 판단했다는 의미이다. 예수회에 들어와 이제 겨우 첫 겨울을 지났다. 홉킨스는 다른 견습 수사들이 수행하는 고행을 감당할 육체적 강인함을 갖추지 못했다고 증명한 셈이다. 이듬해인 1870년에도 홉킨스는 사순 금식을 지키지 못한다. 처음 몇 년간 예수회는 홉킨스의 건강을 위해 각별히 신경을 쓴다. 그러는 사이 홉킨스는 점점 더 관리하기 까다로운 회원이 되어간다.

상관은 홉킨스에게 사순 금식 대신에 6개월간 '눈을 감금하는 고행'(custody-ofthe-eyes penance)을 허락한다.[256] 고개를 숙인 채 걷거나 시선을 바닥에 고정해 눈을 통해 들어오는 자극을 의식적으로 차단하는 고행이다. 외부 세계의 자극에 욕망과 감정이 흔들리는 것을 막는 것이 목적이다. 홉킨스는 자연의 아름다움을 시각적으로 인지하고, 그것을 정교하게 묘사하는 데서 큰 기쁨을 느끼는 사람이다. 따라서 6개월에 걸친 '눈을 감금하는 고행'은 홉킨스에게 짧은 금식 못지않게 힘든 수행이 된다.

하지만 시각적 자극을 차단하는 고행은 의도와 달리 홉킨스의 청각을 발달시키는 효과를 낳는다. 홉킨스는 타고나길 소리의 미세한 차이를 구분하는 좋은 귀를 지녔다. 그것이 시각을 차단하면서 더욱 예민해진다. 6-7월 사이에 쓴 일기에 홉킨스는 뻐꾸기 소

만레사 하우스와 운동장

리에 대해 여러 번 기록한다. 하루는 "뻐꾸기 소리의 음조가 변한다. 두 개의 음이 거의 분리되지 않으며, 음의 높이는 거의 똑같다"라고 기록하고, 또 하루는 "뻐꾸기 소리를 들었다. 음조가 거의 없는 거친 소리이다"라고 적는다.[257] 짧은 두 일기 글에 음조(tune), 음(notes), 음의 높이(pitch), 음조가 없는(tuneless)과 같은 음악 용어가 조밀하게 들어차 있다. 자연의 소리를 음악적으로 인식하는 이 같은 경험은 훗날 독자적인 리듬 이론을 발전시키는 데 중요한 자양분이 된다.

1869년 9월 홉킨스가 만레사 하우스에 들어온 지 일 년이 된다. 예수회에서 9월은 매우 특별한 달이다. 홉킨스가 9월에 만레사 하우스에 들어왔듯이, 새로운 견습 수사들이 만레사 하우스로 들어온다. 2년 차 견습 수사는 수련을 마치고 다른 곳으로 이동한다. 마치 도미노처럼 이어지는 9월의 인사이동을 홉킨스는 "내각 대개편"(General Post)이라 부른다.[258] 그만큼 많은 예수회원이 자리를 옮긴다는 뜻이다. 9월 8일 피정을 마친 2년 차 수련생이 떠난다. 홉킨스와 친했던

베이컨 수사도 함께 떠난다. 그간 학생 지도를 맡았던 피츠시몬 신부(Fr Christopher Fitzsimon)가 인사 한마디 없이 갑작스레 떠나고, 겔웨이 신부(Fr Peter Gallwey)가 그 자리를 채운다.²⁵⁹ 홉킨스는 명령이 떨어지는 즉시 일사불란하게 이동하는 예수회의 모습을 처음 목격한다. 예수회의 절대복종을 절감한다.

베이컨이 떠나 아쉬운 순간, 브리지스에게서 만레사 하우스를 다시 찾겠다는 편지가 온다. 브리지스는 이번에도 헛걸음하지 않기 위해 방문하기에 좋은 요일을 미리 알려달라고 한다. 지난 1월 브리지스를 그냥 보낸 것이 몹시 아쉬웠던 홉킨스는 되도록 오래 같이 있기 위해 토요일에 오면 좋겠다고 답한다.²⁶⁰ 정작 브리지스는 토요일도, 일요일도 아닌 월요일에 방문한다. 월요일은 손님을 맞기에 가장 좋지 않은 날이라 홉킨스는 실망한다. 이 때문인지 두 사람의 만남은 편치 않게 흘러간다. 홉킨스는 브리지스가 다녀간 직후 어머니에게 브리지스가 "제 친구 중에 가장 훌륭한 친구였다"라고 쓴다.²⁶¹ 방금 만난 친구를 굳이 과거 시제로 표현해 두 사람의 관계가 예전과 다르다는 인상을 준다. 이로부터 약 2년간 두 사람은 소식을 주고받지 않는다.

1871년 4월이 되어서야 홉킨스는 브리지스에게 편지를 보낸다. 2년 전 그날 자신이 분명코 불친절하게 행동했으며, 둘 사이에 연락이 끊긴 것은 순전히 자기 잘못이라는 말을 포함해서이다.²⁶² 홉킨스는 자신이 새로운 주소를 알려주지 않아 브리지스가 연락할 방법이 없었을 것이라고 둘러대지만, 이는 문제를 자기 탓으로 돌리려는 핑계에 불과하다. 만약 브리지스가 홉킨스에게 연락할 마음이 있었다면 얼마든지 홉킨스의 새 주소를 알아낼 수 있었다. 브리지스 역시 홉킨스와 연락할 의지가 없었던 셈이다.

어쨌든 두 사람은 1869년 1월에 만레사 하우스에서 있었던 일에 대해 더 이상 언급하지 않는다. 덕분에 이날 무슨 일이 있었는지 아무도 모른다. 다만 몇 가지 시나리오를 예상할 수 있다. 아마도 홉킨스는 브리지스를 만나 평소보다 들뜬 상태가 되어 예수회에 대해 열정적으로 이야기했을 것이다. 예수회에 우호적이지 않은 브리지스는 냉담하게 반응해 홉킨스의 기분을 상하게 했을 것이다. 그게 아니라면, 브리지스가 약속한 날짜에 오지 않아 실망한 홉킨스가 불평했을지도 모른다. 만약 그랬다면, 브리지스는 자신의 친절이 화답을 받지 못했다고 생각해 기분이 상했을 수도 있다. 두 사람의 관계는 1871년 화해한 이후에도 여러 번 더 끊어진다. 그때마다 홉킨스가 먼저 화해의 손길을 내민다.

2년 차 수련 수사가 된 홉킨스는 책임이 늘어난다. 새로 들어온 신입 수련생이 긴 피정에 들어가기 전까지 만레사 하우스에 적응하도록 돕는 일을 한다. 1869년 12월 중순부터 이듬해 2월까지 약 4달간은 포터(The Porter, or Beadle)를 맡는다. 학장이 수련 2년 차 중에서 홉킨스를 지명했기 때문이다. 홉킨스는 "포터로서 수련생이 일상의 의무를 지키도록 돕고, 상관의 지시 사항을 전달하고, 그것이 잘 실행되는지를 확인한다. 포터의 여러 의무 중에는 수련원 일지를 기록하는 일도 포함된다."[263] 홉킨스가 기록한 일지는 현재 예수회가 보관한다. 가까운 교회로 파견 나가 어린이 교리문답 지도도 한다. 로마 가톨릭교회가 많지 않아 가까운 교구라 해도 꽤 먼 거리를 이동해야 한다. 호머 로우(Homer Row)에 있는 교회는 걸어서 8마일 떨어진 곳에 있다.[264] 홉킨스는 새로운 것을 눈에 담을 수 있어서 매우 즐거워한다. 일기에 기록하는 내용이 다양하고 풍성해진다.

3월 1일 홉킨스는 어머니의 생일을 맞아 오리 깃털을 선물로 보낸다. "사랑을 담아 오리 깃털 하나를 보냅니다. 저는 현재 거룩한 청빈(evangelical poverty)을 실천하며 곧 서약하기를 소망합니다. 그러나 아무리 가난한 사람이라도 다른 이의 권리를 침해하지 않는 한, 세상 편견 없이 하늘, 별, 땅의 모든 자연의 것을 누릴 수 있습니다. 이 광활한 자연에서 얻은 제 특별한 권리 하나를 어머니께 기꺼이 양도합니다"라고 쓴 편지도 함께 보낸다.[265] 홉킨스는 청빈을 맹세하기 위해 수련하는 중이기에 어떤 것도 개인적으로 소유할 수 없다. 유일한 예외가 자연에서 온 것이다. 홉킨스는 그중 특히 아름다운 것을 골라 사랑의 마음을 전한다. 어머니는 편지와 함께 오리 깃털을 소중하게 간직한다.

성 위니프리드 우물

1870년이 시작된다. 이제 2년 차 수련 기간도 후반기에 접어들었다. 홉킨스는 모든 면에서 여유가 생긴다. 수도원에서 일하는 일반인 형제들과도 활발하게 교류한다. 일반인 형제는 예수회원으로 종신 서약을 하지는 않지만, 수도원에서 생활하며 공동체 운영에 필요한 여러 일을 맡는다. 따라서 수도원 운영에 있어 매우 중요한 사람들이지만 마땅한 적임자를 찾는 일이 쉽지 않다. 수도원에서 지급하는 급료가 워낙 낮은 데다, '일반인' 형제라 하더라도 수도원 생활을 이해할 만큼 신앙심이 깊어야 하기 때문이다.

자연스레 가톨릭 신앙을 가진 아일랜드 출신 이민자들이 일반인 형제로 일하는 경우가 많다. 이들이 홉킨스가 경험하는 첫 아일랜드인들이다. 홉킨스는 이들과 많은 것을 함께 한다. 오랜 시간 부엌에 머물며 요리사의 요청에 따라 잡일을 돕고, 여가 시간 틈틈이 이야기를 나누며 삶을 공유한다.[266] 이들로부터 들은 이야기들은 일기에 꼼꼼하게 기록한다.[267] 하루는 한 형제의 고향에 있는 샘에 얽힌 전설을 매우 상세히 기록하고, 또 하루는 다른 형제에게서 게일어(Gaelic-아일랜드어)를 배운 후 게일어와 영어의 차이점을 꼼꼼히 정리한다.[268] 샘에 관한 전설은 훗날 극시 『성 위니프리드의 우물』(St Winefred's Well)의 영감이 되고, 게일어에 대한 음성학적 관심은 스프렁 리듬의 밑거름이 된다.

외부 세계에 대한 관심이 커지는 것은 시인 홉킨스에게 긍정적인 일이나, 예수회 견습 수사에게 좋은 일은 아니다. 인간적 욕망과 감정을 끊어내는 데 방해가 되기 때문이다. 결국 애써 억눌러왔던 그의 개성이 한꺼번에 폭발하듯 제멋대로 날뛰기 시작한다. 어느 날 홉킨스는 레코드 가게에서 흘러나오는 음악에 맞추어 콧노래를 부른다.[269] 또 어느 날은 식당에서 한 형제가 19세기 초 로마 가톨릭 신비주의자 "엠머릭 수녀(Sister Anne Catherine Emmerich)가 그리스도의 고뇌를 목격한 이야기"를 낭독하는 중에 갑자기 울음을 터트린다. 모두가 조용히 식사하며 낭독에 집중하는 가운데 홉킨스만 훌쩍거리며 계속 운다. 홉킨스도 예상치 못한 일이고, 수도원 형제들도 영문을 몰라 당황한다. 비슷한 일이 "축성된 성체를 성구 보관실로 옮기는 세속 목요일"에도 일어난다.

맥스, <앰버릭 수녀>, 1885

홉킨스는 갑작스럽게 울음을 터트린 이유를 찾기 위해 골똘히 고민한 끝에, 다음과 같은 결론에 이른다.

> 우리를 감동시키거나 눈물 짓게 하는 것은 슬픔의 무게나 압박, 즉 슬픔을 자아내는 원인이 아니다. 아무리 날카로운 칼이라도 앞뒤로 움직이지 않고 누르기만 해서는 어떤 것도 자를 수 없다. 마찬가지로 슬픔이 우리를 강타할 때도 어느 한순간, 전혀 예상치 못한 다른 방식의 자극으로 마음을 무장해제시키고 눈물을 자아낸다. 이 경험은 너무나 섬세하여 슬픔이 온몸을 통과하는 그 순간 모든 것이 선명하게 이해된다. 한편 연극적 페이소스처럼 그저 슬픔을 자극하는 감동은 그것의 의미가 중요하지 않거나 우리에게 큰 영향을 발휘하지 않아 그저 가벼운 눈물만 짜낸다.

요약하자면, 홉킨스가 흘린 눈물은 단순한 감정 반응이 아니라 오랜 시간 내면에 차곡차곡 쌓인 신비와 헌신에 대한 감동이 한순간에, 그것도 한꺼번에 분출된 것이다. 이날 홉킨스는 아주 긴 일기를 쓴다. 내면을 깊이 성찰하는 이 과정이 자아의 개별성과 인식의 주관성을 더욱 발달시킨다. 예수회가 바라는 '자아 버리기'(self-abandoning)와는 점점 멀어지고 있다.

예수회에 들어온 후 일기에서 거의 사라졌던 자연 관찰 기록이 다시 많아진다. 그 가운데 매우 긍정적인 새로운 변화가 발견된다. 홉킨스가 드디어 개별 사물을 종교적으로 이해하고 신성의 빛을 입히기 시작한 것이다. 기록된 첫 순간은 영국에서 흔히 볼 수 있는 푸른 꽃 '블루벨'을 관찰할 때이다. "이제껏 블루벨보다 더 아름다운 것을 본 적이 없다. 나는 그것을 통해 우리 주님의 아름다움을 알게 되었다. 그것의 [인스케이프는] 마치 물푸레 [나무]처럼 힘과 은총이 [섞여 있다]. 꽃송이는 강하게 [뒤로] 당겨져 [용골 선을 따라 뒤로 흐르며] 마치 물을 가르듯이 아치를 이루며 내려간다."[270] 대괄호는 더 정확하면서도 리듬감 있는 표현을 찾으려는 그 나름의 방법이다. 홉킨스는 "블루벨"이 그토록 아름다운 이유가 신의 아름다움이 그것에 미치기 때문이라고 믿는다. 눈에 보이는 그 특별하고 아름다운 전경을 '인스케이프'라는 독특한 이름으로 부른다.

인스케이프와 인스트레스는 홉킨스 시학에서 매우 중요한 개념이다. 먼저 인스케이프는 '내부'(in)와 '풍경'(scape)을 조합한 말로 개별 사물의 내적 특성을 가리킨다. 반면에 인스트레스는 '내부'(in)에 '힘'(stress)을 더한 합성어로 사물의 인스케이프를 가능하게 만드는 원천적인 힘을 의미한다. 홉킨스가 인스케이프와 인스트레스라는 용어를 처음 사용한 것은 옥스퍼드 대학 시절로 거슬러 올라간다. 그리스 철학 수업에 제출하기 위해 작성한 에세이 「파르메네디스」("Parmenedis")에서 "인간의 개별적인 길은 각자의 인스케이프에 의해 정해진다"와 "모든 존재는 인스트레스에 의해 지탱되며, 그것 없이는 의미가 없다"라고 쓴 것이 맨 처음 기록이다.[271] 많은 비평가는 인스케이프와 인스트레스가 홉킨스의 독창적인 개념이라고 주장한다. 하지만 홉킨스가 에세이에서 이처럼 별다른 설명 없이 이 용어들을 사용했다는 것은, 그것들이 기존 철학 전통, 특히 그리스 철학에서 유래했을 가능성이 있음을 시사한다. 담당 교수 역시 문맥을 이해한 것으로 보아야 하기 때문이다.

예수회에 들어온 지금, 학창 시절에 배운 고대 그리스 철학 개념을 빌려온 이유는 두 가지이다. 우선 홉킨스는 예수회의 강도 높은 훈련을 거치고도 자연 세계의 개별 존재를 향한 관심을 억누르지 못했다. 홉킨스는 이러한 관심이 종교적으로 부적절하지 않다고 정당화해 줄 이론적 기반이 필요하다. 인스케이프와 인스트레스는 비록 기독교 신학은 아니지만, 개별 존재에 대한 관심을 하나의 관념 체계 안으로 포섭하기에 적합한 철학적 틀이다. 또한 홉킨스는 안타깝게도 아직 가톨릭 신학 체계 안에서 이를 대신할 방법을 찾지 못했다. 이것이 가능해지는 것은 철학 수련기를 거치면서이다. 당장은 인스트레스와 인스케이프가 그의 미학적 신념을 가장 잘 설명할 수 있는 대안이다. 홉킨스는 이른바 블루벨 사건 이후 아주 작은 소리에도 인스트레스를 느끼고, 떠다니는 구름 조각에서도 인스케이프를 발견하며 기뻐한다. 그 모든 것이 은총이라 믿는다.

견습 수사로서 2년 수련 과정이 모두 끝난다. 1870년 9월 9일 홉킨스는 예수회원으로서 첫 맹세를 한다. 거룩한 청빈, 정결, 영원한 복종을 맹세하고, 예수회 안에서 영원히 살겠다는 맹세를 더한다. 이제 홉킨스는 정식으로 예수회 수사가 되었다. 맹세는 "조용하고 비밀스럽게" 진행된다.[272] 가톨릭 해방령이 이런 종류의 맹세를 하거나 실행하는 것을 금지했기 때문이다. 금지된 일을 한다는 사실이 홉킨스를 더욱 비장하게 만든다. 홉킨스가 맹세한 날 세 명이 더 맹세한다. 함께 수련을 시작한 일곱 명 중 세 명이 중도 탈락한 것이다. 예수회 수사로서 서약한 네 명 중 두 명은 만레사 하우스에 남는다. 연학 수련기에 필요한 기초 교육을 더 받아야 하기 때문이다. 홉킨스와 "점잖은 체하는 홉" 프레더릭만이 철학 수련기를 위해 스토니허스트로 이동한다.

8.
예수회 철학 수련기
: 스코투스의 개체 신학

홉킨스는 첫 번째 서약을 한 바로 다음 날 스토니허스트로 출발한다. 스토니허스트는 영국에서 가장 오래된 예수회 수도원으로, 엘리자베스 여왕 시대 순교자들의 책과 유물이 보관되어 있다.[273] 1773년 예수회 해산 이후 1829년 가톨릭 해방령이 발효될 때까지 약 50년간은 간신히 명맥만 유지한다. 예수회의 굴곡진 역사를 상징하는 그곳이 현재 '그 신학대학'(The Seminary)이라 불린다.[274] '그 신학대학'이라는 말이 예수회 안에서 스토니허스트의 위상을 대변한다.

스토니허스트에는 신학대학과 스토니허스트 칼리지(Stonyhurst College)˙가 같이 있다. 스토니허스트 칼리지는 일반 중등 기숙학교로 영국 예수회가 운영하는 학

---

* 영국에서 칼리지는 여러 종류의 교육기관을 가리키는 용어이다. 우리나라처럼 종합대학의 단과대학과 소규모 독립 대학뿐 아니라, 10대 소년을 위한 중등 사립 기숙학교와 16세 이상 고학년 학생에게 직업 교육과 대학 입시 교육을 제공하는 중등 교육기관도 칼리지라 불린다. 홉킨스가 졸업한 벨리올 칼리지는 종합대학의 단과대학이고, 스토니허스트 칼리지는 중등 교육기관이다. 홉킨스는 예수회가 운영하는 중등학교 중 스토니허스트 칼리지와 마운트 세인트 메리 칼리지(Mount Saint Mary's College), 두 곳에서 근무한다.

교 중에서 최고 수준을 자랑한다. 스토니허스트의 주요 건물은 칼리지가 사용하고, 신학대학은 약 300야드 뒤에 있는 세인트 메리 홀(St Mary's Hall)을 사용한다. 이 때문에 스토니허스트 신학대학을 세인트 메리 홀 신학대학이라고도 부른다. 명목상 스토니허스트 칼

세인트 메리 홀

리지 교장이 두 기관을 모두 관리하지만, 세인트 메리 홀은 별도의 관리자가 있어 실질적으로 자율성을 보장받는다.[275] 세인트 메리 홀에는 3명의 신부, 35명의 신학생, 그리고 두 명의 일반인 형제가 속해 있다. 35명의 신학생에는 1년 차 신학생 16명, 2년 차 9명, 3년 차 9명이 있다.

홉킨스는 1년 차 16명 중의 하나로 이들과 함께 3년을 보낼 것이다. 예수회 신학생(Scholastic)은 사제가 되기까지 총 6년의 연학 수련기를 거친다. 그중 첫 3년은 철학 수련기(The Philosophate)이고 나중 3년은 신학 수련기(The Theologate)이다. 3년의 신학 수련을 마친 후 추가로 1년의 '긴 과정'(The Long Course) 수련을 받기도 하지만, 이는 흔치 않은 일이다. 예수회는 각 단계에 있는 신학생을 철학사(Philosophers)와 신학사(Theologians)라 구분해 부르며 존중한다. 스토니허스트는 철학사 수련만 담당하고, 신학사 수련은 웨일스(Wales)에 있는 신학대학 세인트 뷰노(St Beuno's)에서 이루어진다.

홉킨스가 스토니허스트에 도착하자 일반인 형제가 짐 옮기는 일을 도와준다.[276] 혼자 쓰는 숙소에는 방문과 창문이 있다. 창문을 통해 "빛과 그림자로 얼룩진 아름다운 황야지대"를 온전히 누릴 수 있다.[277] 개인적인 일에 일반인 형제의 도움을 받는 것도, 방에 창문이 있는 것도 견습 수사일 때는 누리지 못한 호사이다. 많은 사람이 그를 기쁘게 맞이하고 반갑게 인사를 건넨다. 만레사 하우스에서 함께 지낸 형제가 세 명이나 있고, 각별했던 베이컨 수사도 있다. 홉킨스

는 모두가 "매우 멋진 동료들"이라고 느낀다.

도착한 바로 다음 날 어머니에게 편지를 쓴다. "2년간의 수련기를 끝내고 두 번째 집에 도착했습니다. 출발할 때 겔웨이 신부께서 십자가를 포함해 여러 선물을 주셨습니다. 그것들을 볼 때마다 슬픔이 느껴집니다. 그분은 제게 아주 친절하셨습니다. 그렇지만 여기서도 곧 모든 이의 형제적 자비를 느낄 수 있었습니다. 이제 저는 무슨 말을 하든 좀 더 자유롭습니다. 주님께서 그리하셨듯이 제가 청빈, 정결, 복종을 영원히 지키겠다고 서약했기 때문입니다."[278] 견습 수사 수련기는 용기와 인내, 그리고 복종을 배우며 영혼과 육체를 단련하는 기간이다. 당연히 제약이 많고 규율이 엄격하다. 홉킨스는 그것을 모두 이겨내고 첫 번째 맹세를 했다. 이제 예수회에 완전히 소속되었다는 기쁨과 안정감이 있다. 더불어서 견습 수사 시절의 많은 제약에서 벗어났다는 홀가분함도 느낀다. 편지 검열이 그중 하나로, 외부에서 오는 편지는 여전히 검열 대상이지만 외부로 보내는 편지는 검열을 받지 않는다. 검열 때문에 편지를 쓸 때 무의식중에 자기검열을 했던 것과 달리 자유롭게 떠오른 모든 생각을 담아 편지를 쓸 수 있게 되었다. 홉킨스는 내적으로 큰 자유로움을 느낀다.

일과는 정해진 시간표에 따라 아침 5시 30분에 기상해 밤 10시 30분에 소등한다. 오전은 주로 강의로 채워지고 오후에는 모둠 활동, 여가 활동, 학습 시간으로 이어진다. 저녁 8시에 식사를 하고 이후 시간은 호칭기도(Litanies) 등 종교 활동을 한다. 하루에 두 차례, 낮 12시 45분과 저녁 10시에 각각 15분 동안 자신의 죄를 돌아보는 양심 성찰 기도를 드린다. 강의는 고전, 수학, 수사학, 철학, 그리고 신학 등을 배운다. 일 년 차인 홉킨스는 목요일과 일요일을 제외하고 매일 오전에 논리학과 수학 수업을 듣는다. 대부분의 수업은 라틴어로 진행되지만 홉킨스는 전혀 문제없다.

홉킨스는 10월 13일부터 영국 연구회(The English Academy)라는 그룹 활동에 참여한다. 매주 화요일 저녁 7시 15분에 모여 논문을 함께 읽는 모임이다. 홉킨스

그룹은 이듬해 5월까지 총 23개의 논문을 읽는다.[279] 주제는 '셰익스피어의 사극'(The Historical Plays of Shakespeare)이나 '토마스 무어의 삶'(The Life of Sir Thomas More) 같은 역사적 사건이나 인물에서부터 '사진'(Photography)처럼 신문물에 이르기까지 다양하다. 때로는 교수가 참여해 토론 주제를 제시한다. 주제는 "대표제가 최상의 정부 형태인가?" 혹은 "세속 교육은 진정한 교육이 아니다"처럼 세상사에 관한 것이 대부분이다.

예수회는 신학생이 세속의 다양한 사상과 분야에 대해 읽고 토론하도록 세심하게 커리큘럼을 짠다. 덕분에 신학생은 일주일에 세 번씩 강의 내용에 관한 찬반 토론에 참여해야 한다. 네 명의 학생이 한 조가 되는데, 그중 두 명은 옹호자(defendants) 역할을, 나머지 두 명은 공격자(objicients) 역할을 맡는다. 공격자 측이 세속 철학의 관점에서 가톨릭 교리를 공격하면 옹호자는 가톨릭 교리를 변호한다. 양측 다 주장의 근거로 강의 내용이나 도서관 자료를 참조할 수 있다. 로크(Locke), 헤겔(Hegel), 데카르트(Descartes), 말브랑슈(Malebranche), 밀(J. S. Mill), 만셀(H. L. Mansel), 해밀턴(Sir William Hamilton)과 같은 신학자와 철학자들의 사상이 가톨릭 교리를 공격하기 위해 인용되기도 한다. 이를 통해 신학생들은 온갖 세속 사상에도 흔들리지 않고, 어떤 공격적인 질문도 방어할 수 있게 훈련된다. 홉킨스는 이 모든 과정에 매우 만족한다.

시간은 정신없이 흘러 순식간에 크리스마스 시즌이 다가온다. 만레사 하우스와 달리 일반인 중등학교와 신학교가 함께 있는 스토니허스트에서는 크리스마스 행사가 풍성하고 다채롭게 펼쳐진다. 수도원은 우산이 없는 신학생들에게 우산을 선물한다.[280] 우산에는 각 방의 호수가 적혀있다. 청빈의 원칙에 따라 개인 소유가 아님을 명확히 한 것이다. 크리스마스 다음 날 스토니허스트 칼리지 학생들이 셰리든(Richard Sheridan)의 『비평가들』(The Critic)을 공연하는 것으로 시즌 행사가 시작된다. 이후 다양한 공연이 더 이어진다. 신학생들은 이 행사들을 위해 오랜 시간 준비해 왔다. 사제로서 교회와 교육 시설을 이끌 때를 대비해 미리 경험을 쌓는 것이다.

1871년 새해가 밝았다. 겨울 방학 없이 학기가 계속 이어진다. 봄은 견습 수사 시절에 비해 늦게 온다. 스토니허스트가 로햄프턴보다 더 북쪽에 있기 때문이다. 3월이 되었는데도 북쪽 바람이 불어와 여전히 춥다.[281] 겨우 산책을 할 수 있는 정도는 되자 홉킨스는 밖으로 나가 자연을 스케치하고 다음과 같은 관찰 기록을 남긴다. "지금이 나뭇가지의 인스케이프를 관찰하기에 가장 좋은 때이다. 부풀어 오르는 새싹들이 눈으로는 도저히 감지할 수 없는 강도로 그것들을 끌어 올리기 때문이다. 많은 것에서 더 많은 것이, 작은 것에서 더 작은 것이, 무에서 무가 나온다. 어쨌든 이 새순들 속에는 새로운 인스케이프의 세계가 있다."[282] 홉킨스는 다른 사람이 보지 못하는 방식으로 자연을 본다.

펜들 힐

홉킨스가 지속적으로 관찰한 대상에는 구름도 포함된다. 구름 관찰이 처음 시작된 것은 지난 가을 스토니허스트에 도착한 직후부터이다. 그때 처음으로 맑은 하늘에 "층층이 쌓인 베개 같은 구름"이 펜들 힐(Pendle Hill)에 "아주 섬세한 꽃 모양의 그림자"를 드리우는 것을 본다.[283] 펜들 힐은 스토니허스트 앞에 넓게 펼쳐진 들판 건너에 자리잡은 야트막한 구릉이다. 스토니허스트의 전경을 마치 한 폭의 그림처럼 만들어 주는 일등 공신이다. 홉킨스는 겨울이 지나자마자 기다렸다는 듯이 구름 관찰을 다시 시작한다. 하루는 "구름이 백악질과 우윳빛을 띠어 놀라울 만큼 굴"과 흡사하다고 묘사하고, 또 다른 날은 단조롭게 보이는 구름이 사실은 홑이불같이 얇은 층으로 이루어져 있다고 기록한다.[284] 이 기록들이 훗날 홉킨스의 마지막 역작 「저 자연은 헤라클레이토스의 불이며 부활의 위안」("That Nature is a Heraclitean Fire and of the Comfort of the Resurrection")을 시작하는 이미지가 된다.

스토니허스트에서의 생활은 거의 완벽에 가깝다. 자연 관찰, 연구와 토론, 기도와 묵상으로 이어지는 삶이 홉킨스에게 큰 행복감을 안겨준다. 그는 엄청난 학습량에도 불구하고 에너지가 넘친다. 낙천적인 활기로 예수회 바깥 세상에도 신경을 쓴다. 먼저 2년간 연락이 끊겼던 브리지스에게 편지를 쓴다.[285] 자신은 특별히 할 이야기가 없으니 브리지스의 소식을 들려달라고 말한다. 일주일 후에는 베일리에게 편지를 쓴다. 답장을 쓰는 것이 쉽지 않지만 베일리의 편지는 언제나 환영이라고 말한다.[286] 5월 29일 성령강림대축일 월요일(On Whit Monday) 일기에는 정부군이 파리에 진입하자 패색이 짙어진 파리 코뮌(The Commune)이 인질 64명을 처형했으며, 그중에는 가톨릭 대주교와 주교, 신부들뿐 아니라, 예수회 신부 네 명도 포함되어 있었다고 기록한다.[287] 튀일리궁전(The Tuileries)과 여러 공공건물이 불탔다는 이야기도 덧붙인다. 이 일로 홉킨스에게 공산주의에 대한 부정적인 편견이 생긴다.

홉킨스가 처음 공산주의를 접한 것은 옥스퍼드 대학에서 "플라톤의 공산주의"라는 강의를 수강할 때이다.[288] 당시 홉킨스는 학문적으로 조웻의 영향을 받던 시기여서 정치 사상 면에서 상당히 자유로웠다. 특히 경제적 불평등을 해소하려는 공산주의의 대의를 긍정적으로 바라보았다. 홉킨스가 영국의 빈민 문제를 매우 심각하게 보았다는 것은 「대의」("Summa")를 통해서도 잘 드러난다.

　　진리가 최고의 이상
　　　그 외의 진실은 없다
　　모든 영광은
　　　거룩한 성삼위 하느님의 것

　　인간은 낮고 하느님은 높으시다
　　　천국이 그렇듯

모든 부족함을 채워주는

　뭔가가 반드시 있어야 한다

시절을 찬미하며

　즐거운 숨을 쉬어야 할 영혼이

근심과 범죄의 더러움으로

　도시에서 지쳐 죽는다

여유로운 눈길

　햇빛과 부드러운 공기에 맞춤한 얼굴이

번영과 찬사를 잃어

　아름다움이 드러나지 않는다[289]

1860년대 켄싱턴 슬럼

당시 영국의 도시 빈민 문제는 매우 심각했다. 문제가 시작된 것은 19세기 초이다. 농업혁명으로 식량 생산이 증가하고 종두법 같은 의료 지식이 보급되면서 인구가 폭발적으로 증가한다. 1831년 통계에 따르면 약 50년 전인 1780년에 비해 인구가 두 배로 늘어난다.[290] 농촌의 인클로저 운동(The enclosure movement)도 도시와 농촌의 인구 구조에 변화를 준 주요 원인이다. 인클로저란 경작지를 정리해 농업 효율을 올리고 대규모 자본화를 도모하는 작업이다. 작은 농지를 가진 사람은 경작지 정리 비용을 감당하지 못해 땅을 팔고, 소작민은 전통적으로 인정받던 황무지 개간권 등을 상실한다. 결국 농촌에서 생계가 막막해진 농민들은 일자리를 찾아 도시로 몰려든다. 도시는 인구가 넘쳐난다. 갑작스레 늘어난 인구를 감당하지 못해 불결하고 과밀한 빈민촌이 형성되고, 도시 빈민은 생계를 위해 저임금과 열악한 노동환경을 견뎌야 한다. 질병이나 부상에 노출되는 순간 그들은 노동시장에서 완전히 배제된다. 운이 좋아 계속 노동 능력을 유지한다 해도 주기적으로 반복되는 구조적 실업을 피하기 어렵다. 이 같은 상황이 19세기 내내 이어지고 점점 더 악화된다.

19세기 영국은 공리주의적 자유 경쟁주의를 기조로 삼아 도시 빈민 문제를 개인의 탓으로 돌린다. 반면에 홉킨스는 「대의」에서처럼, 도시 빈민 문제를 사회 구조의 산물로 본다. 개인의 가난을 사회 체제와 부의 불평등한 분배에서 비롯된 현상으로 이해한다는 점에서, 그의 생각은 공산주의와 일정 부분 비슷하다. 예수회 신학생이 된 지금도 기본적인 생각에는 변화가 없다. 하지만 파리 코뮌의 폭력성을 목격한 후 공산주의를 비판하기 시작한다.

> 어떤 거대한 혁명이 멀지 않았다고 생각하니 두렵다. 말하기 꺼려지지만 어떤 점에서 나는 공산주의자이다. 그들의 이성적인 주장은 내가 아는 모든 세속 정치인의 말보다 고귀하다. (…) 그리고 정의롭다. 하지만 그것에 도달하는 수단이 정의롭다고 할 수 없다. 이처럼 부유한 나라에서 가장 위대하고 가장 필요한 사람들이 풍요 속에서, 자신들이 만든 풍요 속에서, 존엄과 지식, 평안, 즐거움, 그리고 희망을 누리지 못하며 사는 것은 참으로 끔찍한 일이다. 그렇다 해도 그들이 자신들은 무엇을 파괴하고 불태우든 상관없다고 공언하며, 오랜 문명과 질서는 반드시 파괴되어야 한다고 주장하는 것도 끔찍한 일이다. 도대체 오랜 문명이 그들에게 무슨 잘못을 했단 말인가? 현재 영국이 그렇듯, 오랜 문명은 그 자체로 위대한 절차에 의해 새롭게 세워진 것들이다. 과거에도 해로운 일을 한 적이 없고 지금도 그렇다. 물론 영국은 엄청나게 부유한 나라지만, 부가 노동 계층에게 돌아가지 않는다. 이 때문에 그들의 상황이 더욱 나빠지고 있다. 하지만 오랜 문명은, 이처럼 엄청나게 부당한 질서 외에도 매우 오래도록 이어져 온 많은 것을 포함한다. 오래된 종교, 학문,

예술 등은 그 자체로 새로운 것들을 포함한다. 모든 역사는 이미 존재하는 것들을 통해 보존된다. 교육받지 못한 노동 계층은 이를 알지 못하며, 자신들이 파괴하는 것에 대해 전혀 신경 쓰지 않는다. 보면 볼수록 미래가 어둡고 더욱 암울해진다.[291]

1871년 8월 브리지스에게 보낸 편지로, 훗날 홉킨스가 "붉은 편지"라 이름 지은 것이다.[292] 젊은 시절 홉킨스의 사상이 얼마나 급진적인지, 그럼에도 왜 보수주의자가 되는지를 잘 보여주는 글이다. 이에 따르면, 그는 노동 계층의 가난을 생산의 결실에서 소외된 결과로 본다. 따라서 사회가 그들에게 강요하는 "부당한 질서"를 근본적으로 바꾸지 않는 한, 문제 해결이 어렵다고 생각한다. 그렇다고 노동자 중심의 계급 혁명을 지지하는 것은 아니다. 오랜 세월 이어온 문명과 질서가 폭력으로 무너지는 것을 용납할 수 없기 때문이다. 오히려 그는 전통을 지지한다. 문명에는 부정적인 면 못지않게 인류가 쌓아온 소중한 유산이 깃들어 있고, 역사는 그 자체로 존중받아야 한다고 믿는다. 홉킨스는 노동 계층이 문명과 질서를 파괴하는 것이 교육 부재 탓이라고 생각한다.

이 편지는 홉킨스가 전혀 예상하지 못한 결과로 이어진다. 분명 홉킨스의 의도는 공산주의 사상에 동의할 점이 있지만 폭력 혁명에 찬성하지 않는다는 것이다. 그러나 브리지스는 홉킨스의 의도를 다르게 해석한다. 원래도 브리지스는 홉킨스보다 계급의식이 강해 공산주의에 거부감이 큰 사람이다.[293] 더욱이 예수회에 대한 혐오감도 상당하다. 이 때문에 브리지스는 객관적 시선을 잃는다. 홉킨스의 사상이 지나치게 급진적으로 변했으며, 예수회가 그 원인이라고 짐작한다. 브리지스는 이제까지 여러 번 홉킨스가 자신과 잘 맞지 않는다고 생각했다. 실제로도 두 사람 사이에 약 2년간의 단절이 있었고, 새로이 관계를 회복한 것이 불과 넉 달 전이다. 브리지스는 마음속 거리감이 미처 회복되기도 전에 홉킨스에게서 도저히 수용하기 어려운 점을 또 발견한 것이다. 더 이상 홉킨스와 관계를 지속하기 어렵다고 판단한 브리지스는 이 편지를 끝으로 관계를 끊는다.

이후 두 사람이 다시 소통하기 시작한 것은 약 2년 6개월이 지나서이다. 이때도 홉킨스가 먼저 화해를 청한다.

브리지스 측에서는 다른 이유를 댄다. 두 번의 단교 모두 브리지스가 그저 몹시 바빴기 때문이란다. 실제로도 1869년에 시작된 첫번째 단교 동안에 브리지스는 의학 수업을 받았다. 1871년부터 시작된 두 번째 단교 때는 병원 실습을 받느라 정신이 없었다. 그러니 '바빴다'라는 말은 브리지스의 냉담한 행동을 설명하기에 적절한 핑계가 된다. 하지만 브리지스의 전기 작가는 다른 말을 한다. 브리지스가 기분 나빴던 것은 홉킨스의 사상이 급진적이어서가 아니라, 자신의 견해에 영향을 미치려는 홉킨스의 태도 때문이라고 한다.[294] 다시 말해 브리지스가 홉킨스의 사상적 스펙트럼을 수용하지 못한 것이 아니라, 홉킨스가 브리지스의 사상적 자유를 존중하지 않았다는 것이다. 어쨌든 간에 브리지스가 홉킨스의 편지 때문에 기분이 상한 것은 분명해 보인다.

홉킨스는 신학생이 된 후 첫 여름방학을 맞는다. 예수회는 방학을 빌라(Villa)라 하는데, 그 중 여름 빌라가 가장 길다. 그로서는 1868년 9월 만레사 하우스에 들어온 후 처음 맞는 긴 휴가이다. 홉킨스는 한껏 기대에 부풀어 여러 계획을 세운다. 빌라를 시작하고 첫 14일간은 신학대학에 머물며 공부를 더 한다. 8월 16일에는 동료 신학생들과 여행을 나선다. 리버풀(Liverpool)에서 배를 타고 이넬란(Inellan)섬에 거쳐 에든버러(Edinburgh)로 가는 여정이다.[295] 에든버러에서는

러스킨

지역 명물인 캐슬 록(The Castle Rock)과 아서스 시트(Arthur's Seat)를 구경하며 "훌륭한 인스케이프가 드러날 때까지 오래도록 그 자리에 머문다." 글래스고(Glasgow)에서는 옛 조선소 자리와 대성당(Glasgow Cathedral)을 구경한다. 밤이라 성당 안에

들어가지 못해 아쉽지만 대성당이 완벽한 아름다움을 뽐내며 잘 보존되어 흡족하다. 건축물은 홉킨스가 언제나 관심을 두고 지켜보는 대상이다. 러스킨의 건축 관념에서 영향을 받은 것이다.

여행을 마치고 스토니허스트로 돌아온 홉킨스는 피정에 참여한다. 피정이 끝나자 동생 시릴이 방문한다. 하이게이트 스쿨을 함께 다닌 동생이라 시릴은 다른 형제자매보다 더 각별하다. 스토니허스트에서 주말을 함께 보낸 시릴은 해상 보험 사무실이 있는 리버풀로 가고, 홉킨스는 가족이 있는 런던으로 간다. 남은 빌라 3주를 꼬박 가족과 함께 보낸다.

1871년 가을, 철학 수련기 2년 차를 시작한 홉킨스는 심리학, 윤리학, 특별 수학, 우주론, 자연신학을 배운다.[296] 수강하는 과목이 다양해지면서 학습 부담도 늘어난다. 일기를 쓰기 어려울 만큼 바빠진다. 2년 차부터는 순번을 정해 일요일 미사 강론도 해야 한다. 홉킨스는 12월 17일 예수회 형제들 앞에서 처음으로 강론한다. 강론 원고를 준비하는 것도 만만찮은 부담이다. 정신없이 학기가 지나가고 크리스마스 시즌도 흥겹게 지나간다.

1872년 봄은 예년보다 일찍 온다. 덕분에 홉킨스는 어머니 생일을 맞아 연노랑 앵초꽃 세 송이를 축하 선물로 보낸다.[297] 북쪽에서 추운 겨울을 보내는 아들을 걱정하는 어머니에게 "초봄의 온화함"이 이미 시작되었다고 알리기 위해서다. 바쁜 탓에 "편지가 매우 늦은 것"을 사과한 후 "크리스티나 로제티에게 안부를 전해달라"라고 부탁한다. 크리스티나 로제티가 최근에 출판한 책이 비평의 인정을 받아 기쁘다고 말한다. 하지만 정작 출판된 책을 직접 보지는 못한다. 수도원의 도서관에 비치된 책이 제한적이기도 하고, 개인적으로 책을 소유할 수도 없기 때문이다. 예수회에 들어오기 전에 홉킨스의 독서 목록은 매우 다채로웠다. 분야를 가리지 않고 다양하게 읽던 독서 습관이 예수회에 들어온 후 지속되지 못한다. 이에 대해 불만을 품은 적은 없지만, 이번만큼은 지적 호기심을 다 채우지 못한 아쉬움을 느낀다.

3월은 온통 좋지 않은 소식만 들어온다. 가장 먼저 들어온 소식은 대학 동창 챌리스가 가톨릭을 버렸다는 것이다.[298] 챌리스는 버밍엄에서 힘든 시간을 보내던 홉킨스에게 큰 위안이 되어준 친구이다. 그렇기 때문에 다른 친구들의 배교 소식보다 챌리스의 소식에 더 가슴 아파한다. 벨리올 칼리지 동기인 플레처(Miles Fletcher)가 죽었다는 소식도 들려온다.[299] 대학 시절 각별한 친구는 아니었지만, 홉킨스가 가톨릭으로 개종한 후 특별한 유대감이 생긴 친구다. 플레처도 가톨릭 신도이기 때문이다. 플레처는 폭설이 내리는 날 하인을 구하러 나갔다가 사망한 채 발견된다. 대학 친구가 죽은 것은 돌벤 이후 처음이다. 홉킨스는 플레처의 죽음도 돌벤의 죽음처럼 타인을 위해 희생한 고결한 죽음이라 생각한다. 다만 다행스러운 것은, 플레처가 돌벤과 달리 가톨릭 신자여서 그의 구원에 대해 염려하지 않아도 된다는 점이다.

홉킨스의 마음에 슬픔이 깃든다. 변덕스러운 날씨에 감기까지 걸린다. 감정이 예민해진 홉킨스는 식사 중에 갑자기 울기 시작한다. 다른 예수회의 집과 마찬가지로 스토니허스트에서도 형제 중 하나가 종교적 글을 낭독하면 모두가 귀를 기울이며 조용히 식사한다. 이날은 트라피스트 수도회(The Trappists)를 창설한 드 란세(Armand Jean le Bouthillier de Rancé)의 개종 이야기

<드 란세>, 1650

가 낭독되고 있었다. 홉킨스는 자신의 개종을 떠올리며 깊이 감정 이입을 한다. 낭독이 성경 구절 "주님을 신뢰하는 이들은 시온산 같아"(*Qui confidunt in Domino sicut mons Sion*)에 이르는 순간 더는 눈물을 참을 수 없게 된다.[300] 한참 동안 먹먹한 마음에 울음을 그치질 못한다. 개종과 수도원의 삶, 구원의 약속이라는 주제가 그에게 감당하기 어려운 큰 감동으로 몰려온 것이다. 홉킨스는 이 사건을 일기에 옮기면서 이즈음 플레처의 죽음을 들었다고 덧붙인다. 친구의 죽음 때문에 더욱 감상적이 되었다는 뜻이다. 수도원의 모든 형제들이 홉킨스가 식사 중에

울었다는 사실을 안다. 처음 있는 일이 아니라는 것도 안다. 홉킨스의 특별한 평판이 쌓이기 시작한다.

홉킨스는 28살이 되었다. 학년말 시험 준비로 도서관에서 시간을 보내던 중에 우연히 스코투스(Duns Scotus)의 신학서를 발견한다. 이 일은 시인으로서도, 예수회원으로서도 홉킨스에게 매우 중요한 사건이다. 홉킨스는 스코투스의 신학을 통해 주류 신학에서 벗어나 독자적 신학 체계를 갖추게 된다. 또한 가톨릭 신학 체계 안에서 개별 존재로 구성된 시 세계를 구현할 수 있는 이론적 기틀을 마련한다. 이것이 결국 홉킨스를 역사에 길이 남을 독창적인 종교 시인으로 만드는 밑거름이 된다. 홉킨스는 스코투스를 발견한 순간 속으로 환호성을 지를 만큼 기뻐한다. "새로운 열정이 가져다주는 충격으로 달아오른다. 아무것도 아닐 수도 있지만, 신이 내린 자비일지도 모른다"라고 이 순간을 기록한다.[301]

스코투스는 13세기 스코틀랜드에서 태어난 프란체스코 수도회(The Franciscans) 소속 신학자로 가톨릭 신학사에서는 다소 냉대받은 인물이다. 그의 신학은 오래도록 폄하되었고 '마리아 박사'(Doctor Marianus) 혹은 '정밀 박사'(Doctor Subtilis)라는 기괴한 별명으로 불렸다. 마리아 박사라고 불린 이유는 그가 성모 신학을 펼쳤기 때문이다. 스코투스는 마리아가 하느님의 구원 계획 안에서 예수님의 모친으로서 특수한 사명을 부여받았으며, 구원의 표지 안에서의 특별한 역할 때문에 원죄의 물듦 없이 잉태했다고 주장했다.[302] 하지만 그가 살았던 중세는 여성 혐오적 분위기가 강해 성모 신학을 제대로 평가하지 않는다. 근대에 들어선 후에도 성모 신학을 향한 가톨릭의 입장은 크게 달라지지 않는다. 로마 가톨릭이 성모의 원죄 없음을 가톨릭 정식 교의로 선포한 것은 1854년이다.

또한 스코투스가 정밀 박사라 불린 이유는 개체성(individuality) 신학 때문이다. 중세 신학사는 크게 보면 그리스 철학 전통을 기독교 신앙으로 재해석하는 과정이나 다름없다. 이 과정에서 온갖 다양한 그리스 철학이 깊이 연구되지만, 유독 개체성은 "그리스 철학 전통에서 가장 격하"된 채 외면받는다.[303] 단일 세계관으로 우주의 목적을 설명하는 기독교 신학과 개체성이 대립적으로 보이기 때문이다. 이런 흐름을 끊어낸 이가 바로 스코투스이다. 스코투스는 오랫동안 도외시되었던 개체(individual)를 "가장 참되고 유일한 존재"로 격상시킨다.[304] 스코투스로 인해 가톨릭 신학에서 "영혼은 다른 모든 실재처럼 자기 자신 안에 고유한 개성(haecceitas)"을 지닌 존재로 인정받고, 세계는 각기 "형이상학적 실체"로서 완전성을 갖춘 개별 존재들이 창조의 목적을 실현하는 곳이라 정의된다.

스코투스의 개체성 신학은 비록 중세 신학이지만 19세기 개인주의 혹은 개별주의와 상당히 닮았다. 19세기에 개인주의는 매우 다양한 관념을 포괄하는 용어로 쓰인다. 그중 대표적인 것은 다음 세 가지이다. 첫째는 인간의 권리적 평등이나 정치적 자유주의 사상, 둘째는 자유방임(laissez-faire), 즉 경제적 자유주의와 공리주의적 원칙, 셋째는 개체성을 학문적으로 숭배하는 태도나 이와 유사한 낭만적 개인주의이다.[305] 언뜻 보기에 서로 다른 세 관념을 개인주의 하나로 묶는 이유는 이것들 모두 전체보다 개인, 집단성보다 개별성을 중시하는 공통점이 있기 때문이다. 19세기 예술계도 같은 경향에 있다. "예술가는 추상이 아니라 개별 존재를 그려야 한다"라거나 "예술가가 재현하는 상황은 독특하고 개별적이어야 한다"라는 문구들이 마치 예술의 사명처럼 추앙된다.[306] 스코투스의 개체성 신학은 개체를 강조한다는 점에서 19세기의 개인주의와 닮았지만, 로마 가톨릭 신학 체계 안에 있다는 점에서 다르다.

홉킨스는 스코투스의 개체성 신학을 발견함으로써 개별 존재를 향한 미학적 관심에 신학적 정당성을 부여할 수 있게 된다. 이제껏 인스케이프와 인스트레스를 사용했지만, 이는 엄밀하게 말해 그리스 철학에서 빌려온 것이다. 근본적으로 개별 존재에 자기충족적 역할과 특성을 부여하는 고대 그리스의 원자론(atomism), 근대 철학자 라이프니츠(Gottfried Wilhelm Leibniz)의 단자론(monadology), 심지어 다윈의 진화론(Darwinism)과 별반 다를 것이 없다. 1869년 교황 비오 9세(Pius IX)는 필멸의 존재에 신성한 본질이 있다고 말하는 사람은 모두 저주받는다고 공표했다.[307] 개별 존재에 의미를 부여하는 풍토가 정도를 넘어섰다고 판단했기 때문이다. 만약 홉킨스가 스코투스 신학을 발견하지 못했다면 개별 존재를 추구하는 성향 때문에 심각한 신학적 갈등을 겪게 되었을 것이다.

스코투스를 만난 덕분에 홉킨스는 모든 개별 존재가 형형색색 개성을 뽐내며 당당히 신을 찬양하는 세상을 시로 구현할 수 있게 되었다. 「'물총새가 불꽃을 붙잡고, 잠자리가 불길을 그리듯'」("'As kingfishers catch fire, dragonflies draw flame'")은 바로 그런 세계를 담은 대표적인 시이다.

> 물총새가 불꽃을 붙잡고, 잠자리가 불길을 그리듯
> 　둥근 우물 테두리를 굴러 떨어지는 돌들이 울리듯
> 　감겨있는 현마다 소리를 내듯, 매달린 종이
> 활 모양으로 흔들리며 제 이름을 널리 퍼트리듯
> 모든 필멸의 존재가 하나의 같은 일을 한다
> 　각각의 존재 안에 깃든 그 존재성을 밖으로 드러낸다
> 　자아가 되어 그 자체로 산다 나 자신이라고 말하고 읽는다
> 내가 하는 그것이 나라고, 그것 때문에 내가 왔다고 외친다
>
> 좀 더 말하련다 의로운 인간이 정의롭다고
> 　은총을 지켜낸다고 인간의 모든 행함이 계속 은혜롭다고
> 하느님이 보시기에 그리스도인 것을 하느님 보시는 앞에서
> 　행한다고 왜냐면 그리스도께서 수천 곳에서
> 그분의 것이 아닌 팔다리에서 눈에서 사람 얼굴의 형상에서
> 　아버지 하느님을 위해 행하시기 때문이다[308]

이 시는 형식적으로 소네트이다. 홉킨스가 유독 소네트를 즐겨 사용한 데는

몇 가지 이유가 있다. 무엇보다 그는 자연의 다양한 이미지를 단일한 구조 속에 압축적으로 담아내는 소네트의 형식미에 큰 매력을 느낀다. 이것이야말로 만물이 조화를 이루며 하나의 질서를 유지하는 가톨릭적 세계관과 닮았다고 본다. 물론 바쁜 일상 중에 잠깐 짬을 내어 시 한 편을 완성하는 창작자로서의 만족감을 느끼기에도 적합하다.

제1연(octave-소네트의 첫 8행에 해당, 이후 소네트의 연 구분은 별도로 표기하지 않음)은 물총새나 잠자리처럼 보잘것없는 존재도 저마다의 고유한 개체성을 지녔다고 말한다. 신이 창조한 모습 그대로 세상에 존재하는 것이 바로 그것들의 개체성을 실현하는 일이다. 제2연은 한발 더 나아가 인간의 개체성을 찬양한다. 인간 역시 창조의 위업을 표상하는 존재이기에 각자의 고유한 자아를 지닌다. 다만 인간은 신의 형상을 닮았다는 점에서 다른 존재들과 구분된다. 이를 제외하면 세상의 모든 존재는 본질적으로 똑같은 하나의 일을 한다. 바로 존재 "그 자체"(itself)로서의 특색을 드러내는 것이다. 즉, 창조의 목적에 맞게 행하고, 존재하며, 개체성을 실현하는 것이다. 이 시는 개체성 신학의 시적 버전과 다름없다.

홉킨스가 개별 존재를 향한 미적 관심을 가톨릭 신학 체계 안으로 수렴한 것은 개인적으로나 시대적으로 상당한 의미가 있다. 19세기의 개별주의는 페이터의 예에서 보듯이 대체로 세속주의적 가치관을 반영한다. 이와 반대로 홉킨스는 개체성을 종교의 테두리 안에 담아낸다. 홉킨스로 인해 파편화된 세계가 단일한 가톨릭적 세계관 안에 통합된다. 당대에 누구도 시도하지 않았던 일을 홉킨스가 한 것이다. 홉킨스도 자신이 남다른 일을 하고 있는 것을 안다. 그래서 스코투스를 발견한 것이 신이 자신에게 내린 은총이라고 확신한다. 이후 스코투스가 홉킨스의 중심 신학이 된다.

문제는 홉킨스 신학이 예수회 주류에서 벗어난다는 점이다. 당시 예수회 주류 신학은 아퀴나스(Thomas Aquinas)를 재해석한 17세기 예수회 신학자 수아레즈(Francisco Suarez) 사상에 기반을 둔다. 이에 따르면 참된 존재는 서로 구분되지 않

<수아레즈>
1950, 해리스 & 유잉 사진 컬렉션

는 부분들로 구성된다. 이는 개체의 독립적 존재성을 인정하는 스코투스나 홉킨스의 입장과 정반대이다. 스코투스 신학에 깊이 매료된 홉킨스는 수아레즈를 "독창성이나 탁월함이 없는" 신학자라고 저평가한다.[309] 그리고 수아레즈가 참된 존재라 여기는, 각 부분이 구분되지 않고 섞여있는 존재를 신이 창조의 순간에 부여한 본성을 잃어버린 상태라고 규정한다. 이것이 홉킨스의 예수회 경력에 도움이 되지 않을 것은 자명하다.

1872년 여름 홉킨스는 예수회 신학생 형제들과 8월 3일부터 20일까지 맨섬(Isle of Man)으로 여름휴가를 떠난다. 그는 여행의 모든 것에 만족한다. 섬사람들은 이제껏 만나본 사람 중에 가장 성격이 좋은 듯하고,[310] 절벽 위에서 내려다본 파도는 장관이며 고등어 낚시도 즐겁다고 기록한다.[311] 세상에서 가장 크다는 직경 72피트짜리 물레방아도 직접 보고 "장방형의 들판이 색색으로 점점이 박힌 등성이"(fell-sides plotted and painted with the squared of the fields)를 보며 감탄한다.[312] 홉킨스는 이 장면을 5년 후 「알록달록한 아름다움」 속의 들판으로 재구성한다.

하느님을 찬양하라, 알록달록한 것들을
　얼룩소처럼 색이 짝을 이루는 하늘을
　　헤엄치는 송어 위에 점점이 박힌 모든 장밋빛 반점을
갓 떨어진 목탄 같은 밤송이들을, 핀치새의 날개를
　목초지, 휴한지, 경작지로 구획되어 조각난 풍경을
　　온갖 생업, 이에 쓰이는 도구와 연장과 장비들을 창조하셨으니
한결같이 짝이 없이 독특하고 귀하고 색다른 모든 것들

변화무쌍한, 점무늬 있는 모든 것들이 (누군들 그 방법을 알까?)

빠르고, 느리고, 달콤하고, 시고, 휘황찬란하고, 흐릿하니

변치 않는 아름다움을 지니신 그분께서 창조하셨다

그분께 찬미 바치라[313]

이 시는 14행 정규 소네트를 10행 반으로 줄인 "축소형 소네트"(The Curtal Sonnet)이다.[314] 10행 반이라는 형식도, "축소형 소네트"라는 용어도 홉킨스가 창안한 것이다. 개체성의 세계를 더욱 압축적으로 구현하기 위한 나름의 형식 실험이다. 내용은 「'물총새가 불꽃을 붙잡고, 잠자

스토니허스트가 위치한 랭커서 지역 들판

리가 불길을 그리듯'」과 비슷하다. 다만 조금 더 확장된 세계관을 보여준다. 작고 보잘것없어 보이는 자연물조차 개체성으로 빛나는 것은 앞선 시와 비슷하다. 반면 문명의 흔적에서도 개체성을 발견하는 것은 이전보다 확장된 세계관을 반영한다. 바둑판처럼 구획된 농지들, 인간의 "생업"(trádes)에 소용되는 "도구와 연장과 장비들"(their gear and tackle and trim)까지 저마다의 역할을 하며 개체성의 세계를 구성한다. 생명과 영혼을 지녀서가 아니라 각자의 용도에 가장 적합한 모양과 기능을 갖추고 창조된 목적을 실현하기 때문이다.

홉킨스는 이런 세계를 눈으로 보고 시로 옮길 수 있어 행복하다. 이즈음 홉킨스는 어머니에게 보내는 편지에 처음으로 "예수회원 제라드 홉킨스"(Gerard Hopkins S.J.)라고 서명한다.[315] 여기서 "S.J."는 예수회(Society of Jesus)의 약자이다. 따라서 이 서명에는 예수회 소속이라는 홉킨스의 자긍심이 담겨있다.

9월 피정 후 새 학기를 맞이한다. 어느덧 철학 수련기의 마지막 학년이 되었다. 어느 날 밤 황금빛 굴뚝새 한 마리가 방에 날아든다. 가스등에 이끌린 것이

다. 밖으로 내보내지만 다시 들어온다. 홉킨스는 조심스럽게 그것을 붙잡고 한참 동안 관찰한다. 그 와중에 "두꺼운 눈썹처럼 정수리와 눈 위에 솟아오른 볏이 떨리는 것을 확인한다. 그 아래 숨어있는 작은 오렌지색 노란 깃털들을 부드럽게 손가락으로 쓰다듬는다."[316] 다음 날 아침 깃털 몇 개가 방에 떨어진 것을 발견한다. 그것들을 잘 모아 곧 결혼할 시릴에게 선물로 보낸다. 자연에서 온 특별한 은총이 시릴에게 전해지기를 바란다. 굴뚝새의 깃털을 관찰한 결과는 훗날 시 「헨리 퍼셀」("Henry Purcell")에서 새의 깃털 이미지로 활용된다.

초자연적 신비를 보는 안목이 성숙한 만큼이나 객관적 세계에 대한 지식도 풍부해진다. 예수회가 신학생들이 과학 분야에 뒤처지지 않도록 세심하게 교육하기 때문이다. 당시 종교계에서 가장 민감한 과학 주제는 진화론이다. 진화론은 발표되자마자 사람들의 마음을 격렬하게 사로잡는다. 역사, 종교, 경제, 사회, 정치, 심지어 미학에 이르기까지 거의 모든 분야에서 비과학적 주장을 뒷받침하거나 현대적, 반-종교적, 과학적으로 보이고 싶은 모든 사상과 관념에 권위를 부여하는 힘으로 활용된다.[317]

반면에 종교계의 대응 방식은 양분된다. 대부분은 간단하게 종교와 과학을 분리한다. 종교가 과학적 사실을 넘어서는 초자연적, 고차원적 영역이라고 설득한다. 일부는 시대적 특성에 맞춰 좀 더 합리적으로 접근한다. 예를 들어 영국 국교회에서 가장 자유주의적 성향이 강했던 광교회파의 킹즐리는 영국 목회자 중 가장 먼저 다윈의 진화론을 지지한다.[318] 그가 1862년부터 2년간 잡지에 연재한 『물의 아이들』(The Water-Babies)은 진화론에서 진보와 퇴화 개념을 가져와 재구성한 어린이용 동화이다. 당대에 큰 인기를 끌며 다윈주의를 대중화하는 데 기여한다.

반면에 신앙을 수호하기 위해 과학 논쟁에 뛰어드

『물의 아이들』 초판

는 사례도 있다. 영국의 생물학자 마이바트(St George Jackson Mivart)는 『종의 창조에 관하여』(On the Genesis of Species)라는 책을 출판하면서 가톨릭 신도 중 처음으로 진화론을 공개적으로 비판한다. 굳이 구분하자면 예수회는 마이바트의 비공개 버전이다. 공개적으로 나서 싸우지 않되, 대응할 내공을 갖추는 것이다. 예수회는 신학생의 과학 연구와 교육에 투자를 아끼지 않는다. 그 결과 스토니허스트의 천문대는 빅토리아시대 영국 주요 천문대 중의 하나로 인정받고,[319] 그 외에도 풍속계, 태양 측정기, 해시계, 자석 도구들, 실험실 등의 설비를 갖추게 된다.[320] 좀처럼 보기 드문 실험 관찰 도구들이 홉킨스의 학문적 흥미를 자극한다.

홉킨스는 진화론에 대해서도 상당한 관심을 쏟는다. 다윈의 『종의 기원』과 『인간의 계보』(The Descent of Man)를 탐독하고,[321] 관련된 기사와 논문을 찾아본다. 그 결과 "다윈주의가 인간을 유인원이나 우렁쉥이나 구더기 같은 것에서 출발한 존재라고 암시"하는 이론이 아니라는 결론에 이른다.[322] 그는 창조의 세계에서 인간이 지닌 특별한 위상을 굳게 믿으며, 세상의 모든 사물과 현상이 창조의 결과라는 신념 또한 흔들리지 않는다. 다음은 그가 제시한 신념의 증거이다.

> '모든 것이 진화론으로 이어진다'는 것에 대체로 동의한다. 그러나 어떤 경우에는, 특히 벌집의 경우에는, 생각하는 것처럼 그렇게 간단하지가 않다. 학자들 사이에서도 벌집의 형태가 정말로 기계적인 결과라고 볼 수 있는지 의견이 분분하다. 자세히 관찰하면, 벌집의 완벽한 6각형 단면을 유지하기 위해서 벌들은 일정한 거리를 두고 똑같은 방식으로 작업한다. 벌집뿐만 아니라 작업 방식조차 완벽한 대칭을 이룬다. 벌과 벌집에서 대칭적 조건들을 모두 열거하자면 그 목록은 상당히 더 길어질 것이다. 이는 벌의 행동에 기계적인 것 이상의 어떤 것이 있음을 암시한다. 그렇지 않다면 6각형 벌집 구조는 이상적인 형태에 그칠 뿐 실제로는 거의, 혹은 전혀 완벽한 형태에 도달하지 못할 것이다.[323]

"모든 것이 진화론으로 이어진다"라는 말은 진화론이 사회 전 분야에서 일반적인 담론으로 자리 잡았다는 뜻이다. 그럼에도 홉킨스는 진화론을 넘어서는 신비한 힘이 세계에 작용한다고 확신한다. 벌집이 그 예라고 본다. 수많은 벌집이 정확하게 대칭을 이루는 것은 벌과 관련된 수많은 조건이 대칭을 이루기 때문에 가능한 일이다. 홉킨스는 신의 섭리만이 그것을 가능하게 만든다고 믿는다. 이후 벌집은 「인내」("Patience")라는 시에서 "그분의 바삭바삭한 벌집"(his crisp combs)이라는 표현으로 재탄생한다.

10월 8일 홉킨스가 참석하지 못한 가운데 동생 시릴이 결혼했고, 10월 20일에는 아디스가 사제로 서품된다. 그로부터 일주일 후 홉킨스는 갑자기 건강이 나빠진다. 침대에 누운 채로 양심 성찰 기도를 해야 할 만큼 열이 오른다.[324] 겔웨이 신부가 찾아와 용기를 준다. 겔웨이 신부는 만레사 하우스를 떠나는 날 예상치 못했던 선물을 주어 홉킨스를 감동시킨 인물이다. 이번에는 스토니허스트 학장으로 부임해 와, 홉킨스에게 특별한 위안이 되어준다. 그럼에도 병세는 차도를 보이지 않는다. 처음 시작은 가벼운 감기였다. 지난 블랜디케(Blandyke-예수회의 월례 휴식일) 때 다소 무리를 한 탓에 감기에 걸린 것이다. 그것이 깔끔하게 낫지 않더니 급기야 오래도록 앓아온 "고질적인 문제"를 덧나게 한다.[325] 여기서 "고질적인 문제"란 치핵을 가리킨다. 추운 날씨와 열악한 난방, 영양 부족, 장시간 의자 생활, 누적된 피로 등이 증상을 악화시킨다. 예상보다 열이 올라가고 "피도 너무 많이 흘려 회복되기 어렵다는 생각"이 든다. 결국 예수회는 홉킨스에게 크리스마스 동안 집에 머물며 수술을 받으라고 허락하기에 이른다.

12월 들어 상태가 조금 호전된다. 신학교는 홉킨스에게 곧 학교를 방문할 귀빈을 환영하는 그리스어 시 한 편을 써달라고 요청한다. 홉킨스의 그리스어와 라틴어 실력은 신학교 안에서도 발군이다. 유명 잡지에 시를 게재한 경력도 모두에게 알려져 있다. 이 때문에 예수회는 종종 홉킨스에게 행사용 시를 맡긴다. 홉킨스는 언제나 기쁘게 그 일을 해낸다. 자신의 시가 종교에 도움이 된다고 생각하기 때문이다. 더구나 그리스어 시를 쓰는 것은 "줄어들고 메말라 가는 그리스어" 실력을 재점검하는 좋은 기회가 된다.[326]

12월 23일 홉킨스는 런던에 도착한다. 실제 수술은 30분이었지만 마취 탓에 10분밖에 지나지 않았다고 느낀다.[327] 수술은 성공적으로 끝나지만 회복을 위해 2주일을 더 침대에 머문다. 그동안 많은 이들이 홉킨스를 병문안 온다. 12월 30일 마침내 일기를 쓸 수 있을 만큼 회복되었을 때, 홉킨스는 그간 다녀간 친구들의 이름을 하나하나 기록한다. 만레사 하우스에서는 캠벨 형제(Br Archibald Campbell)와 머천트 형제(Br Henry Marchant)가 다녀갔다. 훗날 머천트 형제는 예수회에서의 홉킨스의 모습에 대해 믿을 만한 증언을 남긴다.

> 아마도 어떤 사람들은 홉킨스가 여성적으로 보인다고 말할지도 모르겠습니다. 하지만 그건 결코 사실이 아닙니다. 그는 어떤 자연스러운 은총을 받아 사람들을 즐겁게 만드는 매력적인 행동거지를 지녔습니다. 자신은 그 사실을 잘 의식하지 못했고 매우 남자다운 성격이라 그런 것으로 주목받기를 원하지도 않았습니다. 만약 주목받았다면 끔찍하게 싫어했을 겁니다. 그는 자신만의 강한 남성적 의지를 지녔고 매우 소박해 자신의 학식을 자랑하지도 않았습니다. 본질적으로 그의 견해와 생각의 방식은 다소 독특했고, 생각하는 바를 꽤 솔직하게 표현하는 편이었습니다. 한번은 나에게 "당신을 존경합니다만 동시에 경멸합니다"라고 말한 적이 있습니다. 나는 그 말이 뜻하는 바를 잘 이해했기에 전혀 기분 나쁘지 않았습니다. (…) 그는 자연의 특이한 것들을 날카로운 눈으로 관찰했고, 또 그것들을 표현하기 위해 적당한 단어를 찾거나 적당한 것을 찾지 못하면 고안하곤 했습니다.[328]

이에 따르면 홉킨스는 타인을 즐겁게 만드는 성격이자 강한 의지의 소유자이다. 학문적 기량이 뛰어남에도 불구하고 겸손하며 사고방식에 남다른 독특함이 있다. 솔직하게 타인의 문제점을 지적하지만 상대를 기분 나쁘게 만들지는 않는 특이한 매력을 지녔다. 자연을 관찰하고, 관찰한 것을 표현하기 위해 정확한 단어를 찾거나 새로 고안하는 일을 즐긴다. 성격에 관해서는 홉킨스의 학창 시절 증언과 크게 다르지 않고, 정밀한 관찰 태도는 홉킨스의 일기를 통해서도 충분히 유추되는 바이다. 홉킨스의 성품이나 성향은 예수회에 들어온 후에도 거의 변하지 않았다.

홉킨스는 수술 덕분에 1873년 새해를 집에서 맞는다. 건강은 많이 회복되었다. 1월 20일 런던에서 미술 전시회를 관람한 후 만레사 하우스로 향한다. 예수회가 스토니허스트로 복귀하지 말고 만레사 하우스에서 좀 더 휴식하라고 배려했기 때문이다. 홉킨스가 도착한 바로 다음 날 상관은 의사를 보내 그의 건강 상태를 확인한다.[329] 예수회는 홉킨스뿐만 아니라 모든 구성원의 건강 상태를 세심하게 살핀다. 소명의 수행을 위해 깊은 영성과 건강한 신체, 둘 다 필요하기 때문이다. 홉킨스는 기대했던 것보다 더 큰 환대를 받는다고 느낀다. 만레사 하우스에서 2주일을 보내며 세속에서 들떴을 마음을 안정시킨다.

스토니허스트 신학대학으로 복귀한 홉킨스는 3일 묵상을 시작한다. 원래 1월 피정이었는데 수술 때문에 늦춰진 것이다. 한겨울이라 눈이 군데군데 쌓여있다. 바람이 불면 눈이 파도처럼 일렁이는 것이 보인다.[330] 홉킨스는 "온 세상이 인스케이프로 충만하다"라고 느끼며 행복해한다. 그는 완벽하게 만족스러운 상태에 있지만 학교는 홉킨스의 건강이 더 회복되어야 한다고 판단한다. 그에게 사순절 금식을 금지하고 학습량도 줄이라고 명령한다.[331]

4월 8일 가슴 아픈 일이 생긴다. 홉킨스의 방에서 내다보이던 멋진 나무가 베어진다. 홉킨스는 나무가 쓰러지는 것을 지켜보며 다음과 같이 쓴다. "정원 한쪽 구석에서 자라던 물푸레나무가 쓰러졌다. 도끼 소리를 듣고 창밖을 보았다. 물푸레나무가 도끼질에 불구가 되는 것을 지켜봤다. 커다란 고통이 밀려왔다. 나는 죽기를, 그래서 더 이상 세상의 인스케이프가 파괴되는 것을 보지 않기를 소망했다."[332] 홉킨스가 자신의 죽음을 직접 언급한 것은 이것이 처음이다. 그만큼

나무가 베어지는 것이 큰 고통이다. 독특한 아름다움으로 창조의 위업을 증명하던 존재가 사라졌기 때문이다. 이날의 상처는 아주 오래도록 마음에 남아 1879년에 쓴 「빈지의 미루나무들」에 소환된다.

사랑하는 내 미루나무들, 공중에 뜬 새장처럼
솟아오르는 태양빛을 나뭇잎들 속에 앉혔는데, 앉히거나 잠재웠는데
모두 쓰러졌다, 쓰러졌다, 모두 쓰러졌다
하나의 싱그러움도 잇따라 포개지는 듯한 무성함도
남지 않았다 하나도 남지 않았다
초원 위로 강물 위로
바람이 유유자적 휘감던 강둑 위로
가죽끈 매달아 놓은 듯한 그림자들이 멱 감고 자맥질하며 까불거렸는데

오 만약 우리가 자라나는 초록을
파내거나, 자르거나, 난도질하거나, 괴롭힐 때
우리가 무엇을 하는지 알기만 한다면!
자연은 만지기에도 너무나 섬세하고
그 본성은 너무도 가냘파
마치 이 매끄러운 눈동자처럼
단 한 번의 찌름으로 완전히 눈이 멀리라
어디든 우리가, 우리가 바로잡으려 한 곳에조차
우리가 자르거나 난도질하여
우리가 그것을 절멸시킨다
나중 찾아온 이는 그 아름다움을 짐작도 못 하리라
열 번 혹은 열두 번, 단지 열 번 혹은 열두 번의

도끼질이 없애버렸다
 그 다정하고 특별한 광경을
시골 풍경을, 시골 풍경을
다정하고 특별한 시골 풍경을³³³

  홉킨스는 아름다운 것을 지켜내지 못하는 세상 때문에 슬프다. 날씨도 좋지 않아 4월 하순까지 눈이 내린다. 그의 일기는 짧고 무미건조해진다. 홉킨스가 세상에서 인스케이프를 발견하는 일을 중단했다는 뜻이다. 그만큼 덜 행복하다는 뜻도 된다. 5월 15일 동생 아서가 결혼하지만 홉킨스는 참석하지 못한다.

  6월은 청명하다. 마치 남쪽 지방 날씨 같다. 해가 더 쨍하게 비추니 사물의 그림자도 짙어진다. 하얀 비둘기의 작은 어깨 위로 선명한 그림자가 드리워지는 것도 보이고, 뻐꾸기가 마치 피리처럼 선명하게 우는 것도 들린다.[334] 6월 중순 홉킨스는 예수성심대축일(The Feast of the Sacred Heart)에 맞추어 맹세 갱신(renovation of vows) 의식을 한다.[335] 견습 수사 수련을 마치고 예수회 수사로서 했던 그 첫 맹세를 똑같이 다시 한다. 신념의 결기를 새롭게 다지는 것이다.

  이제 스토니허스트에서 3년간 배운 것을 최종적으로 확인하는 시험만 남았다. 예수회는 이 시험을 보편 철학(de universa philosophia)이라 부른다.[336] "영혼은 내적으로나 외적으로도 불멸한다" 혹은 "관념의 객관적 준거는 추론할 수도, 증명할 수도 없는 자명함에 있다"와 같은 철학적 논제들이 시험 문제로 출제된다.[337] 통상적으로 시험 문제는 미리 공지된다. 이번에는 일찌감치 5주 전에 공개되었다. 시험은 시험관 앞에서 논제에 대해 직접 구술하는 방식이다. 홉킨스는 다른 신학생보다 며칠 앞서 시험을 치른다. 스토니허스트 칼리지에 갑자기 생긴 결원을 메우기 위해서이다. 엿새만 채우면 되는 일이라 예수회는 굳이 외부에서 사람을 차출하지 않고 신학생 중 한 명을 배치하기로 결정한다. 갑자기 시험 날짜를 앞당겨도 시험 결과에 영향을 받지 않을 신학생을 물색한 후 홉킨스로 낙점

한다. 이때의 홉킨스는 누가 보아도 예수회에서 촉망받는 인재이다.

1873년 7월 28일 홉킨스는 29번째 생일을 맞는다. 갓 결혼한 아서 부부가 생일 축하를 겸해 홉킨스를 만나러 온다.[338] 홉킨스는 이틀 동안 학교와 정원, 그리고 자주 다니는 산책길을 보여준다. 비가 거세게 내렸지만 아랑곳하지 않고 즐거운 시간을 보낸다.

이틀 후에는 폐결핵을 오래 앓던 스크리븐 형제(Br Scriven)가 세상을 떠난다. 홉킨스는 이미 스크리븐 형제의 죽음을 직감했기 때문에,[339] 죽음 그 자체에는 큰 충격을 받지 않는다. 오히려 죽음을 앞두고 형제가 보여준 용감한 태도에 깊이 감동한다. 홉킨스는 이 일을 "지난밤 스크리븐 형제는 큰 고통 속에서 벌떡 일어나 양손으로 학장님의 손을 꼭 붙잡았다. 그런 후 차분해졌다. 그 형제는 자신의 삶을 예수회에 봉헌했다. 그런 그가 성 이냐시오 축일 전야(The eve of St Ignatius)에 세상을 떠난 것은 섭리라 생각한다"라고 기록한다.[340]

모든 예수회 수도원은 생활 공동체이다. 함께 지내던 형제의 죽음을 가까이에서 보는 일은 흔히 있는 일이다. 젊은 사람의 죽음도 드문 일이 아니다. 1868년 예수회 조사에 따르면 21세에 견습 수사가 된 예수회원의 기대 수명은 23년이다.[341] 예수회의 평균 수명이 44세라는 말이다. 대도시 노동자의 평균 수명에 비하면 길지만, 1830년대 "전문직 종사자의 평균 수명이 52세"였던 것에 비하면 현저히 짧다.[342] 예수회가 얼마나 열악한 환경에서 고되게 일하는지를 보여주는 통계이다. 홉킨스는 스크리븐 형제가 하필 성 이냐시오 축일 전야에 사망한 것이 우연이 아니라고 생각한다. 예수회로서 소명을 다한 것에 주어진 은총이라고 믿는다.

8월 1일 여름 휴가를 보내기 위해 홉킨스는 더비 캐슬(Derby Castle)로 떠난다. 도착 후 곧바로 어머니에게 사제가 되기까지 남은 과정을 설명하는 편지를 쓴다.[343] 어머니가 궁금해하기 때문이다. 영국 국교회는 사제 서품에 그리 오랜 시간이 걸리지 않는다. 오랫동안 자체 신학대학이 없었던 국교회는 사제 양성을 옥스퍼드 대학과 같은 주교 관할 대학에 맡긴다. 1816년 세인트 비즈 신학대학(St Bees Theological College)이 설립되면서 국교회에도 신학대학이 생기지만, 사제 양성을 일반 대학에 맡기는 관행은 바뀌지 않는다. 따라서 영국 국교회 사제가 되려는 사람은 옥스퍼드 대학 등에 입학해서 신학 과목을 이수해야 한다. 홉킨스에게 "매우 우수하나 신학 제외"라는 성적표를 안겨주었던 그 신학 과목을 말하는 것이다. 신학 과목 이수 후 대학을 졸업하면 국교회 사제 지원 자격은 충족된다. 사제 지원자는 주교회의 일정 심사를 거쳐 부제로 1년간 복무하고, 그 기간 중 별다른 문제를 일으키지 않으면 곧바로 사제로 서품된다.

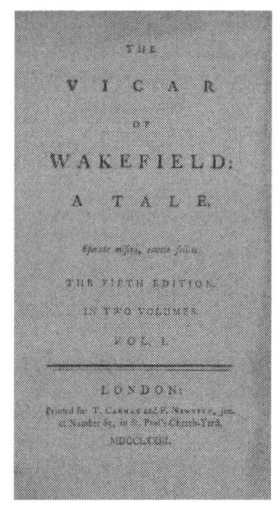

『웨이크필드의 목사 이야기』 초판

이 때문에 18-19세기 영국 사회에서 영국 국교회 사제직은 종교적 소명을 받드는 성직이라기보다, 점잖은 신사의 직업으로 여겨지는 경향이 컸다. 골드스미스(Oliver Goldsmith)의 소설 『웨이크필드의 목사 이야기』(The Vicar of Wakefield: A Tale)는 이러한 세태를 풍자한 것으로 유명하다. 영국 국교회 사제 양성 시스템이 근본적으로 변하기 시작한 것은 1876년 옥스퍼드 대학이 신학 전문 단과대학인 세인트 스티븐 하우스(St Stephen's House)를 설립하고 난 후이다. 그러니 어머니가 보기에 홉킨스의 '사제 되기'는 지나치게 느리고 지나치게 힘겨워 보일 수밖에 없다.

홉킨스는 어머니에게 신학대학 과정을 모두 마치고도 서른세 살까지 기다려야 한다고 덧붙인다. 이는 홉킨스가 신학 수련기를 모두 마친 후에도 1년을 더 수련해야 한다는 뜻이다. 하지만 예수회는 일반적으로 신학 수련기 종료 시점에 서품되도록 수련 단계를 세심하게 조정한다. 따라서 홉킨스도 곧바로 신학 수련기에 배치되지 않을 가능성이 크다. 홉킨스는 자신이 1년 동안 예수회 학교 중 한 곳에서 상급반 학생들을 가르칠 것이라고, 구체적으로 스토니허스트 칼리지에 배치될 가능성이 높다고 추측한다. 얼마 전 그곳에서 비록 6일이지만 상급반 학생을 가르친 경험이 있다. 더해서 홉킨스는 스토니허스트를 떠나고 싶지 않다. 모든 것이 친숙하고 경치도 아름다운 그곳에 더 오래 머물고 싶어 한다. 하지만 홉킨스의 바람은 이루어지지 않는다. 홉킨스가 예수회로 사는 동안 적어도 머물고 떠나는 문제는 그의 희망대로 되지 않는다. 더 머물기를 희망하는 곳은 떠나야 하고, 하루라도 빨리 떠나고 싶은 곳은 계속 머물러야 하는 일이 반복된다.

여름 빌라는 매우 만족스럽게 진행된다. 멋진 경치를 즐기고, 비 오는 날 물웅덩이에 들어가 개구쟁이처럼 뛰놀기도 한다.[344] 홉킨스의 옷이 빗물에 젖자, 동료가 자신의 어깨걸이(plaid-스코틀랜드 전통 어깨걸이 천)를 그에게 덮어준다. 그 순간 홉킨스는 예수회 공동체 안에서 보호받고 있다고 느낀다.

스토니허스트로 돌아오는 날 갑작스럽게 모든 상황이 변한다. 홉킨스는 이날 있었던 일을 아주 길고 상세하게 기록한다.[345] 홉킨스 일행은 새벽 4시에 일어나 폭풍우 속에 배를 탄다. 랭커셔 블랙번(Blackburn, Lancashire)에 간신히 도착하지만, 마차가 준비되지 않아 수도원까지 빗길을 걷는다. 다른 형제들이 서둘러 걷는 바람에 홉킨스는 보조를 맞추느라 기진맥진한다. 설상가상으로 수도원에는 세속 신부들이 피정을 와서 수도원 물자를 거의 다 써버렸다. 이 때문에 홉킨스 일행은 필요한 물자를 제대로 공급받지 못한다. 스팀 난방기는 수리 중이고 기름은 거의 떨어져 초를 병에 꽂아 써야 한다. 홉킨스는 이 상황을 "어둡고 절망적"(darkness and despair)이라고 표현한다. 워낙 실감 나게 묘사해 그날의 고단함이 생생하게 느껴진다. 얼마나 지쳤을지, 얼마나 휴식이 간절했을지 충분히 짐작된다. 그래도 "어둡고 절망적"이라는 표현은 평범치 않다. 보통 사람보다 감정의 진폭이 훨씬 크고 강렬해 보인다.

예수회 안에서 홉킨스의 평판은 이중적이다. 홉킨스의 재능에 관한 것은 대체로 긍정적이다. 홉킨스는 수도원에 피정하러 온 세속 신부들이 비스마르크의 박해 때문에 쫓겨난 독일 예수회 소속임을 알게 된다. 홉킨스를 포함해 스토니허스트 전체는 그들이 겪은 고난에 깊이 공감하기에 최선을 다해 대접한다. 독일인 신부들은 떠나기 전에 감사의 표시로 작은 콘서트를 열고, 스토니허스트도 그에 맞추어 답례로 여러 여흥을 준비한다.³⁴⁶ 이날 공연의 대부분을 홉킨스가 구성한다. 공연은 확실히 성공적으로 끝난다. 이런 일들이 쌓이면서 홉킨스는 예수회 안에서 "독창적이고 총명한 사상가"라는 평판을 쌓는다.³⁴⁷

보한 신부

반면에 홉킨스의 성격에 관해서는 부정적인 평판이 많다. "어둡고 절망적"이라는 표현에서 알 수 있듯이 홉킨스의 감정 표현은 종종 평범한 사람이 이해하기 어려울 만큼 격렬하다. 이미 공동체 식사 중 소리 내어 운 일이 두 번 있었고, 그 외에도 종종 기이한 행동을 한다. 어떤 증언에 따르면, "한번은 홉킨스가 식탁에 놓인 작은 파이(tartlets)와 버나드 보한 신부(Fr Bernard Vaughan)를 연관 지으며 소소한 황홀경에 빠졌다. 갑자기 일어나 "파이! 파이! 파이를 위한 나의 왕국, 버나드, 나는 당신을 사랑해요"라고 외친 후 환상적으로 웃더니 주저앉았다."³⁴⁸

아마도 수도원 내에 파이와 보한 신부를 연결할 만한 이유가 있었을 것이다. 별명이나 일화, 혹은 관련 직무 같은 것들 말이다. 이런 것들을 적절한 때에 유머러스하게 언급하면 단조로운 수도원 생활에 활력소가 된다. 이 때문에 많은 예수회 형제들이 홉킨스를 "언제나 재밌고 단순한 농담으로 가득 차있었다"라고 평가하거나 "매우 즐거운 동료"라고 기억한다.³⁴⁹ 하지만 절제를 강조하는 보수적인 수도원에서 때와 장소에 맞지 않는 행동은 특히 상관에게 부정적인 인상을 줄 여지가 있다. 공개적으로 놀림감이 된 보한 신부의 반응은 기록에 없지만, 그날 식당에 모인 형제들은 그날의 일을 황당한 사건으로 기억한다. 이후에도 홉킨스가 상황에 맞지 않는 말이나 행동을 하는 일이 종종 발생한다. 홉킨스의 특이한 성격은 곧 예수회 사제들 사이에 전설이 된다.[350] 아일랜드에 갈 무렵 홉킨스에게는 '특이하고' '마음이 기이한 방식으로 치닫는' '이상한' 사람이라는 평판이 따라붙는다. 이것이 결국 그를 아일랜드로 밀어내는 중요한 요인이 된다.

독일인 예수회를 위한 공연을 성공적으로 마친 그날 저녁, 로햄프턴의 만레사 하우스로 가라는 명령이 내려온다.[351] 홉킨스가 기대했던 스토니허스트 칼리지는 아니다.

9.
예수회 주니어리트 담당 수사학 교수

홉킨스는 1873년 8월 28일 저녁 늦게 만레사 하우스에 도착한다. 이곳에서 1년간 수사학 교수(Professor of Rhetoric)로서 1년 차 주니어리트(Juniorate)를 교육한다. 주니어리트란 견습 수사 수련기를 마친 후 신학대학 진학에 필요한 기초 학습을 받는 예수회 형제들을 가리키는 말이다. 빅토리아시대 저소득층은 대부분 중등학교에 진학하지 못한다. 더구나 가톨릭 신도가 다닐 만한 중등학교의 수는 절대적으로 부족하다. 자연히 로마 가톨릭 신도들은 교육 수준이 낮은 경우가 많다. 예수회는 충분히 교육받지 못한 신도들도 사제가 될 수 있도록 주니어리트 단계를 마련한다.

홉킨스는 만레사 하우스에서 주니어리트를 교육하게 된 것에 매우 만족한다. 예수회가 자신의 재능과 상황을 고려해 "가장 좋은 안배"를 했다고 생각해 감사하다.[352] 실제로 예수회는 여러 가지 사항을 고려해 홉킨스를 만레사 하우스로 보냈다. 우선 홉킨스의 학문적 능력을 높이 샀다. 홉킨스에게 장차 예수회 사제가 될 주니어리트 교육을 담당할 역량이 충분하다고 판단한 것이다. 또한 홉킨스를 더 따뜻한 곳, 가족을 더 편하게 만날 수 있는 곳에 배치하고자 했다.[353] 지난겨울 수술을 받은 홉킨스가 가족의 보살핌을 받으며 따뜻한 환경에서 더욱 건강해지기를 바라서이다. 같은 이유로 그를 업무 부담이 적은 곳에 배정하고자 했다. 당시 영국 예수회는 어디랄 것 없이 일당백으로 일해야 했지만, 홉킨스를 위해 그나마 상대적으로 업무가 과중하지 않은 곳을 골랐다. 홉킨스도 예수회가 "휴식"을 겸해 그곳에 보냈다는 것을 안다.[354] 홉킨스의 한 걸음 한 걸음이 예수회의 세심한 관심과 배려 속에서 옮겨지고 있다.

홉킨스는 만레사 하우스에 도착한 다음 날 피정을 시작한다. 피정이 끝난 후 "돌벤에 관해 큰 은총을 받았다고 생각한다"라고 기록한다.[355] 지난가을 홉킨스는 죽을 만큼 아팠다. 급기야 겨울에는 수술까지 받았다. 예상치 못했던 친구들의 사망 소식도 연달아 들었다. 이 때문에 죽음에 대해 종종 생각하게 되었고, 자연스레 죽음과 구원에 대해 깊이 묵상해 왔다. 그중에서도 돌벤의 죽음은 언제나 구원에 대한 근심으로 귀결되었다. 돌벤이 가톨릭으로 개종하지 못한 채 죽었기 때문이다. 홉킨스는 돌벤이 구원되기를 기도했고, 마침내 기도를 통해 돌벤의 영혼이 신의 은총을 받았다는 확신에 이른다.

홉킨스는 가까운 사람의 죽음과 관련해 종종 기도의 은총을 체험한다. 1877년 할아버지가 '묵주기도의 복되신 동정 마리아 기념일'(The Feast of the Holy Rosary)에 세상을 떠난 것도 그중 하나이다. 원래 기념일은 10월 7일이지만 예수회는 편의상 10월 첫 번째 주일에 이를 기념한다. 공교롭게도 1877년은 10월 첫 번째 주일이 10월 7일이다. 홉킨스는 여러 해 동안 할아버지를 성모의 보호 아래 맡긴다는 기도를 해왔다. 마침 성모 기념일의 의미가 가장 충만한 날에 할아버지가 생을 달리하자, 홉킨스는 이것이 "은총의 표식"이자 기도에 대한 응답이라고 확신한다. 슬픔에 빠진 어머니에게도 "의심 없이 제 기도가 응답받은 징표이며, 천국의 성모께서 이교도 함대보다 더 무서운 적들로부터 한 그리스도인의 영혼을 구원하셨다는 표식입니다. 제 말을 가벼이 여기지 마세요. 제가 이제껏 관심을 가졌던 사람의 죽음과 관련해 하늘로부터 징표를 받은 것이 이번으로 일곱 번째입니다"라고 위로한다.[356] 돌벤과 할아버지 외에 나머지 다섯 명이 누구인지는 구체적으로 밝혀지지 않았다. 분명한 것은 예수회에 들어온 후 홉킨스가 기도에 응답받는 종교적 신비를 계속 체험한다는 것이다.

피정을 마치기 이틀 전에 9명의 신입 견습 수사 수련생이 만레사 하우스에 입소한다. 14명의 2년 차 수련생이 첫 맹세를 하고 떠난다.[357] 홉킨스가 첫 맹세를 할 때 4명에 불과했던 것에 비하면 괄목할 수치이다. 예수회가 양적으로 팽창하고 있다는 증거이다.

변화가 많고 분주한 날에 홉킨스의 관심을 끈 것은 일반인 형제 더피(Br Duffy)가 쟁기질하는 모습이다. 홉킨스는 더피의 쟁기질을 자세히 관찰하고 쟁기 부품의 명칭과 작동 방식을 배운다.[358] 흔하디흔한 도구도 제각각의 역할에 맞는 쓰임새와 이름이 있다는 사실을 새롭게 인식한다. 이것이 작은 도구에조차 신의 창조적 섭리가 깃들어 있다는 확신으로 이어진다. 이날의 깨달음이 「알록달록한 아름다움」 속의 "도구와 연장과 장비들"이라는 표현에 반영된다. 쟁기질하는 농부의 모습은 훗날 「농부 해리」("Harry Ploughman")라는 시를 탄생시키는 밑거름이 된다.

9월 18일에는 박물관 나들이를 한다.[359] 만레사 하우스는 예수회가 홉킨스를 그곳에 배치한 이유를 알고 있기에 되도록 그를 편안하게 배려한다. 덕분에 홉킨스는 예수회에서 다시 없을 여유로운 시간표를 갖게 된다. 목요일과 일요일은 온종일 자유이고 화요일 오후도 자유롭다.[360] 월례 휴무일인 블랜디케도 반드시 보장받는다. 덕분에 몇 시간이나 걸리는 먼 곳까지 산책하거나, 런던의 박물관과 미술 전시회도 갈 수 있다. 이날도 런던 남쪽 켄싱턴(Kensington)에 있는 박물관을 다녀왔다. 돌아와서 박물관에서 본 것을 하나하나 기록하느라 매우 긴 일기를 쓴다. 여러 인상적인 악기와 그 유래에 대해서 특히 공들여 적는다. 음악은 홉킨스가 평생 동안 관심을 쏟은 예술 분야이다. 버밍엄에 근무하던 시절에는 그 바쁜 와중에도 바이올린을 배웠다. 지금도 독학으로 피아노를 배우고 있다.³⁶¹ 그러니 악기에 대해 새로운 사실을 알게 된 박물관 견학은 분명히 즐거운 일이다.

그런데 바로 그날 밤, 홉킨스는 끔찍한 악몽을 꾼다.

> 악몽을 꾸었다. 무언가 혹은 누군가가 내 위에 올라타 정말 강하게 나를 옥죄었다. 이것 때문에 잠에서 깼다고 생각한 나는 이성을 되찾으려 애썼다. 내가 경험한 첫 번째 반응은 극도로 피곤하고 스트레스가 많아서 깊이 잠들지 못하다가, 맥이 빠지면서 살짝 잠이 들다 갑자기 깰 때처럼, 다소 깊은 근육까지 통제의 힘을 잃어 발현되는 신경 붕괴 현상과 비슷했다. 그런데 그것이 다른 곳이 아니라 가슴에만 영향을 미쳤기 때문에 말을 할 수 있었다. 처음에는 작은 목소리로, 나중에는 큰 목소리로 말할 수 있었다. 가슴은 동작과 행위의 첫 번째이자 가장 강력한 중심부로 화(θυμός)가 있는 곳이다. 다른 근육들은 힘이 없지만 감각은 있어 내게 사지가 있음을 느낄 수 있었다. 내가 만약 손가락을 움직이면, 그다음에 팔을, 그다음에 온몸을 움직이면, 결국 회복될 수 있을 것 같았다. 그건 끔찍한 느낌이었다. 신경과 근육의 인스트레스에 따라 더 이상 하나로 움직이지 못하는 신체는 마치 지옥에 떨어지는 것처럼 죽음의 무게가 가슴에 매달려 있는 것 같았다. 나는 거룩한 이름을 외쳐 불렀다. 그러자 차츰 생각했던 대로 몸이 회복되었다. 나는 이것이 신체가 감옥에 갇히듯 영혼이 지옥에 갇히는 방식이라고 생각했다.³⁶²

화는 감정, 느낌, 생각의 자리로서의 영혼을 의미하는 그리스어이다. 아마도 홉킨스는 이 같은 악몽을 꾼 것이 처음인 듯하다. 그는 상당한 충격을 받고 악몽의 원인을 면밀하게 분석한다. 주로 신체 역동적 관점에서 분석한 까닭은 말과 생각, 그리고 신체가 따로 움직였기 때문이다. 나름의 분석 끝에 그는 악몽의 순간에 자신이 신경과 근육의 인스트레스를 잃었다고 진단한다.

홉킨스는 개체성 신학을 발견한 후에도 인스트레스와 인스케이프라는 용어를 계속 사용한다. 두 용어가 개체성 개념을 맥락에 따라 더욱 구체화하는 데 효과적이기 때문이다. 즉, 인스트레스는 개체성의 내적 원천이자 그것을 가능하게 하는 힘이고, 인스케이프는 그 개체성이 외적으로 드러나는 고유한 형상이나 구조이기에 서로 확연히 구분된다. 홉킨스에게는 세상 만물이 그렇듯 신경과 근육도 인스트레스와 인스케이프가 있는 개체성의 존재이다. 악몽의 순간에서처럼 영혼의 뜻대로 움직이지 않는 신경과 근육은 이미 개체성을 잃었다. 그런 것들로 구성된 존재인 자신도 개체성을 잃은 것이고, 결국 창조의 순간에 부여받은 은총을 잃은 것이다. 홉킨스는 자신의 영혼이 지옥에 갇혀있다고 느낀다. 이날의 경험 중 근육과 신경의 인스트레스는 「농부 해리」에, 지옥에 갇힌 영혼은 「육신의 위안」("Carrion Comfort")에 반영된다.

악몽을 꾸게 된 심리적 원인은 애서 찾지 않는다. 홉킨스 스스로가 잘 알고 있기 때문이다. 개강이 나흘 앞으로 다가왔다. 그는 만레사 하우스에 도착하고 20일 넘게 몹시 한가로운 시간을 보냈다. 그러는 동안 그의 내면에는 주니어리트 교육에 대한 부담이 자라난다. 장차 예수회 사제가 될 형제들을 가르친다는 것이 특별하고 무거운 소명으로 느껴진 것이다. 수도원 기록관(scriptor domus)으로 임명된 것도 스트레스를 가중하는 원인이 된다. 수도원 기록관은 사람이 들고 나는 것을 포함해 만레사 하우스에서 일어나는 모든 일을 기록해야 한다.[363] 견습 수사 시기에 맡았던 포터와 비슷하지만, 책임은 훨씬 크다.

사실 모든 예수회원은 이 정도의 책임을 진다. 특별히 스트레스를 받을 일이 아니라는 말이다. 수업도 마찬가지이다. 홉킨스의 학문적 깊이를 고려하면 주니어리트에게 수사학을 가르치는 일은 그리 어려운 것이 아니다. 그런데도 홉킨스는 긴장한다. 하루 종일 런던에서 즐거운 시간을 보내면서도 마음의 짐을 내려놓지 못한다. 이날의 일기는 홉킨스가 예수회 소명 때문에 심리적 부담을 느낀다는 것을 보여준 첫 번째 기록이다.

소명에 대한 부담이 긍정적으로 작용한 측면도 있다. 이 때문에 홉킨스는 정말로 수업 준비를 열심히 한다. 당시 홉킨스가 수업을 위해 작성한 "강의록"은 현재도 남아있다.[364] 이 강의록은 그가 얼마나 철저히 수업 준비를 했는지, 어떤 주제를 주로 다루었는지를 잘 보여준다. 또한 그가 시에 대단히 해박하고, 특히 리듬 연구에 깊이 몰두했다는 것도 명확하게 보여준다. 다만 그 수준이 주니어 리트에게 적합했는지는 의문이다. 주니어리트는 기초 교육이 부족해 2년을 더 교육받는 이들이다. 이를 고려하면 홉킨스가 준비한 강의 내용은 너무 수준이 높다. 엄밀하게 말해 시에 관한 지식이 풍부한 "매우 소수의 사람만이 이해할 수 있는 내용들이다. 아마도 홉킨스의 강의는 종종 수련생을 당황하게 만들었을 것이다."[365] 홉킨스는 굉장히 지적인 사람임에 틀림없다. 그러나 자신의 지식을 체계적으로 교육적 맥락에 담아내는 데는 그리 능숙하지 못하다.[366] 설상가상으로 너무 예민하고 꼼꼼한 성격 때문에 같은 일을 해도 남보다 더 오래, 더 어렵게 한다. 그래서 홉킨스는 교사로 일하는 동안 대체로 과로에 시달린다.

10월 말 첫서리가 심하게 내린다.[367] 다행히 서리가 금세 녹을 만큼 햇빛에 온기가 남아있다. 11월에도 무난한 날씨가 이어지고 일상은 조용히 흘러간다. 12월이 되자 조용한 수도원 학교에 활기가 돌기 시작한다. 홉킨스가 "요정 나라처럼 서리가 나무와 거미줄에 내려앉았다"라고 표현한 12월 1일, 학교는 멘스트럼(menstruum)으로 분주하다.[368] 멘스트럼은 당시 예수회뿐 아니라 일반 학교에서도 보편적으로 실시하던 구술시험이다. 수업에서 배운 그리스, 라틴 고전을 발췌해 읽고, 해석하고, 질문에 답하는 방식이다.[369] 이 시험으로 학기는 끝난다. 주니어리트는 다가오는 크리스마스를 준비하느라 분주하다.

홉킨스는 특히 더 설렌다. 이번 크리스마스는 가족과 함께 보내도 좋다는 허락을 받았기 때문이다. 휴가가 일주일밖에 안 되기 때문에 대부분의 시간을 가족과 보내려 애쓴다. 가족은 언제나 홉킨스에게 편안한 휴식처가 되어준다. 하지만 민감한 종교적 문제는 서로 피한다. 홉킨스는 가톨릭으로 개종할 때 아버지에게 동생들을 개종시키지 않겠다고 약속했고,[370] 평생 그 약속을 지킨다. 가족도 홉킨스의 신앙생활을 방해하지 않는다. 그렇지만 응원하지도 않는다. 이런 냉담함이 때로 홉킨스를 외롭게 만든다. 이것이 아일랜드에서 쓴 「'이방인이 내 운명'」("'To seem the stranger lies my lot'")에 담긴다.

<안식의 항구> 엽서, 1908

집에 머무는 동안 동생 아서와 전시회를 관람한다. 워커(Frederick Walker)의 그림 <안식의 항구>(Harbour of Refuge)가 홉킨스의 마음을 완전히 사로잡는다. 특히 그림 오른편 하단에 있는 젊은 농부의 모습에서 강렬한 인상을 받는다. "잔디를 깎는 젊은 남자는 활력과 은총 그리고 강렬한 정열로 완벽하게 이루어진 형상이다. 굉장하다. 낫이 쓸고 지나가는 동작, 온몸이 흔들리고 진동하는 모습, 심지어 한쪽 발을 앞에 놓고 다른 발은 발가락을 세운 모습까지, 이제껏 그 어떤 화폭에도 담기지 않았던 그림처럼 너무나 신선하고 너무나 강렬하다"라고 호평한다.[371] 지난가을 더피가 쟁기질하는 모습을 관찰했을 때처럼 홉킨스는 도구를 사용하는 농부의 모습에서 강한 역동성과 신체적 에너지를 느낀다. 이날의 기록이 아일랜드에서 쓴 「농부 해리」에 고스란히 담긴다.

1874년이 되었다. 홉킨스는 2년 반 만에 브리지스에게 편지를 쓴다. 소위 "붉은 편지" 이후 처음이다. 계기는 도서관에서 잡지를 보다가 브리지스의 시집에 관한 서평을 읽은 것이다. 처음에는 서평에 소개된 브리지스가 '자신이 아는 그 브리지스'인지도 확신하지 못한다. 홉킨스는 브리지스가 시를 쓴다는 말을 들어본 적이 없다. 얼마 전 대학 친구를 만났을 때도 브리지스가 시집을 출판했다는 소식을 듣지 못했다. 그럼에도 서평의 내용으로 미루어 브리지스가 맞다는 확신에 이른다.

홉킨스는 2년 반의 공백을 깨고 브리지스에게 편지를 쓴다. 맨 먼저 "내가 이전에 자네의 시를 읽은 적이 있나? (…) 나는 기억이 나질 않는다"라고 말한다.[372]

그토록 오래 자신에게 시를 쓴다는 사실을 숨겨온 것에 대한 섭섭함이 담겼다. 하지만 표현은 강하지 않다. 더 이상 둘 사이에 마찰을 일으키고 싶지 않은 마음 때문이다. 홉킨스의 섭섭함은 충분히 이해할 만하다. 홉킨스는 대학 시절부터 쓴 거의 모든 시를 브리지스에게 보냈다. 그런 홉킨스에게 브리지스는 시를 쓴다는 사실조차 감추었다. 게다가 브리지스는 가타부타 말도 없이 둘 사이의 교류를 끊었다. 하지만 브리지스가 시를 쓴다는 사실은 이 모든 서운함을 하찮게 만들 만큼 홉킨스에게 큰 의미가 있다.

3월에는 우드가 찾아온다. 우드는 가톨릭으로 개종한 후 현실의 벽에 부딪혀 국교회로 다시 돌아간 친구이다. 그러나 두 사람은 여전히 좋은 사이를 유지하고 있다. 우드는 최근 『런던과 그 외곽에 있는 기독교 유물』(Ecclesiastical Antiquities of London and its Suburbs)이라는 책을 출판했다.[373] 마치 산책하듯 편안하게 런던의 유적을 소개하는 책이다. 홉킨스는 우드의 지식이 종교적 맥락에서 적절하게 활용된다고 생각한다. 자신도 그런 삶을 살기를 바란다. 1874년 사순절 금식은 지키지 않는다. 건강에 문제가 있어서가 아니라, 예수회가 교사의 금식을 금지했기 때문이다. 가르치는 일을 하기 위해서는 에너지가 필요하다는 이유이다.

부활절 월요일(Easter Monday)에는 윔블던 공원(Wimbledon Common)에서 열린 모의 전투 행사를 보러 간다. 홉킨스는 이날 약 7천 명의 지원자가 행사에 참여했다고 기억하지만,[374] 실제로는 만 이천 명의 의용 소총대(The Volunteer Rifle Corps)가 참여했고 십만 명의 구경꾼이 모인 대규모 행사였다.[375] 홉킨스는 그 많은 구경거리 중에 특히 기병대의 말을 유심히 관찰하고 다음과 같이 기록한다. "말에서 인스케이프가 포착된다. 파르테논 신전의 삼각형 박공 부조(pediment)와 그 외 다른 돋을새김에서, 특히 입구 쪽에서 볼 수 있는 모습과 비슷하다. 심지어 소포클레스가 『콜로노스의 오이디푸스』(Oedipus Coloneus)의 코러스에서 묘사했던, 말과 비슷한 형상으로 밀려오는 파도와도 닮았다. 말의 사타구니와 옆구리를 보면서 털이 대칭을 이루어 몸의 모든 부분으로 흘러가는 것도 보았다. 이를 따라가

다 보면 누구나 말의 인스케이프를 아주 쉽게 포착할 수 있을 것이다."[376] 홉킨스는 기병대의 말에서 고대 그리스 건축물이나 소포클레스의 작품에서 발견할 법한 완벽한 균형감과 건강한 에너지를 느낀다. 그것이 바로 말의 인스케이프라고 확신한다. 이날 뇌리에 박힌 이미지는 훗날 「성 테클라」("St Thecla")의 "페가수스"(Pegasus)에,[377] 「펠릭스 랜들」("Felix Randal")의 "거대한 회색 짐말"(the great grey drayhorse)이라는 표현에 반영된다.[378]

집에서 기쁜 소식이 온다. 시릴이 딸을 낳았다. 홉킨스에게 첫 조카가 생긴 것이다. 이외에도 좋은 소식이 더 있다. 본드가 만레사 하우스에 방문할 예정이다. 본드는 홉킨스에게 함께 산책할 시간이 있는지 미리 묻는다. 홉킨스가 견습 수사이던 시절 만레사 하우스의 규칙이 굉장히 엄격했던 것을 기억하기 때문이다. 홉킨스는 이제 멀리까지 산책할 수 있다고 장담한다. 그러니 "사상, 뉴스, 충격적인 것, 콘웨이(Moncure Conway), 친구들(신체에 대해서가 아니라), 비평할 것들, 우스꽝스러운 이야기들, 실수담" 등을 많이 가져오라고 부탁한다.[379] 콘웨이는 미국의 유명한 노예 폐지론자이다. 홉킨스는 여전히 세상만사에 관심이 많다.

<쿠마시 화재>, 1874, 미케니칼 큐레이터 컬렉션

홉킨스의 정치적 입장은 기본적으로 보수적이다. 전통과 역사를 존중하고 기존 질서를 위협하거나 파괴하는 정치적 움직임에 반대한다. 국가관 역시 영국주의와 제국주의에 기반을 둔다. 그가 보기에 영국은 문명의 상징이고 식민지는 비문명적이다. 덜 개발된 민족이 영국의 식민지가 되는 것은 당연한 이치라고 생각한다. 홉킨스가 본드에게 "왜 우리가 쿠마시(Coomassie)를 불태우면 안 된단 말인가? 그들은 그것을 오후 한나절이면 다시 세울 수 있을 것이다"라고 쓴 글에는 제국주의적 오만함이 담겨있다. 쿠마시 화재는 1874년 영국이 아프리카 식민지 아산티(Ashanti)와 전쟁을 벌이면서 도시

전체를 불태운 사건이다. 제국주의의 폭력성을 극명하게 보여주는 사건으로 꼽힌다. 하지만 홉킨스는 그것이 조금도 비인도적이라고 생각하지 않는다. 오히려 식민지 문명은 조악해서 한나절이면 다시 세울 수 있다고 생각한다.

당시 영국 사회에 비추어 보면 홉킨스의 생각이 유별난 것도 아니다. 영국은 다른 서구 열강보다 일찍부터 식민지의 경제적 가치를 파악하고 해외 시장 확보를 위해 노력한다. 그 결과 1870년대부터는 정부 주도하에 실질적인 제국주의 국가로서의 정책들을 펼치게 된다. 영국인 대다수는 해가 지지 않는 제국의 일원이라는 자긍심을 누린다. 경제적 목적 외에도 "제국주의적 열풍을 부채질"하는 요인이 더 있다.[380] 바로 종교적 선민의식이다. 많은 영국인은 이교도를 개종하는 것이 "그리스도교 복음 운동가들의 줄기찬 소명"이라 생각하고 "영국의 통치와 문명의 혜택을 비그리스도교 미개인들에게 전달"하는 것이 "도덕적 사명"이라 여긴다.

예수회도 이런 흐름에서 예외가 아니다. 예수회는 많은 회원을 외국에 내보내며 선교 활동에 힘쓴다. 이것이 부수적으로 예수회를 향한 부정적 인식을 완화하는 데 도움이 된다. 영국인들은 교황에게 복종하는 수상한 집단이라고 의심했던 예수회가 국외 선교에 에너지를 쏟는 것을 보며 다소 안심한다. 영국 예수회는 이런 기류를 민감하게 포착한다. 이 때문에 더욱 선교 활동에 힘쓰고 가능한 한 더 애국적이기 위해 노력한다. 그 결과 홉킨스가 지난 3년간 머물렀던 스토니허스트는 "거의 막무가내로 공격적일 만큼 영국적"이었다.[381] 홉킨스가 신학사 수련을 받게 될 세인트 뷰노는 신학생들에게 "무기 우세가 상업 우세보다 국가 발전에 더 나은 방법이다"와 같은 제국주의적 토론 과제를 제시한다.[382] 홉킨스의 제국주의적 성향은 영국 사회와 예수회가 함께 만들어 낸 결과물이다.

1874년 7월 하순, 스승의 날 행사를 겸해 보몬트(Beaumont)로 소풍을 간다. 홉킨스는 소풍에서 본 풍경을 다음과 같이 기록한다. "날씨가 정말 멋졌다. 진줏빛 구름이 층층이 길게 이어지고, 각 층의 구름 아래마다 회색빛이 가로질러 경계를 이뤘다. 수확하지 않는 호밀밭의 밀대는 은은한 붉은빛을 띤 노란색으로 아름다웠다. 밀은 흰빛이고 살랑이는 바람은 밀 이삭을 부드럽게 이리저리 흔들었다. 밀잎 꼭대기를 따라 섬세하고 정말 진실한 바삭거림이 사방으로 울려 퍼졌다. 그 후 추수하는 들판이 보였다. 소풍을 끝내고 오는 길에 그것들을 다시 보고 싶었지만 식사 시간에 너무 자유롭게, 불친절하게 말한 탓에, 돌아오는 길 내내 고행했다."[383] 홉킨스는 소풍 길에서 본 아름다운 자연 풍경을 학교로 돌아오는 길에 다시 보리라 기대했다. 하지만 식사 시간에 말을 너무 많이 한 탓에 고행을 선택했다. 이번에도 그가 택한 고행은 시각 차단이다. 그는 자연 세계의 아름다움이 자신에게 얼마나 큰 기쁨이고 보상인지 누구보다 잘 안다.

소풍날 보았던 이 기억들은 3년 후 세인트 뷰노에서 쓴 소네트 「추수의 기쁨」("Hurrahing in Harvest")에 담긴다.

> 이제 여름이 끝나간다, 이제 거칠면서 아름다운 곡식단들이 사방에 선다
> 그 위로 바람이 걷는다! 비단 자루 구름의 움직임이 얼마나 멋진가!
> 더 거칠게 더 제멋대로 굽이치는 으깬 곡물 같은 바람이
> 이제껏 형상을 이루다 하늘을 가로질러 녹았는가?
>
> 나는 걷는다, 나는 고개를 든다, 마음을, 눈을 들어 올린다
> 온 하늘 모든 영광 속에서 우리 구세주를 수확하기 위해서
> 눈이여 마음이여 어떤 표정 어떤 입술이
> 그대의 황홀한 사랑의 인사에 더 진실하게 더 원만하게 답하는가?
>
> 푸른빛이 내려앉은 언덕은 그분의 위풍당당한 어깨가
> 탄탄한 종마같이 휘저은 세계이다 몹시도 다정한 보랏빛이다!
> 이것들이, 이것들이 여기에 있는데 봐주는 이가 없다

그 둘이, 일단 그 둘이 만나면

마음은 대담한, 더 대담한 날개를 키워

땅을 박차고 오 그분 발치로 가리라 그분께 반쯤 달려가리라[384]

홉킨스는 첫 연에서 관찰자로서 자연의 아름다움을 묘사하고 둘째 연에서 자연 속에 있는 자신의 존재를 부각한다. 셋째 연은 구원의 기쁨을 노래하고 마지막 연은 그 모든 것을 가능하게 만든 신을 찬양하는 데 할애한다. 그는 신이 "위풍당당한 어깨"(his world-wielding shoulder)로 한 번 휘저어 놓은 결과물이 "푸른빛이 내려앉은 언덕"(the azurous hung hills)이라고 본다. 신의 위업이기에 그토록 아름다울 수 있다고 생각한다. 세상의 모든 아름다움이 창조의 위대한 증표임을 다시 한번 인식하는 순간이다. 그 순간 하늘을 올려다보며 곡식을 "수확"(to glean)하듯이 "구세주"(our Saviour)를 그의 내면 깊이 받아들인다.

안타깝게도 세상은 홉킨스처럼 하지 못한다. 자연에서 아름다움을 읽어내지도, 신을 향해 감사하지도 않는다. 홉킨스는 누구든 한 번만 제대로 세상을 본다면 저절로 신을 찬미하는 마음이 들 것이라고 믿는다. 신을 향해 박차고 달려갈 것이라고 확신한다. 홉킨스의 눈에는 창조의 위업을 본 사람이 "그분 발치로"(under his feet) 날아가는 장면이 선명하게 보인다. 이 부분은 시각적으로 상황을 상상하고 재구축하는 성 이냐시오 묵상법을 시에 적용한 예이다.[385]

소풍에서 돌아온 후 일주일이 지난다. 홉킨스는 서른 살이 되었다. 서품까지 3년이 남았고 학기도 끝나가는 시점이다. 홀가분해야 하는데 이상하게 몸과 마음이 무겁게 가라앉는다. 괴로운 마음을 일기에 토로한다. "이틀간 기말고사를 끝냈고, 31일에는 성 이냐시오 축제가 거행되었다. 나는 너무 지쳐 심하게 가라앉았다. 학장님께서 친절하게 몇 마디 해주실 때까지 그 상태가 계속되었다. 돌이켜 보건대 아마도 올해처럼 마음이 무겁고 깊이 가라앉았던 적은 없었던 것 같다. 신체적인 부담도 전보다 더 크게 느껴진다. 지금은 테인마우스(Teignmouth)

에 있다. 한 가지는 분명하다. 나는 신체적으로 허약해 어떤 일도 할 수 없는 상태이다. 그러나 이 모든 가운데서도 주님은 당신의 길을 가고 계신다."[386] 이로 미루어 볼 때, 주니어리트를 교육하는 일이 홉킨스에게 육체적으로나 정신적으로 상당히 벅차다. 몇 년이 지난 후에도 이때를 "정말 힘들고 정말 고통스럽게 가르치고 있었다"라고 기억할 정도이다.[387]

학기 내내 누적된 피로가 회복될 기미를 보이지 않는다. 지치고 생기 없는 상태가 다른 사람의 눈에도 띌 정도이다. 홉킨스를 염려한 학장의 기도 덕분에 잠시 기운을 차리지만 이내 원래 상태로 되돌아간다. 테인마우스는 동료들과 여름 빌라를 보내기 위해 온 곳이다. 눈이 부실 만큼 경치가 아름답지만 그 속에서도 홉킨스의 상태는 좀처럼 나아지지 않는다. 홉킨스는 처음으로 자신이 "신체적으로 허약"하다고 규정한다. 이때부터 홉킨스의 내부에는 "신체적으로 허약"해서 주어진 소명을 제대로 완수하지 못할 것이라는 불안감이 자란다. 이 불안감은 홉킨스가 예수회로 사는 동안 한 번도 사라지지 않는다. 오히려 날이 갈수록 커져 그를 괴롭히는 원인이 된다. 하지만 세상만사가 그렇듯이 자신도 신이 안배한 길을 따라가고 있다고 믿는다.

로햄프턴으로 돌아오는 길에 홉킨스는 별빛이 가득한 하늘을 본다. 그 순간 창조의 아름다움을 다시 한번 느낀다. 홉킨스는 이날의 일기에 "그 별들을 바라보기 위해 뒤로 기대었다. 그러자 마음이 그 어느 때보다 더 활짝 열렸다. 그 모든 아름다움이 제자리에 놓이도록 하시고 그 위에 머무시는 주님을 찬양한다"라고 기록한다.[388] 이날의 기억은 3년 후 「별이 빛나는 밤」("The Starlight Night")에 고스란히 반영된다.

> 별들을 보라! 보라 하늘을 올려보라!
> 오 공중에 앉아있는 불의 사람 모두를 보라!
> 빛나는 도시들 원형의 성채들이 저기 있다!

흐릿한 숲속 아래 금광석 동굴! 요정의 눈!
차디찬 회색 풀밭 그곳에 황금이, 반짝거리는 황금이!
   바람이 두들기는 능금나무! 불꽃에 앉아 바람을 타는 백양나무!
   농장 마당에서 놀라 날아오른 불꽃 같은 비둘기!
아 어쩌면! 그것은 전부 살 수 있는 것, 전부 값진 것이다

그러니 사라! 값을 불러라! 어떻게? 찬양, 인내, 자선, 맹세로
보라, 보아라, 오월의 무리들이 과수원 나뭇가지 위에 앉은 듯하다!
   보라, 노란 가루 앉은 갯버들 같은 삼월 꽃송이들이!
이것들이 진실로 곳간이다 그 속에 낟가리가 쌓여있다
한 점 한 점 밝은 울타리가 지킨다, 배필인 그리스도를
   그리스도와 그분의 어머니와 그분의 모든 성인을[389]

이 시에는 홉킨스가 밤하늘의 별들을 바라보며 느낀 기쁨과 찬양의 마음이 잘 담겨있다. 첫 번째 연은 하늘의 별이 만들어 낸 각양각색의 형상을 차례로 묘사하고, 두 번째 연은 별들의 향연에 종교적 의미를 더한다. "사라"(Buy)와 "값을 불러라"(bid)라는 표현은 「추수의 기쁨」에서 "수확"과 같은 의미이다. 단순히 자연의 아름다움을 보는 데 그치지 말고 온전히 내면화해서 마음속에 간직하라는 뜻이다. 홉킨스는 별조차 온갖 형상을 담아내도록 오묘하게 창조한 신의 위대함을 찬양한다. 예수를 "배필"(the spouse)로 칭한 것은 수도자와 성직자들이 신과 맺는 영적 연대를 상징한다.

1874년 8월 26일 홉킨스는 신학 수련 과정을 위해 세인트 뷰노로 가라는 명령을 받는다. 다음 날 새벽 "평상시보다 30분 일찍 일어나 창문 맞은편 목초지 덤불 위에 뜬 보름달을 바라본다. 보름달이 황동색으로 아름답게 얼룩져 있는 것을" 본다.[390] 그리고 웨일스로 출발한다.

10.
예수회 신학 수련기 ①
「도이칠란트호의 난파」

예수회는 세인트 뷰노에서 3마일 떨어진 곳까지 사람을 보내 홉킨스를 마중한다. 마중 나온 사람 중 하나는 홉킨스와 함께 견습 수사 수련기를 보낸 커 형제(Br Henry Ker)이다. 반가운 마음을 나누며 세인트 뷰노에 도착한다. 모두가 홉킨스를 따뜻하게 맞이해 준다. 홉킨스의 방에는 환영의 표시로 진홍색 제라늄이 놓여있다. 꽃을 가져다 놓은 사람은 견습 수사 수련기 첫해를 함께 보낸 베이컨 수사이다. '점잖은 체하는 홉' 형제도 보인다. 모두가 반가운 얼굴이다. 이제 홉킨스는 예수회에 들어온 지 6년이 됐다. 적어도 영국 안에서는 어느 예수회 집에 가도 반가운 얼굴이 있다. 홉킨스는 예수회 안에서 안정되고 행복하다.

홉킨스는 세인트 뷰노에서 총 4년을 머물 것이라 예상한다. 3년간의 정규 신학사 수련 외에 '긴 과정'을 염두에 두었기 때문이다. '긴 과정'이란 정규 신학 수련을 모두 마친 뒤 추가로 1년을 더 수련받는 특별 과정으로, 예수회 최고 지도자 양성 과정에 해당한다. '긴 과정'을 통과한 사제가 예수회의 중책을 맡아 실질적인 지도자로 성장한다. 이 과정을 이수하기 위해서는 소정의 시험을 통과해야 하고 학문적으로나 영적, 인격적으로 뛰어난 역량을 입증해야 한다.

세인트 뷰노에 막 도착한 홉킨스는 '긴 과정'에 진입하는 데 아무런 문제가 없어 보인다. 이미 철학 수련기 단계에서 뛰어난 학업 능력을 증명했고 주니어리트를 교육하는 일도 최선을 다해 수행했다. 건강 문제

세인트 뷰노

로 몇 차례 고생했지만 고질적인 질환이 있는 것은 아니다. 홉킨스는 긍정적으로 미래를 예측하며 신학 수련기를 시작한다. 덕분에 세인트 뷰노에서의 3년이 홉킨스의 예수회 생활 중에 가장 편안한 시간이 된다. 시인으로서도 가장 찬란하고 빛나는 창조의 시기를 보낸다. 남은 평생 두 번 다시 이처럼 행복한 시간은 오지 않는다.

홉킨스는 세인트 뷰노가 자리한 북웨일스의 모든 것을 사랑한다. 아버지에게 세인트 뷰노에 도착했다고 알리면서 이곳의 풍광이 얼마나 멋진지에 대해 이야기한다. "수도원 건물은 가파른 언덕 위에 자리 잡고 있습니다. 클리드(The Clwyd) 계곡을 굽어보는 광활한 전망이 펼쳐지고, 계곡은 바다까지 길게 이어집니다. 반대편에는 스노우든(Snowdon)과 그 주변 산맥이 자리하고 있습니다. 지금은 날씨가 맑아 뚜렷이 보이지만, 날씨에 따라 보였다 안 보였다 합니다. 공기가 매우 상쾌해 건강에 좋을 듯합니다."[391] 세인트 뷰노가 있는 북웨일스는 아직 산업화가 많이 진행되지 않은 지역이다. 대도시에서 흔히 맡을 수 있는 매캐한 냄새도, 탁한 하늘도 없다. 자연 그대로의 아름다움이 보존된 풍광에서 홉킨스는 "웨일스만의 인스트레스와 매력"을 느낀다.[392] 홉킨스가 어떤 대상에서 인스트레스를 발견했다는 것은 그 대상에 대한 최고의 칭찬이다. 신의 창조물로서 고유하고 독특한 개체성을 실현하고 있다는 의미이기 때문이다.

「엘위강 계곡에서」("In the Valley of the Elwy")는 웨일스 지역에 대한 홉킨스의 깊은 사랑을 담은 시이다.

> 주님께서 아시듯 저도 기억한답니다, 그중 어느 것도
>   누릴 자격 없는 제게 모두가 잘 대해주었던 그 집을
>   들어서자마자 기운을 북돋는 향기가 숨으로 들어오던 그곳을
> 제 짐작에는 어느 달콤한 숲에서 갓 길어온 것이었답니다
> 다정한 대기가 친절한 사람들을 사방에서
>   덮어주었답니다, 마치 날개가 한 무리 알을 품듯
>   보드라운 밤이 봄에 난 작은 싹들을 덮듯 했답니다.
> 왜? 그리하는 것이, 그리하는 것이 온당하기 때문이랍니다
>
> 사랑스러웠답니다, 숲과 강, 초원과 산골짜기, 계곡들
> 웨일스 세계를 만든 것들은 모두 그 공기를 둘렀는데
>   그 속에 사는 사람들만 그것에 부합하지 못한답니다
>
> 주님, 영혼을 사랑하시어 사려 깊게 저울을 흔드시는 분
> 당신이 귀애하시는 창조물을 오 실패한 곳에서 완성하소서
>   주인으로서 전능하신 분, 아버지이자 사랑이신 분[393]

제1연은 홉킨스가 평범한 민가에서 만난 사람들의 따뜻한 마음씨와 그들을 보살피는 웨일스의 신성한 공기를 노래한다. 제2연은 신의 특별한 보살핌을 알지 못하는 웨일스 사람들을 향한 홉킨스의 안타까움이 담겼다. 제3연은 그들이 신을 알게 되기를 소망하는 홉킨스의 간절한 기도가 이어진다. 당시 웨일스에서 가장 유행한 종교는 개신교 감리주의였다. 홉킨스는 그토록 아름다운 자연을

누리며 사는 사람들이 로마 가톨릭을 믿지 않는 것을 안타깝게 여긴다. 이에 "웨일스인의 개종을 위해 무언가를 해야겠다는 결심"을 한다.³⁹⁴

홉킨스는 우선 웨일스어(웨일스 토착 언어)를 배우기로 결심한다. 이 결심은 순전히 선교 목적에서 비롯된 것은 아니

세인트 뷰노와 웨일스 들판

다. 웨일스어의 "복잡하지만 듣기 좋은 규칙성"을 연구하고 싶은 열망이 더 크다.³⁹⁵ 9월 연례 피정 첫날 홉킨스는 학장에게 웨일스어를 배워도 되는지 묻는다. 예수회 안에서 그가 무엇을 할지 결정할 권한은 상관에게 있기 때문이다. 하지만 기대와 달리, 학장의 대답은 홉킨스를 크게 실망시킨다. 학장이 "순수하게 웨일스 사람들 가운데서 사역하려는 목적이 아니라면 웨일스어 배우기를 권하지 않는다"라고 답했기 때문이다. 홉킨스는 자신의 목적이 온전히 "순수"하지 않다는 것을 알고 있다. 결국 웨일스어를 배우려던 계획을 포기한다.

같은 날 홉킨스는 웨일스어만 포기한 것이 아니다. 그는 상관의 말을 매우 포괄적으로 해석해 '사역에 도움이 되지 않는 어떤 것도 배우면 안 된다'라는 뜻으로 받아들인다. 이에 따라 자신이 즐기는 것들 중에 사역과 무관한 것들을 하나씩 찾아낸다. 홉킨스는 이미 오래전에 시를 포기했고, 그림은 간간이 연필 스케치나 전시회 관람으로 만족했다. 시와 그림을 포기한 후 음악은 그의 예술적 열정을 채워주는 거의 유일한 방편이다. 바쁜 와중에도 바이올린을 배우고 피아노를 배웠다. 학장의 말을 깊이 곱씹은 홉킨스는 음악에 할애하는 시간이 소명에 방해된다는 결론에 이른다. 곧 음악을 포기하기로 결심한다. 이로써 홉킨스는 자신이 좋아하는 웨일스어와 음악, 둘 다를 한꺼번에 잃는다.

홉킨스는 이때의 감정을 다음과 같이 기록한다. "두 가지를 포기하자마자 다소 이상하지만, 그 즉시 실망하고 모든 것에 흥미를 잃었다. 삶의 지루함이 너무

나 쓰라리게 느껴져 눈물이 많이 흘렀다. 그런 울음은 주님의 은총에 감격해서 흘리는 눈물도 아니고 남자답지도 않기에, 나는 탄식하며 주님께 기도했다. 나는 웨일스어를 포기하자마자 갑자기 나의 욕망이 웨일스의 개종인 것처럼 느껴졌다. 그것을 위해 다른 모든 것을 포기하기로 결심했다. 그러나 성 이냐시오의 선택 준칙에 의거해 신중히 숙고한 끝에 이 결심을 포기하기로 결정했다."[396] 결국 웨일스어 배우기를 포기했다는 말이다.

이 순간 홉킨스의 머릿속을 지나간 생각을 완전히 이해하기는 어렵다. 분명한 것은, 그가 웨일스어를 배우겠다고 계속 고집했어도 누구도 그를 비난하지 않았을 것이다. 당시 웨일스 주민 대부분이 웨일스어를 사용했기 때문에,[397] 언젠가는 그것이 사역에 도움이 되었을 것이다. 음악 역시 마찬가지이다. 그 누구도 홉킨스에게 음악을 포기하라고 권하지 않았다. 하지만 홉킨스는 자신이 알고, 신이 안다는 이유로 자신의 욕망과 타협하지 않는다. 마치 "순수의 살육"이라는 이름으로 자신의 시를 불태웠던 때처럼 지나치게 파괴적인 결정을 한다.

불행 중 다행으로 홉킨스는 이 결심을 끝까지 지켜내지 못한다. 시를 결국 포기하지 못하듯이 웨일스어와 음악도 포기하지 않는다. 홉킨스가 언제 어떤 식으로 상관의 허락을 얻었는지에 대해서 분명한 기록은 없지만, 미스 존스(Miss Susannah Jones)라는 개인 과외 선생을 두고 웨일스어를 꾸준히 배운 기록이 있다. 1876년 가을 홉킨스는 존스 선생에게 선물하기 위해 교황의 얼굴이 그려진 액자를 구해달라고 동생 그레이스에게 부탁한다.[398] 일기에도 종종 존스 선생의 웨일스어 수업에서 배운 내용을 적어둔다. 홉킨스의 웨일스어 실력은 일취월장해 수도원 행사에서 웨일스어 시를 발표할 정도가 된다.

9월 3일에는 록 채플(The Rock Chapel)로 산책을 간다. 홉킨스는 이곳을 매와 올빼미들이 창공을 가로지르며 노는 "훌륭한 리조트"라고 표현한다.[399] 이곳에서 「황조롱이」("The Windhover")의 영감을 얻는다.

나는 포착한다 오늘 아침, 아침의 총아, 빛의 왕국의 황태자
   얼룩진 여명에 이끌려 온 매가 그놈 아래 수평으로
   굽이치는 굳건한 대기를 올라타고 높은 그곳에서
성큼성큼 활보하는 것을, 잔물결 일으키는 날개를 제어한 채 그리
황홀하게 원을 도는 것을! 그런 후 선회하며 나아가, 앞으로 나아가
   마치 스케이트가 부드럽게 활곡을 그리듯 거칠게 내달려
   미끄러지며 큰 바람을 이기는 것을, 숨어있던 내 마음이
한 마리 새로 인해, 그것의 성취, 그것의 숙련으로 인해 요동친다

야만적 아름다움, 용기, 행동, 오 태도, 자긍심, 깃털이 여기서
   부서진다! 그때 너로부터 쪼개져 나온 불이
억만 배나 더 사랑스럽고 더 위험하다 오 나의 기사여!

   그것에 놀랄 것 없다 순수한 노고가 쟁기를 몰아 흙고랑을
빛나게 하고, 푸르고 냉랭한 잉걸불이, 아 나의 사랑아
   스스로 무너져 상처 내며 황금빛과 주홍빛을 터트린다[400]

「황조롱이」는 완성한 후 홉킨스가 "이제껏 내가 쓴 것 중 최고"라고 자랑한 시이다.[401] 까다롭고 엄격한 홉킨스의 기준을 완벽하게 충족했다는 말이다. 홉킨스는 문학사에서의 위치와 대중적 명성에 비해 시를 많이 남긴 시인이 아니다. 미완성 시를 모두 포함해도 총 179편에 불과하다.[402] 이 중 100편은 예수회 이전에 쓴 것이다. 예수회가 된 후 쓴 시는 겨우 79편에 불과하다. 이는 예수회로 사는 동안 그가 시를 쓰지 않기 위해 얼마나 초인적인 노력을 기울였는지를 잘 보여주는 숫자이다.

이처럼 작품 편수가 적음에도 불구하고 신기하리만치 유독 새의 이미지는 자

주 등장한다. 산문까지 모두 포함하면 홉킨스는 "전체 26종의 새의 이름"을 언급한다.[403] 개별 존재에 대한 관심이 동물 중에서 유독 새에 집중된 것이다. 그럼에도 홉킨스가 그린 모든 새 중에서 가장 탁월한 이미지를 보여주는 것이 "황조롱이"이다. 가장 힘차고 역동적으로 온 하늘을 홀로 누빈다.

「황조롱이」에는 "우리 주 그리스도께"(To Christ our Lord)라는 부제가 붙어있다. 이 때문에 오랫동안 황조롱이를 예수의 상징이라고 보는 견해가 우세했다. 그러나 최근 비평은 황조롱이가 홉킨스의 시에 자주 등장하는 다른 자연물과 똑같이 창조의 완벽함을 증명하는 개별 존재라고 본다. 이러한 견해는 부제의 생성 시기로도 증명된다. "우리 주 그리스도께"라는 부제는 시를 완성한 1877년 당시에는 없었다. 수정에 수정을 거듭하면서 1884년에 더해진 것이다.[404] 즉, 황조롱이라는 개체의 양태를 시로 옮긴 것이 먼저이고, 그것을 노래한 시를 신에게 봉헌하고자 하는 마음이 생긴 것은 나중이다. 홉킨스는 완벽하게 균형을 잡고 여유롭게 비행하는 새의 모습 자체가 창조의 완벽함을 증명하는 표상이라고 믿는다. 신에게 찬양과 함께 그것을 바치는 것이 마땅하다고 생각한다.

켈러, <홉킨스 흉상>, 1990

9월 11일 시작한 피정이 끝나고, 피정 마지막 날부터 사제 서품식이 시작된다. 서품식은 사흘에 걸쳐 진행된다. 16명의 신학생이 총 6년의 연학 수련기를 모두 마치고 사제로 서품된다. 철학 수련 과정을 마친 홉킨스는 삭발(The tonsure)과 함께 4개의 하급 성직을 받는다.[405] 삭발은 글자 그대로 머리를 완전히 미는 의식이 아니다. 주교가 서품 대상자의 머리카락 다섯 군데를 조금씩 잡아 가위로 잘라내는 예식으로, 세속의 허영심을 버리고 신과 교회에 헌신하겠다는 약속의 표시이다. 홉킨스가 받은 "4개의 하급 성직은 문지기(Doorkeepers), 독송사(Readers), 퇴마사(Exorcists), 시제(Acolytes)이다." 홉킨스는 이를 두고 "시대에 뒤떨어진 낡은 것"이라 표현하고, 그렇지 않은 "거룩한 성직은 차부제, 부제, 사제품"이라고 밝힌다. 홉킨스도 별다른 일 없다면 3년 후 이 "거룩한 성직"을 받게 될 것이다.

세인트 뷰노에 도착하고 다섯 주가 지난 10월 2일 신학사 정규 수업이 시작된다. 전체 41명의 신학 수련생 중 1년 차는 홉킨스를 포함해 14명이다. 수업은 교리 신학, 도덕 신학, 교회법, 교회사, 성경, 그리스어로 짜였다.[406] 홉킨스와 비슷한 시기에 예수회 연학 수련기를 마친 클라크 신부(Fr R. F. Clarke)의 증언에 따르면, "공부는 확실히 힘들고 첫 두 해는 특히 더 힘들다. 철학사 과정을 성공적으로 통과한 학생은 매주 세 번, 오전 두 개의 수업과 오후 세 개의 수업에 참석해야 한다. 오전에는 도덕과 교리 신학 수업이, 오후에는 교회법, 역사, 교리 신학, 그리스어 수업이 진행된다. 다만 그리스어 수업은 30분간 짧게 진행된다. 이 외에도 모임이나 토론이 더 있다. 신학사 과정 토론은 대체로 철학사 과정보다 훨씬 더 신랄하고 더 많은 자료 조사를 요구한다."[407] 세인트 뷰노에서의 생활이 얼마나 바쁘고 치열했을지 짐작이 가는 증언이다.

홉킨스는 수업을 듣고 토론을 준비하느라 정신없이 보낸다. 시간은 빠르게 지나고 금세 겨울이 찾아온다. 11월 초순에 벌써 차가운 북풍이 불어와 산을 덮을 만큼 눈이 내린다.[408] 당시 예수회 사정은 그리 넉넉하지 않았다. 물자 공급이 부족해 겨울을 나는 것도 만만치가 않았다. 그럼에도 홉킨스는 웨일스의 첫 겨울에 대해 불평하지 않는다. 건강도 양호하다.

1875년이 시작되었다. 웨일스어 배우기는 체계적으로 진행되고 있다. 홉킨스는 존스 선생과 함께 신데렐라 이야기를 웨일스어로 번역하고 있다.[409] 홉킨스가 요정에 해당하는 웨일스어 단어를 묻자 존스는 키페나퍼(cîpenâper)라고 대답한다. 홉킨스는 그 순간 납치범(kidnapper)을 떠올린다. 두 단어가 소리와 의미 면에서 비슷하다고 생각한다. 존스 선생은 요정을 실제로 본 경험담을 이야기하고 홉킨스는 들은 그대로 이야기를 기록해 둔다.

매우 아쉽게도 이날 쓴 1875년 2월 7일 일기가 현재 남아있는 홉킨스의 마지막 일기이다. 두 달 전 홉킨스는 "일기 쓰기는 누구에게나 매우 유용하고 가치 있는 습관이다"라는 주제 토론에 찬성 측 패널로 나서 토론을 승리로 이끌었다.[410] 일기 쓰기가 좋은 습관이라는 주장을 논리적으로 잘 설득했다는 뜻이다. 실제로도 홉킨스는 일기 쓰기를 좋은 습관이라 생각했을 확률이 높다. 원체 그가 기록하는 것을 좋아했기 때문이다. 또한 이즈음 그가 외부로 보낸 편지에는 어떤 심리적 동요나 파괴적 충동도 발견되지 않는다. 따라서 홉킨스가 자의적으로 일기 쓰기를 중단했을 가능성은 없어 보인다. 아마도 다른 곳에 일기를 쓰기 시작했는데 그것이 훗날 소실되었을 가능성이 높다.

2월 20일 홉킨스는 브리지스에게 편지를 쓴다. 브리지스가 시를 쓴다는 것을 알게 된 후 다시 교류를 시작했지만, 두 사람이 원활하게 소통하는 것은 아니다. 둘 다 바쁜 탓도 있지만 두 사람의 관심사도 너무 다르다. 당시 브리지스는 독일 관념론 철학자 헤겔에 심취해 있었다. 이를 듣고 홉킨스는 "헤겔 원서는 고사하고 영어 번역본도 읽을 시간이 없다"라고 답장한다.[411] 학업 때문에 헤겔을 읽을 여유가 없다는 뜻으로 보이지만, 사실은 헤겔에 시간과 에너지를 쏟고 싶지 않은 것이다. 홉킨스의 본심은 "스코투스를 아리스토텔레스보다 더 좋아하며 (…) 헤겔 열두 명을 합친 것보다 더 귀하게 여긴다"라는 말에서 드러난다.[412] 브리지스는 로마 가톨릭 신학자 중에서도 아웃사이더인 스코투스를 잘 알지도 못하거니와 공감하지도 못한다. 오히려 이름 없는 예수회 철학자를 헤겔보다 높이 평가하는 홉킨스를 편협하다고 생각한다. 이때부터 1877년 2월까지 약 2년간 두 사람 사이에는 또다시 편지가 오가지 않는다. 두 사람 사이에 연락이 끊어진 것이 이번으로 세 번째이다.

계절은 거꾸로 가는 듯하다. 봄이 온 것 같더니 갑자기 한겨울처럼 추워진다. 변덕스러운 날씨 때문에 홉킨스는 호되게 감기를 앓지만 문제없이 회복하는 중이다. 다만 소화불량은 여전하다. 학습 부담이 큰 데다 토론 수업도 스트레스로 작용하기 때문이다. 마침 어머니에게서 "예수회에 어떤 비우호적인 견해도 없다"

라고 적힌 편지가 온다.⁴¹³ 홉킨스의 어머니는 전형적인 중상류층의 영국 국교회 신도이다. 신앙적으로든, 국가관으로든, 예수회를 향한 편견이 클 수밖에 없는 사람이다. 그러나 홉킨스가 예수회원이 된 후 새로운 눈으로 예수회를 보려고 노력한다. 성직을 선택한 아들에 대한 자랑스러움도 있다. 홉킨스가 견습 수사 수련기를 마쳤을 때 어머니는 홉킨스에게 이제 목사님(The Reverend)이라고 불러도 되는지 묻는다. 홉킨스는 어머니의 마음을 이해하기에 "어머니께서 저를 그렇게 부르고 싶으시다면 그렇게 하셔도 됩니다. 그것은 모든 종교에 쓸 수 있는 명예로운 호칭이니까요"라고 대답했다.⁴¹⁴ 하지만 어머니는 머지 않아 그 존칭이 견습 수사 수련을 막 마친 신학생에게 적당하지 않다는 것을 알게 된다. 따라서 어머니가 홉킨스를 '목사님'이라고 부른 편지는 한 통도 남아있지 않다.

7월에 신학생들에게 가장 중요한 일은 지난 1년을 총정리하는 시험이다. 홉킨스에게는 7월 22일 교구의 날 행사에서 「존스가 학장일 때」("Consule Jones")라는 자작시를 낭송하는 일도 큰 의미가 있다. 존스(Fr James Jones)는 바로 전해부터 세인트 뷰노 학장을 맡은 신부이다.

> 벽난로와 석탄통을 지닌 그분은 얼마나 축복받았습니까!
> 그분의 '햄릿' 친구는 차가운 간이침대에 앉아있습니다
> 일반인 형제의 침실과 차이점을 감지하기는 힘듭니다
> 약간의 '열기가 배관을 타고' 약간의 '뜨거움이 배관을 지납니다'
> 이것이 우리 가족과 집에 대한 나의 생각을
> 평범한 말에 담은 것이니 무례하려는 의도가 아니며
> 내가 그대를 더 이상 지켜줄 수 없다는 약속만큼이나
> 선한 의도이니 이쯤에서 끝맺겠습니다⁴¹⁵

이 시는 총 6개 연으로 구성되었으며, 여기 인용한 것은 마지막 연이다. 이 시

는 오래도록 예수회 문서 보관실에 묻혀있다가 1998년 7월에 발견되었다. 덕분에 비평계는 홉킨스의 미발견 시가 더 있을지도 모른다는 기대감에 들떴다. 더욱이 시의 분위기가 홉킨스의 일반적 이미지와 확연히 달라 생소한 흥분을 안겨주었다. 그만큼 이 시는 특이하다. 조금도 진지하지 않고 조금도 종교적이지 않다. 세인트 뷰노의 운영 상황을 솔직하게 풍자하는 시로, 매우 가볍고 장난스러우며 심지어 무례하다. 모든 따옴표는 홉킨스가 풍자의 의미를 강조하기 위해 직접 붙인 것이다. "그분"(the man)은 존스 학장 신부를 지칭한다. 학장은 "벽난로와 석탄통"(a fireplace and scuttle)을 지녔지만, 그의 "햄릿"(the Hamlet) 친구는 차가운 침대에 앉아있다. 난방 시스템이 열악해 겨울나기가 어려운 수도원 공동체의 현실을 꼬집은 것이다. 홉킨스는 마치 빠른 말놀이(tongue twister) 하듯 라임을 능수능란하게 요리해 듣는 재미를 극대화한다. 심지어 웨일스 전통 음률을 부쳐 모든 사람 앞에서 직접 노래도 부른다.[416]

「존스가 학장일 때」는 홉킨스에 대해 많은 것을 말해준다. 우선, 고되고 긴 예수회 수련이 홉킨스의 본성을 조금도 바꾸지 못했다는 점이다. 홉킨스는 학창 시절에 그랬던 것처럼 여전히 재치 있는 말장난과 유머러스한 농담을 즐긴다. 자신의 재능을 사람들 앞에서 드러내고 한껏 뽐내는 것에 주저함이 없다. 권위를 무시하는 성격 또한 여전하다. 자기 억제와 겸손을 강조하고 상관에게 "시체처럼 복종"해야 하는 예수회 안에서 홉킨스는 두드러질 수밖에 없다.

8월 여름 빌라는 온전히 예수회 형제들과 함께 보낸다. 9월은 늘 그랬듯이 피정으로 시작한다. 피정이 끝나는 날에 맞추어 세인트 뷰노에서는 서품식이 거행된다. 이번 서품식에는 이웃한 판타샤프 수도원(The Monastery of Pantasaph)의 신학생도 포함되어 총 25명이 사제 서품을 받는다.[417] 이 숫자는 영국 종교개혁 이후 "가장 많은 수"의 사제가 동시에 서품된 기록이다. 로마 가톨릭 영국 관구가 성장하고 있음을 보여준다.

홉킨스는 이제 31살이 되었고 신학 수련 2년 차를 시작한다. 공부하느라 바빠서인지 외부로 보내는 편지는 거의 없다. 1875년 겨울은 유독 일찍 찾아와 길고 혹독하다. 12월 3일 성 프란시스 자비에(St Francis Xavier) 축일 저녁 미사 강론이 홉킨스에게 배정되었다. 홉킨스는 예전에 썼던 「오 하느님, 당신을 사랑합니다」("O Deus, ego amo te")의 일부를 강론에서 인용한다.[418]

오 하느님 사랑합니다, 당신을 사랑합니다
나의 천국을 희망해서도 아니고
사랑하지 않는 것이 두려워서도
   영원히 불타는 것이 두려워서도 아닙니다
나의 예수님 당신께서는, 당신께서는
   죽어가시며 내게 당신 팔을 뻗으시고
나를 위해 못과 창의 고통을 견디시고
조롱받으시고 얼굴이 상하셨으니
   무한한 슬픔
   땀과 근심과 고난
그뿐 아니라 죽음, 이것이 나를 위한 것
   당신께서는 나의 죄를 아십니다
그러니 제가 어찌 당신을 사랑하지 않으리까?
저를 그토록 사랑하시는 예수님
당신을 사랑하는 것이 천국을 위해서나
지옥을 벗어나기 위해서나
어떤 이득을 위해서가 아님을 저는 압니다
그래서 저는 당신께서 제게 하신 그대로
당신을 지금도 사랑하고 앞으로도 사랑합니다
주님, 제가 무엇으로 당신을 사랑할까요?

나의 왕과 주님이 되심에 아멘.[419]

　이 시는 19세기 영국 교회에서 매우 익숙한 표현들로 구성되어 있다. 리듬도 평범하고 관습적이다. 이처럼 대중적 취향의 시를 쓰는 것도 홉킨스에게는 보람된 일이다. 자신의 재능을 수도회를 위해 종교적으로 사용하는 것이기 때문이다. 하지만 그의 내면에 꿈틀대는 창조적 열망을 채워주기에는 다소 부족하다.

프레더릭, <도이칠란트호의 난파>, 1887

　1875년 12월 마침내 참을 수 없을 만큼 강렬한 영감이 홉킨스를 찾아온다. 12월 8일 저녁 공동체와 함께 모여 휴식을 취하던 중에 홉킨스는 템스강(River Thames) 하구에서 증기선 하나가 난파했다는 기사를 읽는다. 난파한 배는 독일에서 출발해 영국을 거쳐 미국을 오가는 정기 여객선 도이칠란트호(The Deutschland)이다. 승객 대부분은 미국으로 이민 가려는 독일인들이지만, 독일이 가톨릭교회를 탄압하기 위해 1873년 발효한 팔크법(The Falk Law)을 피해 탈출한 가톨릭교도와 수녀들도 포함되어 있다. 배는 강둑에서 육안으로 보일 만큼 가까운 곳에 좌초되었음에도 불구하고, 세찬 북동풍과 강한 눈보라 때문에 구조가 이루어지지 않는다. 사고 후 하루하고도 반나절이 속수무책으로 지나는 동안 배는 서서히 가라앉고 승선자의 3분의 2가 사망한다. 나머지도 혹한 속에 얼어간다. 이 비극적 사건이 언론을 타고 영국 전역으로 빠르게 퍼져간다.

　존스 학장은 이 사건을 누군가 시로 옮기면 좋겠다고 말한다. 이 순간을 홉킨스는 다음과 같이 기록한다.

　예수회에 들어오기 전에 나는 그전까지 썼던 모든 시를 불태웠다. 그것들이 나의 소명에 맞지 않는다고 판단했기 때문이다. 윗사람의 요청이 있지 않는 한 더 이상 시를 쓰지 않으리라 결심했다. 그래서 지난 7년 동안 수도원 행사를 위한 발표용 소품 몇 편 외에는 시를 쓰지 않았다. 그런데 1875년 겨울 도이칠란트호가 템스강 입구에서 난파했고, 독일 팔크법 때문에 추방된 프란치스코 수녀 다섯 명이 익사했다. 큰 충격을 받아 학장님께 말씀드렸더니 누군가가 이 주제로 시를 쓰면 좋겠다고 말씀하셨다. 이에 영감을 받아 새로운 작품을 시작했다. 처음에는 팔이 빠지는 것 같았지만 결국 완성했다. 내게는 오래전부터 귀를 떠나지 않고 울려대던 새로운 리듬이 있었는데, 그것을 이 시를 통해 구현했다.[420]

이로 미루어 볼 때, 사건 이야기를 먼저 꺼낸 사람은 홉킨스이다. 학장은 홉킨스의 말에 의례적으로 반응한 것으로 보이며, 학장이 말한 '누군가'가 곧 홉킨스라고 단정하기도 어렵다. 설령 그렇다 해도, 학장이 기대한 것은 홉킨스가 성 프란시스 자비에 축일 강론에서 인용했던 「오 하느님, 당신을 사랑합니다」처럼 무난한 작품이었을 것이다. 하지만 홉킨스는 '누군가'를 자신으로, '시를 쓰면 좋겠다'를 '자신의 시를 써도 좋다'라는 예수회의 허락으로 받아들인다.

홉킨스는 윗사람이 허락했기에 더 이상 시가 직업에 방해되지 않는다고 확신한다. 그의 내부에서 이전과 다른 자신감이 생겨난다. 이제까지의 행사용 시와는 전혀 다른, 진정으로 새로운 시를 쓰겠다는 열망이 솟아오른다. 그렇게 완성한 「도이칠란트호의 난파」는 총 35연, 각 8행, 전체 280행의 대작이 된다. '팔이 빠지는 것 같았다'라는 말은 결코 과장이 아니다. 시는 "제1부"(Part the First)와 "제2부"(Part the Second)로 나뉜다. 제1부는 10개 연으로 총 25개 연인 제2부에 비해 짧다. 실제 난파 사건 묘사는 제2부에 집중적으로 배치되어 있어, 제1부는 난파 사건과 직접적인 연관도 없어 보인다. 그런데도 비평가들은 제1부를 매우 중요하게 평가한다. 홉킨스가 지난 7년간 예수회 묵상을 통해 얻은 종교적 성찰이 담겼기 때문이다.

제1부는 영신 수련의 제1주간처럼 창조주로서의 신의 권능을 찬양하는 것으로 시작한다.

당신께서는 나를 지배하시는

주님! 숨과 빵을 주신 분

세상의 해변, 요동치는 바다

생과 사의 주님이십니다

당신은 뼈와 혈관으로 나를 엮으셨고 살을 붙이셨습니다

그런 후 두렵게도 당신이 하신 그것을 거의 되돌리십니다

그런 후 당신께서 내게 새로이 손대십니까?

저는 다시 한번 주님의 손길을 느끼고 당신을 찾습니다[421]

홉킨스는 신이 인간에게 살과 피와 뼈를 주어 존재하게 했고, 그것을 다시 흙으로 되돌릴 수도 있다고 말한다. 성경 구절, "당신께서는 손수 저를 빚어 만드시고서는 이제 생각을 바꾸시어 저를 파멸시키려 하십니다"(『욥』 10:8-10)에서 영감을 얻은 것이다. 흙으로 '되돌아가는 것'은 육체적 죽음과 종교적 죽음을 모두 의미한다. 종교적 죽음은 참된 진리에서 멀었던 개종 전의 상태, 즉 진실한 묵상을 알지 못한 때를 의미한다. 그때 신은 그를 진리로 이끌었다. 홉킨스는 자신을 만들고, 살리고, 죽일 수 있으나 다시 살게 한 신의 은총에 깊이 감사한다.

제1부의 마지막은 자신에게 그러했듯이 모든 인간이 신을 믿고 따르게 만드는 신의 권능을 찬양한다.

모루를 내리치는 소리로

불로 당신 뜻을 사람 안에서 벼리시거나

오 차라리, 그러면 차라리 봄처럼 살며시 관통하시어

그를 녹이소서 그러나 여전히 그의 주인이소서
한때 바울에 내리친 굉음처럼 한순간에 하시거나
아우구스티누스에게 오랜 시간 다정한 기교로 하셨듯이
우리 모두의 안에서 자비하시고 우리 모두의 밖에서
지배하소서 그리고 찬미받으소서, 찬미받는 왕이소서[422]

홉킨스는 신이 사람을 자신의 종이 되도록 단련해 왔다고 말한다. 단련의 과정은 대장장이가 "모루를 내리치는"(an anvil-ding) 것처럼 고통스럽다. 홉킨스는 신의 뜻이 봄바람처럼 부드럽게 이루어지기를 바란다. 여기서 "바울"(Paul)과 "아우구스티누스"(St Augustine of Hippo)는 각각 상반된 단련 방식을 상징한다. 바울은 "불로"(with fire) 단련되는 방식의 예로, 성경의 "나는 그가 내 이름을 위하여 얼마나 많은 고난을 받아야 하는지 그에게 보여주겠다"(『사도』 9:16)에서 유래했다. 이에 대비되는 "오랜 시간 다정한 기교"(a lingering-out swéet skill)의 단련은 아우구스티누스의 『고백록』(Confessions)에 나오는 "주님 당신은 조금씩 조금씩 가장 부드럽고 가장 자비로운 손길로 나의 마음을 어루만지시고 다듬으십니다"를 빌려온 것이다.[423] 결국 신은 어떤 방식을 쓰든 간에, 모든 인간에서 계획한 일을 이룬다. 따라서 신은 이중적이다. 창조주이자 파괴자이며, 가혹하나 때로는 다정하다. 홉킨스의 마음도 이중적이다. 신을 사랑하면서 두려워하고, 은총에 감사하면서도 더 큰 사랑을 갈구한다. 제1부는 홉킨스가 예수회 묵상을 통해 신을 영접하고 새로 태어났다는 고백이자 더 큰 사랑을 간청하는 기도이다.

제2부는 난파 사건의 개요를 설명하는 것으로 시작한다. 독일에서 배가 출발하기 전의 상황은 제12연에서 상세히 묘사된다.

토요일에 브레멘에서 출발해
미국으로 갔다 돌아올 배는

이주민과 뱃사람을 태웠습니다 이번 운항에는

남녀를 다 합해 200명의 영혼이 탑승했습니다

아버지시여, 배가 도착할 곳이 당신의 깃털 아래가 아니라

모래톱임을, 4분의 1이 익사할 운명임을, 조금도 예상치 못했습니다

당신의 은총받은 항구에서 어느 알 수 없는 무엇이 그들을

보듬지 주질 않았나요, 당신의 끝없이 광막한 자비에도 그들이 헤쳐나가질 못한 건가요?[424]

배는 "브레멘"(Bremen)에서 "토요일"(On Saturday)에 출발했다. 배가 도착할 곳이 "당신의 깃털 아래가 아니라"(not under thy feathers)는 표현은 배에 승선한 승객들이 신의 가호를 받지 못한다는 뜻이다. "모래톱"(a shoal)에 걸려 승선자의 "4분의 1이 익사할 운명"(of a fourth the doom to be drowned)이지만 누구도 닥쳐올 비극을 예측하지 못한다. 홉킨스는 신의 자비가 무궁한데, 왜 유독 그들의 배만 그토록 비극인 운명을 맞아야 했는지 신에게 질문한다.

이후 홉킨스는 스스로 답을 찾기 위해 노력한다. 사건 정황도 최대한 사실적으로 묘사한다. 배는 악천후를 뚫고 항해하다 결국 템즈강 하구 "켄티쉬 녹"(the Kentish Knock)에 걸려 옴짝달싹 못 한다.[425] 악천후 때문에 구조가 이루어지지 못한 채 12시간이 지나면서, 희망은 점점 사라져 간다("Hope was twelve hours gone").[426] 어떤 남자는 아래에 매달린 여인을 구하기 위해 밧줄을 몸에 묶고 내려가지만, 오히려 "거센 폭풍을 맞아 사망한다"(He was pitched to his death at a blow).[427] 밧줄에 매달린 남자의 시체가 "몇 시간 동안이나 이리저리 대롱거려"(for hours, dandled the to and fro) 사람들을 더욱 애통하게 만든다. "익사한 사람들"(drowned them)이 강 건너에서 보이고 "여인의 통곡과 멈추지 않는 아이의 비명"(The woman's wailing, the crying of child without check)이 폭풍우를 뚫고 울려 퍼진다.[428]

그 가운데 프란치스코 수녀가 있다. 당시 신문은 그녀를 다음과 같이 묘사한

다. "키가 매우 커 눈에 띄는 한 여성이 월요일 자정 무렵 살롱 테이블에 올라서 하늘을 향해 몸을 곧추세우고, 폭풍우의 굉음을 뚫고 삭구를 준비하는 사람들에게까지 다 들리도록 큰 소리로 '신이여, 신이여, 서둘러 주소서, 서둘러 주소서!'라고 계속 외쳤다."[429] 홉킨스는 신문이 묘사한 그 모습 그대로 가져와 시를 절정으로 이끈다. 시에서 수녀는 "황금처럼 내려온 그리스도의 자비로 세례받고, 온전한 불의 시선을 들이마시기 위해서"(To bathe in his fall-gold mercies, to breathe in his all-fire glances) 하늘을 향해 몸을 세운다.[430] 그런 후 "오 그리스도여, 그리스도여, 빨리 오소서"(O Christ, Christ, come quickly)라고 외치며 그들이 맞닥뜨린 "최악의 순간을 최고"(her wild-worst Best)의 순간으로 바꾼다.[431] 그 순간이 최악인 것은 참담한 비극 때문이고, 동시에 최고인 것은 구원이 이루어지기 때문이다.

홉킨스는 마침내 독자에게 "난파는 수확이지요? / 폭풍우가 당신을 위해 알곡을 옮겨주었지요?"(is the shipwrack then a harvest, / does tempest carry the grain for thee?)라고 질문한다.[432] 이를 통해 홉킨스는 독자들이 수녀와 승객들이 "알곡"으로 "수확"되는 장면을 마음속에 그리기를 바란다. 비극 속에서도 구원이 있음을 깨닫기를 소망한다. 따라서 「도이칠란트호의 난파」는 최악의 비극으로 상실을 겪은 이들을 위로하는 시이자, 예수회 입회 후 그가 얻은 종교적 확신을 담은 신앙 시이다. 현재 비평은 이 시를 홉킨스의 최대 역작으로 꼽는다.

시를 쓰는 사이 해가 바뀌고 1876년이 시작된다. 홉킨스는 굉장히 활기차다. 겨울을 나는 것도 어렵지 않고 건강 상태도 매우 좋다. 3월 2일 어머니의 생일에 맞추어 편지를 쓸 때까지도 에너지가 그대로 유지된다. 어머니에게 "자랑스럽게도 철자 대회에서 우승"했고, 부상으로 받은 상금은 웨일스 출신 시인들의 시집을 사는 데 쓸 계획이라고 말한다.[433] 동료들과 함께 9마일가량 떨어진 높은 언덕까지 산책했고, 그곳에 도착한 몇 안 되는 사람 중에 자신이 포함되었다는 이야기도 덧붙인다. 어머니에게 자신이 예수회 안에서 행복하고 건강하다고 알리려는 것이다. 더불어서 지난 크리스마스 무렵부터 쓰기 시작한 「도이칠란트

호의 난파」가 곧 『월간』(The Month)에 게재될 것이라는 소식도 전한다.[434]

『월간』은 1864년부터 2001년까지 예수회가 발간한 유서 깊은 잡지이다. 당시 편집장이던 콜리지 신부는 홉킨스가 버밍엄 학교에 근무하던 시절에 예수회에 대해 처음 알려준 신부이다. 홉킨스는 콜리지 신부를 "예수회에서 가장 오래된 친구"라고 부르며 특별한 인연을 강조한다. 그것이 「도이칠란트호의 난파」를 출판하는 데 도움이 되기를 바라는 마음이 없잖아 있다. 홉킨스는 「도이칠란트호의 난파」가 무난하지 않다는 것을 이미 알고 있다. 처음 이 시를 쓰면서 동료 신학생들에게 읽어달라고 부탁했을 때, 그들도 쉽게 이해하지 못하는 부분이 많았다.[435] 더욱이 콜리지 신부는 "전통적 사고방식을 가진 고전적 유형의 학자이다."[436] 이 때문에 홉킨스는 콜리지 신부에게 "이 시가 몹시 싫으시겠지만, 신부님 개인 취향이 아니라 『월간』의 독자 취향을 고려해 판단해 주십시오"라고 부탁한다.[437] 이 말에는 보수적인 시각에서 보면 이상할 수 있어도, 막상 출판되면 독자들이 좋아할 것이라는 자신감이 담겨있다.

홉킨스의 예상대로 콜리지 신부는 「도이칠란트호의 난파」를 좋아하지 않는다. 콜리지 신부로서는 도저히 이해할 수 없는 요소들이 너무 많기 때문이다. 우선, 문법에 맞지 않거나 기이한 표현이 지나치게 많다. 홉킨스는 "한 시대를 대표하는 시적 언어"는 당대 언어에 기초해 있되, 단순한 일상적 표현을 넘어 "고양되어야"(heightened) 한다는 신조가 있다.[438] 시적 언어는 시대 흐름에서 벗어나는 낡은 것이 아니면서, 동시에 고급스럽고 독창적이어야 한다는 뜻이다. 이러한 기준을 충족하기 위해 홉킨스는 맥락에 꼭 맞는 시어를 찾고 또 찾는다. 그래도 적합한 단어가 없으면 기존 단어를 변형하거나 새로운 합성어를 만든다. 문법 규칙에서 벗어나는 것은 조금도 개의치 않는다. 예를 들어 이 시에서 "자식을 빼앗고 부친을 잃게 하는 심해"(making unchilding unfathering deeps)라는 표현에 사용된 두 단어("unchilding unfathering")는 영어에 용례가 없다.[439] "당신의 설교단을 벗어나 균형을 유지하는 손"(Thy unchancelling poising palms) 역시 이전에 찾아볼 수 없는 독특한 표현이다.[440] 더 나아가 "진홍빛으로 얼룩진 서쪽"(the dappled-with-damson west)이나 "슬픔에 흠뻑 젖은 마음"(the sódden-with-its-sórrowing héart) 등의 수식어구는 너무 복잡해 해석에 따라 달리 읽힐 가능성이 크다.[441]

시의 형식도 매우 자유롭고 리듬도 일반 규칙을 따르지 않고 있다. 콜리지 신부는 "미국에 각운과 리듬 혹은 문법이 맞지 않는 새로운 종류의 시들이 있다"라고 말하며, 홉킨스의 시가 그것들과 비슷하다고 지적한다.[442] 여기서 말하는 "새로운 종류의 시들"은 휘트먼(Walt Whitman)의 자유시를 의미한다. 휘트먼은 자유로운 형식과 리듬을 추구해 정형시의 틀을 깨고 미국 시문학의 새로운 방향을 제시한 시인이다. 보수적인 예수회 학자 콜리

휘트먼

지가 그런 시를 좋아할 리 없고, 그것과 닮은 홉킨스의 시를 좋아할 리도 만무하다. 그만큼 「도이칠란트호의 난파」는 당대의 보편적 규칙에서 벗어나 있다.

훗날 홉킨스는 이 시에 "오래전부터 귀를 떠나지 않고 울려대던 새로운 리듬"을 그대로 구현했다고 고백한다. 그 "새로운 리듬"이 바로 홉킨스가 고안한 스프렁 리듬이다. 홉킨스는 이 리듬이야말로 "말이 본래 가진 자연스러운 리듬이며, 가장 덜 억지스럽고, 가능한 모든 리듬 중에서 가장 수사학적이고 강렬한 리듬"이라고 확신한다.[443]

단, 콜리지 신부처럼 기존 리듬에 익숙한 사람들에게 스프렁 리듬은 그저 규칙에 맞지 않는 새로운 시처럼 보일 뿐이다. 이 점을 보완하기 위해 홉킨스는 다양한 강세 부호를 시에 덧붙인다. 스프렁 리듬을 이해하지 못하는 사람들도 운율을 정확히 측정할 수 있도록 돕기 위해서이다. 하지만 콜리지 신부는 "운율을 표시한 강세 부호들을 없애면 좋겠다"라고 제안한다.[444] 전하는 말에 따르면, "콜리지 신부는 자신조차 제대로 이해하지 못한 시를 출판하고 싶지 않아서 동료인

스미스 신부(Fr Sydney Smith)에게 검토를 부탁한다. 역시나 스미스 신부도 홉킨스가 섬세하게 고려해 붙여둔 다양한 발음 구별 부호들을 이해하지 못한다."[445] 홉킨스가 붙여둔 강세 부호가 콜리지 신부와 스미스 신부 둘 다에게 도움이 되지 않았다는 뜻이다.

하지만 홉킨스는 강세 부호를 없애는 데 동의하지 않는다. 그 이유를 다음과 같이 밝힌다. "만약 독자들이 강세 부호의 도움 없이도 운율을 제대로 파악할 수 있다면, 기꺼이 부호를 없애겠다. 하지만 독자들이 그렇게 하지 못할 것 같아 걱정된다. 만약 시행에서 운율이 제대로 측정되지 않으면 시가 전체적으로 무너질 것이다. 여전히 편집자의 비웃음을 살까 염려되지만 어찌 됐든 적어도 몇 행에서는 부호를 반드시 남겨야 한다."[446] '시가 무너지는 것'은 홉킨스가 의도한 "리듬의 자아"(rhythm's self) 즉, 리듬의 인스케이프가 제대로 드러나지 않는 것을 의미한다.[447]

현재 독자가 접하는 「도이칠란트호의 난파」는 운율 표시가 거의 없다. 이는 운율 표시가 잘못 배치되거나 아예 사라졌기 때문이다.[448] 가장 큰 책임은 홉킨스의 시를 최초로 편집한 브리지스에게 있다. 브리지스는 모음 위에 명확하게 표시된 강세를 다른 곳으로 옮기거나 마음대로 삭제한다.[449] 이것이 이후 다른 편집자들에게 운율 부호가 중요하지 않다는 인상을 준다. 물론 현대 독자들은 운율 표시가 없어도 홉킨스의 시를 감상하는 데 아무런 문제가 없다. 다양한 형식과 실험적 리듬에 익숙하기 때문이다. 하지만 1990년 매켄지(Norman H. Mackenzie)가 홉킨스의 운율 부호를 전부 복원한 시집을 출판한 후, 그것들이 단순한 리듬 측정 이상의 기능을 한다는 것이 밝혀졌다. 많은 경우에 홉킨스의 의도를 명확히 하거나 복잡하고 모호한 수식어구의 뜻을 명쾌하게 해석하는 단서가 되기 때문이다.

홉킨스가 끝까지 운율 부호를 없애지 않자, 『월간』은 시를 게재하지 않기로 최종 결정한다. 하지만 『월간』이 이 시를 출판하지 않은 속사정은 따로 더 있다.

바로, 가톨릭 왕국을 향한 꿈이 지나치게 노골적으로 드러나 있기 때문이다.

> 지체 높은 숙녀가 우리 문 앞에서
> 우리 모래톱 가운데서 익사하였으니
> 천국으로 가는 보상의 길에서 우리를 기억하소서
> 우리 왕이시여 오 영국의 영혼으로 돌아오소서!
> 그분이 우리 안에서 부활하사 암울한 우리에게 여명이 되고
> 진홍빛 화톳불 같은 동녘이 되게 하소서
> 귀하고 소중한 영국을 그분 통치로 에워싸 더욱 밝게 하소서
> 긍지이자 장미, 우리 왕자이자 영웅이신 대사제여
> 우리 마음의 자비로운 난롯불, 우리 생각의 기사도 가득한 주님이시여[450]

이것이 이 시의 대미를 장식하는 마지막 제35연이다. 예수가 영국으로 돌아오기를 바라는 염원이 가득 담겨있다. 홉킨스가 개인적으로 영국이 가톨릭 국가로 복원되기를 바라는 것은 예수회 신학생으로서 할 법한 생각이다. 하지만 이를 시에 담아 공개적으로 출판하는 것은 다른 문제이다. 많은 영국인이 여전히 로마 가톨릭을 경계하고, 특히 예수회를 정치적으로 위험한 집단이라고 인식한다. 예수회는 이러한 정치적 의심을 불식시키기 위해 그간 각고의 노력을 기울여 왔다. 비록 『월간』이 예수회 잡지라고는 하나 누구나 볼 수 있는 만큼 신중을 기할 필요가 있다. 굳이 신학생의 시 한 편 때문에 예수회에 대한 불필요한 논란을 불러일으킬 필요가 없는 것이다. 더욱이 콜리지 신부는 처음부터 이 시를 좋아하지 않았고, 홉킨스는 강세 부호를 없애라는 제안도 받아들이지 않았다. 이런 상황에서 예수회의 정치적 자기검열은 이 시를 출판하지 않겠다는 결정에 적절한 명분이 되어준다.

1975년 「도이칠란트호의 난파」 완성 100주년을 맞아 예수회 잡지 『월간』은

콜리지 신부의 결정에 대해 공식적으로 사과한다. 홉킨스의 시를 거절한 "단 한 번의 어리석은 실수가 과거에 현명한 판단으로 세상에 소개했던 수많은 뛰어난 글들을 모두 합쳐 얻은 명성보다 더 큰 오명을 남겼다"라고 덧붙여, 이 결정이 매우 중대한 실수였음을 인정한다.[451] 하지만 이 사과문에는 명백한 오류가 숨어 있다. 『월간』은 "단 한 번" 실수한 것이 아니다. 1879년 홉킨스가 「유리디시호의 상실」("The Loss of the Eurydice")을 게재 신청했을 때도 반려했으니 정확히 두 번의 실수를 저질렀다. 더욱이 두 번째의 영향이 더 치명적이다. 이 일로 인해 홉킨스는 예수회가 자신의 시를 좋아하지 않는다고 확신한다. 그리고 더 이상 『월간』을 통해 시를 출판하려 시도하지 않는다.

물론 1876년 여름 무렵 홉킨스는 「도이칠란트호의 난파」가 끝내 출판되지 못하리라고는 꿈에도 생각하지 않는다. 돌이켜보면 홉킨스의 과거에는 실패가 없었다. 하고자 하는 일은 모두 이루었고 결과도 대체로 성공적이었다. 그러니 실패를 예견할 이유가 없었다. 시가 곧 출판될 것이라는 희망 속에서 홉킨스는 서른두 번째 생일을 맞는다.

8월도 여전히 활기차고 즐겁다. 매년 도덕 신학 때문에 공부하느라 힘들었는데, 이번에는 무난히 통과한다.[452] 그뿐만 아니라 학장 신부의 요청으로 「은경축일」("The Silver Jubilee")을 완성한다. 이 시는 "1876년 7월 28일 주교 서임 25주년을 맞는 슈로즈베리 초대 주교 제임스께"(To James First Bishop of Shrewsbury on the 25th Year of His Episcopate July 28, 1876.)라는 부제를 통해 창작 목적이 무엇인지를 분명히 한다. 홉킨스는 이 시를 완성한 후 라틴어와 웨일스어로도 번역한다.[453] 번역 시를 포함한 세 가지 버전 모두 기념 문집에 포함되어 제임스 브라운 주교(Bishop James Brown)가 세인트 뷰노를 방문한 날 헌정된다.[454] 홉킨스는 자신의 재능이 예수회에 도움이 된다고 생각해 기쁘다. 부모에게도 이 소식을 알린다.[455]

가까운 휴양지로 여름 빌라를 떠난다. 홉킨스는 방명록에 「펜메인 호수」("Penmaen Pool")라는 시를 남긴다.

휴식을 그리며 즐거움을 찾는 이여

상점도, 법정도, 학교도 벗어나

오 짧은 여유를 참되게 누릴 곳

여기, 바로 여기 펜메인 호수 아닌가?

알프스에 도전할 텐가, 작은 보트를 띄울 텐가?

모든 놀이에 필요한 도구가 여기에 다 있으니

오라 카데어 절벽가에 지팡이를 세우고

오라 펜메인 호수에서 힘껏 노를 저어라[456]

전체 40행의 제법 긴 시로, 완성한 후 곧바로 가족에게 보낸다.[457] 이제 홉킨스는 시를 쓰는 것에 거리낌이 없다. 마음속에서 시를 억압하던 모든 빗장이 풀렸다.

11.
예수회 신학 수련기 ②
「신의 장엄」

1876년 9월 피정을 시작으로 홉킨스는 신학사 과정 3년 차를 시작한다. 이번 9월 정기 인사이동 때는 존스 학장이 떠나고 겔웨이 신부가 새로 부임한다. 어떤 이는 홉킨스에게 총 세 명의 아버지가 있다고 말한다. 그를 낳고 길러 옥스퍼드로 보낸 아버지 맨리, 로마 가톨릭으로 이끈 뉴먼, 그리고 예수회 안에서 정신적 지주가 되어준 겔웨이 신부를 일컫는 말이다. 그만큼 겔웨이 신부는 예수회 내에서 홉킨스의 든든한 기둥이 되어준다. 마치 운명처럼 홉킨스가 가는 곳마다 따라와 친절과 지지를 아끼지 않는다.

이런 이유로 겔웨이 신부가 관용적이고 유순한 성품이라 짐작하기 쉽지만, 전혀 그렇지 않다. 오히려 그는 매우 엄격하고 통제적인 성격이다. 이 때문에 겔웨이 신부가 학장으로 부임한 후 세인트 뷰노 신학대학의 규칙은 더욱 엄격해진다. 예를 들어 "신학생은 특정 작가의 책을 읽기 전에 교수나 상관에게 바람직한지 질문하고 허락을 받아야 한다. 또한 정해진 시간에 라틴어를 말하는 규칙과 침묵 규칙을 더욱 엄격하게 지켜야 한다. 신학생이 다른 신학생의 방을 방문하려면 명확한 허가가 필요하다. 일 처리가 제대로 되지 않을 때만 꼭 필요한 말을 하고 불필요한 말은 자제해야 한다. 신학생은 일몰 후 정원에서 오래 산책할 수 없다."[458] 이런 변화들이 세인트 뷰노 전체에 긴장을 불어넣는다.

이처럼 엄격한 규칙이 홉킨스에게는 오히려 긍정적으로 작용한다. 느슨한 규칙은 불가피하게 선택의 여지를 준다. 세인트 뷰노에 처음 도착했을 때 웨일스어 때문에 홉킨스가 큰 심리적 혼란을 겪은 것을 상기하면 쉽게 이해할 수 있다. 그의 선택 기준은 언제나 '성 이냐시오의 가르침'에 합당한가이다. 그럼에도 선택의 순간이 많아질수록 근본적인 가치에서 벗어난 선택을 할 가능성도 많아진다. 인간적인 한계로 인해 자연스럽게 내면의 소리에 귀를 기울이기 때문이다. 이것이 결국에는 자의식적 성찰과 후회 그리고 죄의식으로 이어진다. 갤웨이 신부가 만들어 준 엄격한 통제 속에서 홉킨스는 심리적으로 더욱 안정된다.

어머니는 아직도 「도이칠란트호의 난파」의 출판에 대해 궁금해한다. 홉킨스는 9월 피정을 끝내고 어머니에게 "저는 오히려 그 시가 출판되지 않아 기쁩니다"라고 답한다.[459] 이는 어머니와 자신을 동시에 위로하는 말이다. 엄밀히 말해 영시의 운율은 14세기 시인 초서(Geoffrey Chaucer) 이후 400년 동안 거의 변하지 않았다.[460] 그토록 길게 이어온 전통을 홉킨스의 스프링 리듬이 깬 것이다. 이 때문에 지금도 홉킨스는 영시 역사에서 "가장 주목할 만한 기교를 창시한 사람 중의 하나"로 평가받는다.[461] 하지만 정작 당사자인 홉킨스는 자신의 실험이 그토록 혁명적이라고 꿈에도 생각하지 않는다. 그저 콜리지 신부가 전통주의자라서 시가 출판되지 못했다고 생각한다.

이후 홉킨스는 현역으로 활동하는 시인 친구들의 비평을 직접 들으면서 자신의 시가 당대에 수용되기에 지나치게 혁신적이라는 것을 깨닫는다. 브리지스는 "돈을 준다 해도 두 번 다시 「도이칠란트호의 난파」를 읽지 않겠다"라고 선언한다.[462] 19세기 중반에 주요 리듬 학자로 꼽히던 패트모어(Coventry Patmore)도 홉킨스에게 이 시의 이상함을 이해하기 어렵다고 털어놓는다.[463] 마침내 홉킨스는 자신의 시가 매우 독창적이라는 사실을 인정하고, "독특함의 미덕은 기이함이니 나의 시는 이 부덕함에서 벗어날 수가 없다"라고 고백한다.[464] 한편으로는 그러한 독특함이야말로 시의 인스케이프를 구현한 것이라 자부하며 만족해한다.

겨울이 일찍 찾아오지만 난방 시설은 형편없다. "몇몇 방은 형편없는 난방 파이프가 미적지근한 물을 옮기고, 좀 더 운이 좋은 몇몇 방만 난로가 있다."[465] 난로조차 없는 방도 많다는 뜻이다. 겨울나기가 녹록하지 않음에도 홉킨스는 큰 어려움 없이 겨울을 지난다. 정신적으로도 활기차다.

1877년 1월 6일 공현대축일을 맞아 오랜만에 한가한 시간이 생긴다. 홉킨스는 베일리에게 제법 긴 편지를 쓴다.[466] 베일리는 지난 몇 년간 심한 폐 질환을 앓아 이집트와 알제리, 그리스 등에 머물며 요양했다.[467] 홉킨스는 베일리가 그동안 배운 아랍어에 상당한 관심을 보인다. 당장은 너무 바빠 어떤 아랍어도 배울 여유가 없지만 특히 이집트어에 관심을 보인다. 이러한 관심은 나중에 아일랜드에서 학술적인 연구 논문으로 이어진다. 편지 끝에 홉킨스는 "다가오는 9월에 사제로 서품될 예정이며, 그 후 12개월을 더 여기에 머물 듯하다"라고 덧붙인다.[468] 홉킨스가 서품 후에도 세인트 뷰노에 머문다고 생각한 이유는 신학 수련기를 마친 후 '긴 과정'에 참여할 것이라고 믿기 때문이다. 홉킨스는 예수회 최고 엘리트 과정인 '긴 과정' 이수를 거의 확신하고 있다.

이러한 긍정적 마음이 1877년을 홉킨스 생애에서 가장 창조적인 해로 만든다. 실제로 홉킨스는 그의 생애 중 그해에 가장 많은 시를 완성한다. 그리고 훗날 문학 비평가들이 홉킨스를 위대한 자연 시인이자 종교 시인이라 평가하게 만든, 특유의 아름답고 종교적인 자연 시들을 한꺼번에 쏟아낸다. 이 무렵의 시들을 묶어 흔히 '웨일스 소네트'(The Welsh Sonnets)라 부른다. 홉킨스가 웨일스에 머무는 동안 완성되었다는 뜻도 있고, 주로 웨일스 경관을 소재로 삼았다는 뜻도 있다. 모두가 소네트인데, 가장 먼저 완성된 것이 「신의 장엄」(God's Grandeur)이다.

세상은 신의 장엄으로 충만하다
　　흔들린 금박에서 빛나듯 불길로 솟아오른다
　　짓눌러 짠 기름이 흘러 나오듯 크게 모인다
그런데 왜 인간은 그분의 권위를 두려워 않는가?
사람들이 밟고 지나간다, 밟고 지나간다, 밟고 지나간다
　　그래서 온통 생업으로 시들고 노동으로 흐려지고 오염됐다
　　인간의 얼룩을 입었다, 인간의 악취를 나눠 가졌다
땅은 이제 헐벗었지만 신발 신은 발은 느끼지도 못한다

모두가 이러함에도 자연은 결코 다함이 없다
　　사물들 깊은 아래 가장 사랑스러운 신선함이 살아있다
어두운 서쪽으로 마지막 빛이 사라져도
　　오 아침이 갈색 동쪽 끝에서 솟아오른다
성령께서 따뜻한 가슴으로 또, 아 찬란한 날개로
　　굽은 세계를 덮어 품어주시기 때문이다[469]

　1877년 사순 기간에 웨일스를 바라보며 쓴 시이다. 흔히 홉킨스의 시를 시의 형식을 빌린 기도나 찬송가라 하는데, 이에 가장 적합한 예가 이 시이다. 홉킨스는 한 폭의 그림 같은 풍경을 바라보며 '신의 장엄'을 느낀다. 하지만 세상은 그것을 알지 못하는 사람들 때문에 더럽혀지고 창조 때의 순수한 모습을 잃어간다. 그럼에도 신의 은총으로 대지 깊은 곳에 여전히 "가장 사랑스러운 신선함"(the dearest freshness)이 있다.

　「신의 장엄」은 '웨일스 소네트'의 첫 작품답게 이후 펼쳐질 홉킨스의 자연 시 특성을 거의 선언적으로 보여준다. 우선, 자연에서 독특한 아름다움을 발견하고 그것에 종교적 의미를 더하는 홉킨스만의 고유 패턴이 완성된다. 또한 인간

과 자연이 신의 섭리 안에서 삼자적 관계를 맺고 있다는 신념 체계를 완벽하게 설립한다.[470] 덕분에 홉킨스의 자연 시에서 인간과 자연은 마치 운명 공동체처럼 그려진다. 신이 창조의 순간에 그렇게 관계 지었고, 그 관계가 지속될 수 있도록 보살펴 준다는 믿음이 반영되어 있기 때문이다. 이로써 그는 가톨릭적 신념 체계 안에 확고하게 뿌리내린 진정한 종교적 자연 시 세계를 구축한다.

엄밀히 말하자면 자연 시가 진실로 종교적이기는 쉽지 않다. 자연물에 신성함을 담으면 자칫 범신론(pantheism-만물에 신성이 있다는 관념)으로 흐를 위험이 있기 때문이다. 18세기 말에 시작된 낭만주의자들의 자연 시가 좋은 예이다. 그들의 시에서 신은 교회가 아니라 "자연에 존재"하고, "종교적 경험의 절정"은 자연과 소통하는 가운데 "범신론적 황홀감으로 구현"된다.[471] 낭만주의자들이 모두 범신론자라고 단정하기는 어렵지만, 그들의 자연 시는 분명히 범신론적 특성이 있다. 당시 로마 가톨릭은 범신론, 물질주의, 이신론을 똑같이 비종교적인 것으로 간주한다. 이 때문에 뉴먼은 자연에서 즐거움을 찾고 종교적 상상력을 얻으려는 모든 시도를 범신론적이라 규정하고 심지어 "거대한 속임수"라고 비난한다.[472] 이런 이유로 뉴먼의 시에서는 자연이 거의 발견되지 않는다.

반면에 홉킨스는 자연을 있는 그대로 수용하면서도, 가톨릭적 세계관에 맞는 독창적인 자연 시를 구가한다. 그가 구현한 자연은 인간이 갖지 못한 영성을 뿜어내는 낭만적 자연이 아니다. 인간을 위해 창조되어 인간과 함께 존재하고, 인간으로 인해 닳고 고통받는 자연이다. 홉킨스의 자연 시가 범신론과 거리가 멀다는 것은 「신의 장엄」의 첫 행만 읽어보아도 알 수 있다. 첫 행("The world is charged with the gràndeur of God")을 홉킨스가 붙여둔 강세 표시에 따라 그대로 읽으면 '으로'가 가장 두드러진 소리이고 '장엄'이 그 다음이다.[473] 세상이 신이 아니라 신의 장엄으로 채워졌다는 의미를 분명히 한다.

「신의 장엄」을 쓴 바로 다음 날 브리지스에게 편지를 쓴다.[474] 거의 2년 만에 쓰는 편지이다. 홉킨스는 브리지스가 예수회의 검열 때문에 편지를 쓰지 않는다고 짐작한다. 브리지스가 이전에 예수회의 편지 검열에 대해 불평한 적이 있기 때문이다. 홉킨스는 브리지스를 안심시키기 위해 검열이 형식적이라고 설명한다. "분명히 말하건대 편지는 반만 개봉된다. 대부분의 편지는 읽을 수 있을 만큼 봉투 밖으로 나오지도 않는다. 도대체 누가 우체부가 가져오는 그 많은, 알지도 못하는 사람이 보낸 편지를 일일이 읽고 싶겠나? 만약 자네가 나에게 현재의 삶을 중단하는 조건으로 아내, 재산 혹은 주교직 등을 제안한다면, 그리고 그것을 누군가 미리 안다면, 그때는 틀림없이 우리 편지가 읽히거나 빼앗길 수 있다. 그러니 더는 이 문제에 대해 신경 쓰지 말라"라고 설득한다.[475] 편지가 반만 개봉된다는 것은 검열이 형식적이라는 말이다. 그래도 브리지스의 불신은 가시지 않는다. 실제로 홉킨스가 사제로 서품되고 편지 검열로부터 자유로워진 1877년 여름부터 브리지스의 편지가 눈에 띄게 늘어난 것을 보면, 브리지스가 정말로 검열이 싫어서 편지를 쓰지 않았을 가능성도 있다.

3월이 시작되었지만 북풍이 계속 불고 서리도 심하게 내린다. 그래도 건강은 양호하다. 덕분에 이번 사순 시기는 "일주일에 한 번 금식을 지키게 되었다. 그 정도면 잘한 것이라고 생각한다."[476] 이즈음 「신의 장엄」에 이어 「별이 빛나는 밤」도 완성한다. 일부 비평가는 「별이 빛나는 밤」에 그려진 하늘 이미지가 영국 위도에서 2월의 하늘을 연상시키는 패턴이라고 말한다.[477] 이 시의 이미지가 세인트 뷰노의 하늘을 담았다는 말이다. 하지만 장담

세인트 뷰노 홉킨스 기념관

하기는 어렵다. 겔웨이 신부가 학장으로 부임한 후 신학생의 밤 산책이 금지되었기 때문이다. 아마도 홉킨스는 창밖을 보며 3년 전 로햄프턴에서 본 밤하늘을 떠올렸을 것이다. 여름 빌라를 마치고 만레사 하우스로 돌아오던 그 밤 그의 마음을 가득 채웠던 그 밤하늘 말이다. 그래서인지 유독 「별이 빛나는 밤」은 밝고

경쾌하다. 한 점의 어둠도 찾아볼 수 없다. 눈에 보이는 자연물에 상상력을 덧입혀 종교적 의미를 완성하는 패턴도 「신의 장엄」보다 더 뚜렷하다.[478] 홉킨스는 「신의 장엄」과 「별이 빛나는 밤」을 어머니에게 "작은 선물"로 보낸다.[479]

1877년 3월 11일 홉킨스는 수도원 형제들 앞에서 주말 미사를 강론한다. 강론 주제는 "예수님께서 '사람들을 자리 잡게 하여라' 하고 이르셨다"(『요한』 6:10)를 선택한다. 강론을 시작하면서 홉킨스는 먼저 강론의 배경이 되는 공간을 상상하도록 유도한다. "자, 형제 여러분, 여러분은 그리스도께서 광야에서 다섯 개의 떡으로 5천 명을 먹이신 복음을 아십니다. 그들이 그분을 왕으로 세우려 했던 이야기 또한 아닙니다. 이제 우리에게 익숙한 그 이야기로 다시 돌아가서 그것을 곰곰이 되새기고, 그때로 마음을 옮겨 그곳에 영적으로 가봅시다. 그리스도께서 하신 말씀을 우리가 직접 듣는 것처럼 감탄하고, 그분의 행하심을 우리가 직접 보는 것처럼 찬미하며 바라봅시다. 우리의 마음이 예수 그리스도, 곧 영광의 왕을 향한 자부심으로 벅차오를 때까지 그렇게 합시다."[480] 이는 예수회의 영신 수련 관상법을 강론에 직접 적용한 것이다. 홉킨스는 자신이 체험한 예수회 묵상의 상상적 힘을 형제들과 나누고 싶어 한다.

홉킨스는 이날의 강론을 위해 장장 여덟 쪽에 이르는 원고를 준비했다. 하지만 결과는 전혀 예상 밖이다. 강론 도중에 형제들이 웃음을 터뜨린다. 홉킨스에 따르면, "그들 중 몇몇은 의자 위를 데굴데굴 구르며 웃었다. 이 때문에 이야기 맥락을 놓치고 마지막 두 단락은 순서조차 헷갈려 제대로 강론하지 못했다. 마지막 단락에서 '사람들을 자리 잡게 하여라'를 여러 번 반복했는데, 좋은 효과를 내기는커녕 형제들을 더욱 포복절도하게 했다."[481] 그 자리에 참석한 모든 형제가 상상적으로 장소를 재구성하는 예수회 묵상법과 빵 다섯 개와 물고기 두 마리로 오천 명을 먹이는 오병이어의 거룩한 의미를 안다. 그런데도 웃음을 참지 못한 것은 강론 방법이 때와 장소에 적합하지 않았기 때문이다. 영신 수련 묵상은 홀로 조용히 상상 속에서 이루어지는 것이다. 마음속에서 파노라마처럼 펼쳐지는 일을 입 밖으로 소리 내어 외치는 순간, 상투적이고 연극적으로 느껴졌을 가능성이 크다.

홉킨스는 실망했지만 이날의 일을 즐겁게 기억하는 형제도 있다. "아마도 홉킨스는 예수회 수도원에서 가장 인기 있는 사람이었을 겁니다. (…) 상관과 동료들 모두가 그를 좋아했습니다. 우리는 그를 보고 많이 웃었습니다만 그는 이를 쾌활하게 받아들이며 즐겼습니다."[482] 이 증언은 홉킨스가 사망하고 40년이 지난 후에 나온 것이다. 예수회는 전혀 기대하지 않았던 홉킨스가 갑자기 위대한 시인이 되어 예수회의 이름을 드높이는 것을 자랑스러워한다. 동시에 그로 인해 예수회가 예상치 못한 비난에 시달리는 것에 당황한다. 많은 이들이 예수회가 홉킨스의 시를 인정하지 않은 것을 비난한다. 예수회 때문에 홉킨스의 시가 늦게 발굴되었다거나, 예수회 때문에 홉킨스가 불행했다고 비평한다. 예수회에서 나오는 홉킨스 관련 증언이 대체로 매우 긍정적인 것은 이에 대한 반작용일 수 있다.

1877년 4월이 시작됐다. 홉킨스는 브리지스에게 편지를 쓴다. 바쁜 일상 탓에 닷새에 걸쳐 짬이 날 때마다 조금씩 내용을 이어간다. 주된 내용은 브리지스가 최근 출판한 시집에 대한 평가이다. 홉킨스는 브리지스의 소네트를 "정말로 아름답다"라고 칭찬하고, "진지하고 감각적인 천재성이 가득하다"라고 평가한다.[483] 단순한 의례적 칭찬이 아니다. 홉킨스는 브리지스의 시가 진실로 훌륭하다고 생각한다. 다만 리듬 면에서 아직 "완벽한 경지"에 이르지 못했다고 느낀다. 홉킨스는 브리지스에게 「신의 장엄」과 「별이 빛나는 밤」을 보내며, 이 시들이 불규칙성 측면에서 브리지스의 시들보다 더 진보했으니 참조하라고 넌지시 충고한다.

브리지스는 이미 등단했지만 아직 대중에게 알려지지 않았다. 그는 전형적인 대기만성형 시인이다. 성실한 태도로 꾸준히 많은 시를 발표한 끝에 1890년대부터 주목받기 시작한다. 만약 홉킨스가 살아있었다면 브리지스의 성공에 매우 기뻐했을 것이다. 그럼에도 1913년 브리지스가 새로운 계관시인으로 발표되었을 때 문단에는 상당한 논란이 있었다. 그가 일반 독자들에게 다소 생소했을 뿐 아니라, 테니슨 같은 전임 계관시인들에 비해 시의 완성도 면에서 뒤처진다는 평가가 있었기 때문이다.[484] 이 같은 단점에도 불구하고 당시 시문학계는 그가 30년 가까운 세월 동안 꾸준히 계속해 온 시의 형식 실험을 높이 평가한다. 심지어 어떤 이는 브리지스가 당대에 가장 가치 있는 시적 실험을 했다고 극찬한다.[485] 그가 시인으로 성공하는 데 형식 실험이 결정적 영향을 미쳤다는 말이다. 홉킨스의 자극과 응원이 그 밑거름이 되었음은 두말할 필요도 없다.

4월 중순이 지나고 봄기운이 완연해진다. 날씨와 달리 홉킨스는 에너지가 떨어진다. 정말로 너무 피곤하다고 느낀다.[486] 할 일이 많아 좀처럼 기운이 회복되지 않는다. 이 무렵 일상을 홉킨스는 다음과 같이 기록한다. "월요일 강론을 위해 원고를 써야 하고, 다음 토요일에 발표할 논문도 완성해야 한다. 감기에 걸렸고, 이제껏 기침은 안 했는데 이제 기침도 난다. 그래도 나아지는 중이라 생각한다. 이때까지 살아온 중에서 지금이 가장 마른 것 같다. 여름이 되면 괜찮아지기를 바란다."[487] 홉킨스가 쓰고 있는 논문은 「영신 수련의 장소 구성에 관하여」("On the Composition of Place in the Spiritual Exercises")이다.[488] 4월 28일 아카데미(The Academy) 마지막 모임에서 발표할 예정이다. 이 외에도 겔웨이 신부의 요청으로 38행 길이의 라틴어 시를 쓰고 있다. 도미니크회 수사가 수도원에 방문할 때 낭독할 계획이다.

희망과 달리 홉킨스의 건강은 점점 나빠진다. 결국 5월 초에 병가를 내고 요양을 떠난다. 예수회 일지에는 "G. 홉킨스 씨가 건강 회복을 위해 릴(Rhyl)로 떠났다"라고 기록되어 있다.[489] 릴은 웨일스 북동부 연안에 있는 휴양지이다. 홉킨스는 그곳에서 바다를 바라보며 잠시 휴식을 취한 후 5월 14일에 세인트 뷰노로 돌아온다. 릴의 풍경은 「바다와 종달새」("The Sea and the Skylark")에 담긴다.

귀를, 귀를 기울이면 끝날 줄 모르는 두 소리가 몰려온다
　오른편에선 해변 경사가 만든 파도가 부딪힌다
　밀려왔다 물러가고 천천히 속삭이다 거칠게 포효한다
달이 차고 기우는 동안 그곳을 계속 오간다

왼편에선 종달새가 땅에서 솟구쳐 오르는 소리가 들린다
　종달새의 빠르고 생생한 노래가 빈 실타래에 다시 감기듯
　바스락거리며 말려들고 거칠게 상승하며 빙글 돈다
음악을 쏟아붓는다 더 쏟을 것도, 더 내보낼 것도 없을 때까지

두 소리가 덧없이 천박한 도시를 몹시도 부끄럽게 한다!
　추악하고 탁한 우리 시대에 이토록 올곧게 울려 퍼지니
　순수함이다! 우리는 오만한 삶과 왕관을 향한 근심 때문에

지난날 땅이 한창 빛나던 시절의 즐거움과 매력을 잃었다
우리 존재와 우리가 만든 것들도 무너진다, 무너져 내린다
　사람의 최후인 진흙으로, 사람의 첫 역청으로 서둘러 고갈된다[490]

홉킨스의 한쪽에서는 파도 소리가, 다른 쪽에서는 종달새 소리가 들린다. 종달새는 생생하고 강렬하게 노래하지만, 그의 마음은 밝지 않다. 건강 상태가 영향을 미친 듯, 「별이 빛나는 밤」에서처럼 밝고 경쾌한 분위기는 찾아볼 수 없다. 자연은 여전히 창조된 모습 그대로 아름답고 순수하게 그려졌지만, 도시는 인간으로 인해 천박하고 추하고 탁해진 것으로 묘사된다. 인간이 자연을 훼손하고 파괴하는 것을 걱정하는 것은 「신의 장엄」과 비슷하지만, 그보다 훨씬 더 비관적이다. 특히 마지막 시행은 인간이 결국 파국을 초래할 것이라는 암시를 담고

있어, 묵시적이다. 인간의 자연 파괴가 결국 인류를 파멸로 이끌 것이라는 홉킨스의 경고는 현대의 환경 인식과도 맞닿아 있어 현재 비평으로부터 "놀랍도록 미래지향적"이라는 평가를 받는다.[491] 인간을 "진흙"(dust)과 "역청"(slime)으로 묘사하는 것에서도 인간에 대한 회의감을 엿볼 수 있다.

휴양지에서 돌아온 후 다행스럽게도 컨디션이 빠르게 회복된다. 더 바랄 것 없는 완벽한 5월을 보낸다. 희망과 생기가 그의 마음속을 가득 채운다. 이때 「봄」("Spring")이 완성된다.

> 봄처럼 그리 아름다운 것은 없다
>   휘어진 잡초들이 길고 사랑스럽게 무성하게 솟아오른다
>   지빠귀 알은 낮게 내려앉은 작은 하늘처럼 보인다
> 지빠귀는 메아리치는 숲속을 날며 목청을 씻고 쥐어짜듯 노래한다
> 그 노래를 들으니 마치 벼락처럼 귓가에 울린다
>   유리빛 배나무 잎과 꽃들이 스쳐 지나가며
>   내려앉은 푸름을 비질한다, 푸름이 참으로 급하게
> 풍성해진다, 달리는 양들도 뜀박질하며 예쁘다
>
> 모든 과즙과 즐거움은 무엇이란 말인가?
>   태초에 에덴동산에 있던 아름다운 지상의 존재들이
> 가졌던 본성이니 가지소서, 거두소서, 그것들이 상하기 전에
>
>   구름에 가리고 죄로 쓴맛이 나기 전에, 주 그리스도여
> 소년 소녀 안에 있는 순수한 마음과 5월을
>   오 성모의 아들이여, 당신이 골라 갖기에 가장 합당한 것을[492]

홉킨스에게 5월은 에덴동산과 같은 싱그러움과 생명력을 뿜어내는 계절이다. 마치 순수한 마음으로 뛰노는 소년 소녀와 같다. 그 순수함이 시들기 전에, 타락으로 물들기 전에 그것들을 신에게 바치고자 한다. 신만이 모든 개체를 완벽하게 포용할 수 있는 유일한 존재이기 때문이다.[493] 홉킨스는 시를 통해 그 일을 할 수 있어 행복하다.

곧이어 「황조롱이」도 완성된다. 홉킨스는 세인트 뷰노에 온 후 꾸준히 황조롱이를 관찰

수베로, <제라드 맨리 홉킨스를 위하여>, 1995, 뮤지엄산

해 왔다. 황조롱이는 맹금류이기 때문에 어떤 새도 감히 그 주변에서 날지 못한다. 홉킨스는 마치 하늘을 온통 차지한 듯 여유롭게 활강하는 황조롱이의 모습에 완전히 매료된다. 오랜 관찰 끝에 마침내 이제껏 뇌리에 맴돌던 영감을 언어로 구체화한다. 이번에도 자연에 존재하는 구체적 형상을 생생하게 그리되, 거기에 자신의 내적 비전을 결합해 종교적 의미를 완성하는 방식을 고수한다.[494] 「봄」과 「황조롱이」는 서로 다르지만 각양각색 만물의 가장 아름다운 순간을 포착해 신께 봉헌하려는 의도가 완벽히 실현되었다는 점에서 같다.

5월 23일 성령 강림절 휴일이 끝나는 날 홉킨스는 「엘위강 계곡에서」를 완성한다. 웨일스의 자연을 가득 채운 성령의 은총을 노래한 소네트이다. 홉킨스의 웨일스에 대한 사랑은 갈수록 깊어진다. 예수회 입회 후 여러 지역에서 생활했지만, 홉킨스는 웨일스에서 가장 행복하고 가장 큰 심리적 만족감을 느낀다. 이후에도 오래도록 웨일스는 그에게 순수한 아름다움이 가득한 곳, 성령의 충만을 온전히 느낄 수 있는 곳으로 기억된다. 덕분에 홉킨스는 생애 중 가장 창조적인 봄을 보내는 중이다. 「신의 장엄」, 「별이 빛나는 밤」, 「바다와 종달새」, 「봄」, 「황조롱이」 그리고 「엘위강 계곡에서」가 이 무렵 완성된다.

6월에는 시를 쓰지 못한다. 7월에 있을 시험을 준비하느라 정신이 없기 때문이다. 이 시험은 홉킨스에게 특히 중요하다. 신학 과정 전체를 평가하는 마지막 시험이자, 서품 후 '긴 과정'에 들어갈 수 있는 자격시험이다. 홉킨스는 그간 '긴 과정' 이수를 염두에 두고 특히 더 최선을 다해왔다. 덕분에 모든 과목에서 전체적으로 우수한 성적을 거둔다. 다만 '긴 과정' 이수 자격을 결정하는 교리 신학 과목에서 좋은 성적을 거두지 못한다. 홉킨스는 줄곧 학업 성적이 우수했기 때문에 '긴 과정' 진학을 거의 기정사실로 여겨왔다. 그런데 정작 가장 중요하게 여겼던 시험에서 실패하자, 말도 못 하게 실망한다.

이 실패로 인해 홉킨스의 예수회 활동에는 상당한 제약이 생긴다. 앞으로 그는 예수회 주요 학교의 학장이나 교구장 같은 관리직은 물론, 예수회에서 가장 상급 학교인 스토니허스트 신학대학이나 세인트 뷰노 신학대학의 교수로 임용될 수 없다.[495] 서품식에서 교황에게 충성을 맹세하는 예수회 제4서원도 할 수 없고, 교황을 선출하는 콘클라베(Conclave)에도 영원히 참석할 수 없다.

예수회는 매우 분명하게 아주 오래도록 이 사실을 감추려 했다. 홉킨스 전기 작가 로버트(Gerald Roberts)에 따르면, "이 실패는 최근까지도 대중에게 공개되지 않은 채 비밀로 남아있었다. 예수회가 자신들의 시험 체계에 관해서나 자신들이 배출한 위대한 시인의 지적 능력에 대해 논쟁이 생기는 것을 꺼렸기 때문이다. 1929년 홉킨스의 첫 전기를 집필 중이던 예수회 작가에게 여러 훌륭한 예수회 학자들이 홉킨스가 '신학 시험에서 실패했다는 사실을 대중에게 알리지 말아 달라'라고 요청했다. 그들은 홉킨스가 실패한 이유를 '너무 스코투스적'인 것 때문이라고 밝혔다."[496] 홉킨스의 첫 전기는 1930년 라헤이 예수회 수도사제(Fr G. F. Lahey)가 출판했고, 로버트가 이 사실을 공표한 것은 1994년이다. 그러니 적어도 60년 넘는 세월 동안, 홉킨스 연구자들조차 예수회가 홉킨스를 스코투스 신학자라는 이유로 저평가했다는 사실을 알지 못했다.

교리 신학 시험은 구술 형식으로 치러진다. 시험관이 질문하면 신학생은 즉

석에서 막힘없이 답해야 한다. 답변에 따라 시험관이 추가 질문을 하면 논리적으로 방어해야 한다. 시험관은 예수회 내에서 최고의 학자라고 정평이 난 교수들이다. 그들은 그 과정을 통해 장차 예수회를 이끌어갈 엘리트를 선발한다. 이것이 문제이다. 예수회 '최고' 학자라는 말은 그들이 곧 예수회 주류 신학자라는 말과 같다. 그들이 추구하는 것은 수아레즈적 스콜라철학(Suarezian Scholasticism)이고, 홉킨스가 추구하는 것은 스코투스의 개체성 신학이다. 홉킨스는 시험장에서 수아레즈가 아니라 비주류인 스코투스 신학에 기초해 논리를 펼친다.

아마도 심사 위원들은 홉킨스의 신학적 적합성에 대해 의문을 가졌을 것이다. 또한 연학 수련기 동안 함께 배운 주류 신학이 아니라 홀로 연구한 비주류 신학을 고집하는 모습에서 비타협적이고 비순종적인 태도를 읽었을 것이다. 예수회는 마치 군대처럼 일사불란하게 단일 대오로 움직이는 조직이다. 독창적이고 개성적인 주장을 펼치는 홉킨스는 예수회 최고위 지도자를 양성하는 '긴 과정'에 적합하지 않은 후보로 여겨졌을 가능성이 크다.

예수회가 내세운 표면적인 이유는 홉킨스의 건강이다. 홉킨스에게 힘든 신학 과정을 일 년 더 요구할 수 없었기 때문에 '긴 과정'을 허락하지 않았다는 것이다. 실제로 홉킨스는 지난봄 오래 앓다가 요양을 다녀오기도 했다. 예수회는 모든 회원의 건강 상태를 면밀하게 살피고 기록한다. 그간 지켜본 홉킨스는 자주 스트레스 받고, 체중 감소와 만성적인 코감기, 피로, 소화기 및 장 문제를 겪고, 가능한 한 자주 휴식을 취해야 한다.[497] 가톨릭 금지령으로 인해 모든 로마 가톨릭 단체가 오랫동안 영국에서 사제 양성을 하지 못했다. 예수회도 마찬가지이다. 1840년대 이후 밀려드는 아일랜드 이민자로 인해 가톨릭 교세가 확장되고 있지만, 사목 활동을 담당할 인력은 절대적으로 부족하다. 게다가 예수회는 국외 선교 활동에도 정성을 쏟고 있다. 국내든, 해외든, 학교든, 교회든, 자리를 가리지 않고 어떤 임무든 해낼 수 있는 건강하고 활력 넘치는 인재가 필요하다. 그런 기준에서 볼 때 확실히 홉킨스는 덜 건강하다.

홉킨스는 7월 25일부터 8월 13일까지 휴가를 얻어 집으로 돌아간다. '긴 과정'에 실패했다는 소식에 부모도 크게 실망한다. 아버지 맨리는 맏아들 홉킨스가 집안의 자랑이 될 만한 명예로운 직업을 갖기를 바랐다. 개종으로 인해 모든 기대가 물거품이 되었지만, 홉킨스가 사제의 길에 들어서면서 또 다른 희망이 생겼다. 이왕에 이렇게 된 이상 뉴먼이나 매닝 신부처럼 존경받는 신부가 되기를 바랐다. 사제의 성공이 세속적인 명성으로 결정되는 것은 아니지만, 부모는 그렇게 생각할 수도 있다. 홉킨스도 그 마음을 잘 알기에, '긴 과정'에 실패한 사실은 그에게 오래도록 지워지지 않는 슬프고 쓰라린 상처를 남긴다.[498]

마음의 상처를 반영하듯이 8월 초에 완성한 「새장 속의 종달새」("The Caged Sky-lark")는 웨일스 시절 쓴 소네트 중에서 가장 어둡다.

> 당차게 노래하는 종달새가 따분한 새장에 갇혔듯이
>   인간의 성장하는 영혼도 뼈 집, 저만의 초라한 집에 산다
>   지루하게 매일매일 힘겨운 삶의 시간 속에 산다
> 새는 자유롭게 날던 언덕의 기억을 뒤로하고
>
> 바닥에 깔린 풀짚이나 횃대 위 혹은 초라하고 낮은 무대에서
>   때로 정말 아름다운, 가장 아름다운 노래를 부르지만
>   때로 그 감옥에서 힘없이 고개를 떨구거나
> 공포나 분노를 쏟아내며 새장 살을 비틀어 댄다
>
> 아름다운 새, 노래하는 새도 휴식이 필요하다
>   들리지 않는가, 들어보라, 지저귀다 둥지로 내려앉는다
>   둥지는 제 것이니 야생의 둥지이다, 감옥이 아니다

인간의 영혼도 가장 좋을 때조차 육신에 매여있다

그러나 결코 속박되지 않는다, 저 아래 초원이 무지개가 눌러도

힘겨워 않듯이 인간도 뼈에서 초월하기 때문이다[499]

종달새는 새장에 갇혀 자유로운 시절의 기억을 잊고 힘겹게 살아간다. 인간 또한 "뼈 집"(his bone-house)이라 불리는 육신에 갇혀 지루한 삶을 이어간다. 낭만주의 시대에 종달새는 셸리(Percy Bysshe Shelley)의 시에서처럼 "인간 경험의 가능성을 넘어서는 순수한 환희"를 상징한다.[500] 반면에 빅토리아시대는 과학적이고 합리적인 사고를 중시하기 때문에, 셸리식의 초월적 상상은 사회문화적으로 큰 힘을 발휘하지 못한다. 오히려 인간은 각자의 육신에 고립된 개별 존재로서 심지어 자신의 자아와도 온전히 소통하지 못하는 존재가 된다.[501] 홉킨스의 「새장 속의 종달새」도 이러한 시대적 경향을 반영한다.

셸리

하지만 후반부로 가면서 홉킨스의 생각에 변화가 나타난다. 창살을 뜯던 새는 자유로운 시절의 기억을 되찾고 마침내 새장의 테두리를 넘어선다. 인간 또한 육신의 경계를 넘어 초월한다. 초월의 목적은 단 하나, 더 큰 타자와의 진정한 결합이다. 홉킨스에게 '더 큰 타자'는 바로 신이다. 언제나 신과의 완전한 합일을 갈망해 왔다. 비록 예수회 안에서 큰 실패를 경험했지만, 애초에 꿈꾸었던 '가장 바람직한 곳에서 종교적으로 헌신하는 삶을 살겠다'라는 소망은 실현되었다. 이것이 빅토리아시대의 회의주의를 넘어 종교적 초월을 노래하게 만든다.

가족과 함께 시간을 보내면서 마음의 상처는 옅어진다. 브리지스를 만난 것도 기분 전환에 도움이 된다. 오랫동안 두 사람의 관계는 소원했다. 하지만 이제 홉킨스는 사제 서품을 앞두었고, 브리지스는 런던의 성 바르톨로뮤 병원 응급

병동(St Bartholomew's Hospital Casualty Ward)에서 의사로 일을 시작했다. 둘은 오랜만에 여유롭게 시에 대해 이야기를 나눈다. 이때를 기점으로 홉킨스와 브리지스는 한층 친밀해진다. 홉킨스는 『월간』에서 돌려받은 「도이칠란트호의 난파」의 원고를 브리지스에게 보낸다. 유일한 원고이니 되도록 빨리 읽고 돌려달라고 말한다.[502] 이제 막 완성한 「새장 속의 종달새」도 함께 동봉하며 수정할 사항을 제안해 달라고 부탁한다. 이때부터 브리지스는 홉킨스의 독자이자, 사실상 거의 "유일한 비평가"가 된다.[503] 홉킨스가 쓴 시를 읽은 이도 극소수였지만, 그중 누구도 브리지스만큼 냉철하고 솔직하게 비평해 주지 않는다.

브리지스는 홉킨스에게 언제 세인트 뷰노로 돌아갈 계획인지 묻는다. 홉킨스가 세인트 뷰노로 돌아가기 전에 한 번 더 만나고 싶은데, 병원 일 때문에 날짜 맞추기가 쉽지 않아 자꾸 물어본다. 홉킨스는 "교구장이 결정하기 때문에 언제 햄스테드를 떠나게 될지 모른다"라고 대답한다.[504] 그런 후 겨우 이틀 지나, 홉킨스는 "자네 집에서든, 우리 집에서든, 다시 만나기 힘들다. 월요일에 세인트 뷰노로 가야 한다"라고 쓴 편지를 보낸다.[505] 브리지스에게는 이런 예수회가 개인의 자유의지와 자율성을 무시하는 곳으로 보인다. 이 때문에 브리지스는 홉킨스가 세인트 뷰노에 도착한 후, 갑작스러운 이동 명령을 내린 교구장에 대한 불만을 편지에 담아 보낸다. 예수회가 편지를 검열한다는 사실을 염두에 둔 것이다. 마침 교구장이 자메이카로 출장 중인 때라, 홉킨스는 "자네의 편지가 교구장을 즐겁게 하지는 못했다"라고 가볍게 응수한다.[506]

홉킨스는 브리지스가 예수회에 대한 태도를 바꾸길 바라지만 강요하지는 않는다. 하지만 「도이칠란트호의 난파」에 대한 견해는 바꾸기를 바란다. '우정의 마음'으로 다시 한번 읽어달라고 간곡히 부탁한다. 하지만 다시 읽은 후에도 브리지스의 생각은 변하지 않는다. 1918년 『제라드 맨리 홉킨스의 시집』을 출판할 때도 브리지스는 「도이칠란트호의 난파」의 난해함을 강조하기 위해 애쓴다. 다음은 브리지스가 편집자로서 쓴 서문의 일부이다. "이 시는 연대기적으로나 논리적으로나 시집의 맨 앞에 위치하는 것이 합당하다. 마치 동굴 앞에 웅크린 거대한 용이 과거의 성공에 힘입어 자신만만하게 누구의 출입도 허락하지 않는 듯 보이기 때문이다. 나는 독자들에게 이 시를 우회한 후 나중에 뒤에서부터 공격하라고 충고한다. 왜냐하면 부끄럽게도 나는 용감하게 정면에서 도전했다가 처참히 패배했기 때문이다."[507] 자신이 「도이칠란트호의 난파」의 어려움을 끝내 극복하지 못했다고 솔직하게 고백한 셈이다.

이내 9월이 찾아온다. 웨일스를 떠날 시간이 점점 다가온다. 정말로 내키지 않았던 홉킨스는 그곳을 떠나는 것이 자신의 의향과는 '상당히 거리가 멀다'라고 솔직하게 표현한다.[508] 원래도 아름답던 웨일스의 자연이 더욱 아름답게 느껴진다. 엘위강에서 낚시를 마치고 돌아오는 길에 참을 수 없는 감정이 복받쳐 오른다. 홉킨스는 거의 30분을 흥분의 도가니에 빠져있었다.[509] 이것이 「추수의 기쁨」에 고스란히 반영된다. 이제 홉킨스는 길고 힘든 예수회 수련기를 모두 마치고 사제 서품을 받을 것이다. 지금까지 이끌어 준 신이 자신을 수확하는 것이라 믿는다. 웨일스의 들판을 보고 "흥분의 도가니"에 빠진 것도, 「추수의 기쁨」이 유달리 긍정적인 환희를 담은 것도 마음속에 가득한 종교적 확신 덕분이다.

9월 15일 연례 피정이 끝나고 21일부터 서품식이 시작된다. 서품식은 3일에 걸쳐 진행된다. 첫날은 차부제(subdeacon), 둘째 날은 부제(deacon), 셋째 날은 사제 서품식이 있다. 홉킨스를 포함해 16명이 서품받고, 50명의 손님이 참석한 점심 만찬이 두 시간 동안 이어진다.[510] 홉킨스의 가족은 누구도 참석하지 않는다. 이에 대해 홉킨스는 어떤 말도 남기지 않는다. 아마도 가족이 로마 가톨릭 미사에 참석할 수 없다고 생각해 초청하지 않은 듯하다.

서품식이 끝난 후 서품받은 동료들은 하나, 둘, 발령을 받아 새로운 임지로 떠난다. 홉킨스만 그대로 세인트 뷰노에 머물고 있다. 할례를 받기 위해서이다. 홉킨스의 할례에 대해서는 두 가지 설이 있다. 첫째는 심리적 요인이라는 설이다. 대학 시절 홉킨스가 일기에 기록한 죄의 목록에 비추어 볼 때 그에게는 통제하기 어려운 강한 욕망이 있어서 할례라는 극단적인 방법을 선택했다는 것이다. 이런 주장을 하는 측은 홉킨스의 할례를 수술이 아니라 상징적 거세라고 본다. 두 번째는 명백한 의료적 수술로 보는 설이다. 여러 정황으로 미루어 이것이 훨씬 타당하다. 우선 로마 가톨릭은 1441년에 교황령으로 할례를 금지했다. 가톨릭에서 금지된 수술을 예수회가 허락했을 가능성은 매우 희박하다. 예수회의 허가와 배려 없이 홉킨스가 세인트 뷰노 안에서 수술받고, 발령을 미루는 것도 현실적으로 불가능하다. 더욱이 1877년 봄 홉킨스가 앓았던 병은 귀두염이다.[511] 이 모든 것이 그의 할례가 의료적 수술이라는 견해를 뒷받침한다. 개인위생 관리의 기회는 모든 예수회원에게 똑같이 부여된다. 그러나 홉킨스는 특히 쉽게 지치고 스트레스에 영향을 받는다. 다 같이 비위생적 환경에 노출되어도 유독 더 쉽게 감염되고 회복이 더디다는 뜻이다. 예수회는 홉킨스가 사제 복무를 시작하기 전에 아예 근본적으로 문제를 해결할 필요가 있다고 판단한 듯하다.

10월 9일 홉킨스는 드디어 자리를 털고 일어난다. 홉킨스의 새 소명은 마운트 세인트 메리 칼리지에서 학생들에게 라틴어를 가르치는 것이다. 홉킨스는 예수회에 들어오기 전에 이미 세인트 필립 가톨릭 학교에서 일했고, 예수회에 들어온 후에도 예수회 주니어리트를 지도한 경험이 있다. 비록 일주일이지만 스토니허스트 칼리지에서도 일했었다. 가르치는 일은 더 이상 낯설지 않다. 편지에도 "이 일은 설명할 것도 없다. 시험을 치르고, 가르치고, 아마도 때때로 사역하고, 강론하고, 피정 지도를 할 것"이라고 쓴다.[512] 「추수의 기쁨」을 쓸 때와 같은 환희와 긍정적 비전은 보이지 않는다.

서품식이 있고 스물여섯 날이 지나서야 새로운 임지로 출발한다. 그 사이 「집 밖의 등불」("The Lantern out of Doors")을 완성한다.

　　때때로 등불 하나가 밤을 따라 움직인다
　　　우리는 관심 있게 지켜본다, 누가 저기 가고 있는가?

나는 생각한다, 궁금하다, 어디서 와서 어디로 가는가
드넓게 내려앉은 어둠을 헤쳐나가는 등불을 들고서?

사람들이 내 옆을 지나간다, 형상이나 마음이나
  그것 말고도 다른 진귀한 것으로 빛나는 사람들이
  우리의 아주 음침하고 축축한 대기에 찬란한 빛을 비춘다
그러나 결국 죽음이나 멀어짐이 그들을 완전히 소유한다

죽음이나 멀어짐은 이내 그들을 에워싸고 서서히 사라진다
  내 눈으로 온전히 쫓는다 해도 종국에는
거기 있지 못한다, 눈에서 멀면 마음에서도 멀어진다

그러나 그리스도는 잊지 않으신다, 무엇을 인정하고 바로잡을지 마음을 쓰신다
  그들을 살피시고 진심으로 갈망하시어 걱정하며 친절한 발로 쫓으시니
그들의 속죄이자 구원, 처음이자 한결같은 마지막 친구이시다[513]

이 시가 세인트 뷰노에서 쓴 마지막 작품이다. 정확한 완성 날짜는 알려지지 않았지만 홉킨스가 원고에 "1877년 세인트 뷰노에서"라고 밝혔고,[514] 시의 주제와 정서가 이즈음의 심리 상태를 반영한다고 보아 그렇게 추정한다. 홉킨스의 마음은 마치 어두운 밤길을 걷는 것 같다. 그래도 신이 등불처럼 자신의 길을 밝게 비춰줄 것이라 믿는다. 때마침 홉킨스는 예수가 부활한 나이인 서른세 살이다. 한결같은 친구처럼 마지막까지 예수가 자신의 곁을 지켜주기를 소망한다. 홉킨스의 인생에서 가장 창조적인 웨일스 시대는 이렇게 끝난다.

12.
사제로서 적당한 자리 찾기

홉킨스는 1877년 10월 19일 셰필드(Sheffield)에 자리한 마운트 세인트 메리 칼리지에 도착한다. 이 학교는 1620년에 설립된 유서 깊은 교육기관이지만 가톨릭 교육기관을 전면 금지하는 가톨릭 활동 금지 형법(Penal Laws)으로 인해 오랫동안 정상적인 학교로 운영되지 못했다. 가톨릭 사무소로 간신히 명맥만 유지해 온 탓에 1829년 가톨릭 해방령 후에도 제반 시설 부족으로 학교를 열지 못했다. 겨우 1842년에 이르러서야 조직을 재정비하고 학교로 중창될 수 있었다. 다행스럽게도 학교는 매우 빠르게 성장한다. 딱히 교육 성과가 뛰어나다거나 평판이 좋아서라기보다는 사회적으로 교육 수요가 급증한 덕분이다.

영국 의회는 1844년 공장법(Factory Act)을 통과시킨다. 이 법안은 8-16세에 해당하는 어린이는 하루에 반나절, 일주일에 6일을 학교에 다녀야 한다는 조항을 포함한다. 산업혁명 이후 어린이는 어른보다 싼값에 부릴 수 있는 노동력으로 취급받는다. 특히 작은 몸집이 유리한 노동 현장에서 더욱 환영받는다. 이를테면, 어린이를 고용한 탄광업자는 갱도를 넓히는 데 드는 비용과 시간을 절감할 수 있다. 기계 사이에 떨어진 섬유 찌꺼기를 모으는 데도 어린이가 유리하다. 인도주의적 관점에서 이를 비판하는 목소리가 생겨나기 시작한다. 국민 교육이라는 관점에서도 모든 어린이의 교육이 시급하다는 인식이 공유된다. 1844년 공장법은 영국 내 모든 어린이를 교육 대상으로 천명했다는 점에서 의미가 크다.

국가는 국민 보편 교육을 바라고, 국민은 계층 구분 없이 각자의 포부와 형편에 맞춘 자녀 교육을 바란다. 문제는 희망을 현실로 만들 인프라가 턱없이 부족하다는 것이다. 법률이 제정되었다고 학교가 갑자기 생겨나는 것은 아니다. 이런 상황에서 교회가 대안으로 부상한다. 국가는 교육에 필요한 지식 노동자와 시설을 갖춘 교회에 책임을 떠넘기고, 교회는 교육을 선교의 기회로 삼아 적극 동참한다. 영국 국교회와 개신교가 우위를 점하고 있는 상황에서 로마 가톨릭이 뒤늦게 동참한다. 특히 예수회는 다른 어떤 사업보다 교육 사업에 심혈을 기울인다. 덕분에 1870년 어린이 의무교육을 법률화하는 포스터 초등 교육법(The Forster Elementary Education Act)이 공표되었을 때 마운트 세인트 메리 칼리지는 약 150명의 소년 학생을 기숙학교와 일반 학교에 나눠 수용할 만큼 성장한다.

홉킨스는 고학년인 5학년과 6학년의 라틴어 교사로 부임한다. 정규 수업 외에 대학 입시를 준비하는 6학년 학생들을 개별지도하는 업무도 포함되어 있다. 그 외에도 잡무가 많다. 그는 도착하고 얼마 되지 않아 학교 부관리자 직책을 맡는다. 부엌과 식당을 관리하고 시장 보기와 회계를 책임진다. 주일에도 쉬지 못한다. 주일 미사에 참석해서 교구사제를 보좌하고 필요하면 강론을 해야 한다. 비단 홉킨스만 이렇게 바쁜 것은 아니다. 예수회라면 누구라도 같은 상황에 처해 있다. 예수회는 의욕적으로 사업을 확장하지만, 이를 뒷받침할 인력을 확충하는 일은 더디게 이루어진다. 어디랄 것 없이 일은 넘치고 일손은 부족하다. 덕분에 홉킨스는 크리스마스 휴가도 없이 일해야 한다. 아니, 더 바쁘다. 학생들이 크리스마스 시즌에 공연할 연극 지도 업무를 맡았기 때문이다.

1878년이 시작된다. 1월에는 상황이 더욱 나빠진다. 홉킨스는 "일이 산더미처럼 쌓여 당장 눈앞에 닥친 일 말고는 모두 포기한 상태이다. 선생님 하나가 병으로 쓰러져 공석이 되었다. 기존 업무가 줄지 않은 상태에서 그 업무까지 떠맡게 되었다."515 인력 충원이 쉽게 이루어지지 않을 것 같아, 더욱 버겁게 느껴진다. 봄이 다 가도록 변화가 없다. 결국 건강에도 문제가 생긴다. 홉킨스는 그 모든 문제가 학교에서 비롯되었다고 생각해, 다음과 같이 고충을 토로한다. "이곳에서의 삶은 도랑물만큼이나 어둡다. 어둠 외에도 도랑물의 또 다른 특성을 포함한다. 그것이 무엇인지 정확히는 모른다. 하지만 적어도 마치 독에 중독된 것처럼 오래도록 계속되는 설사 때문에 내가 몹시 쇠약해졌다는 것은 안다."516 설사를 계속하니 체력이 점점 더 떨어지고 일은 점점 더 힘들어진다.

브리지스도 의학적 소견에 따라 홉킨스의 상태를 심각하게 받아들인다. 여건만 허락한다면 홉킨스를 진찰하러 오겠다고 제안한다. 홉킨스는 브리지스의 친절에 감사한다.517 설사는 생애 마지막까지 홉킨스를 괴롭힌 질환 중 하나이다. 과로, 스트레스, 거친 음식, 청결하지 못한 생활환경 등이 그의 소화기관에 지속적으로 나쁜 영향을 미친다. 현대 의사들은 그의 증상을 장내 만성 염증성 질환인 "크론병"(Crohn's disease)이라고 추측한다.518

다행히 학생들 때문에 그 생활을 버텨낸다. 홉킨스는 교사 업무에 만족감을 느끼지 못하는 것과 별개로 학생들을 매우 아끼고 그들의 순수함을 사랑한다. 한 학생의 증언에 따르면, 라틴어 시 번역 시험에서 거의 모든 학생이 같은 쪽지를 몰래 훔쳐보지만 홉킨스는 알아차리지 못한다. 학생이 부정행위를 한다고 조금도 의심하지 않기 때문에, 일일이 정성스럽게 채점하고 오답마다 피드백을 달아주면서도 부정행위를 적발하지 못한다.519 홉킨스의 순진하고 요령 없는 성격을 어린 학생들이 악

마운트 세인트 메리 칼리지
제라드 맨리 홉킨스 건물

용한 것이지만, 홉킨스는 순수한 눈으로 학생들을 바라보며 행복한 기억을 쌓아 간다.

지난 크리스마스 시즌에는 홉킨스가 직접 각색한 셰익스피어의 『맥베스』(Macbeth)와 『십이야』(Twelfth Night)를 학생들과 함께 공연했다. 종교 기관이 운영하는 남학교라는 점을 고려해 여성 역할을 모두 없애고, "퍼거스"(Fergus)라는 남동생 캐릭터를 새로 만들어 맥베스 부인을 대체했다. 재미를 더하기 위해 연극을 익살극으로 바꾸고, 서막에는 마치 배우가 대사를 잊어버린 것처럼 연기하는 장면도 삽입했다. 이 장면을 연기한 학생이 버클리(Herbert Berkeley)였는데, "정말 자연스럽게" 연기해서 관객들이 깜빡 속아 넘어갈 정도였다. 홉킨스는 버클리가 "타고난 배우"라고 칭찬한다.[520] 버클리는 예수회 관할 학교들이 모인 경시대회에서 칼리지 연합상(Intercollegiate Prize)을 수상해 홉킨스를 기쁘게 한 적도 있다. 이에 "예상했던 것보다 훨씬 더 기쁘다. 그 아이가 총명하고 열심히 공부해서 받은 상이지, 내가 한 것은 아무것도 없다. 다시 그렇게 좋은 제자를 만나기가 쉽지 않을 것 같다"라는 소회를 남긴다.[521]

3월 5일에도 참회의 화요일을 기념해 학생 연극 공연이 거행된다. 홉킨스는 연극을 지켜보며 학생들의 순수하고 열정적인 태도에 깊이 감동한다. 이때의 감동을 「형제」("Brothers")라는 시에 그대로 옮긴다.

> 형의 삶은 얼마나 아름답게
> 동생에 온전히 묶여있는가
> 사랑의 끈이로다! 내가 한때 진실로
> 목격한 것이다 그런 행운이 내게 내려왔다
> 때는 이태 전 재의 수요일 전 3일 기간이다
> 우리 아이들의 연극이 무대에 올랐다
> 존이, 어린 존이 등장해야 하는 막이다

그때 두려움이, 그때 즐거움이

형의 내부에서 요란하게 퍼져나간다

이제 밤이 왔다 우리 공동체

모두가 강당으로 몰려갔다

헨리는 벽에 서서

그의 옆에 있는 나를 바라본다

나는 그 부름을 받고 달려갔다

옆에서 그를 한동안 바라보았다

이 다정한 부차적 사건이 나의 연극이 되었다

나의 아이는 잭 때문에 어찌할 바를 몰라

사랑의 고문대에서 온통 괴로워하고

미소 짓고 얼굴을 붉히고 입술을 물어뜯는다

혹은 잠수부가 뛰어들듯 꼭 쥔 손을

움켜쥔 무릎 사이에 찔러 넣는다

이와 같은 많은 표식이

그가 어떤 마음의 긴장으로

저 요정의 성공을 기다렸는지 알려준다

이제 동생은 당당해졌다

그의 마음을 긴장으로 졸이던

모든 것이 그에게서 사라졌다

아니, 오히려 혈관 속에 악당기가 흐른다

두 번의 지루한 막이 지나갔다

잭의 차례이다 마침내 마지막 대사이다

그때 헨리는 마음이 흔들려

눈을 감고 감히 쳐다보지도 못한다

보라! 강당이 울린다!

강아지 같은 그 애가 소리를 냈다!

그러자 해리는 두 손을

애틋한 사랑과 부끄러움에 화끈거리고

눈물 흐르는 뺨으로 가져간다.

   아 자연이여 결점으로 이루어졌건만

위안이 있고 소금이 있구나

자연은 악하고 천하고 눈멀었지만

그대는 진실로 친절할 수도 있구나[522]

이 작품은 겉보기에만 무난할 뿐, 이때까지 홉킨스 시에서 볼 수 없던 여러 실험적인 요소들이 담겨있다. 시 전체를 3음보격(trimeter-한 행에 음보가 세 번 반복하는 규칙) 리듬으로 구성한 것도 이번이 처음이고, 2행 연구(couplets-연속하는 두 행이 각운을 이루는 방식)도 웨일스 시기에는 사용하지 않던 방식이다. 그래서인지 홉킨스는 유난히 이 시에 공을 들인다. 1884년까지도 수정을 거듭하며 강세와 다양한 구두점을 다듬는다.[523] 마지막의 두 "자연"은 인간의 본성을 의미한다.

홉킨스는 「형제」가 "마운트 세인트 메리 칼리지에서 일어난 일"을 옮긴 것이라고 말한다.[524] 사건의 개요를 설명하자면, 헨리(Henry)와 존(John)이라는 형제가 함께 학교에 다니는데, 동생 존이 연극에 출연하게 되었다. 어린 동생이 긴장하자 이를 지켜보는 형 헨리가 애를 태운다. 동생이 그 배역에 선택된 것에 기쁘면서도 맡은 역할을 잘 해내지 못할까 걱정하는 것이다.[525] 홉킨스는 형 헨리의 이타적인 태도에 감동한다. 사제 훈련은 대체로 인간의 선한 본성을 찬양하기보다 악한 본성을 경계하는 일에 치중한다. 교리에 따라 인간은 원죄의 존재이고 언제든 죄의 유혹에 넘어갈 약한 심성과 자유의지를 타고났다고 보기 때문이다. 홉킨스는 연극이 진행되는 동안 연극보다 헨리를 더 유심히 관찰하지만 어린 헨리에게서 어떤 나쁜 특성도 발견하지 못한다. 오직 동생을 걱정하고 응원하는 마음만 읽힌다. 홉킨스는 그런 헨리의 마음이 인간의 본성에 풍미를 더하는 "소금"(salt)이라고 칭찬한다. 자연에서처럼 인간의 마음에서도 아름다움을 발견할 수 있어 매우 기뻐한다.

그러나 이 시가 실화라고 하기에는 이상한 부분이 있다. 초반에 등장하는 형제의 이름은 "헨리"와 "존"인데, 후반부에서는 "해리"(Harry)와 "잭"(Jack)으로 바뀐다. 기록에 따르면 잭은 연극에 출연한 아이가 맞지만, 홉킨스와 함께 근무한 신부 중 누구도 잭의 형을 기억하지 못한다.[526] "헨리"가 "존"의 형이 아닐 수도 있고, 홉킨스의 기억에 혼선이 생긴 것일 수도 있다. 실제로 홉킨스가 마운트 세인트 메리 칼리지에서 일한 것은 1877년이고, 이 시를 쓴 것은 1879년이다. 그 사이에 홉킨스는 많은 연극 공연을 더 지도하고, 비슷한 이름을 가진 아이들을 계속해서 더 만난다. 그럼에도 예민하고 꼼꼼한 성격의 홉킨스가 수정을 거듭하면서도 이름의 비일관성을 알아채지 못한 것은 이상한 일이다. 아마도 이날의 일을 개별적 경험이 아니라 보편적 특성으로 확장하려는 홉킨스의 작가적 의지가 반영된 듯하다.

로빈슨, <유리디시호의 난파>, 1877

1878년 3월 24일 또 하나의 충격적인 사건이 일어난다. 해군 선박 유리디시호(Her Majesty's Ship Eurydice)가 와이트섬 인근 해안에 좌초한 것이다. 유리디시호는 1840년대에 진수된 해군 구축함으로 26문의 함포를 갖추고 영국 해군 함정 중에서 톤당 가장 넓은 항해 범위를 자랑하던 배였다.[527] 오랫동안 대영제국의 위용을 상징하는 존재로 영국인의 사랑을 받았지만, 세월을 이기지 못하고 1877년 구축함에서 일반 해군의 해상 훈련함으로 재편된다. 그해 11월 약 300명의 선원을 태우고 첫 항해 훈련을 나선 유리디시호는 넉 달간의 해양 훈련을 마치고 버뮤다(Bermuda)에서 영국으로 귀환하던 길이다. 머나먼 바다에서도 무사했던 그 배가 안타깝게도 영국 해안에 도착하자 폭풍을 만나 침몰한다.

당시 신문 기사에 따르면 갑자기 엄청난 돌풍을 동반한 눈보라가 몰아쳤고, 폭풍이 가라앉았을 때는 이미 배가 시야에서 사라지고 없었다. 지나가는 작은 배가 다섯 명을 구조했지만, 그중 세 명만 생존했고 그 가운데 한 명은 회복 가능성이 없었다.[528] 승선한 총 3백여 명의 해군 가운데 겨우 2명이 생존한 것이다. 훈련함이었던 만큼 탑승자 대부분이 젊은 군인이었고 사춘기를 채 넘기지 못한 어린 신병들도 적지 않았다. 이보다 더 큰 참극을 상상하기가 어려울 정도로 안타까운 사건이었다. 동시대의 많은 시인들이 시로써 이 비극적 사건을 애도하고자 한다. 홉킨스와 브리지스도 같은 마음으로 반응한다. 브리지스는 애도의 시를 시작하지만 끝내 완성하지 못한다.[529] 반면에 홉킨스는 빠르게 완성해 「유리디시호의 상실」이라는 제목을 붙이고 "1878년 3월 24일 침몰하다"(Foundered March 24, 1878)라는 부제도 덧붙인다.

> 유리디시호, 주여, 그것이 당신께 닿았나이다
> 삼백의 영혼이 배에 실렸으니 아 슬프다!
>   더러 잠에서 깨지도 못하고 모두
> 미리 알지도 못한 채 열한 길을 가라앉았으니
>
> 그곳에 배가 침몰해 있다! 한 번의 충격이
> 휘감아 베었다 그들을, 참나무 같은 심장들을!
>   양 떼를 이끄는 종이 하늘 높이 솟아 올라
> 장송곡처럼 구릉지 앞마당에 울렸다

그 배가 무작정 쌓은 짐 더미를
혹은 금덩이로 가득한 화물을 자랑했던가?
   헤아릴 수 없이 진귀한
사내애들과 사내들이 배의 짐이고 보물이었다.

배는 항해에서 돌아오는 길이었다
뱃사람을, 남자를, 곧 남자가 될 용감한 소년들을 훈련시켰다
   최악의 날씨가 틀림없지만
줄기와 꽃송이 모두를 그리 헛되게 보내야 했는가?

(…)

아 많이도 울었다 어머니는 아들을 잃었고
부인도 연인도 혼자가 될 터이니 울고 울었다
   슬픔이 그들에게 어떤 이로움도 없지만
진실한 사랑의 슬픔은 어떤 눈물이든 흘려야만 했으리라

천둥의 주인이신 그리스도께
몸을 낮추어 저 낮은 땅에 무릎 꿇고 기도하라
   '가장 거룩하시고 아름답고 용감하신 이여
나의 영웅을 구하소서, 아 구원의 영웅이시여

당신께서 내가 올리는 이 기도를
그 끔찍한 고난의 자리에서도
   들으셨습니다, 들으시고 은총을

그날에 필요했던 은총을 내려주셨습니다'라고

지옥은 구원을 알지 못하나
새로이 지옥에 빠진 것처럼 보이는 영혼이라도
  지옥 불이 모든 것을 태울 때까지
기도가 영원한 긍휼을 가져오리라[530]

이 시는 각 4행, 30개 연으로 구성된 총 120행의 긴 시이다. 여기서는 첫 4연과 마지막 4연을 인용했다. 첫 4연에서 홉킨스는 사건의 개요를 설명한다. 먼저 많은 군인이 훈련을 위해 배를 탔으며, 이들 모두가 젊은 남자 혹은 남자라고 부르기도 애매한 "사내애들"(boldboys)임을 강조한다. "줄기와 꽃송이"(bole and bloom) 같은 그들이 잠도 덜 깬 채 혹은 잠에 빠져 죽는지도 모른 채 죽었다고 애통해 한다. 마지막 4연에서 홉킨스는 희생된 군인들의 가족을 위로하기 위해 애쓴다. 기록에 따르면 이날 사망한 군인들은 총 112명의 어머니, 42명의 아버지, 35명의 미망인, 그리고 49명의 자녀를 남겼다.[531] 홉킨스는 그들이 더 이상 슬퍼하지 않기를 바란다. 배가 침몰하던 그 순간, 온 영국이 한마음으로 "나의 영웅을 구하소서"(Save my hero)라고 기도했고, "구원의 영웅"(Hero savest)인 구세주가 그 기도를 들어주었기 때문이다.

시를 완성한 홉킨스는 곧바로 『월간』에 보낸다. 「유리디시호의 상실」은 여러모로 「도이칠란트호의 난파」와 다르다고 생각하면서이다. 우선 유리디시호의 희생자들은 외국인이 아니라 영국 군인이다. 영국민의 사랑을 받는 해군의 죽음을 기리고, 슬픔에 빠진 가족을 위로하는 일이 무엇보다 시급한 일이라는 생각을 『월간』도 공유하리라 믿는다. 홉킨스는 보다 많은 이들에게 시가 닿을 수 있도록 유명 시인인 테니슨의 스타일과 비슷하게 운율을 구성했고,[532] 「도이칠란트호의 난파」 때 문제가 되었던 운율 부호도 모두 없앴다. 그럼에도 『월간』은

「유리디시호의 상실」를 게재하지 않는다. 몹시 실망한 홉킨스는 "더 단순하고 짧게 리듬 표기 없이 『월간』에 게재 신청을 했으나, 그들은 역시나 이번에도 나의 시를 좋아하지 않았다"라는 말을 남긴다.[533] 결국 예수회가 자신의 시를 좋아하지 않는다는 슬픈 결론에 이른 것이다.

홉킨스는 짐작도 못 하지만 「유리디시호의 상실」이 게재되지 못한 것도 강한 영국주의적 색채 때문이다. 잉글리스(K. S. Inglis)에 따르면, 가톨릭 해방령 이후 일부 가톨릭 신도들은 실제로 영국이 가톨릭 국가로 회귀하는 것을 꿈꿨다. 와이즈먼 추기경(Cardinal Nicholas Wiseman) 같은 인물은 이를 목표로 삼은 찬양 운동을 공개적으로 지지한다. 대다수가 이것이 불가능한 목표라고 생각할 무렵에 뉴먼과 매닝이 가톨릭으로 개종하면서 영국 개종의 꿈이 되살아난다.[534] 로마 가톨릭 영국 관구 내에서 영국 개종 열망이 완전히 식은 것은 아일랜드 이민자들이 들어오면서이다. 아일랜드는 인구의 90% 이상이 로마 가톨릭 신도이다. 이들이 1840년대부터 감자 기근을 피해 영국으로 들어와 가장 먼저 찾은 곳이 가톨릭 교회이다. 로마 가톨릭은 현실적으로 이들을 포용하는 것이 더 시급한 일이라고 판단한다. 이민자들의 정착과 위로에 역점을 둔 덕분에 로마 가톨릭은 다른 어떤 종파보다도 노동 계층에 쉽게 뿌리내린다.

이것이 예상치 못한 부작용을 낳는다. 로마 가톨릭은 가난한 사람들의 종교라는 인식이 굳어진다. 로마 가톨릭이 영국에서 주류로 부상하기 위해서는 중산층의 지지가 무엇보다 필요하다. 따라서 영국 개종이라는 실현 불가능해 보이는 열망을 드러내어 애국심 강한 중산층의 거부감을 사거나, 영국주의를 내세워 아일랜드 이민자들의 민족 감정을 건드리는 일은 피해야 한다. 「유리디시호의 상실」은 '영국에 가톨릭을'과 같은 생각을 직접적으로 드러내지 않는다. 그럼에도 해군의 죽음에 종교적 의미를 부여하는 시가 정치적으로 순수하게 해석되지 않을 여지는 충분하다. 영국 해군은 대영제국을 상징하는 존재이기 때문이다. 이제 홉킨스는 예수회 사제이다. 신학생일 때보다 훨씬 더 무거운 대표성을 띤다.

예수회는 홉킨스의 시 때문에 애써 노력해 온 것을 무위로 돌리고 싶어 하지 않는다. 결국 「유리디시호의 상실」도 출판되지 못한다.

실망 속에 사순절이 지난다. 이번에는 금식을 지킨다. 그 결과 홉킨스는 이제껏 본 중에 가장 깡마른 얼굴이 된다. 마치 하프 프레임 두 개가 뺨 위에 올라 있는 것처럼 보인다.[535] 1878년 4월 24일 마침내 홉킨스는 스토니허스트 칼리지로 가라는 명령을 전달받는다. 너무 기뻐 어머니에게 곧바로 소식을 전한다.[536] 마운트 세인트 메리 칼리지에서 많이 힘들었고 건강도 상했다. 이제 스토니허스트 칼리지로 가면 회복될 것이라고 기대한다.

스토니허스트에서 새로 맡은 업무는 런던 대학(University of London) 입학을 준비하는 상급반 학생들에게 수사학을 지도하는 일이다. 런던 대학은 시험을 통해 대학 학위를 취득하는 시험 전문 기관이다. 오직 시험

런던 대학 본부

성적으로만 학사 학위를 수여하지만 그리 만만한 곳이 아니다. 옥스퍼드 대학이나 케임브리지 대학 못지않게 학문 수준이 높다고 정평이 나있어, 런던 대학을 졸업했다고 하면 사회적으로 능력을 인정해 주는 분위기이다. 당연히 지원자도 많고 경쟁률도 높다. 특히 로마 가톨릭 학생이 많이 지원한다. 옥스퍼드 대학과 케임브리지 대학은 오래도록 가톨릭 신도의 입학을 허락하지 않았고, 입학을 허용한 뒤에도 영국 국교회 채플 수업을 필수과목으로 유지해 왔다. 이를 피하려는 가톨릭 학생들이 자연스레 런던 대학으로 몰린다. 홉킨스가 수사학을 가르친 소년들은 거의 전부 입학시험에 합격했고, 그중 하나는 영국 전체에서 4등을 한다.[537] 홉킨스는 자기 일처럼 기뻐한다.

스토니허스트 칼리지는 해마다 오월제를 개최한다. 홉킨스는 오월제에 참여하기 위해 「오월의 성모 송가」("The May Magnificat")를 완성한다.

훌륭한 어머니이신 그분께 물으니
그분이 또 다른 질문으로 답하신다
   봄은 무엇인가요?
   만물이 자라는 때

살과 양털이, 털과 깃털이
풀과 초록 세상이 모두 어울린
   별 같은 눈에 딸기 같은 가슴을 한
   개똥지빠귀가 둥지에

푸른 난초빛 얇은 알 무리를 품고
안으로 생명을 만들고 온기를 불어넣는다
   새와 꽃송이는 떳장에서, 보호막 안에서
   혹은 껍질 속에서 부풀어 오른다.

모든 것이 솟고 모든 것이 커지는 것을
마리아께서 보신다, 공감하신다
   선함의 세계에
   자연의 모성에

각각의 존재가 커짐을
즐거이 마음에 새겨보면
   그녀가 어떻게 자신 안에 품은
   주님을 크게 하셨는가를 알게 된다

> 아, 그러나 이보다 더 많다
>
> 봄의 보편적 축복은
>
> 　성모께 오월을 바치며
>
> 　이야기할 것이 많고도 많다[538]

　총 12연 60개 행의 긴 시로, 여기 인용된 부분은 제4-9연이다. 홉킨스는 「오월의 성모 송가」가 성모의 달(Month of Mary) 행사 중의 하나로 성모상 앞에 전시되기를 바란다. 하지만 학교는 이 시의 원고를 받은 후 가타부타 언급조차 하지 않는다.

　학교가 이 시를 좋아하지 않은 이유를 짐작하기는 쉽다. 우선 몇몇 표현이 보수적인 조직 문화에 맞지 않았을 가능성이 높다. 예를 들어 "별 같은 눈에 딸기 같은 가슴"(star-eyed strawberry-breasted)은 지나치게 세속적이다. 성모의 신성함을 "알"(eggs)을 품는 작은 새에 비유하는 것도 전통적이지 않다. 아마도 예수회 학자들이 보기에 불경스럽거나 점잖지 않아 보였을 것이다. 또 다른 이유는 지나치게 스코투스적이라는 점이다. 이 시에서는 개똥지빠귀조차도 살과 깃털, 눈과 가슴이라는 도드라지는 개성을 갖추고 있다. 상관은 보자마자 이 시에 담긴 관념이 예수회 주류 신학과 동떨어졌다고 느꼈을 것이다. 결국 시는 성모의 달 행사에 게시되지 못한다. 홉킨스는 실망한다.

　홉킨스가 예수회에 있는 동안 출판된 시는 학교 교지에 발표된 「도망」이나 「존스가 학장일 때」를 제외하면, 1883년 『스토니허스트 매거진』(Stonyhurst Magazine)에 게재된 '2운각 8행시 3중주'("A Trio of Triolets")라 불리는 짧은 시 세 편, 1885년 『아일랜드 월간』(Irish Monthly)에 게재된 「라틴어로 옮긴 셰익스피어의 노래」("Songs from Shakespeare in Latin"), 1887년 딕슨(Richard Watson Dixon)이 편찬한 『매일의 성경』(Bible Birthday Book)에 수록된 「아침, 정오, 그리고 저녁 기도」("Morning, Midday, and Evening Sacrifice")가 전부이다.[539] '2운각 8행시 3중주'는 당시 유행하던 유머러스한 시로 말재간에 가깝다. 「라틴어로 옮긴 셰익스피어의 노래」는 창작시가 아니다. 이런 시들만 예수회 잡지의 기준을 통과했다는 것은 예수회의 기대와 홉킨스의 재능 사이에 상당한 불일치가 있었음을 말해준다. 예수회는 대중적으로 유행하는 것이나 무난한 것을 원했고, 홉킨스는 독창적이고 실험적인 것 혹은 스코투스적인 것을 추구했다.

유일하게 가톨릭 밖에서 출판된 「아침, 정오, 그리고 저녁 기도」는 전체가 아니라 일부만 인용되었고, 그나마도 저자에 대해서는 어떤 추가 설명 없이 "홉킨스"(Hopkins)라고만 기재되어 있다. 홉킨스가 "나의 이름이 대중에게 공개되는 것을 원하지 않는다"라고 강력하게 주장했기 때문이다.[540] 당시 이 "홉킨스"가 우리가 아는 예수회 사제 시인 홉킨스라는 사실을 아는 사람은 정말로 극소수였다.

5월 13일 홉킨스는 브리지스에게 「유리디시호의 상실」의 원고를 보낸다.[541] 「도이칠란트호의 난파」 때와 같은 악평을 듣게 될까 걱정하면서이다. 하지만 예상과 달리 브리지스는 「유리디시호의 상실」에 극찬을 아끼지 않는다. 홉킨스는 자신을 배려해 브리지스가 일부러 칭찬을 짜냈다고 의심한다. "칭찬이든 비난이든 괜찮지만 기괴하고 부적절한 영적 칭찬 같은 것을 비평에 섞지는 말아달라"라는 다소 날 선 답장을 보낸다.[542] 홉킨스는 『월간』이 「유리디시호의 상실」을 거절한 진짜 원인을 찾는 중이다. 무의미한 칭찬은 도움이 되지 않는다고 판단한다. 홉킨스의 의심과 달리 브리지스는 정말로 「유리디시호의 상실」을 훌륭한 시라고 생각한다. 심지어 다른 사람에게 보여주고 싶어 한다. 홉킨스는 "나의 시를 친구들에게 보여주고 싶다면 그렇게 해도 좋다"라고 허락한다. 이것이 홉킨스가 자신의 시의 운명을 브리지스에게 맡긴 첫 순간이다. 이즈음 홉킨스는 교회를 위해 재능을 발휘하는 '사제 시인'이 되겠다는 꿈을 접는다.

6월이 되자 낙담한 홉킨스에게 새로운 에너지를 불어넣는 일이 생긴다. 도서관에서 누군가가 딕슨의 『로마 가톨릭 폐지 후 영국교회 역사』(History of the Church of England from the Abolition of the Roman Jurisdiction)에 대해 쓴 서평을 발견한 것이다.

딕슨은 홉킨스가 다니던 하이게이트 스쿨에서 보조 교사로 근무한 적이 있다. 당시 홉킨스와 딕슨 사이에는 어떤 접점도 만들어지지 않았다. 딕슨이 건강 문제로 반년도 채우지 않고 사임하면서 두 사람은 스쳐 지나는 인연도 되지 않을 것 같았다. 하지만 운명은 기묘한 것이다. 딕슨은 학교를 떠날 때 자신의 시집 『그리스도의 친구』(Christ's Company)를 동료 교사에게 이별 선물로 준다. 이 시집이 우연히 홉킨스의 눈에 띈다. 홉킨스는 딕슨의 시에 완전히 매료된다. 딕슨이 출판한 옛 시집을 하나하나 찾아 읽으며 딕슨의 작품에 깊이 빠져든다. 대학 시절에는 "옥스퍼드 대학이 낳은 시인들"이라는 리스트를 작성하면서, 셸리, 키블(John Keble) 같은 주요 시인들과 딕슨의 이름을 나란히 놓는다.[543] 딕슨의 시집이 없던 예수회 수련 기간에는 시를 필사해 지니고 있을 정도였다.[544]

딕슨

사실 딕슨은 대중적 명성과 거리가 먼 사람이다. 옥스퍼드 대학 펨브로크 칼리지(Pembroke College)에 입학한 그는 라파엘 전파 형제회에서 문학 활동을 시작한다. 함께 활동했던 모리스(William Morris)나 단테 로제티가 전국적으로 유명해지는 동안, 딕슨은 이상하리만치 대중의 주목을 받지 못한다. 거의 무명이나 다름없었고 그의 시를 아는 사람도 극소수에 불과했다. 결국 딕슨은 자신에게 시인의 재능이 없다고 판단하고 1860년대 초반 이후부터 시를 출판하지 않는다. 이 때문에 홉킨스는 딕슨이 사망했다고 지레짐작했었.

서평을 통해 딕슨이 살아있다는 것을 알게 된 홉킨스는 곧바로 딕슨에게 편지를 쓴다. 하이게이트라는 공통 분모를 간략히 언급한 후 자신이 오랫동안 딕슨의 시를 흠모해 왔다고 고백한다. 딕슨의 시가 모리스나 로제티 남매의 시를 뛰어넘는 깊은 감동을 준다고, 딕슨의 시에 담긴 부드러움이나 풍부한 색감은 다른 어떤 시인도 따라 할 수 없는 경지에 있다고 찬양한다.[545] 홉킨스의 편지를 받은 딕슨은 말로 표현하기 힘든 감정을 느낀다.

　1833년생인 딕슨은 이미 사십을 넘겼다. 라파엘 전파 시절의 열정은 사라진 지 오래다. 시골 작은 교회에 머물며 영국 국교회 사제로서의 소임에 충실한다. 삶은 평화롭지만 어떤 발전이나 변화도 기대되지 않는 삶이다. 애써 출판한 『로마 가톨릭 폐지 후 영국교회 역사』는 라파엘 전파 시절 출판한 시집들처럼 무명의 설움을 안겨주고 있다. 총 다섯 권으로 출판된 이 책은 오늘날 "이 분야의 출판물 가운데 가장 권위 있는 책 중 하나"로 인정받는다.[546] 하지만 당시에는 제3권이 출판된 후에야 겨우 제대로 주목받기 시작한다. 홉킨스가 보낸 편지를 받았을 때는 제2권이 막 출판된 때이다. 아내가 죽은 지 얼마 되지 않았고, 자신은 여전히 무명으로 남아있는 그때, 기억에도 흐릿한 제자가 편지를 보내왔다. 만약 시집을 편찬할 기회가 온다면 자신의 시를 키츠의 「가을에게」("To Autumn")와 나란히 두겠다고 말하는 편지를 보며 딕슨은 마치 청춘이 돌아온 것 같은 떨림을 느낀다.

　홉킨스가 딕슨에게 편지를 쓴 1878년 6월 4일을 두고 "신의 섭리임에 틀림없다"라고 말하는 이도 있다.[547] 그만큼 이들의 만남은 두 시인에게 긍정적인 영향을 미친다. 홉킨스는 딕슨을 만나 처음으로 천재적인 재능을 지닌 시인으로 인정받는다. 딕슨은 홉킨스를 만나 다시 시를 쓸 에너지를 얻는다. 홉킨스와 딕슨은 기본적으로 비슷한 면이 많다. 둘 다 종교인의 삶에 자긍심을 느끼고 종교적 헌신을 소명으로 알고 있다. 딕슨은 라파엘 전파 형제회 중 유일하게 종교인의 길을 선택했으며 종교적 색채가 강한 시를 쓴다. 이것이 홉킨스가 라파엘 전파 중에서 유독 딕슨을 좋아한 이유이다. 두 사람은 재능이 세상에서 인정받지 못한 데서 오는 쓸쓸함도 함께 공유한다. 라파엘 전파의 화려한 색채감을 즐기는 취향도 같고, 작품 전체에 우울의 정서를 자주 담아내는 것도 비슷하다. 이처럼 많은 공통점이 서로를 깊이 끌어당긴다.

먼저 홉킨스는 딕슨이 느꼈을 서러움에 공감한다.

> 만약 제가 어떤 작품을 썼는데, 그 작품에 담긴 절대적인 아름다움을 매우 강렬하게 느끼는데, 그것이 출판된 후 곧바로 대중의 관심에서 멀어져 거의 완전히 묻혀버린다면, (제 말을 언짢아하지 않으시리라 생각합니다. 어쨌거나 사실이니까요) 그때 어떤 사람이, 심지어 잘 모르는 사람이, 그 작품의 진가를 알고 있다고 말해준다면, 그 출판이 아주 헛된 것은 아니라고 느낄 겁니다. 수많은 아름다운 작품들이 한때는 거의 알려지지 않았지만 결국에는 명성을 얻습니다. 예를 들어 현재 훌륭하게 평가받는 웰스(Mr. Wells)의 시 『조셉』(Joseph)과 그의 친구 키츠의 작품이 그렇습니다. 물론 선생님의 책이 부활할지 어떨지 알 수 없습니다. 아마 그러지 못할 수도 있겠지요. 지금으로서는 가능성이 낮아 보이지만 그렇다고 그것이 가치가 없다는 뜻은 아닙니다. 저는 어떤 사람이 응당 자기 것이 되어야 할 명성을 누리지 못했다고 그 사람이 진정으로 덜 행복하다고 생각하지 않습니다. 그렇지만 그런 일이 일어나는 것은 그 자체로 잘못된 일이며 일어나서는 안 될 일이라고 생각합니다. 제가 안타까워하는 이유는 훌륭한 작품이 사장되기 때문입니다.[548]

홉킨스가 말한 『조셉』은 호아드(H. L. Howard)가 웰스라는 필명으로 1824년에 출판한 『조셉과 교우들』(Joseph and His Brethren)을 가리킨다. 출판 당시는 크게 주목받지 못했으나 19세기 후반에 종교적 경건함을 추구하는 사회적 분위기 덕분에 재조명받는다. 키츠 역시 생전에는 비평가들에게 외면받고 대중적으로도 성공하지 못했지만, 사후에 재평가되어 대중적으로나 비평적으로 큰 사랑을 받는다. 홉킨스는 딕슨이 호아드나 키츠처럼 늦게라도 빛을 보기를 바란다. 좋은 작품이 세상 빛을 보지 못하는 것은 옳은 일이 아니라고 생각한다.

딕슨의 무명을 안타까워하는 마음에는 자신의 시가 묻힌 것에 대한 홉킨스의 실망감도 투영되었음을, 다음 편지글이 여실히 보여준다.

명성을 얻었든 잃었든 간에 그것은 무작위적이고 무모하고 무능하고 부당한 심사 위원 즉, 다수의 대중이 결정합니다. 그러나 오로지 유일하고도 온당한 심사 위원, 유일하고도 정당한 문학 비평가는 그리스도뿐입니다. 그분은 다른 누구보다도, 심지어 그 재능을 받은 사람 자신보다도, 그분이 주신 재능을 더 자랑스러워하시고 더 칭찬하십니다. 명성과 타인의 칭찬이 가져다주는 유일하고도 실제적인 선은 마음이라는 경로보다 덜 의심스러운 경로를 통해, 완벽히 공정하고 세심하며 현명한 마음, 즉 그리스도의 마음에서 우리에게 전달되는 심판의 표시입니다. 그리고 그 표시는 다수뿐만 아니라 단 한 사람을 통해서도 전달될 수 있습니다. 사람이 응당 그렇듯이, 저 역시 공정한 심판을 받을 것이라 믿기에 제 생각을 선생님께 말씀드리는 것이 자비로운 일이라 여겼습니다. 실망과 모욕감은 마음을 쓰라리게 하고 뼛속 깊이 아프게 만드니까요. 제가 알고 있는 한, 선생님은 분명 신에게 감사드릴 이유가 충분합니다. 신께서 선생님에게 시각적 자연을 놀라울 만큼 선명하게 볼 수 있는 내적 눈을 주셨고, 선생님의 시가 보여주듯이 인간의 삶과 감정을 부드럽고 진지하게 안타까워하며 깊이 통찰할 수 있는 마음을 주셨음을 다시 한번 알려 드립니다.[549]

홉킨스는 세속의 심사 위원이나 대중은 시를 올바로 평가할 자격이 없다고 말한다. 그들의 평가에 정당한 권위를 부여할 필요도 없고, 그들의 평가로 명성을 얻었다고 기뻐할 이유도 없다고 설득한다. "유일하고도 온당한" 심사 위원과 비평가는 오직 예수뿐이라고 덧붙인다. 그럼에도 사람인지라 제대로 평가를 받지 못할 때 실망과 모욕감을 느낄 수 있다. 홉킨스는 자신이 그러했듯 딕슨도 같은 고통을 느꼈을 것이라고 확신한다. 그 때문에 신이 딕슨에게 훌륭한 재능을 주었다고 상기시켜 준다. 딕슨의 무명을 위로하는 말이지만, 사실은 홉킨스 자신의 상처를 달래는 말이기도 하다.

딕슨은 내면 깊숙한 곳에서 "다양한 감정이 깨어나 요동치는" 바람에 답장을 쓰기까지 며칠이 걸린다.⁵⁵⁰ 잠깐 근무했던 하이게이트 시절을 떠올리고, 그곳에서 만났던 "매우 밝고 활달하면서도 사색적이고 지적인 인상이었던 창백한 어린 소년"을 떠올린다.⁵⁵¹ 그런 후 마침내 감사와 감동의 마음을 담아 답장을 쓴다.

> 당신의 편지가 나에게 얼마나 큰 감동을 주었는지, 아니, 나의 본질을 얼마나 뒤흔들었는지 당신은 상상도 못할 겁니다. 마음 깊은 곳에서 당신에게 진심으로 감사합니다. 가장 소중한 소지품들 사이에 당신의 편지를 간직해 두었습니다. 솔직히 내 시는 대체로 거의 모든 곳에서 외면받았기에, 나는 그것이 그렇게까지 가치 있고 훌륭하다고 생각해 본 적이 없습니다. 이 일은 명성보다 더 대단한 것입니다. 편지를 읽으면서 그리고 주머니에서 꺼내 다시 볼 때마다, 저는 다수의 평범한 인정을 받는 것보다 한 사람에게 깊이 이해받고 소중히 여겨지는 것이 더 좋다는 것을 느끼게 됩니다. 얼마 전, 약 3주 전입니다. 화가인 친구, 번 존스(Edward Burne-Jones)와 이야기를 나눈 적이 있습니다. 그때 번 존스가 이렇게 말했습니다. "사실 누구나 결국은 자신을 이해해 줄 단 한 사람을 위해 작업을 하는 것이지. 하지만 그런 일은 때로, 아주 긴 세월이 흐른 뒤에야 일어나곤 하지." 그런데 나는 내 생애 동안 이해받을 수 있으니 정말 행복합니다.

딕슨의 답장을 받고 홉킨스도 기분이 좋아진다. 충동적으로 편지를 보낸 것이 잘한 일인가 걱정했는데, 딕슨에게 좋은 영향을 미쳤다는 답장을 받으니 편지 쓰기를 잘했다는 생각이 든다.⁵⁵²

이후 두 사람은 시간이 허락하는 한 자주 편지를 주고받는다. 몇 통의 편지가 오간 후 딕슨은 홉킨스에게 시를 쓰냐고 묻는다. 딕슨이 보기에 홉킨스는 시에 대한 지식이 상당하고 글솜씨도 탁월하기 때문이다. 홉킨스는 예수회에 들어가기 전에 시를 불태운 일부터 「도이칠란트호의 난파」가 실패로 끝난 일까지 전부 털어놓는다.⁵⁵³ 딕슨은 홉킨스에게 시를 보여달라고 정중하게 요청한다. 홉킨스는 브리지스에게 맡겨 두었던 원고를 돌려받아 딕슨에게 보내며, 「유리디시호의 상실」부터 읽으라고 권한다. 그것이 좀 더 "평범한 스프렁 리듬"으로 작성되었기 때문에 입문에 적합하다고 이유를 밝힌다.554

딕슨은 시를 읽은 후 홉킨스가 한 번도 들어본 적 없는 찬사를 보낸다. "이제껏 읽은 시 중에 가장 특별하고 놀라울 만큼 독창적"인 시라고, 그 시를 읽는 내내 "즐거움과 놀라움과 존경심"을 느꼈다고 말한다.555 딕슨은 홉킨스의 새로운 실험들이 묻혀서는 안 된다고 강조한다. 우선 자신의 책에 홉킨스의 시를 소개하겠다며, 다음과 같이 제안한다. "아직 출판하지 않은 『로마 가톨릭 폐지 후 영국교회 역사』 다음 권에 당신의 예수회에 대해 조금 쓸 계획입니다. 당신이 허락한다면 주석을 적절하게 달아 당신의 시를 소개하겠습니다. 1년 안에 출판 준비가 완료되지 않을 테니 제가 다시 이야기할 때까지 이에 대해 답하지 않아도 됩니다." 딕슨의 칭찬은 홉킨스에게 엄청난 위안이 된다. 더욱이 오랫동안 존경했던 시인의 칭찬이다. 홉킨스는 그간 시 때문에 애를 끓였던 마음이 어루만져지는 듯하다. 또한 자신의 영감과 실험이 옳았다는 확신도 얻는다.

하지만 홉킨스는 딕슨의 새 책에 자신의 시를 소개하겠다는 제안에는 분명하게 반대한다.

> 선생님께서 저의 시를 그렇게 높이 평가한 것에 대해 정말 큰 기쁨을 느낍니다. 하지만 새로 출판할 책에 제 시를 알리기 위해 주석을 단다는 친절한 제안에 대해서는 제 입장을 말씀드려야 할 것 같습니다. 그 계획은 저에게 전혀 적합하지 않습니다. 여러 가지 이유가 있고, 그중 하나만으로도 충분한 이유가 됩니다만, 여기서는 몇 가지만 말씀드리겠습니다. 첫째, 저는 모든 상황이 적절하게 맞아떨어질 때까지 시를 출판할 생각이 없습니다. 그리고 출판 제안은 우리 수도회 내부에서 있어야 하며, 그것이 언제가 될지 모르겠지만 반드시 수도회의 결정에 따르는 것이어야 합니다. 둘째, 이런 방식으로 주목받는 것은 상관에 대한 일종의 불복종이자 불

성실한 태도가 될 수 있습니다. 그럼에도 저를 도와주겠다는 선생님의 친절한 마음에는 진심으로 감사합니다. 제가 사는 삶은 많은 금욕을 요구합니다. 시인으로서 명예를 탐하는 것은 결코 해서는 안 되는 일 중 하나입니다. 물론 저의 작품이 언젠가 자연스러운 방식으로, 말하자면, 애쓰지 않아도 저절로 알려지기를 바라는 마음은 있습니다.[556]

이 편지는 홉킨스가 생애 동안 시를 출판하지 않은 이유를 가장 명확하게 보여주는 글이다. 홉킨스는 자신의 시가 반드시 예수회를 통해서 출판되어야 한다는 원칙을 세웠다. 『월간』이 「도이칠란트호의 난파」와 「유리디시호의 상실」을 게재하지 않은 것도, 스토니허스트 칼리지가 「오월의 성모 송가」를 게시하지 않은 것도 모두 예수회의 결정이었다. 예수회가 허락하지 않은 것을 예수회 밖에서 몰래 한다면 그것은 상관의 결정에 불복종하는 것과 같다. 더욱이 예수회 사제의 삶은 일반적인 삶과 다르다. 어떤 것은 일반인보다 더 많이 하고 어떤 것은 일반인보다 덜 해야 한다. 시를 출판해 세속적인 명예를 얻는 일은 하지 말아야 할 일에 속한다. 홉킨스는 세속적 명예보다 예수회로서의 원칙을 지키기로 선택했다. 다만 자신의 시가 언젠가 자연스럽게 인정받기를 바란다.

딕슨과 여러 차례 편지를 주고받는 가운데 홉킨스는 유언장을 작성한다. 서른네 번째 생일을 두 주 앞둔 7월 11일의 일이다. 청빈을 맹세한 모든 예수회가 그렇듯, "무엇이 어디에 있든 간에, 내가 소유하거나 소유권을 주장할 수 있는 모든 실제 재산과 동산"을 포기하는 증서를 작성해 교구장 신부에게 제출한다.[557] 유언장은 홉킨스가 사망한 후 그 처리를 위해 아일랜드 교구로 보내졌고 1922년 아일랜드 시민전쟁 중 화재로 소실된다.[558]

1879년 7월 홉킨스는 새로운 임지로 발령 난다. 런던에 있는 성모 잉태 성당(Church of the Immaculate Conception)이 새 근무지이다. 행정적으로 마운트 스트리트 가든(Mount Street Gardens)에 가깝지만, 팜 스트리트 교회(Farm Street Church)로 더 널

런던 성모 잉태 성당(팜 스트리트 교회)

리 알려진 성당이다. 당시 런던에서 가장 잘 운영되고 있는 가톨릭교회 중 하나로 인정받는 곳이다.[559] '잘 운영된다'라는 표현에는 부유층이나 중산층 신도들이 다수 포함되어 있다는 뜻이 숨어있다. 로마 가톨릭 영국 관구는 교회 내 중산층 신도의 증가를 절실히 원하지만, 이를 해결할 마땅한 방법이 없다. 로마 가톨릭에 대한 편견이 워낙 강해 중산층의 자발적 개종이 거의 일어나지 않기 때문이다. 이런 상황에서 부유층 영국인 신도를 다수 확보한 팜 스트리트 교회는 매우 고무적인 사례이다. 덕분에 규모가 그리 크지 않은 교회임에도 불구하고, 예수회는 물론 영국 관구 전체로부터 특별히 주목받는다. 게다가 런던 중심부에 있다. 이처럼 중요한 교회가 홉킨스의 첫 교구로 배정되었다. 예수회가 그에게 거는 기대가 적지 않음을 의미한다.

예수회의 기대와 달리 홉킨스는 새 발령에 무덤덤하다. 조직 내 정치에는 관심이 없는지라 소위 요지에 부임한다는 인식조차 없다. 더욱이 그는 성격적으로 매우 예민하고 개성이 강하다. 지나치게 꼼꼼한 성격 때문에 같은 일을 해도 다른 사람보다 많은 시간을 쏟는다. 당연히 새로운 환경과 업무에 적응하는 데 많은 에너지가 필요하다. 그래서 홉킨스는 대체로 한번 머물렀던 곳에 계속 머물고 싶어 한다. 이번에도 스토니허스트에 적응하는가 싶었는데 새로운 장소로 옮겨야 했다. 여기도 적응할 만하면 또 다른 곳으로 옮겨가야 할 것이다.

팜 스트리트 교회에 도착한 직후 쓴 편지에는 이동하는 삶에 대한 서글픔이 담긴다. "지금은 8월 강론을 위해 원고를 세 개 쓰고 있다. 그 외에 할 일은 거의 없다. 그래서 내 신학을 정립하는 데 집중하고 있다. 곧 일도 늘어날 것이다. 내가 아는 한 나는 이곳에 영원히 머물 것이다. 단, 우리에게 '영원'이란 마늘빵처럼 덧없는 영원함이다. 거미줄이나 비눗방울, 서리 깃털처럼 쉽게 사라지는 영원함이다."[560] 어쨌든 이미 새로운 곳으로 옮겨 왔고 다행히 시간이 많아 학문에 집중할 수 있다. 무엇보다 런던에 있어 가족과 친구들을 만나기 쉽고 전시회나 박물관에도 자주 갈 수 있다. 홉킨스는 가능한 이곳에 오래 머물고 싶어 한다. 하지만 자신이 원하는 대로 머물 수 없다는 것도 안다. 마치 "비눗방울"이 공기 중에 터지듯, "서리"가 햇빛에 녹아 사라지듯 그렇게 곧 이곳에서 사라져야 한다는 것을 안다. 이런 생각이 그의 마음에 잠시 서글픔을 새긴다.

1878년 8월 4일 홉킨스는 교구사제로서 첫 강론을 한다. 이날 미사에는 홉킨스를 응원하기 위해 브리지스가 참석한다. 홉킨스는 연학 수련기 6년 동안 꾸준히 강론 연습을 했지만 신도들 앞에서는 처음이라 약간 긴장한다. 강론 후 "처음에는 아주 조금 긴장했지만 나중에는 괜찮아졌다. 그때는 순전히 기억나지 않아서 당황했을 뿐이다. 강론 전달이 잘 되지 않았지만 조만간 잘하게 되기를 기대한다"라고 소감을 밝힌다.[561]

홉킨스는 강론이 훌륭하지 않았다고 자평하지만, 브리지스는 홉킨스의 강론을 좋게 보아 칭찬하는 글을 남기기도 한다. "제라드 홉킨스가 팜 스트리트에서 강론하고 고해성사를 본다. 지난 일요일 그의 강론을 들으러 갔는데, 정말 훌륭했다. 그가 여기에 들러 다정하게 웃으며 이야기를 나누고 갔다. 홉킨스가 예수회에 가입하지 않았다면 어떤 사람이 되었을지 모르겠지만 예수회가 되어 더 나빠진 점은 없다. 그의 시는 정말로 탁월하지만 일반적인 사람들에게는 다소 난해하게 느껴질 수도 있다."[562] 브리지스는 여전히 예전처럼 다정하게 웃으며 이야기 나누는 홉킨스를 보며 안도한다. 예수회 사제가 되었어도 변한 것이 없어 보이기 때문이다. 더해서 홉킨스의 시가 탁월하지만 일반인이 이해하기에 다소 난해하다는 말도 덧붙인다. 예수회가 홉킨스의 시를 제대로 이해하지 못하고 있다는 의미도 포함되어 있다.

홉킨스의 두 번째 강론은 기대에 미치지 못한다. 여성 신도만을 대상으로 한 강론에서 홉킨스는 교회를 젖이 가득한 암소에, 암소의 일곱 개의 젖꼭지를 일곱 희생에 비유해 상관에게 심한 꾸지람을 듣는다.[563] 홉킨스가 선택한 비유는 분명히 기발하지만 당시 사회 규범에는 맞지 않는다. 공개석상에서 이런 표현을 직접 사용하는 것은 점잖지 못한 일로 간주되던 시대이다. 더구나 회중석에는 여성 신도만 참석했다. 그들은 여성의 신체를 떠올리게 하는 표현을 공개석상에서 사용한 홉킨스의 언사에 당혹감이나 불쾌감을 느꼈을 가능성이 크다.

19세기 종교 진영에서 교회 강론은 매우 중요한 의미가 있다. 별다른 오락거리가 없는 시대라, 강론을 훌륭하게 하는 목회자는 마치 대중 스타처럼 조명받는다. 멀리서도 강론을 듣기 위해 일부러 미사에 참석하는 사람들이 생기고 신문과 잡지에도 단골로 언급된다. 교회 운영에 도움이 되는 것은 말할 것도 없다. 이 때문에 모든 교회가 강론에 매우 신경을 쓴다. 팜 스트리트 교회 주임신부도 7월에 도착한 홉킨스에게 아무것도 시키지 않고 오직 강론 준비만 하라고 배려했다. 홉킨스는 그런 주임신부의 기대를 충족하지 못했다.

10월 하순에 새로운 임지로 떠나야 한다는 소식을 듣는다. 팜 스트리트에 온 후 넉 달도 지나지 않아 내려온 명령이다. 홉킨스는 브리지스에게 "우리는 여러 해 동안 다시 못 만날지도 모른다"라고 쓴 엽서를 급히 보낸다.[564] 런던을 떠나면 가족과 친구들을 자주 만나지 못할 것이라는 아쉬움이 가득하다.

예수회에서 이동은 일반적이다. 그렇다 해도 홉킨스는 짧은 기간에 너무 빈번하게 이동한다. 사제 서품을 받고 1년 동안, 마운트 세인트 메리 칼리지, 스토니허스트 칼리지, 팜 스트리트 교회를 거쳤다. 홉킨스는 내심 팜 스트리트에서는 좀 더 오래 머물 수 있으리라 기대했다. 일반적으로 교구사제는 신도들과의 관계를 중시하기 때문에 한 곳에 좀 더 오래 머무는 경향이 있다. 실제로 사제가 교구민과 좋은 관계를 맺어 오래도록 한 교구에 머무는 일도 있다. 예를 들어 미들허스트 신부(Fr Middlehurst)는 1845년부터 1877년까지 20년 넘게 베드포드(Bedford) 교회에서 근무한다. 교구민의 청원 때문에 다른 곳으로 이동하지 못하고 그곳에서 생애를 마친 신부의 장례식에는 2만 명이 운집한다.[565] 홉킨스처럼 자주 빠르게 이동하는 것은 예수회에서의 삶이 순탄하지 않을 수 있다는 신호이다.

홉킨스는 갑작스러운 전출 명령이 두 번째 강론의 실패 때문이라고 짐작한다. 『월간』에서 홉킨스의 시들을 거절했다는 소문은 이제 예수회 안에서 "거의 유명한" 이야기가 되었다.[566] 「도이칠란트호의 난파」와 「유리디시호의 상실」이 연이어 실패했다는 것을 알 만한 사람은 다 안다는 말이다. 이후 홉킨스는 이 시들을 묶어 '난파 시' 혹은 '두 편의 난파 시'라고 부른다. 여기에는 배의 난파라는 소재뿐 아니라, 시가 세상에 나가지 못하고 좌초되었다는 자조적 의미도 담겨있다. 게다가 여성 신도들에게 민망한 강론을 해서 전출됐다는 평판도 더해졌다. 홉킨스는 당황하고, 예수회는 홉킨스를 어디로 보낼지 고심한다.

마침내 예수회는 홉킨스의 다음 임지로 옥스퍼드를 선택한다. 그곳이라면 홉킨스가 최상의 능력을 발휘할 것이라고 기대한다. 홉킨스도 실망을 거두고 가벼운 발걸음으로 옥스퍼드를 향해 출발한다. 대학 졸업식 이후 한 번도 가지 못한 그곳을 빨리 보고 싶은 마음이다.

13.
교구사제 ①
옥스퍼드

1878년 11월 21일 홉킨스는 옥스퍼드 세인트 알로이시어스 곤자가 성당(St Aloysius Gonzaga Church)에 보좌신부로 부임한다. 주임신부는 파킨슨 신부(Fr Thomas Brown Parkinson)이다. 예수회가 홉킨스를 옥스퍼드 교구에 배정한 이유는 명확하다. 홉킨스가 옥스퍼드 대학 졸업생이기 때문이다. 홉킨스가 개종할 당시 옥스퍼드 대학에서는 여러 명이 동시에 로마 가톨릭으로 개종했다. 퓨지와 리돈이 앵글로 가톨릭주의를 전파하면서 개종의 전초 기지 역할을 했고, 때마침 출판된 뉴먼의 『나의 삶을 위한 변론』이 많은 젊은이를 로마로 이끄는 견인차가 되었다. 로마 가톨릭에게 옥스퍼드 대학은 고학력 개종자의 공급처였다. 로마 가톨릭의 불모지나 다름없던 영국에서 그처럼 단기간에 교회 체계를 갖추고 수많은 아일랜드 이민자를 품을 수 있었던 것은 옥스퍼드 출신 고학력 개종자들의 공이 컸다. 그래서 로마 가톨릭은 옥스퍼드 출신 개종자를 언제나 환영한다.

반대로 옥스퍼드 대학은 개종자들로 인해 상당한 곤욕을 치른다. 영국은 로마 가톨릭의 성장세를 걱정하며 책임 소재를 따진다. 옥스퍼드 대학은 비난의 대상이 되기에 가장 적합하다. 옥스퍼드 운동과 앵글로 가톨릭주의가 거기서 시작되었고, 뉴먼과 매닝이 개종한 곳이다. 영국은 일련의 사건들이 로마 가톨릭에 대한 심리적 장벽을 허물었다고 판단한다. 이전에 옥스퍼드 대학은 영국 국교회 주교의 감독을 받으며 영국 국교회 사제를 양성하는 대학이라는 자부심을 누렸었다. 그런데 개종자들 때문에 '자기 울타리도 제대로 건사 못한다'라는 비난을 받게 되었다. 옥스퍼드 대학은

세인트 알로이시어스 곤자가 성당 기념 명판*

두 번 다시 학내에 개종 바람이 일지 않도록 온갖 노력을 한다.

그 결과 옥스퍼드 운동 정신은 시대에 뒤떨어진 것이 되었고 앵글로 가톨릭주의는 쇠락했다. 앵글로 가톨릭주의를 대표하는 퓨지는 대학에서 고립되었으며, 육일 창작회를 이끌던 리돈은 아예 옥스퍼드를 떠났다. 여기에 개종자들이 겪는 현실적 어려움이 전설처럼 더해진다. 이제 옥스퍼드에서는 누구도 로마 가톨릭으로 개종하려 하지 않는다. 로마 가톨릭은 이런 상황을 심각하게 바라본다. 옥스퍼드 대학 출신 사제인 홉킨스가 이를 해결하는 데 도움이 되기를 바란다.

홉킨스도 희망에 부푼다. 졸업 후 처음 찾아온 옥스퍼드는 옛 모습 그대로이다. 하지만 옥스퍼드가 예전 같지 않다는 것을 깨닫는 데 그리 오랜 시간이 걸리지 않는다. 누구도 예수회 사제가 되어 돌아온 개종자 졸업생을 순수하고 낭만적인 시선으로 바라보지 않는다. 홉킨스는 자신이 환영이 아니라 경계의 대상이 되었음을 느낀다. 옥스퍼드에서 개종한 매닝 추기경이 예전에 "모든 거리와 돌멩이 하나까지 사랑하는 고향에서 이방인으로 산다는 것은 참으로 고통스럽습

* 옥스퍼드 세인트 알로이시어스 곤자가 성당 기념 명판에는 "이곳에서 뉴먼 주교가 강론했고, 제라드 맨리 홉킨스가 신부로 봉사했으며, 톨킨(J. R. R Tolkien)이 예배를 보았다"라고 새겨져 있다.

니다"라고 말한 적이 있다.[567] 홉킨스도 그처럼 옥스퍼드 전체에서 소외된다. 그로서는 상상도 못 한 일이다.

홉킨스를 따뜻하게 맞아준 사람은 페이터와 파라비시니(Francis de Paravicini) 뿐이다. 당시 페이터는 학내에서 매우 곤궁한 상황에 처해 있었다. 스승이었던 조웻과 사이가 틀어진 것이 원인이다. 두 사람은 "매우 상반되는 기질"로 인해 평소에도 사이가 썩 좋지는 않았지만, 비교적 점잖게 잘 지내고 있었다.[568] 그러나 페이터의 신간 『르네상스 역사 연구』(Studies in the History of the Renaissance)가 상황을 급변시켰다. 이 책은 출간 즉시 큰 논란을 초래하는데, 조웻이 페이터를 "탄압"하고 "질시"하는 선봉에 선다. 옥스퍼드에서 조웻의 영향력은 여전히 강력했기에 페이터의 입지는 상당히 위축된다. 자기 처지 돌보기도 바쁜 페이터는 홉킨스에게 큰 도움이 되지 못한다.

오히려 전혀 기대하지 않았던 파라비시니가 홉킨스를 매우 따뜻하게 맞아준다. 파라비시니는 벨리올 칼리지를 함께 다닌 친구이다. 홉킨스가 예수회 사제가 되는 동안, 그는 벨리올 칼리지에서 고전학 교수로 자리를 잡았다. 파라비시니 부부는 종종 홉킨스를 집으로 초대해 식사를 대접한다. 파라비시니의 부인은 훗날 홉킨스에 대해 여러 유용한 증언을 남긴다. "그분은 특이하리만치 재능이 넘쳤고 매우 사랑스러운 분이었습니다. 성자와 같은 숭고함을 지녀서 다른 모든 이들과 완전히 다르고 두드러졌답니다. 그러나 그분의 아름답고 온화하고 관대한 성품이 그분을 친구들과 하나 되게 했고, 우리가 그분을 사랑하고 귀히 여기도록 이끌었답니다. 그분으로 인해 우리 삶이 더 나아지고 세상이 더 풍요로워졌다고 느끼곤 했습니다... 제 남편은 그분이 사제로서 성무일도 기도를 바치는 것이 얼마나 즐거운지, 자신의 종교가 얼마나 평온하고 완전한지에 대해 종종 이야기했던 것을 기억하고 있습니다."[569] 파라비시니 부부는 홉킨스와의 우정을 오래 간직하고, 나중에 아일랜드에서 병든 홉킨스의 귀환을 돕기 위해서도 애쓴다. 이 부부 덕분에 홉킨스는 옥스퍼드에서의 외로움을 차차 잊어간다.

홉킨스는 열정적으로 많은 일을 하기 시작한다. 예수회가 홉킨스 후임으로 4명의 보좌신부를 파견한 것만 보아도 그의 업무량이 얼마나 많았는지 짐작할 수 있다.[570] 홉킨스는 본당 사제 업무 외에도, 예수회가 운영하는 학교를 관리 감독하고 어린이와 노인을 돌보는 요양원과 인근 감옥의 사제 업무도 병행한다. 더해서 옥스퍼드 근교에 있는 코울리 부대(Cowley Barracks)의 군종 사제도 겸임한다.

옥스퍼드 코울리 부대 엽서, 1910

영국 군대에는 로마 가톨릭 신자가 상당수 포함되어 있다. 비록 많지 않으나 고정 임금을 주는 직장이라 적당한 일자리를 찾기 어려운 이민자들이 군대에 자원하기 때문이다. 제국주의 전쟁으로 병력 확충이 시급한 영국 군대는 이민자들을 환영한다. 이들의 반영 감정을 달래고 영국 군인과 평등하게 대우한다는 인식을 심어주기 위해 군대 내 종교의 자유도 보장한다. 덕분에 로마 가톨릭은 영국 군대에서 영국 국교회나 장로교회와 동등한 지분을 갖는다.[571] 홉킨스는 군종 사제로서 매주 병영을 방문한다. 영국은 제국주의를 선전하며 군대와 군인을 이상화한다. 하지만 현실에서 보는 군부대는 비위생적 환경, 술, 매춘 그리고 음주로 인한 범죄와 성병 등이 만연한 곳이다.[572] 홉킨스는 난생처음 이런 광경을 목격하고 엄청난 충격을 받는다. '더럽고 추잡하다'라고 표현하며 인간에 대한 실망감을 드러낸다.[573]

옥스퍼드 청년 협회(The Young Men's Association)에 참석하는 것도 홉킨스의 임무 중 하나이다. 협회 청년들은 "좋은 매너를 갖추었지만" 홉킨스는 이들과 진정한 관계를 맺지 못한다.[574] 대부분의 옥스퍼드 사람이 그렇듯, 홉킨스에게 "경직된 공손함과 냉담한 태도"를 유지하기 때문이다. 홉킨스 역시 그들에게 공감하지 못한다. 많은 협회 모임 중에서 홉킨스가 기록으로 남긴 회의 주제는 옥스퍼드 지역 빈민 구제에 관한 것이다. 협회 회원들은 그날 회의가 끝날 때까지 결론에 이르지 못한다. 홉킨스는 이를 두고 "옥스퍼드에는 그토록 큰 고통이 없으며 설령 있다고 해도 그들을 구제해 줄 사람이 많다. 그래서 그들은 구제 조직이 필요 없거나, 구제 조직이 만들어지지 않기를 바랄 수도 있다"라고 해석한다.

여기서 홉킨스는 두 가지 한계를 드러낸다. 첫째는 옥스퍼드에 극빈층이 없다고 보는 시각이다. 물론, 산업화가 덜 진행된 옥스퍼드는 대도시만큼 빈민 문제가 심각하지 않다. 그렇다고 옥스퍼드가 영국의 고질적 문제인 빈부격차에서 벗어나 있다고 단정할 수는 없다. 빈민층에 대한 홉킨스의 경험과 인식이 아직 부족하다는 것을 여실히 보여준다. 둘째는 청년 협회의 의도를 오해한 것이다. 홉킨스는 협회가 합의에 이르지 못한 이유를 그들이 구제 조직의 필요성에 공감하지 못했기 때문이라고 해석한다. 하지만 글의 맥락을 보면, 그들이 그렇게 주장한 것이 아니라 홉킨스가 그렇게 판단한 것이다. 홉킨스는 자신의 견해를 근거로 협회 회원들의 태도와 의도를 왜곡한다. 이는 홉킨스의 내면에 인간의 선한 본성에 대한 믿음이 부족하기 때문이다. 병영 주변의 타락상을 목격한 것이 인간의 죄악에 대한 믿음을 더욱 강하게 했다. 홉킨스는 교구사제로 일하면서 인간에 대한 이해와 빈민을 향한 연민을 성숙시켜 나간다.

해를 넘겨 1879년이 시작되었다. 2월이 되도록 홉킨스는 한 편의 시도 완성하지 못한다. 시간도 부족하고 일에 치여 영감도 떠오르지 않는다. 이런 상태를 다음과 같이 표현한다. "도저히 시를 쓸 시간이 없다. 다른 것을 창작할 영감이나 욕구가 생기지 않는다. 감정, 특히 사랑은 가장 강력하게 마음을 움직이는 힘이자 원천이다. 내가 사랑하는 유일한 그분은, 특히 요즘은 내 마음을 충분히 흔들지 않으신다. 그분이 나의 마음을 흔드신다 해도 그것을 창작에 계속 활용할 수는 없다. 그것은 신성모독이 될 수 있기 때문이다. 그래서 나는 홀로 아주 힘겹게 시를 쓰고 있다."[575] 여기서 "유일한 그분"은 말할 것도 없이 신을 가리킨다. 신만이 그의 창조적 욕구와 영감의 원천이다. 하지만 지나치게 바쁜 일상 때문에 신이 그의 마음을 자극하는 순간을 느낄 여유조차 없다. 신이 보내준 영감

없이 "홀로" 시를 쓰는 것이 쉽지 않다고 느낀다.

홉킨스는 신의 영감으로 완성한 것이든, 홀로 힘겹게 쓴 것이든 간에, 그것들이 흔적 없이 사라지기를 바라지 않는다. 처음으로 그는 자신의 시의 운명에 대해 구체적으로 이야기한다.

> 출판할 의도가 없다는 말은 진심이다. 『월간』에 두 편의 난파 시를 게재하려 했던 것 이상의 어떤 시도도 하지 않았고 앞으로도 할 생각이 없다. 만약 내 시 중 일부가 출판 가능하다는 사실을 권위 있는 누군가가 알고 출판을 권유한다면 거절하지 않겠다. 나는 완전히는 아니지만 어느 정도는 기쁠 것이다. 그러나 그런 일이 일어날 가능성이 전혀 없다. 지금 내가 할 수 있는 유일한 일은 시들을 한곳에 모아두는 것이다. 현재는 정확한 필사본조차 갖고 있지 않다. 만약 누군가 원한다면 내가 죽고 난 후에 출판할 수도 있을 것이다. 그러나 다시 말하지만, 지금으로서는 가능하지 않은, 아주 먼 훗날의 이야기다.[576]

홉킨스는 이제 시를 출판하기 위해 어떤 노력도 하지 않겠다고 다짐한다. 홉킨스의 시가 『월간』에 거절당했다는 사실은 이제 예수회에서 모르는 사람이 없다. 때때로 궁금증을 품고 시를 보여달라고 청하는 사람도 생겼다. 보몬트 로지(Beaumont Lodge)에 근무하는 스플레인 신부(Fr Cyprian Splaine)도 홉킨스에게 시를 읽어보고 싶다고 청한다. 홉킨스는 브리지스에게 자신의 원고를 스플레인 신부에게 보내라고 부탁하는 편지를 보낸다.[577] 하지만 홉킨스가 바라는 것처럼 "권위 있는 누군가"가 시를 출판하겠다고 연락한 적은 없다. 여기서 "권위 있는 누군가"는 예수회 상관을 의미한다. 홉킨스는 그런 일이 일어나지 않을 것이라고 확신한다. 하지만 먼 훗날을 대비해 시를 한곳에 모아두는 것이 좋겠다고 생각한다. 현재 "정확한 필사본조차" 없다는 말은 홉킨스가 처한 환경이 창작을 이어가기에 얼마나 부적합한지를 잘 보여준다. 다행히 브리지스가 홉킨스의 의도를 알아채고 홉킨스의 육필 원고들을 정리하기 시작한다.

홉킨스는 사후에라도 시가 출판될 가능성에 위안을 얻는다. 이때부터 약 1년간 홉킨스는 시인으로서 두 번째 결실의 시기를 보낸다. 「둔스 스코투스의 옥스퍼드」("Duns Scotus's Oxford"), 「나팔수의 첫 영성체」("The Bugler's First Communion"), 「멋진 마음」("The Handsome Heart"), 「빈지의 미루나무들」, 「헨리 퍼셀」, 「집 안의 촛불」("The Candle Indoors")이 이 시기에 완성된다. 비록 웨일스 시절처럼 많은 시를 쏟아내지는 못하지만, 형식적으로나 의미적으로나 더욱 다채로워진다. 이른바 "두 편의 난파 시"를 제외하면 웨일스 소네트들은 모두 자연 시 일색이다. 반면에 옥스퍼드에서 쓴 시들은 인간에 대한 이해와 존경이 담긴다. 이는 홉킨스의 시 세계가 확장되고 있음을 보여준다. 또한 그가 사제로서 그리고 한 인간으로서 성숙하고 있음을 확인시켜 준다.

시를 쓸 시간이 없다고 하소연한 지 겨우 일주일 만에 홉킨스는 「둔스 스코투스의 옥스퍼드」를 완성한다. 옥스퍼드에 온 이후로 그는 스코투스에 대해 더 자주 생각한다. 스코투스가 바로 옥스퍼드 대학에서 공부하고, 또 강의했기 때문이다. 홉킨스는 스코투스가 600여 년 전에 머물렀던 공간에 자신이 존재한다는 사실을 특별하게 받아들인다. 스코투스와 자신을 동일시하는 마음도 커진다. 이런 감정을 그대로 「둔스 스코투스의 옥스퍼드」에 녹여낸다.

> 사이사이 나뭇가지 우거진 탑들의 도시
> 뻐꾸기 울고 종소리 넘치고 종달새 노래하고 까마귀 깍깍대고 강이 굽어 도
> 는 곳
> 그대 아래 얼룩 귀 모양 백합이 있는 곳, 시골과 도시가 한번에 만나 싸우다
> 힘의 균형을 찾은 곳
>
> 그대는 천박한 벽돌 외곽을 지녀

그대의 회색빛은 잘 자리 잡은 근처 자연을 망쳤다

천박한 성장일 뿐, 그대는 시골, 시골이 지켜온 것과

사람과 양 떼와 꽃들을 혼란스럽게 만들었다

그러나 아! 내가 들이마시고 내쉬는 공기에

그가 살았으니 수초와 개울들, 담장들은 모든 사람 가운데

나의 정신을 가장 평화롭게 이끈 그가 다닌 곳

실재의 가장 고귀한 본질을 꿰뚫은 해설가

그리스나 이탈리아에도 대적할 자가 없는 통찰력을 지닌 이가

정결하신 성모를 위해 프랑스를 달구었다[578]

옥스퍼드 대학 벨리올 칼리지 채플 종탑

여기서 "그대"는 옥스퍼드를 가리킨다. 옥스퍼드는 아직 시골의 자연스러움을 간직하고 있지만, 동시에 천박한 도시 문명에 자리를 내주었다. 홉킨스는 그런 옥스퍼드가 스코투스로 인해 특별해졌다고 느낀다. 영어 단어 중에 '바보'(dunce-혹은 열등생)라는 단어는 스코투스의 이름, 둔스에서 유래했다.[579] 스코투스가 얼마나 저평가되었는지를 극명하게 보여주는 증거이다. 홉킨스는 그런 스코투스가 자신과 같다고 느낀다. 스코투스가 개체성 신학으로 가톨릭 역사에서 소외되었듯이, 자신도 개체성 신학을 펼쳐 여러 번의 실패를 경험했다. 스코투스를 "실재의 가장 고귀한 본질을 꿰뚫은 해설가"(Of realty the rarest-veinèd unraveller)이자 유럽에서도 "대적할 자가 없는 통찰력을 지닌 자"(a not / Rivalled insight)라고 찬탄하는 것은 스코투스를 향한

존경의 표시이다. 동시에 자신의 신념과 재능을 긍정하겠다는 의지의 표명이다.

며칠 지나지 않아 평소 존경하던 영국 바로크 시대의 작곡가 헨리 퍼셀(Henry Purcell)에 관한 시도 쓴다. 제목은 간명하게 「헨리 퍼셀」이라 정한다. 그는 많고 많은 작곡가 중에 퍼셀을 주제로 삼은 이유를 시의 서두에 다음과 같이 밝힌다. "퍼셀의 신성한 천재성이 제대로 인정받기를 바란다. 다른 음악가들이 인간 마음의 다양한 감정을 표현했다면, 퍼셀은 그 수준을 뛰어넘는다. 그는 자신을 포함해 모든 인간의 내면에 보편적으로 존재하는 인간의 본성과 형식을 음률로 표현했다. 이에 그를 칭송하고자 한다."[580] 작곡가 엘가(Edward Elgar)가 19세기 말 세계적으로 유명해지기 전까지, 퍼셀은 영국인으로서는 거의 유일하게 국제적 명성을 얻은 음악가이다. 그러니 영국인이 퍼셀을 칭송하는 것은 특별한 일이 아니다. 브리지도 「헨리 퍼셀 2백 주년 기념을 위해 완성된 음악에 부치는 송가」("Ode to Music Written for the Bicentenary Commemoration of Henry Purcell")라는 긴 제목의 시를 쓴 적이 있다.[581] 그럼에도 홉킨스의 「헨리 퍼셀」이 특별한 이유는 퍼셀의 음악을 개체성의 관점에서 칭송하기 때문이다.

> 은총을 오 은총을, 내게 몹시 소중한 헨리 퍼셀에서 샘솟는
> 몹시도 귀중하고 특별한 정신에 은총을 내려주소서
> 그가 떠나고 이제 한 시대가 지났으니 이단이라 규정해
> 그를 저 아래 둔 이승의 재판을 이제는 되짚으소서
>
> 그의 감정이나 의미, 도도한 열정, 성스러운 경외감
> 사랑, 연민, 온통 다정한 저 음률은 그의 힘에서 나온 것이 아닙니다
> 내가 발견한 것은 담금질된 특징, 저기서 이토록 귀를 파고들고
> 이토록 쇄도하는 자아를, 돌연한 자아 그 자체를 재현하는 것입니다

그가 오! 천사의 풍모로 나를 고조시키고 진정시키게 하소서!
다만 나는 기묘한 달빛 반점 같은 그의 흔적을, 그 날개 밑 살을 덮은 깃털을
볼 테니, 마치 더없이 거대한 폭풍 같은 새가 천둥 같은 보랏빛 해변을

활보할 때마다 깃털로 장식한 보랏빛 천둥이 울린 것 같을 테니
그의 찬란한 흰빛 깃털에서 인 바람이 거대한 미소처럼 흩날리면
의미 있는 움직임이 신선한 부채질로 우리 정신의 경이로움을 일깨웁니다[582]

이 시를 제대로 이해하려면 홉킨스가 직접 쓴 설명문을 참조하는 것이 효과적이다. "맨 처음 4행에서는 퍼셀이 신교도라는 이유로 저주받지 않기를 바라는 마음을 담았다. 그의 천재성을 사랑하기 때문이다. 제5행에서 제8행까지는 다른 음악가들과 비슷한 재능이 아니라, 그만의 개성과 독창성에 더 초점을 맞추었다. 물론 그가 다른 음악가들보다 더 뛰어난 재능을 지닌 것

<퍼셀의 초상>, 1695

은 말할 필요도 없다. 제9-14행은 퍼셀의 음악이 청자인 나를 압도하여 깊은 감동을 남기기를 간구했으며, 동시에 그의 독특한 개성과 그에게서만 발견되는 특유의 특징들을 더 찾게 되었다는 뜻을 담았다."[583] 홉킨스는 퍼셀이 영국 국교회 신도이기 때문에 구원받지 못했다고 생각한다. 그럼에도 퍼셀의 음악에 담긴 특별한 정신이 신의 은총으로 탄생한 것이라고 믿기에, 이제는 신의 자비로 퍼셀의 영혼이 구원받기를 바란다.

제9-14행에서 홉킨스는 퍼셀의 음악을 새에 비유한다. 하늘에서 장엄하게 울려 퍼지는 퍼셀의 음악은 새의 날갯짓에, 퍼셀의 음악에 담긴 개체성은 날개의 모양과 깃털의 색깔에 각각 대응시킨다. 특히 이 부분은 문장 구조가 매우 복잡하고 단어들이 생소해 읽기가 상당히 어렵다. "폭풍 같은 새"(stormfowl)는 사전에

없는 단어이고, "깃털로 장식한 보랏빛 천둥"(plumèd purple-of-thunder)은 여러 단어를 자의적으로 결합한 것이다. 브리지스조차 제9-14행을 제대로 이해하지 못해 불평한다. 홉킨스도 이 부분이 "원하는 만큼 명확하게 완성되지 않았다"라고 솔직하게 고백한다.[584]

대체로 홉킨스의 시는 난해하다는 평이 많지만, 이 시의 후반부는 특히 더 난해한 것으로 손꼽힌다. 한 비평가는 홉킨스의 시가 어려운 이유를 다음과 같이 설명한다. "생각이 어려우면, 그것을 표현하는 언어는 물론이거니와 그것을 이해하는 방식도 어려워지기 마련이다. 세상 모든 것이 각각의 개체성을 지녔듯이 언어도 그 자체의 풍미와 두드러진 특성을 지녀야 한다. 홉킨스에게는 이것을 지키는 것이 정직의 문제이고 진지한 태도의 반영이다."[585] 즉, 단어 하나에도 개체성을 추구하는 것이 홉킨스의 신념이고 정직한 태도라는 말이다. 그러니 홉킨스의 시는 태생적으로 낯설고 생경하고 특이할 수밖에 없다.

1879년 2월 옥스퍼드에는 매서운 추위가 이어진다. 날씨가 너무 추워 산책조차 쉽지 않다. 3월이 되어서야 겨우 날이 풀린다. 홉킨스는 강가를 산책하며 오랜만에 즐거움을 느끼지만, 곧 슬픔에 빠진다. 이날의 일에 대해 홉킨스는 "이런 글을 쓰게 되어 마음이 아프다. 강가에 줄지어 섰던 사시나무들(the aspens)이 모두 잘려나갔다"라고 기록한다.[586] 사시나무가 있던 가드스토(Godstow)는 옥스퍼드 중심가에서 북서쪽으로 약 10킬로미터 떨어진 작은 마을이다. 템스강이 지나가는 풍광이 꽤 멋진 곳이다. 그런데 그곳을 더욱 보기 좋게 만들던 사시나무들이 한꺼번에 모두 사라져 버렸다. 홉킨스의 나무 사랑은 각별하다. 1873년 스토니허스트에서 물푸레나무가 베어지는 광경을 보고 "커다란 고통이 밀려왔다"라고 말한 적도 있다. 나무 하나하나가 창조의 위대함을 보여주는 증거라고 믿기 때문이다. 사제로서 도시에서 일하는 동안 홉킨스는 자연이 파괴되는 것을 더욱 자주 목격한다. 이를 속수무책으로 지켜봐야 하는 안타까움이 「빈지의 미루나무들」에 담긴다.

4월이 찾아왔지만 엄청난 일거리에 허덕이는 것은 여전하다. "아주 짧은 시간도 허락되지 않아 책 읽기나 편지 쓰기도 어렵다."[587] 게다가 성당 주임신부인 파킨슨 신부와도 잘 지내지 못한다. 옥스퍼드를 떠난 후, "파킨슨 신부와 사이가 좋지 않아 행복하지 못했다"라고 고백할 정도로 사이가 나쁘다.[588] 가뜩이나 과중한 업무에 직속상관과의 불화까지 겹치자, 홉킨스는 스트레스를 받는다. 급기야 건강에도 문제가 생긴다. "진심으로 옥스퍼드에 오래 머물 것이라고 예상하지 않는다"라는 말로 하루라도 빨리 옥스퍼드를 떠나고 싶은 마음을 드러낸다.[589] 하지만 이런 마음은 오래가지 않는다. 얼마 안 가 옥스퍼드에 완전히 적응해 사제로서 아주 행복한 시간을 보낸다. 그래서 가을에 옥스퍼드를 떠나라는 명령이 내려오자 몹시 아쉬워한다.

사순 시기도 힘들게 지나간다. 마차 사고로 다친 파킨슨 신부가 요양을 떠났기 때문에 더욱 힘들다. 부활절까지 약 3주 동안 성당 안팎의 일을 홉킨스가 도맡는다. 그처럼 바쁜 와중에 홉킨스는 교구사제로서 잊지 못할 경험을 한다. 그는 성주간 내내 교구민의 두 어린 아들로부터 도움을 받는다. 그들의 순수한 성품에 크게 감동해서 다음과 같이 기록한다. "우리 교구민의 두 아들이 성주간 동안 성구 보관소에서 나를 많이 도와주었다. 나는 아이들에게 봉사의 대가로 돈을 주려 했지만, 큰아이가 거절했다. 내가 계속 권하자 마지못해 책을 사주는 형태로 받는 것에 동의했다. 작은 아이 역시 제 형과 똑같았다. 며칠 후 내가 그 아이에게 무엇을 사줄지 물었더니 이 소네트에 묘사한 것과 같은 대답을 했다. 그 아이들의 아버지는 이탈리아 사람으로 얼음 파는 일을 한다. 지금 나는 내 직업에서 얻은 경험 중 시로 옮길 수 있는 것이 많다는 것을 깨닫는다."[590]

"이 소네트"가 바로 "공손한 대답을 듣고"(at a Gracious Answer)라는 부제가 붙어 있는 「멋진 마음」이다.

'그래도 아이야, 네 선택을 말해주렴. 내가 무엇을 사줄까?'

'신부님, 신부님께서 사주시는 것은 뭐든 다 좋아요'

캐묻고 재촉했더니 가장 다정한 태도로 그리 말한다

맨 처음 차분하게 대답했던 것과 같은 요지를 반복한다

그 마음이 멋지다! 마치 날려 보낸 전서구가

어둠을 벗어나면 귀소본능이 나머지를 알아 하듯이

자연 그대로 자신의 본성으로 제 훌륭한 기능에 맞추어

십 년 세월이 방법과 이유를 가르친 그대로 빛이 되었다

예절의 마음이어라! 잘생긴 얼굴보다 더 훌륭한 것

아름다운 태도, 성장하는 사색의 기질

전부가 이번에는 고귀하고 신성한 은총에 흠뻑 젖었다

아이야 천국의 어떤 귀한 것을 네게 사주랴

갖지 못한 것을 얻어주랴? 오... 오직 네가 가는 그 길 위에서

너의 삶을 이어가라 오 그 기질을 더 엄격하게 보존하라[591]

홉킨스가 굳이 두 소년의 부모를 이탈리아에서 온 이민자라고 설명한 것은 그들의 가난을 강조하기 위해서이다. 유럽은 영국보다 산업혁명이 늦어 이민자들 대부분 특별한 기술이나 숙련 없이 영국에 들어온다. 이 때문에 많은 이민자들이 노동시장에서 우위를 점하지 못해 저임금 단순노동을 감내한다. 그들의 자녀들 또한 가정 형편을 돕기 위해 어린 나이부터 일을 하는 것이 일반적이다. 학교를 마친 후, 혹은 심지어 학교 가기 전에도 따로 시간을 빼서 임금 노동을 한다.[592] 아이들은 자연스레 어린 나이부터 세상 물정을 배우고 순수를 잃어간다. 부적절한 일에 휘말릴 가능성도 높아서 미성년 범죄는 19세기 후반 영국 사회의 고

민거리가 된다. 성주간 동안 홉킨스를 도운 두 소년은 이런 사회적 문제에서 동떨어져 있다. 돈을 벌 시간에 교회를 찾아 봉사한다. 심지어 봉사의 대가로 주는 돈조차 거절한다. 홉킨스는 소년들에게서 물질에 집착하지 않는 순수한 성품을 본다. 그것이 진실한 가톨릭교도의 덕목이라 확신한다. 그들이 그 소중한 자질을 잃지 않고 계속 지켜나가기를 간절히 바란다.

홉킨스가 동생을 더욱 칭찬한 것은 겨우 열 살밖에 안 된 어린아이가 예의와 겸양을 아는 것이 기특해서이다. 이 소년은 얼마 지나지 않아 홉킨스를 한 번 더 기쁘게 한다. 그해 가을, 그 어린 나이에 "예수회가 되겠다는 결심을 하고" 프랑스 볼로뉴(Boulogne)에 있는 신학교로 떠난다.[593] 홉킨스는 아이를 "작은 영웅"이라 부르며 자기 일처럼 기뻐한다.

반면 군종 사제로 병영을 오가는 발걸음은 언제나 무겁다. 사람들의 타락상을 보는 것은 고통스럽고, 그들을 선함으로 이끌어야 하는 소명은 무겁다. 하지만 얼마 안 가 군중 사제로서도 기쁨과 보람을 느끼는 일이 생긴다. 「나팔수의 첫 영성체」가 그것을 보여주는 시이다.

> 병영(언덕 저 너머에 있는)에서 온 소년 나팔수가
> 내게 말한다 아일랜드인 어머니와 영국인 아버지 사이에서
>   태어났다고(미래야 어찌 될지 모르지만
> 분명코 부모의 가장 좋은 점을 물려받았으리라)
>
> 바로 바로 오늘 그가 은총을 얻고자 우리에게 왔다
> 지난번 내가 그곳에 갔을 때 내게
>   내가 주기에 과분한 은혜를 간청했기에
> 오늘 나는 그것을, 말하자면 첫 영성체를 주러 왔다

여기 그가 빨간 연대 제복을 입고 무릎을 꿇었다
감실에서 그리스도를 꺼낸 나는 얼마나 간절히
　　　그분의 특별한 것을 그분의 아이에게 주고 싶어 했나!
잎 모양의 가벼운 성체 속에 낮게 임하신 너무나 큰 그분의 신성을

보소서! 당신의 가장 달콤한 선물로 아 신성한 그것으로
그에게 천국을 내리소서! 그리스도의 총아다운 불굴의 마음을
　　　허풍과 조롱 없는 진실한 혀를
훌륭한 남성 안에 살아 숨 쉬는 순결의 꽃을

근심하며 앞서가는 수호 전사로서
그를 괴롭히려 달려드는 무성한 까마귀 떼를 쫓으시고
　　　친절한 동료가 그와 나란히 행군하고
그의 나날에 빈틈없이 빛나는 질서가 입혀지게 하소서

저 황량한 언덕을 찾아가는 나의 마음이 얼마나 기쁜가
나긋한 물 같은 젊은이가 내 가르침에 짓눌린 복숭아처럼
　　　부드럽게 순응해 스스로 현명하게 자신의 의지로
안녕을 위해 고집스럽게 달려왔다!

그 후 며칠을 나의 마음을 달래려 풀밭을 걸었다
그 일로 나는 얼마쯤 주님을 섬길 자격을 얻고
　　　가냘픈 조각 같은 군인에게
그리스도의 충신한 양식을 전달하며 주님을 섬겼다[594]

이 시는 총 12연, 48행으로 구성되었으며, 여기 인용된 부분은 제1-7연이다. 홉킨스는 곧 전쟁터에 나갈 어린 병사에게 견진성사를 주고 있다. 소년이 자발적으로 찾아와 축복을 청했기에, 홉킨스는 소년이 마냥 기특하다. 하지만 한편으로는 소년이 지금의 순수를 잃을까 염려한다. 군대의 실상을 두 눈으로 목격했기 때문이다. 이 때문에 홉킨스는 소년의 삶에 드리운 "질서"(order)를 지켜달라고 간절히 기도한다. "질서"는 기독교인으로서 지켜야 할 규범과 삶의 방향성을 의미한다. 소년을 전쟁터로 보낸 후 홉킨스는 며칠 동안 마음이 편치 않다. 소년 병사의 안위가 걱정되어서이다. 마침내 소년을 위한 기도가 하늘에 닿았다는 확신을 얻고 마음이 편해진다. 자신이 기도로써 신을 섬기고 인간과 신을 연결하는 사제인 것에 감사한다. 이 시는 홉킨스의 사제 정체성이 가장 긍정적으로 묘사된 작품이라고 평가받는다.

「집 안의 촛불」도 교구민에 대한 깊은 애정을 담은 시이다.

> 내가 지나는 길에 촛불 하나 선명하게 타오른다
> 나는 생각에 잠긴다 어떻게 저 빛이 축복처럼
> 저 어둡고 탁한 밤을 노르스름한 습기로 바꾸는지
> 어떻게 창살 빛이 부드럽게 일렁이며 눈앞에 조아리는지
>
> 저 창가에선 어떤 손이 어떤 일을 하는지
> 뚜벅뚜벅 걸으며 궁금해한다 답을 찾으나 답이 없어
> 더 열심히 답을 찾는다 저기서 신의 영광을 크게 하고
> 신을 찬양하는 이는 제시인가, 잭인가
>
> 너희가 안으로 오라, 집으로 오라, 네 꺼져가는 불꽃이
> 닫힌 마음의 금고에 첫 번째 생명의 촛불을 되살리라

> 너는 거기서 주인이리라 네가 바라는 것을 행하라
> 무엇이 가로막는가? 너는 눈멀어 빛을 보지 못하는가
> 그리하여 이웃의 솜씨 좋은 손놀림에서 잘못을 찾아내는가?
> 너는 거짓말쟁이, 양심을 버린 맛없는 소금인가?[595]

이날 저녁 홉킨스는 교구민이 주로 사는 동네로 산책을 나간다. 은은하고 노르스름한 촛불 빛이 창에서 새어 나오는 집 앞을 지난다. 창문 너머 흐릿하게 누군가가 기도하는 것을 본다. 홉킨스는 교회가 아니라 일상에서 자발적으로 기도하는 사람들의 모습에 깊이 감동한다. 문득 집 안의 사람들이 누구인지 궁금해진다. 근방에 사는 교구민 여럿을 떠올려 보다가 이내 중요하지 않다는 결론에 이른다. 기도하는 사람이 "제시인가, 잭인가"(Jessy or Jack)라고 묻는 것은 누구라도 괜찮다는 마음이 반영된 것이다. 제시와 잭은 영국에서 매우 흔한 이름이기 때문이다. 홉킨스는 기도하는 법을 잊은 모든 사람이 이들처럼 기도하기를 소망한다.

아쉽게도 「집 안의 촛불」이 홉킨스가 옥스퍼드에서 쓴 마지막 시이다. 이로써 홉킨스의 인생에서 두 번째로 창조적인 시기가 막을 내린다. 이후 홉킨스는 두 번 다시 이와 같은 창조적 시기를 맞지 못한다. 1880년 한 해 동안 그는 세 편의 시를 완성한다. 이때부터 사망할 때까지 겨우 20편의 시를 더 쓴다. 시를 쓰지 못하고 지나는 해도 있고, 시를 시작하지만 완성하지 못한 해도 있다. 어느 해는 종교적 삶에 방해가 된다는 이유로 창작을 아예 중단한다. 홉킨스에게는 시보다 더 중요한, 예수회 사제라는 종교적 소명이 있기 때문이다.

7월부터 홉킨스는 미사 강론을 시작한다. 첫 강론은 부제로 근무하는 본당이 아니라 이웃하는 가톨릭 성당 세인트 클레멘스(St Clement's Church)에서 한다. 강론을 앞두고 홉킨스는 긴장한다. 미사 강론은 사제의 많고 많은 직무 중 하나일 뿐이지만 교구사제의 평판을 결정짓는 데 중요한 역할을 한다. 더욱이 런던에서

강론 때문에 상관에게 꾸지람을 들은 경험이 있다. 그런 일이 일어나지 않도록 일찌감치 준비한다. 다행히 옥스퍼드에서는 모든 강론에 성공한다. 유독 옥스퍼드에서 홉킨스가 성공한 이유를 명확히 설명하기는 어렵다. 다만 짐작하자면 홉킨스는 옥스퍼드에서 대체로 창조적 영감이 샘솟고, 건강하고, 행복했다. 잠깐 병을 앓지만 씻은 듯이 회복하고 많은 업무를 성공적으로 수행하며, 사제 역할에서 보람과 만족을 느꼈다. 이 같은 긍정적 요인들이 강론 성공으로 이어졌을 가능성이 크다.

세인트 클레멘스에서 들려주었던 첫 강론의 제목은 「소중한 피의 찬치」("Feast of the Precious Blood")이다. 그중에 다음과 같은 내용이 들어있다.

> 종교는 도덕적 선 가운데서 가장 고귀한 것이며, 희생은 종교에서 가장 고귀한 행위입니다. 또한 자기희생은 가장 순결한 자선 행위입니다. 그리스도는 인간 중 가장 종교적인 분이며, 희생, 특히 자신을 희생하는 것이 그분 삶의 가장 중요한 목적이었습니다. (…) 우리는 지금 그 사실들을 알면서도 우리의 고귀한 사랑이자 왕이자 승리자인 그분의 선함과 자기희생에 더 이상 감동하지 않습니다. 이것은 놀라운 일입니다. 우리가 그러합니다. 우리는 그분을 잊었고 그분에 대해 듣기를 거부합니다. 더 나아가 우리는 그분의 피를 무용하게 만들고 불명예스럽게 하며, 도둑질, 음주, 잔인함 그리고 불결함 등의 죄악을 외쳐대며 그분을 모욕합니다. 이러한 것들은 그분이 금지하신 일입니다. 그분은 우리가 이 죄악들을 피하도록 가르치기 위해 사셨고 이 죄를 저지른 우리를 용서하기 위해 죽으셨습니다.[596]

홉킨스는 강론을 통해 교구민들이 진실한 믿음에서 멀어지고 있다고 지적한다. 죄로 기울어 가는 삶을 돌아보라고 경고한다. 강론의 메시지는 간결하나 설득력이 있다. 홉킨스도 이날의 강론에 꽤 만족한 듯하다. 1883년 7월 스토니허스트 칼리지에서 갑작스럽게 강론할 기회가 생겼을 때 이날의 강론 원고를 다시 사용한다.

세인트 클레멘스 성당도 홉킨스의 강론에 만족한다. 한 번 더 강론해 달라는 요청을 받은 홉킨스는 8월 10일과 17일, 두 주를 연속해서 세인트 클레멘스를 방문한다. 홉킨스의 강론이 훌륭하다는 소문이 다른 성당으로도 퍼진다. 영국에서 가장 오래된 예수회 교회인 세인트 조지 성당(St George's Church)도 홉킨스에게 강론을 청한다. 홉킨스는 그토록 유서 깊은 성당에서 강론하게 되어 뿌듯하다. 강론은 9월까지 계속 이어진다.

4월만 해도 주임신부와의 갈등 때문에 옥스퍼드를 떠나는 것이 해법이라 생각했었다. 하지만 여름에 접어들면서 모든 상황이 좋아졌다. 소임을 능숙하게 처리할 수 있게 되었고 강론도 계속해서 성공적이다. 소명 안에서 행복한 나날을 보내는 그때, 그에게 옥스퍼드를 떠나라는 명령이 내려온다. 베드포드 리(Bedford Leigh-오늘날 리(Leigh) 지역에 해당)를 거쳐서 리버풀에 가라고 한다. 옥스퍼드는 교구사제 홉킨스를 환영하지 않았지만, 그것을 상쇄할 만큼 큰 행복을 안겨준 곳이다. 이제 새로운 소명을 위해 그곳을 떠난다.

14.
교구사제 ②
북부 대도시

1879년 10월 19일 홉킨스는 랭커셔, 베드포드 리에 있는 세인트 조셉 성당(St Joseph's Church)에 도착한다. 베드포드 리에 대한 첫인상은 좋지 않다. "평범하고 불그스름하고 볼품없는 이층집들이 늘어섰고, 열두어 개쯤의 공장과 채탄장들이 있다. 공기는 매연으로 가득 차 축축하다."[597] 이것이 홉킨스가 처음으로 경험하는 북부 산업도시의 모습이다. 주민들 대부분이 가난한 노동 계층이고, 이민자의 비중도 높다. 덕분에 도시 전체 인구 중 4분의 1이 가톨릭 신도일 정도로 가톨릭 비중이 높다. 이 사실이 홉킨스에게 매우 긍정적으로 작용한다. 옥스퍼드가 사제로 부임한 홉킨스를 냉대했다면, 베드포드 리의 교구민들은 새로 온 젊은 신부를 진심으로 환영한다. 홉킨스는 몹시 감동하고, "교구민의 마음이 따뜻하고 신앙심이 깊다"라며 기뻐한다.[598]

홉킨스가 베드포드 리에 도착한 후 가장 먼저 한 일은 딕슨에게 답장을 쓰는 것이다. 옥스퍼드를 떠나기 직전에 딕슨에게서 "내가 간단한 소개 글과 함께 당신의 이름과 「유리디시호의 상실」 전체를, 혹은 그 일부를 칼라일(Carlisle) 지역의

베드포드 리 세인트 조셉 성당

신문사에 보내면 어떨까요?"라고 쓴 편지를 받았기 때문이다.[599] 딕슨은 예수회의 상황이 여의치 않다면, 자신이 직접 홉킨스의 시 출판을 위해 나서겠다고 한다. 홉킨스는 혹시라도 답장이 늦어 딕슨이 이미 신문사에 시를 보냈을까 노심초사한다. 그래서 짐을 채 풀기도 전에 편지부터 쓴다.

우리 중 누군가는 그 사실을 알게 될 것이고 유쾌하지 않은 해석이 따라붙을 겁니다. 교구청에 설명하는 것은 어렵지 않으나 다른 사람들의 말에서 저를 방어하는 것은 쉽지 않을 겁니다. 그나마 다행인 것은 칼라일이나 그 근처에 예수회 집이 없어서 아무도 알아채지 못하고 지나갈 수도 있다는 겁니다. 저는 선생님께서 순전히 친절한 마음에서 이런 일을 하신다는 것을 잘 압니다. 하지만 정식 절차를 거치지 않고 시를 출판하는 것은 제게 도움이 되지 않습니다. 선생님도 제가 상관들을 몰래 속이려 한다고 생각지 않으시리라 믿습니다. 그런 마음이 제게 있다면, 저는 몹시도 비열한 사람일 겁니다.[600]

홉킨스는 예수회 밖에서 시를 출판하는 것이 불필요한 오해를 불러일으킬 것이라고 설득한다. 교구청에 상황을 설명할 수 있겠지만, 예수회 안의 모든 사람에게 일일이 해명할 수는 없다고 말한다. 홉킨스는 "유쾌하지 않은 해석", "방어", "비열" 같은 강한 어감의 단어를 사용하며 외부에서 시를 출판하는 것이 자신의 입지를 더욱 곤란하게 만들 것이라고 못 박는다. 더불어 "예수회에서 출판되는 모든 것은 반드시 검열을 거쳐야 하며 승인받지 않은 출판물은 인정받을 수 없다"라는 원칙도 다시 한번 강조한다.[601] 결국 딕슨은 뜻을 접는다. 이후 홉킨스는 자신의 의도와 상관없이 시가 외부에서 출판되어 곤란한 일을 겪을까 계속 염려한다. 이로부터 약 2년이 지나서야, 기도를 통해 이 문제에 대해 안심할 만한 답을 얻는다.

홉킨스는 예수회 사제로서의 소명에 더욱 전념하기로 결심한다. 그 결과 베드포드 리에서 홉킨스가 쓴 시는 단 한 편 「결혼 행진곡에 부쳐」("At the Wedding March")뿐이다.

> 신께서 신랑 그대의 머리에 명예를 올려주시리라
> 그대 신부에게, 그대 침상에 은총을 내리시어
> 깨끗한 육신에서 호리호리한 어린 가지
> 사랑스러운 어린 가지들이 태어나게 하시리라
>
> 서로가 서로의 다정한 평안이 되어라
> 깊은, 예측한 것보다 더 깊은
> 신성한 자비심이, 소중한 자비심이
> 그대들을 영원히 묶으리라 단단히 묶으리라
>
> 그러면 결혼 행진곡이 우리 귀에 들리리라
> 나는 혼인에, 그분의 경이로운 혼인에
> 승리와 불멸의 세월을 입히시는
> 그분께 눈물로써 경배하리라[602]

이 시는 1879년 10월 21일 패닝 신부(Fr Fanning)가 주관한 혼배성사에 홉킨스가 보좌신부로 참여한 일을 바탕으로 쓴 것이다. 홉킨스는 제1연에서 신랑 신부의 결혼을 축복하고 제2연에서 신의 축복으로 그들이 단단하게 결합했음을 선언한다. 마지막 제3연에서는 신랑 신부의 신성한 결합을 위해 스스로 교회와 결혼한 예수를 찬양한다. 홉킨스가 전하고자 하는 핵심은 바로 여기에 있다. 교회가 영원한 반려로 예수를 맞았듯이, 신랑 신부가 교회의 축복 속에서 서로의 영원한 반려가 되기를 간구한다. 더불어서 오직 예수를 반려로 삼는 은총이 자신에게 내려진 것에 감사한다. 교회와 사제가 그리스도의 반려자라는 관념은 전통적인 가톨릭 신학과 문학에서 흔히 발견된다.

당시 사회적 분위기에 비추어 보면 제1연은 논란의 여지가 있다. 홉킨스는 여기서 신부의 육체적 순결, 신랑 신부의 성적 결합 그리고 새로 태어날 자녀의 기대를 암시한다. 이는 고대 로마의 결혼 축가(epithalamium) 관습을 따른 것이다. 물론 로마식 축가에 비하면 홉킨스의 「결혼 행진곡에 부쳐」는 아주 점잖은 편이다. 그럼에도 점잖고 보수적인 빅토리아시대 교회와는 어울리지 않는다. 한 비평가는 이에 대해 다음과 같이 지적한다. "랭커셔에 살았던 그 신랑 신부가 이 시를 읽었거나 들었는지는 알 수 없다. 만약 부부가 읽고 당황했더라도, 그들이 홉킨스의 비관습적인 글에 기분 상한 첫 번째 청중도, 마지막 청중도 아닐 것이다."[603] 이는 이 시가 빅토리아시대 관습에서 벗어났으며, 홉킨스가 때때로 비관습적인 글을 써서 청중을 곤란하게 만들었다는 의미이다. 실제로 홉킨스는 런던에서 교회를 암소에 비유해 곤욕을 치른 적이 있다.

1886년 딕슨이 『매일의 성경』에 수록할 시를 보내달라고 청할 때, 홉킨스는 여러 시 중에서 굳이 「결혼 행진곡에 부쳐」와 「아침, 정오, 그리고 저녁 기도」를 골라 보낸다. 「결혼 행진곡에 부쳐」가 "너무 사적이고 너무 노골적"이라는 설명을 덧붙이면서 말이다.[604] 홉킨스는 만물이 개체성을 갖추듯 자신의 시도 개체성을 갖추기를 바란다. 그것을 위해 때론 과감할 수도, 때론 기이할 수도 있다고 생각한다. 그것이 시의 미덕이라 생각한다. 하지만 딕슨은 두 작품 중에서 좀 더 무난한 「아침, 정오, 그리고 저녁 기도」를 선택한다.

홉킨스는 교구사제로 사는 것에 매우 만족한다. 홉킨스가 근무하는 세인트 조셉 성당은 1,200여 명을 수용하는 큰 성당이다.[605] 마음이 따뜻하고 신앙심이 깊은 교구민들이 주일이면 그곳을 가득 채운다. 홉킨스의 강론이 그들의 마음에 가 닿는다. 홉킨스가 했던 모든 강론 중에 가장 아름답고 성공적인 강론이 이곳에서 이루어진다. 아래 인용한 강론은 1879년 11월 23일 주일 저녁 미사에서 들려준 것이다. 『루카 복음서』 2장 32절 "다른 민족들에게는 계시의 빛이며 당신 백성 이스라엘에게는 영광입니다"를 주제로 삼았다.

나의 형제들이여, 우리 주 예수 그리스도는 우리의 영웅이며 온 세상이 원하는 영웅입니다. 여러분은 이야기가 어떻게 만들어지는지 잘 아실 겁니다. 대부분의 이야기는 독자들에게 어떤 사람을 멋지고 용감하게 재현함으로써, 우리가 그를 영웅으로 여기도록 만듭니다. 어머니들은 종종 자기 아들을 영웅이라 부릅니다. 아가씨들은 연인을, 훌륭한 아내는 남편을 영웅이라 칭합니다. 군인들은 훌륭한 장군을, 정당은 그 정당의 지도자를, 국가는 왕이나 전사, 정치인, 사상가, 시인 또는 국가에 영광을 안겨준 훌륭한 사람을 영웅으로 여깁니다. 그러나 진정한 영웅은 그리스도, 바로 그분이십니다. 그분은 모든 책의 영웅이며 신성한 복음서의 영웅입니다. 그분은 전사이고 정복자로서 정복하며 또 정복하기 위해 나아가십니다. 또한 그분은 왕이십니다. 유대인의 나사렛 왕 예수라 불리신 그분이 자신의 왕국에 오셨을 때, 그 나라의 백성은 그분을 받아들이지 않았습니다. 비록 그분의 백성은 그분을 배척했지만 유대인 아닌 우리가 지금 그분의 상속자가 되었습니다. (…) 형제들이여, 제가 보여드리는 그림 속의 인물이 바로 여러분의 주님이십니다. 그분은 과거에는 여러분의 창조주였고 미래에는 여러분의 심판관이 되실 분입니다. 그리고 지금은 여러분의 영웅이십니다. 시간을 내어 그분을 생각하십시오. 마음속으로 그분을 찬양하십시오. 여러분은 일을 하면서도, 길을 걸으면서도 그분을 찬양할 수 있습니다. 이렇게 반복해서 말해 보십시오. 그리스도의 몸에 영광이 있기를, 살이 되신 말씀의 몸에 영광이 있기를, 성모님의 젖을 먹은 그 몸에 영광이 있기를, 아름다운 그리스도의 몸에 영광이 있기를, 고단한 그리스도의 몸에 영광이 있기를, 열정 가득하고 죽어 묻힌 그리스도의 몸에 영광이 있기를, 부활하신 그리스도의 몸에 영광이 있기를, 성체 안에 담긴 그리스도의 몸에 영광이 있기를, 그리스도의 영혼에 영광이 있기를, 그분의 특별한 능력과 지혜에 영광이 있기를, 그분의 무한한 생각에 영광이 있기를, 구원의 말씀에 영광이 있기를, 그분의 성스러운 마음에 영광이 있기를, 그분 마음속 용기와 대장부다움에 영광이 있기를, 그분 마음속 온유함과 자비에 영광이 있기를, 그분 마음속의 모든 박동, 기쁨과 슬픔, 소망과 두려움에 영광이 있기를, 신이며 사람인 예수 그리스도에게 모든 영광 있습니다. 만약 여러분이 시간 날 때마다 이렇게 찬양한다면 여러분 마음속에 촛불이 켜지는 듯한 감동을 느끼게 될 겁니다. 그리고 당신이 그분을 찬양할 때마다 그분 역시 당신을 찬양하고 있음을 알게 될 겁니다.[606]

세인트 조셉 성당 홉킨스 기념 명판

이날 강론은 매우 길게 이어진다. 실제로도 이날 강론은 현재 남아있는 홉킨스의 강론 원고 중 가장 길다. 그런데도 조금도 지루하지 않다. 교회에서 흔히 사용하는 쉬운 말로 구성되었고, 신도들의 이해를 돕기 위해 홉킨스가 제시한 예시들 또한 평범한 일상에서 왔다. 문장은 길지 않아 의미를 명료하게 전달하면서도 말에 리듬이 살아있다. 특히 강론 마지막 부분에서 반복되는 "영광"은 리듬감이 대단하다. 아마도 실제 강론에서는 스타카토처럼 짧게 반복되는 "영광"이라는 단어가 마치 주문처럼 신도들의 마음에 깊이 새겨졌을 것이다.

신도들의 신앙심을 고취하는 감동적인 설교뿐 아니라 도덕적이고 종교적인 태도를 권장하는 설교도 자주 한다. 이때는 신도들에게 강한 자극을 주기 위해 다소 충격적인 표현도 서슴치 않는다.

친구란 당신을 사랑하고 당신을 걱정하는 사람입니다. 자신의 즐거움만을 생각하지 않는 사람입니다. 술에 취하기 위해 모인 무리는 서로를 사랑하지 않습니다. 그들은 이기적이며 심지어 자신들조차 사랑하지 않습니다. 어떻게 그런 사람들이 타인을 걱정한다고 생각할 수 있습니까? 그들은 자신의 아이들이 굶주리고 어머니와 부인이 눈물짓고 집이 황량해져도 자신들의 시간과 돈과 건강을 당신과 함께 헛되이 쓰는 사람들입니다. 이런 일이 일어나는 것은 둘 중의 하나입니다. 당신이 그들에게 한턱내고 있거나 그들이 당신에게 한턱내고 있는 겁니다. 만약 당신이 그들에게 한턱낸다면, 당신은 자기 돈을 쓸데없는 데 낭비하는 바보입니다. 만약 그들이 자주 당신에게 한턱낸다면, 당신은 그들의 아이들이 먹을 빵을 빼앗아 먹거나 그 어린아이들의 피를 빠는 것과 진배없습니다. 여기에는 진정한 우정이나 사랑이 없습니다.[607]

19세기 영국에서 음주는 매우 심각한 사회문제이다. 특히 나쁜 음주 문화가 도시 노동자들 사이에 광범위하게 자리 잡는다. 이들은 오랜 시간을 술집에서 보내며 조악한 양조 기술로 생산된 싸구려 술에 많은 돈을 지불한다. 치명적인 알코올 부작용이 더 빨리 나타나기 마련이라, 술에 취한 사람들이 거리에서 인사불성이 되어 고함치고 싸움을 벌이는 일이 허다하다. 쉽게 매춘과도 연결된다. 이 때문에 가정경제가 무너지고, 노동생산력이 떨어지고, 결국 노동자의 평균 수명도 단축된다. 음주는 개인의 문제를 넘어 사회 전체를 병들게 하는 근본적인 요인으로 자리 잡는다. 19세기 영국의 모든 교회와 사회단체가 음주 문제를 해결하기 위해 나서지만 대부분의 시도가 실패로 귀결된다. 홉킨스 역시 강론을 통해 교구민들에게 술을 마시지 말라고 열심히 설득한다. 그의 강론은 매우 명료하고 심지어 충격적이지만 안타깝게도 노동 계층의 실질적인 행동 변화를 이끌어 내지는 못한다.

아쉽게도 홉킨스는 1879년 12월 13일 대림절 셋째 주일(Gaudete Sunday) 설교를 마지막으로 베드포드 리를 떠나 세인트 뷰노로 간다. 그곳에서 피정한 후 크리스마스 공휴를 보낸다. 예수회는 홉킨스를 리버풀 세인트 프란시스 자비에 성당(St Francis Xavier's Church)의 선임 강론 신부(Select Preacher)로 임명한다. 베드포드 리에서의 강론이 좋은 평판을 얻은 덕분이다. 홉킨스는 마침내 예수회 안에서 기량을 발휘할 수 있는 일을 찾은 듯하다. 1879년 12월 30일 홉킨스는 자신감에 충만한 채 리버풀에 도착한다.

리버풀은 로마 가톨릭 영국 관구에서 가장 중요한 도시 중 하나이다. 리버풀 항이 아일랜드와 유럽의 이민자들이 들어오는 관문 역할을 하기 때문이다. 리버풀에 곧바로 정착하는 이민자들이 많아 도시 인구 중 이민자 비율이 매우 높고, 자연스레 가톨릭 인구도 많다. 이들 덕분에 리버풀은 영국에서 가장 큰 로마 가톨릭 교구가 된다. 교민들의 교회에 대한 충성도도 매우 높다. 이민자들이 영국에서 소외된 처지를 로마 가톨릭과 동일시하기 때문이다.

19세기 후반 영국은 산업자본주의의 성숙으로 노동 계층에 분화가 생긴다. 통계에 따르면, 1860년부터 1914년 사이에 노동자들의 실질임금은 두 배로 늘어나고, 일부 노동 계층의 생활 수준은 매우 빠르게 향상된다.[608] 반면에 산업화가 뒤처진 유럽 대륙과 아일랜드에서 온 이민자들은 대부분 농업 출신이다. 그들은 공장 중심 산업사회에 적응할 기술이 없기 때문에 자연스레 고임금의 안정적인 일거리에서 배제된다. 숙련 노동자의 3분의 1, 혹은 4분의 1 정도의 임금을 받으며 비숙련 노동을 감내한다. 더욱이 비숙련 노동은 구조적 실업 위험에 상대적으로 더 취약하다. 1870년부터 영국 경제는 이미 대불황기에 해당하는 가격 하락과 이윤 감소 징후를 보인다. 리버풀의 주요 산업 중 하나인 조선업도 하향 곡선을 그린다. 이런 상황에서 비숙련 노동을 하는 이민자들은 첫 번째 해고 대상이 된다. 실업자가 되는 순간 곧바로 최하층으로 전락한다. 리버풀에는 이처럼 암담한 처지에 놓인 이민자 가톨릭 신도들이 넘쳐난다.

따라서 홉킨스가 할 일이 너무나 많다. 끊임없는 일거리 때문에 친구가 보내

온 편지에 답장을 쓰기도 어렵다.⁶⁰⁹ 병자 방문도 중요한 소임 중 하나이다. 특히 리버풀에는 병자들이 많다. 열악한 환경, 장시간 노동, 심각한 음주, 부상, 영양 부족 등이 노동 계층의 건강에 악영향을 미치기 때문이다. 홉킨스는 이들을 찾아가 위로하고 영혼을 정화한다. 이 경험을 담은 시가 「펠릭스 랜들」이다.

> 편자공 펠릭스 랜들, 아 그럼 그가 죽었나, 내 임무는 끝났는가
> 큰 뼈대와 강인한 당당함을 지닌 남자다운 형상이
> 수척해지고 수척해진 그때, 이성이 그 속에서 비틀거리고
> 치명적인 네 가지 병이 그 속에서 살을 파고 다투는 것을 보았는데?
>
> 아픔이 그를 망가뜨렸지, 처음엔 인내심이 다해 저주를 퍼붓던 그가
> 기름 부음을 받고 완전히 고쳐졌지, 내가 다정한 집행 유예와 보석을
> 그에게 내려주었기에 거룩한 마음이 몇 달 전 시작되었지
> 오 하느님 무슨 잘못을 저질렀건 그를 안식에 들게 하소서!
>
> 이리 병자를 돌보는 것이 우리가 그들을, 그들이 우리를 사랑하는 것
> 내 말이 네게 편안함을 알게 했고 내 손길이 네 눈물을 거두었지
> 네 눈물이 내 마음을 적시니 아이야, 펠릭스야, 가엾은 펠릭스 랜들아
>
> 네가 더욱 활기 넘치던 시절에 짐작했던 것과 너무나 다르구나
> 그때 너는 마구잡이 험한 대장간에서도 동료들 틈에 힘차게 서서
> 거대한 회색 짐말이 땅을 쾅쾅 디딜 빛나는 말편자를 만들어 주었지!⁶¹⁰

이 시는 리버풀 교구의 빈민가에서 2년간 폐병을 앓다가 1880년 4월 21일 서른한 살의 나이로 사망한 실존 인물 펠릭스 스펜서(Felix Spencer)의 삶과 죽음을

기린다. 홉킨스는 펠릭스가 사망했다는 소식을 들은 후 1주일이 지난 때 이 시를 쓴다. 먼저 펠릭스에게 맨 처음 병자성사를 주러 갔던 날부터 기억을 더듬는다. 당시 펠릭스는 심각한 고통 때문에 저주에 찬 악담을 내뱉고 있었다. 하지만 "기름 부음"(anointed)을 통해 펠릭스의 내면에 "거룩한 마음"(a heavenlier heart)이 자리 잡는다. 홉킨스가 성사를 통해 펠릭스의 죄를 사하여 준 덕분이다. "집행유예와 보석"(reprieve and ransom)이라는 표현은 펠릭스가 지상의 형벌에서 잠시 벗어났다는 의미이다. 이 땅에서 펠릭스의 영혼을 보살피는 것이 홉킨스의 임무라면, 그의 역할은 모두 끝났다.

하지만 홉킨스는 자신의 임무가 끝났다고 단언하지 못한다. 시의 첫 행에 있는 "내 임무는 끝났는가"(my duty is ended)는 문장 구조로 볼 때 평서문이 아니라 제1연 끝까지 이어지는 의문문이다. 홉킨스 스스로 자신의 임무가 진정으로 끝났는지 되묻는 것이다. "네 가지 병"(four disorders)은 인간이 4가지 체액(피, 가래, 검은 쓸개즙, 노란 쓸개즙)으로 구성되었으며, 그것들의 균형이 깨지면 질병이 생긴다는 고대 그리스 이론에서 왔다. 이를 빌려와 홉킨스는 펠릭스의 병이 삶의 무질서에서 비롯되었다고 말한다. 여기서 삶의 무질서란 신앙적 삶의 태도가 결여된 상태, 즉 죄의 상태를 의미한다. 홉킨스는 병자성사를 통해 펠릭스 내부의 무질서를 바로잡고 죄를 보석했다. 그런데도 사제의 일이 끝났다고 확신하지 못하는 이유는 펠릭스처럼 고통받는 사람이 너무 많기 때문이다. 실제로 펠릭스가 사망할 무렵 교구에서 다섯 명의 신도가 거의 동시에 사망한다.[611] 홉킨스는 리버풀에 도착하자마자 너무 많은 병자와 죽음을 본다. 슬퍼하고 아파한다.

홉킨스는 리버풀의 불쌍한 신도들이 모두 건강하게 제 몫을 하며 살아가기를 간절히 바란다. 이러한 소망을 시의 마지막에 담는다. 연대기를 살펴보면, 홉킨스는 펠릭스가 대장간에서 건강하게 일하는 모습을 본 적이 없다. 홉킨스는 1879년 12월 리버풀에 도착해 1880년 4월에 이 시를 쓴다. 더욱이 펠릭스가 2년을 투병하다 사망했다는 기록과, 홉킨스가 시에서 "몇 달 전"(Months earlier)이라고 말한 것을 고려하면, 홉킨스가 처음 볼 때부터 그의 병세는 깊었다. 그런 펠릭스가 홉킨스의 상상 속에서 건강하고 아름답게 부활한다. 동료들과 함께 힘차게 일하고, 어림짐작으로도 멋진 말발굽을 척척 만들어 내는 기술을 지녔다. 거대한 회색빛 말에 빛나는 말발굽을 달며 노동자의 자긍심을 느낀다. 홉킨스는 리버풀의 모든 교민이 그런 긍지를 누리며 살기를 소망한다.

많은 비평가가 「펠릭스 랜들」을 홉킨스의 시 중 최고로 꼽는다. 인간애와 형식 실험이 잘 어우러져 있기 때문이다. 형식부터 살펴보면, 이 시는 6음보 알렉산더격 리듬(The Alexandrine)˙으로 구성되었다. 알렉산더격 리듬은 유럽 대륙의 시 형식으로, 당시 영시에서는 거의 찾아보기 힘든 형식이다. 홉킨스는 만레사 하우스에서 수사학 교수를 할 때부터 이 리듬에 주목해 왔다. 이후 여러 시에서 부분적으로 실험해 오다, 「펠릭스 랜들」에서 처음으로 시 전체에 적용한다. 결과는 아주 성공적이다. 관습적인 5음보격 시행보다 음보를 하나 더 배치한 덕분에 시행이 전체적으로 길어진다. 이로 인해 시의 호흡이 전반적으로 느려지고 분위기가 나른해진다. 덕분에 펠릭스가 죽어가는 과정, 이를 지켜보는 홉킨스의 시간, 사제로서의 사색과 슬픔이 매우 효과적으로 전달한다. 이후 알렉산더격 리듬은 좀 더 변칙적으로 발전하며 홉킨스의 주요 형식적 특징이 된다.

「펠릭스 랜들」의 또 다른 빼어난 점은 인간에 대한 연민이 깊게 담겼다는 점이다. 이전에 홉킨스의 시에 등장한 인물들은 대부분 삶의 시작점에 있는 인물들이다. 예를 들어 「나팔수의 첫 영성체」의 어린 병사는 이제 막 군인이 되어 전쟁터로 떠나고, 「멋진 마음」의 아이는 삶을 시작하는 어린 소년이다. 「결혼 행진

---

* 알렉산더격 리듬은 고대 그리스와 로마 시대에 처음 유행한 형식으로 유럽 대륙 곳곳에 그 흔적이 남아있다. 홉킨스는 이 가운데 프랑스식 6음보 알렉산더격 리듬과 유사한 형태를 선호한다. 당대에 일반적인 5음보격 리듬과 달리, 6음보로 구성된 시행을 전후반부로 나누어 리듬의 대구를 형성할 수 있기 때문이다. 홉킨스는 이러한 대구 리듬을 기존의 강약(혹은 약강) 리듬과 함께 배치함으로써 이중적인 리듬 효과를 꾀한다. 시의 음악적 효과를 한층 더 풍부하고 오묘하게 만들려는 시도로, 당대에는 유사한 예를 찾아보기 어려운 형식 실험이다. 홉킨스가 이 리듬을 부분적으로나마 처음 실험한 작품은 「빈지의 미루나무들」이다.

리버풀 세인트 프란시스 자비에 성당 내부

곡에 부쳐」의 신혼부부 역시 인생의 새 출발점에 서있다. 홉킨스는 이들의 미래를 상상하며 그들이 가진 순수함이 보존되기를 기원했다. 반면에 "펠릭스"는 세파에 시달린 후 고통 속에서 삶을 마감한다. 홉킨스는 펠릭스의 과거와 미래를 모두 살피고 염려해야 한다. 이 과정에서 홉킨스는 펠릭스가 잃어버린 것들에 깊이 공감하고 진심으로 아파한다. 교구사제로서의 소명이 홉킨스를 인간적으로 한층 성장시킨다.

홉킨스의 마음이 교구민들에게도 전달된다. "하류층 사람들이 나를 환영하고 중요하게 여긴다"라는 말은 교구민들이 그를 진심으로 아끼고 존경했음을 보여준다.[612] 그런데도 홉킨스의 리버풀 시기는 대실패로 끝난다. 이후 예수회는 홉킨스를 두 번 다시 교구사제로 배정하지 않는다. 예수회로 사는 21년 동안 홉킨스가 교구사제로 일한 기간은 총 3년 2개월에 불과하다. 홉킨스는 교구사제의 역할에 자긍심을 느끼고 성사를 주는 일에 행복했다. 이 때문에 많은 비평가는 교구 업무에서 배제된 것이 홉킨스의 불행한 감정을 키우는 원인이 되었다고 분석한다.

홉킨스가 리버풀에서 실패한 가장 큰 이유는 강론이다. 그는 1881년 1월 새해 첫 주일 저녁 미사에서 리버풀에서의 첫 번째 강론을 한다. 『마태오 복음서』 6장 10절에 나오는 "아버지의 뜻이 하늘에서와 같이 땅에서도 이루어지게 하소서"를 주제로 삼았다.[613] 이날 강론은 큰 문제 없이 끝난다. 문제는 두 번째 강론부터 시작된다. 두 번째 강론은 같은 구절의 "아버지의 나라가 오게 하시며"가 주제이다.[614] 홉킨스는 첫 강론과의 연계성을 추구하며 "하느님 왕국의 통치권"에 대해 설명한다. 설명의 효율성을 위해 코먼웰스(commonwealth)라는 개념을 동원한다. 이것이 아일랜드 이민자들의 민족 정서를 자극한다. 다음이 그중 일부이다.

백성은 복종해야 하며 적어도 반란을 일으키면 안 됩니다. 통치자는 다스리면서 권력을 내려놓지 않습니다. 그러니 백성이 온전히 다스림을 받지 않으려 한다면 모두가 폭도가 될 것이고 무질서해질 것입니다. 마찬가지로 통치자가 처음이나 그 후에 통치의 임무를 받들지 않았다면, 그나 그의 가문, 그의 후계자들이 지금 왕좌에 앉아있을 수 없을 것입니다. 그러한 합의, 이해, 협정이 통치자와 백성 양측 모두의 선(the good)을 위해, 그들의 공공선(common weal)을 위해 어느 순간엔가 있었을 것입니다. 이것이 바로 코먼웰스입니다. 인간은 공동의 행복을 위해 마을에 모이고 국가를 이루었습니다. 모두의 잘 삶(common wellbeing)을 위해, 장사를 하기 위해, 결혼하고 가정을 이루기 위해, 서로 보호하고 배우고 교류하기 위해, 그 외에도 수천 가지 이유로 모였습니다. 결국 모든 이유는 공공선, 혹은 코먼웰스라는 말에 담겨있습니다. 그들을 위한 지도자와 입법자가 필요하며 때론 선택할 수도 있습니다. 하지만 대체로 누가 언제 선택되는지는 중요하지 않습니다. 사람들은 대부분 자신이 태어난 자체를 자연스럽게 받아들이고 그것에 만족합니다. 이를 우리에게 대입하면, 우리는 체제에 대해 별다른 의문을 품지 않습니다. 우리는 여왕이 어좌에 있고, 의회가 활동하고, 판사들이 재판을 하며, 군대와 경찰 그리고 우체국이 운영되는 것을 봅니다. 이것이 공공선이 제공되고 있는 증거이며 우리도 그 혜택을 누리고 있습니다. 우리는 공공선을 나누는 코먼웰스의 일원입니다.[615]

코먼웰스는 글자 그대로는 공동의 복리나 공동선을 의미하지만, 영국에서는 영연방(Commonwealth of Nations), 즉 영국과 식민지를 하나로 포괄하는 용어로 사용된다. 영연방의 모든 국가가 '공동의 복리'를 나누어 갖는다는 의미이다. 하지만 오랜 식민 지배를 경험한 아일랜드인에게 코먼웰스는 그저 영국이 제국주의를 정당화하기 위해 만들어 낸 정치적 구호일 뿐이다. 아일랜드인들 중 누구도 영국이 자신들과 복리를 나눈다고 믿지 않는다. 더욱이 '반란을 일으키면 안 된다'라는 말은 아일랜드 민족주의 운동에 반대하는 것으로 들린다. 홉킨스의 강론은 로마 가톨릭이 아일랜드 이민자들의 민족적 감정을 자극하지 않으려 애써 왔던 노력을 무색하게 만든다. 세 번째 강론에서는 코먼웰스가 "이 땅에서 신의 첫 번째 왕국"이라고 말해 아일랜드인들의 마음을 더욱 상하게 한다.[616]

결국 클레어 주임신부(Fr James Clare)가 나선다. 더 이상 홉킨스의 강론을 그대로 두고 보아서는 안 된다고 판단한 것이다. 클레어 신부는 다음 강론부터는 미리 원고 검열을 받으라고 명령한다. 홉킨스가 제출한 네 번째 강론 원고는 제목부터 통과되지 못한다. 홉킨스는 "하느님의 첫 번째 왕국에서의 실족에 관하여"라는 제목을 정한 후 『마태오 복음서』 12장 25절의 "어느 나라든지 서로 갈라서면 망하고, 어느 고을(코먼웰스)이나 집안도 서로 갈라서면 버티지 못한다"를 인용한다. 성경에는 있지도 않은 코먼웰스라는 단어를 굳이 괄호 속에 삽입한 채이다. 코먼웰스를 강조하겠다는 의도를 분명히 한 것이다. 클레어 신부의 검열을 거친 후 돌아온 원고는 삭제를 표시하는 "검은 줄로 온통 뒤덮여 있었다."[617] 홉킨스는 내용을 대폭 들어내고 새로 쓴다. 덕분에 네 번째 강론에는 아일랜드인 신도들의 감정을 상할 만한 이야기가 담기지 않는다.

그 대신에 강론 전달 방식에 문제가 생긴다. 홉킨스는 아담과 이브의 실족을 설명하면서 "왜 이브는 혼자 있었을까요?"라는 질문을 던진다.[618] 이어서 교구민들에게 성경이 충분히 설명하지 않는 실족 장면을 함께 상상하자고 요청한다. 홉킨스는 교구민들의 상상을 돕기 위해 공간과 상황을 생생히 전달하려 노력한다. 그 결과 이브를 유혹하는 뱀은 "포도 덩굴이나 거대한 덩굴식물의 긴 잔가지처럼 흔들리나 무시무시하지 않고, 어여쁘며 유연하고 독특한 줄무늬와 눈 모양이 두드러진, 무지개색으로 물든 늙은 독뱀"으로 묘사된다.[619] 이날 홉킨스가 들려준 실족 이야기는 분명히 아름답고 독창적이다. 어떤 비평가는 심지어 홉킨스 특유의 "어조와 어휘에서의 강력한 직접성, 형식과 구조의 정교함"이 잘 살아난 '작품'이라고도 평가한다.[620] 그러나 홉킨스는 그 자리에 시인으로 선 것이 아니다. 힘겨운 삶에 지친 교구민은 지나치게 길게 이어지는 문학적 표현에도,

신부가 요구하는 상상적 참여에도 공감하지 못한다.

급기야 클레어 신부가 더 이상 참을 수 없는 지경에 이른다. 홉킨스가 강론 원고에 예수를 "연인"(Sweetheart)이라고 표현했기 때문이다.[621] 홉킨스가 가장 사랑하는 이도, 교구민이 가장 사랑해야 할 이도, 예수이니 "연인"이라 부를 수도 있다. 하지만 점잖은 빅토리아시대 교회는 예수를 그런 세속적인 호칭으로 부르지 않는다. 클레어 신부는 여러 번의 강론 금지와 원고 수정에도 근본적으로 달라지지 않는 홉킨스에게 실망한다. 마침내 홉킨스에게 강론 중지 명령을 내린다. 앞으로는 어떠한 경우에도 원고 검열과 수정 없이는 설교할 수 없다고 못 박는다. 강론 금지 기간이 풀린 다음에도 클레어 신부는 홉킨스가 가져간 원고를 "콧방귀를 끼며 쳐다보려고도 하지 않는다." 어쩌다 예상치 못한 강론 기회를 얻었을 때도 홉킨스는 교구민의 반응을 제대로 읽지 못한다. 한번은 "교구민들이 매우 감동했다고 생각하고 심지어 그들이 눈물을 훔치는 것도 본다. 그러나 다음 주에도 똑같은 일이 일어나자 그제야 그들이 더워서 땀을 닦은 것임을 알게 된다."[622]

이런 문제들이 총체적으로 더해지면서 홉킨스는 선임 강론 신부로 부임해 왔으나 강론을 안 하는 신부가 된다. 1879년 12월 30일 리버풀에 부임한 이후 1881년 8월 그곳을 떠날 때까지 홉킨스는 총 13편의 강론 원고를 남긴다. 이 중 1880년 5월의 원고는 다른 교구 신부의 초청 강론이 있어 실제 강론으로 이어지지 않는다.[623] 7월에는 미사 30분 전에 갑자기 강론하라고 해서 예전에 썼던 원고를 다시 사용한다.[624] 10월에 두 차례 더 강론하지만, 이때는 원고를 미리 작성하지 못한다. 갑작스러운 공백을 메우기 위해 계획에 없던 일을 했다는 뜻이다. 결국 홉킨스는 약 19개월 동안 총 12번의 준비된 강론을 하고, 3번의 즉흥 강론을 더 한다. 베드포드 리에서 석 달 동안 6번 했던 것과 비교하면 얼마나 작은 숫자인지 분명해진다.

교구사제는 많은 일을 한다. 미사 집전 외에도 고해성사, 병자성사, 견진성사,

혼배성사 등을 교구민들에게 제공해야 한다. 교육 사업과 빈민 구제 사업에도 참여해야 한다. 영적 지도자를 필요로 하는 곳이면 어디든 달려가야 한다. 이 모든 일이 사제에게 중요한 소임이다. 그럼에도 강론은 교구사제가 대내외적으로 가장 주목받는 업무이다. 홉킨스는 그것에서 실패했다. 베드포드 리에서 그토록 훌륭했던 강론이 리버풀에서는 왜 성공하지 못했는지에 대한 의문이 생길 수밖에 없다.

굳이 답을 찾는다면, 첫 번째는 지나친 자신감이다. 홉킨스는 자신이 옥스퍼드와 베드포드 리에서 썩 훌륭한 강론을 했다는 것을 안다. 그것 때문에 예수회가 리버풀이라는 큰 교구에 선임 강론 신부로 보냈다는 것도 잘 안다. 이것이 그에게 강한 자신감을 부여한다. 마치 상관의 허락 후 개성 강한「도이칠란트호의 난파」를 쓴 것처럼, 강론에도 맘껏 개성을 발휘하게 된다. 홉킨스는 본질적으로 매우 독창적인 사람이다. 그가 개성을 한껏 드러내면 일반적인 것과는 거리가 멀어질 수밖에 없다.

두 번째는 강론이 지나치게 학구적이라는 점이다. 홉킨스는 첫 강론부터 네 번째 강론까지 하나의 주제를 일관되게 확장하며 결론에 이른다. 이러한 방식은 생각할 시간이 충분한 서술 텍스트를 이해하는 데 적합하다. 말로 전달하는 강론은 청중에게 전달하는 과정에 소실되는 정보를 고려해야 한다. 교구민의 지적 수준, 태도와 열의, 회중석의 밀집도와 분위기, 심지어 날씨까지 내용 전달에 영향을 미친다. 이를 섬세하게 고려해야 함에도 불구하고, 홉킨스는 그러지 않았다. 결국 전달하고자 하는 주제는 사라지고 코먼웰스처럼 교구민에게 불쾌감을 주는 단어만 각인시킨 꼴이 되었다.

세 번째는 상관의 검열이다. 이 부분에 대해서는 비평가들의 의견이 엇갈린다. 홉킨스가 상관의 검열을 싫어한 것은 두말할 필요도 없다. 강론 원고를 글로 쓰는 것은 소용없는 일이라고 생각하지만 상관이 쓰기를 바라서 어쩔 수 없이 계속 쓴다고 불평한 적도 있다.[625] 분명코 검열이 홉킨스의 자유로운 발상을 막고 심리적으로 위축시켰을 것이다. 이 때문에 강론이 개성과 생기를 잃고 전달력도 약해졌을 것이다. 그러나 달리 보면 앞선 두 번의 강론은 검열 없이 진행됐지만 이민자들의 정서를 자극했다. 검열이 없었다면 같은 문제가 반복됐을 가능성이 크다. 그렇다면 검열을 받은 후에도 강론이 잘 되지 않은 것은 누구의 책임인가. 홉킨스와 클레어 신부 둘 다 강론 실패의 책임이 서로에게 있다고 생각했을 수 있다.

설상가상으로 홉킨스는 교구민들과도 불협화음을 만든다. 한 교구민은 훗날 홉킨스를 '좋은 신부였지만 약간 다혈질이었다'라고 회상한다.[626] 홉킨스가 감정을 절제하지 못해 교구민들에게 다혈질로 보였다는 의미이다. 실제로 그는 어떤 교구민이 급진주의 노동당 정치인 맥도널드(James Ramsay MacDonald)를 지지하자 노골적으로 화를 낸 일도 있다. 홉킨스가 아주 "심하게 화를 내며 자유주의자에 반대한다"라고 소리쳐, 그 신도가 "매우 놀라고 상처받는다."[627] 홉킨스는 곧 후회하고 사과의 편지를 보내지만, 그 신도는 끝내 홉킨스를 용서하지 않는다. 이 일로 홉킨스는 정치색을 드러내면 안 된다는 교훈을 되새긴다.

홉킨스가 자유주의를 강경하게 반대한 이유는 그것이 대영제국을 약하게 만든다고 믿기 때문이다. 1880년 총선거에서 집권한 자유주의 진영은 아일랜드 자치를 허용해야 한다고 주장한다. 홉킨스는 이에 강력하게 반대한다. 당시 영국에서는 대영제국의 위용이 예전만 못하다는 징후가 곳곳에서 나타난다. 1795년 영국은 인도로 가는 항로 확보를 위해 남아프리카 희망봉을 점령한다. 이에 만족하지 않고 1877년부터 남아프리카 보어(Boer)를 연방에 편입하기 위해 전쟁을 벌인다. 하지만 예상외로 강한 보어인의 반격에 뜻을 이루지 못한다. 1879년 1월 이산들와나 전투(The Battle of Isandhlwana)에서 영국군 800명이 전사한다. 1881년 2월 마주바 힐 전투(The Battle of Majuba Hill)에서도 대패한다. 현재 마주바 힐 전투는 "식민지 전쟁에서 창이 총을 이긴 흔치 않은 사례"로 기록된다.[628] 그만큼 영국으로서는 부끄러운 패배이다. 이 소식을 들은 홉킨스는 "마주바 전투 이야기를 듣고 진심으로 너무 슬펐다. 이것은 우리 군대에 심각한 오명이며 오점이다"라고 말한다.[629] 홉킨스의 강한 정치색이 그와 교구민들 사이에 보이지 않는 장벽을 세운다.

시를 못 쓴 지도 한참 되었다. 교구 업무를 다 보고 나면 몸과 마음이 지쳐 여유가 없다.[630] 더구나 리버풀의 사람들은 너무 불행하고 비참해서 다른 어떤 곳보다 그의 마음에 시적 영감이 샘솟는 것을 막는다.[631] 홉킨스는 리버풀에 더 머물고 싶지 않아 한다. 이러한 마음이 희망적 예측으로 이어져, "나는 여기 오래 머물 것 같지 않다. 아직 어디에도 오래 머물러 본 적이 없기 때문이다"라는 말에 담긴다.[632] 사제 서품을 받고 3년이 다 되었지만 그는 한곳에 오래 머물러 본 적이 없다. 어디에서도 그를 오래 붙잡으려 하지 않는다.

홉킨스는 예수회 안에서 자신의 쓰임에 대해 깊이 고민한다. 무거운 마음이 몸에 병을 부른다. 건강에 이상 신호가 온 것은 지난봄부터이다. 홉킨스의 글에 따르면, "부활절 주간은 수난주간 보다 더 힘들었다. 너무 힘들어서 심한 감기까지 앓았다. 그것이 귀에 통증과 이명을 남겨 한동안 고생했다. 아직도 그다지 건강하지 못하고 리버풀에 있는 한 건강하기는 틀렸다고 생각한다. 그저 불평이 아니라 진실이 그렇다."[633] 베드포드 리에서 내내 괜찮았던 건강이 리버풀에 온 지 겨우 넉 달 만에 문제가 된 것이다.

8월이 되자 휴가를 얻어 런던 집에 다녀온다. 9월은 피정으로 시작한다. 피정 동안 홉킨스는 영신 수련 주해서를 집필하기 시작한다. 이후 1882년 제3수련기가 끝날 때까지 계속 작업을 이어간다. 현재 남아있는 홉킨스의 종교적 글 대부분이 이에 해당한다. 홉킨스는 먼저 『영신 수련』의 스물세 번째 원칙인 "근본 원칙"(Fundamental Principle)을 그대로 옮기는 것으로 시작한다.

> 사람이 창조된 것은 우리 주 하느님을 찬미하고 경배하고 섬기며 또 이로써 자기 영혼을 구하기 위함이다. 그리고 이 세상의 다른 사물들이 창조된 것은 사람을 위

해서, 곧 사람이 창조된 목적을 추구하는 데 도움을 주기 위해서이다. 그러므로 그것들이 이 목적에 도움이 되면 그만큼 사용할 것이고, 이 목적에 방해가 된다면 그만큼 버려야 한다. 또 그 자체로 금지되지 않고 우리의 자유의지에 맡겨진 것에 있어서 우리는 모든 피조물에 대해 초연해지도록 힘써야 한다. 그리하여 우리 편에서는 질병보다 건강을, 가난보다 부를, 불명예보다 명예를, 단명보다 장수를 더 원하지 않을 수 없게 되고, 다른 모든 일에서도 이와 마찬가지이므로, 오직 창조된 목적으로 우리를 더욱 이끄는 것을 원하고 선택하도록 해야 한다.[634]

이어서 창조의 "근본 원칙"에 관한 자신만의 해석을 덧붙인다.

나는 인간으로서, 나의 자아로서, 내가 아는 다른 어떤 것보다 더 분명하게 규정되고 독특하며, 내가 보는 다른 어떤 것보다 더 높은 수준에 도달해 있음을 깨닫는다. 나는 나의 기쁨과 고통, 나의 능력과 경험, 나의 적막한 마음과 죄, 수치심과 아름다움에 대한 감각, 위험, 희망, 공포, 그리고 나의 모든 운명 속에서 나 자신을 발견한다. 내가 보는 다른 어떤 것보다 이러한 것들이 나에게 더 중요하다는 것을 깨닫는다. 나는 이 풍부하고 독특하며 존재를 가득 채우고 충만하게 만드는 것들이 어디서 왔는지 스스로 질문한다. 그러나 내 눈에 보이는 어떤 것도 그에 대한 답을 주지 못한다. 인간 본성에 대해 말하든, 나의 개성 혹은 자아의 본성에 대해 말하든 마찬가지이다. 인간의 본성은 세상의 다른 어떤 것보다도 더 높은 수준으로 고양되어 독특한 자아로 존재한다. 세상의 광대함 속에서 발전하고 응축될 수 있는 인간 본성은 아무렇게나 평범한 힘으로 이루어지는 것이 아니다. 그 자체로 존재하며, 우리가 다른 곳에서 발견할 수 있는 그 어떤 것보다도 더 섬세하고 강력하며 독특한 힘으로 이루어진 것이다. 그 힘은 놀랍고 고집스러운 요소들을 필요한 강도로 밀어붙이며 나아간다. 이것은 정신에 더욱더 적용된다. 정신에 적용할 때 더욱 맞는 말이다. 나의 자아, 나의 자의식, 나 자신이라는 느낌, 나의 맛과 감각을 고려하면 더욱 그렇다. 나와 나 자신이라는 느낌은 모든 것 가운데서, 모든 것을 초월하여, 에일 맥주나 백반의 맛보다, 호두나무 잎이나 녹나무의 냄새보다 더 독특하다. 그리고 이 감각은 어떤 방식으로도 다른 사람에게 이관될 수 없다. (내가 어린아이였을 때 종종 '다른 사람이 되면 어떨까?'라고 질문했던 것과 달리) 이것은 결코 타인에게 옮겨갈 수 없는 것이다. 자연의 그 무엇도 이처럼 강렬하고 형언할 수 없는 수준의 독특함, 자아됨, 나의 자아의 존재 근처에도 이르지 못한다.[635]

여기서 홉킨스는 자신의 자아가 다른 무엇과도 비교할 수 없을 만큼 독특한 가치를 지닌다고 단언한다. 19세기에는 개인주의의 영향으로 개체성을 찬양하는 글이 많이 양산된다. 그럼에도 홉킨스처럼 확신에 찬 열정으로 자신의 자아를 찬미하는 글은 보기 드물다. 자신이 신의 특별한 손길로 창조되었다는 긍지와 스코투스의 개체성 신학에 대한 확신이 합해진 결과이다.

홉킨스는 종종 "스코투스가 말하기를" 같은 표현을 써서 자신의 주장이 스코투스 신학에 근거해 있음을 분명히 한다.[636] 이런 이유로 홉킨스의 영신 수련 주해서는 때때로 상당한 정도로 『영신 수련』의 요체에서 다소 벗어난다. 오늘날 한 예수회 신학자도 홉킨스의 글이 이냐시오의 『영신 수련』과 너무 다르고 너무 자주 『영신 수련』의 요지에서 이탈하기 때문에 그것의 주해서로 간주하기 어렵다고 단언한다.[637] 이를 마치 예견이라도 한 것처럼 홉킨스는 예수회가 이 책의 출판을 허락하지 않을 것이라고 걱정한다. 이런 부정적 전망이 집필의 열정을 빠르게 가라앉힌다. 스코투스 신학을 이냐시오 영성 안에 포괄하는 홉킨스의 독특한 신학서는 끝내 완성되지도, 출판되지도 못한다.

홉킨스는 피정을 끝내고 리버풀로 돌아오자마자 "토사곽란"을 앓는다. 그는 9월 초라고 믿기 어려울 만큼 더운 날씨에 고해소 안에 온종일 있었던 것이 원인이라고 생각한다.[638] 더운 날씨에 사제복을 갖춰 입고 비좁은 공간에 종일 갇혀있는 것은 분명코 힘든 일이다. 고백자의 입에서 나오는 죄의 말을 견디는 것도 힘든 일이 틀림없다. 그렇다고 같은 환경에 놓인 모두가 병을 앓지는 않는다. 홉킨스는 예민해서 스트레스와 심리적 고통이 쉽게 신체적 상태에 영향을 미친다. 이것이 신체적 에너지를 더욱 고갈시키고 내적 슬픔을 심화시킨다. 이러한 악순환이 홉킨스가 예수회 사제로 사는 내내 반복된다.

세상을 슬프게 바라보는 순간이 점점 늘어난다. 「봄과 가을: 어린아이에게」("Spring and Fall: to a Young Child")는 이러한 내적 변화를 보여주는 시이다.

> 마가레트, 너는 울고 있니?
> 황금빛 숲에 낙엽 지는 것 때문에?
> 너는 나뭇잎이 인간 만사인 것처럼
> 너의 새로 생긴 생각으로 걱정하겠지, 그렇지?
> 아! 마음이 늙어가니
> 그런 광경에 점점 냉담해지는구나
> 창백한 숲의 세계가 잎을 떨어뜨려도
> 한숨이 나질 않는단다
> 그러나 너는 울겠지, 이유도 알게 되겠지
> 지금은 아이야 뭐라 해도 괜찮단다
> 슬픔이 샘솟는 것은 같으니까
> 어떤 입도, 어떤 정신도, 마음이 들은 것과
> 영혼이 짐작하는 것을 표현하지 못한단다
> 그것이 인간이 태어나 시들어 가는 이유이며
> 그것이 너, 마가레트가 슬퍼하는 이유란다[639]

"마가레트"(Màrgarèt)라는 이름의 어린아이가 가을 숲에 서있다. 아이의 마음 속에 떠오른 생각은 세상을 가득 채운 죽음과 소멸에 관한 것이다. 아이는 아직 그것의 본질을 정확하게 알지는 못한다. 그러나 언젠가는 인간의 타락이 만들어 낸 수많은 슬픔이 마치 거대한 물줄기처럼 땅 밑에서 솟아난다는 것을 알게 될 것이다.640 "마가레트"는 그저 어린아이가 아니라 시들어 가는 모든 인간과 그런 인간을 슬프게 바라보는 홉킨스의 마음, 모두를 상징한다. 리버풀에 오기 전에 홉킨스는 인간에 대한 희망을 품었고 열정이 넘쳤다. 하지만 지금은 "인간이 시들어 가는 이유"를 너무나 많이 목격하면서 지쳐간다.

절망과 슬픔이 자꾸 자란다. 이런 마음을 홉킨스는 다음과 같이 토로한다. "나는 도무지 아무것도 쓸 수가 없다. 시간도 없고 정신력도 부족하다. 정말 지치고 허둥지둥 끌려다니며 완전히 기진맥진한 상태이다. 그럼에도 술꾼들은 계속해서 술에 취해 있고 추잡한 자들은 성경 말씀처럼 계속 추잡하다. 인간의 본성은 정말 뿌리가 깊다. 내가 그 끝을 보았다면 얼마나 좋을까."641 마지막 문장에는 고통스러운 현실을 더는 보고 싶지 않은 마음이 담겼다.

리버풀 세인트 프란시스 자비에 성당
홉킨스 기념 명판

홉킨스는 없는 힘을 쥐어짜며 구원을 위해 더욱 열심히 노력한다. 8월부터는 가톨릭 빈민 구제 단체인 세인트 빈센트 드 폴 협회(The St Vincent de Paul Society)의 사목을 맡아 리버풀에서 "가장 힘겨운 슬럼가를 찾아가 가난한 사람을 돕고 미사에 참석하도록 권한다."642 홉킨스의 열정은 실제 성과로 이어져, 1880년 협회 회원 수가 괄목할 만큼 증가한다.643 그래도 술을 마시는 사람들은 계속 술을 마신다. 미사를 거르는 사람은 점점 더 많아진다. 이른바 세속주의 시대이다. 홉킨스 혼자 거대한 시대적 흐름을 막을 수는 없는 일이다. 그럼에도 마치 세상의 모든 짐을 혼자 떠안은 듯 슬퍼하고 절망한다.

리버풀에서의 경험이 홉킨스에게 인간에 대한 깊은 절망감을 심어준다. 이것이 아일랜드에서 쓴 「'주님, 당신이 진실로 옳으십니다'」("'Thou art indeed just,

Lord'")에 담긴다.

> 주님, 당신이 진실로 옳으십니다, 제가 감히 당신께 이의를 제기한다 해도
> 그러나 주님 제가 지금 주장하는 말도 옳습니다
> 왜 죄인의 길이 번성합니까? 또 왜
> 제가 애쓰는 모든 것은 실망으로 끝납니까?
>
> 오 나의 친구이신 주님, 설혹 당신이 나의 원수라 해도
> 당신이 어찌, 알려주소서, 제게 실패와 좌절보다
> 더 나쁜 일을 하십니까? 오 술주정뱅이와 욕정의 노예들은
> 놀면서도 당신의 대의에 생을 쏟아부은 나보다
>
> 더 번성합니다, 주님, 보소서, 강둑과 덤불은
> 지금도 저토록 잎이 무성합니다! 그것들이 다시
> 뇌문 모양 참나물과 얽히는 것을, 신선한 바람에
>
> 흔들리는 것을 보소서, 새는 둥지를 짓지만 저는 못 합니다
> 아니 애써도 겨우 시간의 고자, 깨달음 주는 작품 하나 못 낳으니
> 오 생명의 주인이신 나의 주님, 제 뿌리에 단비를 내리소서[644]

이 시는 성경의 "주님, 당신께서는 의로우시고 당신의 법규는 바릅니다"(『시편』 119:137)에서 영감을 얻은 것이다. 홉킨스는 "술주정뱅이와 욕정의 노예들"(the sots and thralls of lust)이 더 번성한다고 탄식한다. "죄인의 길이 번성"(sinners' way prosper)하는 동안 오직 신의 뜻을 따르기 위해 애쓴 자신은 절망의 구렁텅이에 빠졌다고 비통해한다. 강둑에 하찮은 덤불조차 무성하게 자라 바람에 살랑이고,

새들도 제 둥지를 짓는다. 하지만 홉킨스는 노력해 온 모든 것에서 실패한다. "시간의 고자"(Time's eunuch)는 홉킨스가 남긴 모든 말 중에 가장 처참한 자기 인식이 담겨있다. 이토록 깊은 절망감이 전부 리버풀에서 만들어진 것은 아니다. 하지만 적어도 교구사제로서 인간의 영혼을 구하는 일에 실패했다는 슬픔은 리버풀에서 생긴 것이다. 홉킨스는 이 시를 1889년에 완성하고 얼마 지나지 않아 사망한다. 리버풀에서의 고통과 실패가 그의 삶에 얼마나 깊은 상처를 남겼는지 잘 보여준다.

1881년이 시작된다. 봄이 가고 여름이 온다. 홉킨스는 애초에 예상했던 것보다 훨씬 오래 리버풀에 머물고 있다. 8월에야 마침내 글래스고에 있는 세인트 조셉 성당(St Joseph's Church)의 보좌신부로 가라는 명령이 내려온다. 글래스고에서는 약 두 달만 머물면 된다. 10월에 만레사 하우스에서 제3수련기를 시작해야 하기 때문이다. 홉킨스는 가벼운 마음으로 글래스고로 향한다.

홉킨스가 보기에 글래스고는 모든 면에서 리버풀보다 낫다. 거리와 건물도 더 아름답다. 교구민들은 "열렬한 피니언(Fenian)이지만 마음이 따뜻해 리버풀 사람들보다 훨씬 더 진심으로" 그를 환영한다.[645] '피니언'은 원래 아일랜드 강성 독립 운동 단체명이지만, 영국에서는 아일랜드인 가톨릭교도를 가리키는 용어로 쓰인다. 아일랜드 출신 이민자들이 정서적으로 과격한 독립 운동 단체와 다름없다는 생각이 반영된 것이다. 흥미로운 것은, 리버풀과 글래스고가 실제로 크게 다르지 않다는 점이다. 두 도시 모두 북부 산업도시로 도시 빈민이 넘치고 매연이 공기를 뒤덮고 있다. 교구민들 대부분은 가난한 아일랜드 이민자로 술에 절어있거나 아일랜드 독립을 염원한다. 그런데도 홉킨스는 글래스고 사람들이 "매력적"이라 생각하고 자신을 더 진심으로 환영한다고 느낀다. 내면에 차오른 새로운 희망이 상황을 긍정적으로 보게 만든 것이다.

홉킨스는 글래스고에서 7주간의 짧은 임무를 마친 후 이틀간 휴가를 얻는다. 지나는 길에 인버스네이드(Inversnaid)에 잠깐 들른다. 인버스네이드는 로크 로몬드(Loch Lomond) 호수 동쪽에 있는 작은 마을로, 워즈워스(William Wordsworth)와 아놀드가 시에 담아 유명해진 곳이다. 홉킨스는 인버스네이드 폭포에서 흘러가는 작은 개울을 시로 재현하고 제목을 「인버스네이드」("Inversnaid")라고 붙인다.

> 말 등처럼 어둑하게 빛나는 갈색 시냇물이
> 바위를 굴리며 요란하게 쏟아진다
> 좁은 곳 높은 곳을 지나 양털 같은 거품으로
> 세로 홈을 내며 호수 아래 제 갈 곳으로 간다
>
> 바람에 부푼 모자처럼 엷은 황갈색 거품이
> 그토록 짙은 검은 웅덩이 속 액체 위를
> 사납게 인상 찌그리며 돌아 휘감는다
> 절망을 감고 감아 익사시킨다
>
> 이슬이 층층으로 쌓여 이슬이 알록달록하다
> 시냇물이 밟고 지나는 비탈의 사타구니에도
> 억센 황야의 잡초에도, 돼지 옆구리 살 같은 이끼에도
> 개울 위에 어여쁜 구슬처럼 앉아있는 물푸레나무에도
>
> 세상이 어찌 되겠나 습지와 황야가
> 없어진다면? 그것들이 있게 두어라
> 오 그것들이 있게 두어라 황야와 습지들
> 오래도록 존재하라 잡초와 황야여[646]

이 시는 1881년 한 해 동안 홉킨스가 완성한 유일한 작품이다. 「빈지의 미루나

무들」이후 오랜만에 쓴 자연 시이기도 하다. 자연을 묘사하는 방식은 이전의 자연 시와 다른 점이 없다. 개울을 따라 흘러가는 시냇물의 섬세한 묘사, 풍부한 색감, 촉각을 자극하는 감각적 표현은 라파엘 전파의 영향이다. 작은 사물 하나하나를 개성적으로 언급하는 것은 스코투스의 개체성 신학을 반영한다. 홉킨스가 예술적으로나, 신학적으로 영향받았던 모든 자양분이 그대로 담겼다. 덕분에 화려할 것 하나 없는 작은 계곡이 이끼들까지 생생한 세계로 변모한다.

하지만 인간과 자연의 관계 설정은 이전의 시들과 다르다. 이 시에서 자연은 인간을 위해 존재하지 않는다. 인간의 손길에 닿거나 파괴되지도 않는다. 안전하고 독립적으로 자기 세계를 유지한다. 홉킨스는 지난 2년 동안 북부 산업도시에서 사역했다. 그동안 다음과 같은 진실을 깨달았다. "리버풀과 글래스고는 나의 마음에 단 하나의 확고한 확신, 진실로 가슴을 짓누르는 확신을 심어주었다. 도시의 삶은 가난한 사람들에게 참혹하며, 특히 가난한 사람들에게 더욱더 참혹하다. 인간의 타락, 19세기 문명의 허위성, 가난한 이들의 고통이 일상적으로 존재한다는 사실도 분명히 깨달았다. 매일 목격했던 그 광경들로 인해 삶 자체를 힘겨운 짐으로 여기게 되었다."[647] 이런 깨달음을 얻은 후 인버스네이드의 자연을 마주했다. 홉킨스는 그곳마저 사라지면, 세상에 오직 타락과 허위와 고통만 남을까 걱정한다. 그래서 그저 존재하는 인버스네이드의 자연에 진실로 감사하고 계속 그렇게 존재하기를 간절히 바란다.

이제 홉킨스는 37살이다. 예수회 사제로 4년을 보냈고 그중 2년을 북부 산업도시에서 사역하며 매일 무거운 짐을 짊어졌다. 이제 잠시 그 짐을 내려놓고 제3수련기에 들어간다.

15.
제3수련기
: '열정을 회복하고 영원을 준비하는'

    1881년 10월 8일 홉킨스는 제3수련기를 위해 만레사 하우스에 도착한다. 제3수련기는 예수회에서 '세 번째 수련의 해'(Third Year of Probatio), 또는 '제2수련기'(Second Noviceship)라고 불리는 특별한 기간이다. 견습 수사 수련기를 첫 번째 수련기라고 한다면, 제3수련기는 사실상 두 번째 수련기이다. 그런데도 세 번째 수련기라고 하는 이유는 첫 서약 후 예수회원으로서 보낸 모든 시간을 일종의 수련기로 간주하기 때문이다.

    제3수련기 동안 제3수련생(The tertians)은 깊은 묵상을 통해 예수회원으로서 살아온 모든 시간을 성찰하고 남은 생을 결정한다. 만약 그 결정에서 예수회를 선택하지 않으면, 수련생은 언제든 예수회를 떠날 수 있다. 총 11명이 홉킨스와 함께 제3수련기를 시작한다. 이 중 3명이 수련을 마치지 않고 중간에 떠난다. 예수회로 살아온 그 길고 험난했던 여정을 전부 무위로 돌리는 선택을 한 것이다. 그만큼 제3수련기는 온 존재를 점검하고 영적 확신을 얻는 힘든 과정이다. 홉킨스는 이 과정을 거친 후 예수회에 남기로 선택한다. 그리고 그 선택을 끝까지 지켜낸다. 홉킨스가 남긴 기록 어디에도 그 선택을 후회하거나 예수회가 아닌 다른 삶을 상상하는 순간은 없다. 아일랜드 시절에 절망의 시를 남겼다는 이유로, 혹은 예수회 안에서 성공하지 못했다는 이유로, 혹여라도 그가 예수회가 된 것을 후회했으리라 추측한다면 그것은 오해이다.

홉킨스는 제3수련기가 안겨줄 영적 평화를 기대하며 약간 들떠있다. 하지만 예수회 밖에 있는 친구들, 특히 영국 국교회 사제로 일하는 딕슨은 제3수련기라는 과정 자체를 이해하지 못한다. 이미 사제 서품을 받고 여러 해 동안 성무를 수행해 온 사람이 왜 열 달이나 되는 긴 수련을 다시 받느냐는 것이다. 홉킨스는 정성스럽게 제3수련기의 의미와 목적을 설명한다.

> 우리가 제3수련기, 세 번째 수련의 해, 제2수련기 등으로 다양하게 부르는 이 과정은 사실 엄밀히 말해 수련기가 아닙니다. 후보자나 수련생이 예수회의 삶을 점검하고 자유롭게 떠날 수 있다는 점에서 수련기와 다릅니다. 우리는 이 수련기를 적절히 마친 후 예수회에 영원히 구속되겠다는 맹세를 합니다. 이후 우리는 프로페스트(professed-종신 서원을 한 예수회 정회원) 단계, 혹은 예수회 내에서 각자가 성취할 수 있는 최종 단계에 오를 때까지 여섯 달마다 이 맹세를 갱신합니다. 단순히 여섯 달 동안 유효한 맹세가 아니라 온 생애를 걸고 맹세합니다. 우리의 제3수련기는 이 마지막 맹세를 준비하는 기간입니다. 스콜라 어펙투스(schola affectus)라고도 부르는 이 과정은 세상을 만나고 배우는 과정에서 식었을지 모를 열정을 회복하고 전심전력을 다해 다시금 헌신할 수 있도록 설계된 과정입니다.[648]

"스콜라 어펙투스"는 라틴어로 마음 공부(School of Heart)라는 뜻이다. 묵상을 통해 자신의 삶을 되돌아보고 남은 삶을 결정하는 제3수련기와 잘 어울리는 명칭이다. 제3수련생은 수련 후 영원히 예수회로 살아도 좋다는 확신이 들면 맹세를 한다. 그 후 같은 맹세를 여섯 달마다 갱신한다. 여섯 달 동안 유효한 맹세가 아니라 평생 예수회로 살겠다는 맹세를 여섯 달마다 재확인하는 것이다. "프로페스트" 단계에 이른 예수회원은 최종 맹세를 하고 더 이상 맹세를 하지 않는다. 단 한 번의 최종 맹세로 예수회에 완전히 귀속된다.

홉킨스는 언급하지 않지만, 제3수련기를 마친 수련생도 프로페스트로 인정될 수 있다. 예수회는 제3수련기 내내 수련생의 성과를 면밀하게 살핀 후 수련 마지막에 프로페스트에 적합한 사람을 선정한다. 선정된 사람은 맹세의 날에 갱신이 필요 없는 최종 맹세를 하고, 교황에게 절대적으로 복종한다는 특별 맹세도 함께 한다.[649] 이후 예수회 주요 보직에 오를 수 있고, 예수회 최고 회의 기구인 총회(general congregations)에 참석할 자격을 얻는다. 반면에 프로페스트로 선정되지 못한 사람은 맹세의 날에 영적 보좌주교(Spiritual Coadjutor)로서 맹세한다. 영적 보좌주교란 말 그대로 주교를 보좌한다는 의미이다. 간부가 아니라 평사제로서 예수회가 부여하는 일을 수행한다. 예수회 주요 의사 결정 과정에 참여하지도 못하고 교황을 위한 특별 맹세도 하지 않는다.

최종적으로 홉킨스와 함께 제3수련기를 시작한 11명 중 8명이 맹세를 하고, 그중 3명이 프로페스트로 인정되어 최종 맹세를 한다. 홉킨스는 그 3명에 포함되지 못한다. 이유에 대해서는 알려진 것이 없다. 다만 프로페스트를 결정하는 중요한 기준이 "대체로 학업 성취"라는 점을 고려할 때, 홉킨스가 지나치게 '스코투스적'인 것이 영향을 미쳤으리라 추측된다.

제3수련기 동안 홉킨스는 예수회가 부여한 규칙에 따라 산다. 제3수련생에게 부과된 규칙은 다음과 같다.

1. 그들 중 한 명을 조장으로 지명한다.
2. 매일 정해진 일과와 순서를 따라야 한다. 여기에는 암송 수업, 일상 노동, 예수회 규칙 공부, 영적 독서, 저녁 묵상이 포함된다.
3. 일주일에 하루는 수도원 식당에서 책을 낭독하거나, 식당 혹은 부엌일을 도

와야 한다.

4. 일주일에 한 번 수도원 식당에서 잘못을 고백하고, 수련원장에게 고행을 요청해야 한다.

5. 일주일에 두 번 예수회 규칙에 관한 회의를, 일주일에 한 번 조장이 주관하는 영적 주제 토론을 해야 한다.

6. 제3수련기 동안 영적 독서를 제외한, 신문, 정기 간행물 또는 다른 어떤 책을 읽는 것은 금지된다.

7. 허락 없이 홀로 수도원 밖으로 나가는 것은 허용되지 않는다.

8. 만레사 하우스의 사제나 나이 든 평수사와는 대화할 수 있지만, 견습 수사 수련생이나 초년 수사들과는 대화할 수 없다. 여흥 시간이 아닌 시간에는 방문객을 만나는 것이 금지되며, 허락 없이 런던에 가거나 방문하는 것도 허용되지 않는다. 제3수련생 신부는 서로에게, 혹은 다른 신부에게 고해성사를 줄 수 없지만, 제3수련생이 아닌 신부는 제3수련생에게 고해성사를 줄 수 있다.[650]

　독서나 외출같이 사소한 일상에도 제약이 생긴다. 고해성사를 주관할 권한도 정지된다. 이러한 규칙과 제한을 통해 겸손과 절제의 마음을 다시 가다듬는다. 홉킨스는 엄격한 규칙 속에서 마음이 안정되어 간다. 근심 가득한 도시에서 벗어난 것 또한 심리적 안정에 도움을 준다.[651] 건강 상태도 개선된다. 치통 때문에 정기적으로 런던에 가는 것을 제외하면, 만성적으로 그를 괴롭혔던 건강 문제는 모두 사라진다.

　11월 7일, 생애 두 번째이자 마지막 '긴 피정'을 시작한다. 홉킨스는 견습 수사 수련기 때 경험했던 '긴 피정'의 감동을 아직도 잊지 못한다. 그때의 영적 만족감을 한 번 더 느끼기를 고대한다. 이번 긴 피정 지도자는 휘티 신부(Fr Robert Whitty)이다. 깊은 신앙심과 간결한 지혜를 지닌 인물이다. 피정 중 어느 날 휘티 신부는 홉킨스에게 두 가지 묵상 주제를 제시한다. 첫 번째는 "나사렛에서 그분의 삶은 어땠는가?"이고, 두 번째는 "같은 시간 성모의 삶"이다.[652] 홉킨스는 특히 첫 번째 주제에 깊이 몰입한다. 처음에는 예수가 평범한 삶을 살았던 시간이 예언자이자 대사제로 살았던 3년에 비해 너무 "비효율적"(ineffective)이라고 느낀다. 하지만 곧 "그곳에서의 그리스도의 삶이 하느님의 눈에 즐겁게 보였다"라는 생각에 이른다. 홉킨스는 예수의 나사렛 삶이 성공적이지 못한 삶을 사는 모든 이들에게 믿음을 심어준다고 확신한다. 인간은 본질적으로 "어느 정도는 눈에 띄지 않고 제약을 받으며 성공적이지 못한 삶"을 살 수밖에 없다고 인정한다.

휘티 신부는 피정을 지도하면서 홉킨스가 예술적 기질이 강하고 다방면에 관심이 많은 사람임을 알아챈다. 단순하고 반복적인 일에 쉽게 지루함을 느낀다는 것도 파악한다. 이런 성향을 적절하게 다듬지 않으면, 홉킨스가 예수회의 삶에 만족하기 어려울 것이라고 염려한다. 이 때문에 평범하고 하잘것없어 보이는 일상적 삶도 위대하다는 깨달음을 주기 위해 예수의 나사렛 삶을 묵상 주제로 제시한다. 이날의 묵상이 홉킨스에게 큰 위안이 된다. 예수회 사제로서 살았던 지난 4년 동안 무엇 하나 성공적이지 못했던 자신에게 위로와 용기를 주는 것 같기 때문이다. 이후에도 오래도록 이날의 묵상은 홉킨스의 뇌리에 남아, 일상이 반복적이고 무의미하다고 느껴질 때마다 소환된다.

홉킨스는 '긴 피정' 동안 자신이 예수회에 적합한 삶을 살았는지에 대해 깊이 성찰한다. 그 결과 그렇게 살지 못했다는 결론에 이른다. 깊은 반성의 마음을 담아 딕슨에게 편지를 보낸다.

> 저의 소명은 너무나 높은 기준을 제시하기 때문에, 다른 어디서도 그보다 더 높은 기준을 찾을 수 없습니다. 그러므로 저에게 가장 중요한 질문은 (아마도 선생님께서 염두에 두신 것을 추측하자면) 명성에 대한 희망을 기꺼이 희생할 수 있느냐가 아닙니다. 오히려 그것을 희생하는 데 게을렀던 마음, 혹시 남았을지 모를 마음속

의 미련, 쟁기를 잡은 손으로 과거를 되돌아본 태도, 당신이 찬미하는 바로 그 시들이 초래했을지 모를 시간 낭비, 더 신성하고 더 긴급한 의무에 쏟아야 할 마음을 그것들에 빼앗겼던 것, 그로 인해 자라난 헛된 명성에 대한 생각과 마음의 동요, 이런 것들로 인해 제가 하느님께 가혹한 심판을 받을 수 있다는 점입니다. 어떤 목적은 외적으로 보기에 순조롭고 완벽해 보일 수 있지만, 내적으로 닳고 닳아 흔들리고 불안정할 수 있습니다. 소명에 있어 저는 결코 흔들린 적이 없습니다만, 그것에 부응하지는 못했습니다.[653]

홉킨스는 예수회가 다른 어떤 곳에서도 볼 수 없는 높은 기준을 제시한다고 확신한다. 그것에 맞추기 위해서 가능한 모든 에너지를 쏟아야 한다고 믿는다. 묵상을 통해 돌아본 과거의 자신은 너무 많은 시간을 시에 쏟았다. 틈틈이 시를 쓰고, 바빠서 시를 쓸 수 없을 때는 심지어 불평했다. 시의 출판과 명성에 대한 유혹에 마음이 흔들리기도 했다.

실제로 홉킨스는 지난 1881년 4월에 여러 편의 시를 예수회 밖에서 출판하려 했다. 당시 영향력 있던 문필가 케인(Hall Caine)이 『300년간의 소네트』(*Sonnets of Three Centuries*)라는 시선집을 기획하고 있었다. 이 소식을 들은 딕슨이 홉킨스의 소네트 몇 편을 추천한다. 아쉽게도 단테 로제티가 케인에게 홉킨스의 시를 싣지 말라고 충고해서, 시는 출판되지 못한다.[654] 딕슨은 이 소식을 전하며 "손해를 본 사람은 케인"이라고 홉킨스를 위로했다.[655] 엄밀히 말해 이 일은 딕슨의 아이디어였고 시를 골라 보낸 사람도 딕슨이었다. 하지만 홉킨스의 묵인이 없었다면 있을 수 없는 일이었다.

홉킨스가 진심으로 시의 출판을 기대했는지는 알 수 없다. 하지만 당대의 영향력 있는 작가들에게 시를 평가받고 싶은 마음이 있었던 것은 분명하다. 홉킨스는 그 모든 순간이 부끄럽다. 그로 인해 가혹한 심판을 받을지도 모른다고 두려워한다. 결국 소명에 최선을 다한 것이 아니기 때문이다. 그는 영원한 처벌을 받는 것에 비하면 시를 버리는 것은 아무것도 아니라고 생각한다. 이후 제3수련기가 끝날 때까지 홉킨스는 단 한 편의 시도 쓰지 않는다. 수련기가 끝난 후에도 시를 죄악시하는 마음을 버리지 못한다. 이것이 창조적 욕구와 충돌하면서 아일랜드에서의 불행을 초래하는 요인이 된다.

'긴 피정'이 12월 8일 끝난다. 피정의 마지막 묵상은 "사랑을 얻음에 대한 묵상"(Contemplation for Obtaining Love)이다. 이 묵상을 통해 도달한 결론은 "만물이 사랑으로 충만하고, 만물은 하느님으로 충만하다"라는 것이다.[656] 「신의 장엄」을 쓰던 때와 똑같은 믿음이 그의 내면을 채운다. 동료 중에 이미 예수회를 떠난 이도 있지만,[657] 홉킨스는 예수회로 살겠다는 결심이 더욱 강해진다.

크리스마스가 지나고 1882년이 시작된다. 새해 첫날 리버풀에서 사제 하나가 사망했다는 소식이 들려온다. 사망한 사제는 지난 2년간 홉킨스와 함께 힘든 일을 나누었고, 홉킨스에게 특히 친절했던 동료이다. 홉킨스는 그의 사망 소식에 몹시 슬퍼한다. 리버풀 교구에 인력 충원이 필요하다는 생각도 한다. 홉킨스는 자신이 그 자리를 채울 것이라고 "확신한다."[658] 리버풀처럼 끔찍한 고통이 넘쳐나는 곳에 다시 가야 한다는 생각에 마음이 무거워진다. "리버풀로 돌아오라는 명령이 내려오기를 기다리며 시시각각 괴롭다"라고 심경을 토로한다.

다행스럽게도 홉킨스의 예상은 완전히 빗나갔다. 만레사 하우스에서 누구도 리버풀로 차출되지 않는다. 이 일은 홉킨스가 자신의 사제 업무 능력을 매우 긍정적으로 평가하고 있다는 것을 잘 보여주는 예이다. 홉킨스는 자신이 리버풀에 꼭 필요한 존재라고, 리버풀이 자신을 청할 것이라고, 그리고 예수회가 자신을 최적임자로 결정할 것이라고 확신한다. 정작 리버풀은 홉킨스를 요청하지 않았고, 예수회는 홉킨스에게 더 잘 맞는 다른 일이 있다고 판단한다.

사순 시기가 시작된다. 제3수련생은 사순 시기 동안 각 지역의 가톨릭교회로 파견된다. 수련기 동안 교회 일을 하며 자신이 소명에 적합한지를 점검하는 과정이다. 홉킨스는 프레스톤(Preston)에 배정되었다가, 사순 시기 네 번째 일요일부터 종료 주일까지 메리포트(Maryport)에 머문다. 그동안 홉킨스는 여러 번의 강론을 하는데, 모두 성공적으로 마친다. 1882년 3월 22일 메리포트 지역신문에는 "지난 일요일 저녁 '성모의 자녀'(Children of Mary) 임명식이 거행되었다. 하얀 베일을 쓴 후보자들이 여성 전용 예배당을 채웠다. 홉킨스 신부가 적절하고 유창한 강론을 들려주었다"라는 기사가 실린다.[659] 또 다른 신문은 "예수회의 홉킨스 신부"가 "매우 성공적으로 미션을 전파했다"라고 보도한다. 로햄프턴 수녀회(The Nuns of the Roehampton Convent)를 위한 미사에서는 홉킨스가 '수녀들에게 매우 큰 감동을 주어, 모두가 홉킨스 신부를 틀림없는 성자라고 생각했다'라는 증언도 남아있다.[660] 이 성공 사례들은 홉킨스에게 영적 만족과 심리적 안정이 얼마나 긍정적인 영향을 미치는지를 잘 말해준다.

사순 시기 파견 근무는 홉킨스에게 개인적으로도 즐거운 경험을 선사한다. 메리포트로 가는 여정에 잠시 짬을 내어 딕슨을 만난다. 그간 딕슨은 한결같이 홉킨스를 아끼고 격려했다. 지난 1월 홉킨스가 예수회의 높은 기준에 맞추기 위해 시를 포기하겠다고 선언했을 때도, 딕슨은 종교에 봉사하는 수단으로 홉킨스의 "시보다 더 강력한 도구"는 없다고 설득했다.[661] 홉킨스도 딕슨의 재능과 친절한 인품을 존경한다. 홉킨스가 딕슨을 부르는 호칭도 "친애하는 참사회원"(My dear Canon-영국 국교회 참사회 소속 사제)에서 "친애하는 나의 친구"(My dear friend)로 바뀐 지 오래이다.[662] 편지로만 소통하던 두 사람이 이제야 직접 만났다.

홉킨스와 딕슨은 함께 식사하고 인근 성당을 구경한다. 딕슨은 "내가 당신을 직접 만나 당신이 어떤 모습인지 온전히 알게 되어 정말 기쁩니다. 내가 기억하는 한, 당신은 하이게이트 스쿨에 다니던 그때 모습과 똑같습니다"라고 말한다.[663] 두 사람은 다시 만날 것을 기약하지만 홉킨스가 아일랜드로 가면서 뜻을 이루지 못한다. 딕슨은 홉킨스가 사망할 때까지 변함없이 다정한 친구로서 위로와 지지를 보낸다. 그리고 홉킨스가 사망한 바로 이듬해 세상을 떠난다.

홉킨스는 8월 7일부터 14일까지 8일간 피정을 한다. 그런 후 성 이냐시오가 청빈, 순결, 복종을 맹세한 8월 15일에 맞추어 제3수련생들과 함께 맹세를 한다. 먼저 '프로페스트' 단계에 오른 3명이 맹세를 한다. 그 뒤를 이어 영적 보좌주교 5명이 맹세를 한다. 홉킨스는 영적 보좌주교로서 간단한 맹세를 한다. 더해서 홉킨스는 예수회가 "관심을 기울여야 할 세 명 중의 하나로 지목된다."[664] 쉽게 말해 관심 혹은 주의를 기울여야 하는 인물이라는 뜻이다. 비평가들은 홉킨스의 "기이함(eccentricity)과 특이성(singularity)" 혹은 "잦은 피로와 간헐적으로 찾아오는 우울감" 때문이라고 추측한다.

원인이 무엇이든 간에, 홉킨스는 세상에서 가장 "밝은 전망"이라 확신하며 예수회에 들어온 지 14년, 사제 서품을 받은 지 5년 만에, 예수회의 관심 인물이 되었다. 홉킨스는 이 사실을 누구에게도 말하지 않는다. 8월 내내 한 통의 편지도 쓰지 않는다. 이 침묵이 홉킨스의 실망과 상처의 크기를 짐작하게 한다. 8월 17일 38살의 홉킨스는 새로운 임지로 이동한다. 예수회가 홉킨스에게 최적의 임지라고 판단한 곳은 스토니허스트이다.

16.
가르치는 직업의 소명

홉킨스가 스토니허스트에서 맡은 업무는 두 가지이다. 하나는 세인트 메리 홀에서 철학 수련기 신학생들에게 라틴어와 그리스어를 가르치는 일이고, 다른 하나는 스토니허스트 칼리지에서 런던 대학 입시를 준비하는 고학년 학생들에게 영어를 가르치는 일이다. 예수회가 홉킨스에게 철학 과정 신학생과 런던 대학 입시생을 맡긴 것은 긍정적인 신호이다. 비록 홉킨스가 '긴 과정'이나 '프로페스트'에 적합하다고 판단하지 않았지만, 여전히 그의 학문적 능력을 높이 산다는 뜻이기 때문이다. 1878년 스토니허스트 칼리지에 근무할 때 런던 대학 입시에서 좋은 성과를 냈던 경력도 임지 배정에 영향을 미쳤다.

예수회는 홉킨스가 신학생과 입시반 학생들을 지도하면서 여유 시간을 활용해 학자로 발전하기를 바란다. 제3수련기를 마치고 수련원을 떠나는 홉킨스에게 수련원장이 직접 "시간이 남으면 전에 말했던 책 중 하나를 쓰거나 다른 책을 쓰는 데 사용해도 좋다"라고 허락한 것도 그 일환이다.[665] "전에 말했던 책 중 하나"가 바로 1881년부터 홉킨스가 집필해 온 영신 수련 주해서이다. 홉킨스는 제3수련기 내내 이 일에 몰두해 이미 상당한 분량을 써냈다. 심지어 수련기 마지막 주에만 "열여섯 쪽의 원고"를 더 보탰다. 예수회는 홉킨스가 교구사제로 적합하지 않다고 판단했기에, 그가 강의와 연구에서 성과를 내기 바란다. 하지만 이미 학교생활을 경험해 본 홉킨스는 "시간이 거의 남지 않을 것이고, 시간을 만들 수도 없을 것"이라고 예상한다.

강의는 10월에 시작된다. 예수회는 홉킨스에게 개강하기 전까지 예수회의 집이 있는 곳이면 어디든 머물러도 좋다고 허락한다. 관심 대상이 된 홉킨스를 각별하게 배려한 조치이다. 홉킨스는 브리지스가 사는 곳에 가고 싶지만, 그곳에 예수회의 집이 없어 포기한다. 대

스토니허스트 칼리지

신에 우스터(Worcester)에 있는 예수회 교회 세인트 프란시스 자비에 성당(St Francis Xavier's Church)에 머문다. 강의 시작 전까지 계속 있어도 되지만, 개강 준비를 위해 일찌감치 스토니허스트를 향해 나선다.

스토니허스트 칼리지는 새로운 건물을 짓느라 분주하다. 홉킨스는 틈날 때마다 공사 현장을 지켜본다. 그리고 거기서 받은 특별한 인상을 다음과 같이 기록한다. "새로 짓는 칼리지 건물은 설계 면에서 진실된 아름다움이 없지만, 당당한 인상을 준다. 현장의 설비와 부속품을 지켜보는 것은 즐겁고, 도급업자, 건설업자, 석공들, 벽돌공, 목수, 석수, 조각가들이 한데 모여 분주히 움직이는 장면은 언제나 활기차다."[666] 홉킨스는 많은 기술자와 다양한 설비들이 한데 어울려 새로운 건물을 세우는 장면에 매료된다. 리버풀의 노동자들이나 병든 교구민들에게서 느낄 수 없던 생동감과 활력을 느낀다. 이것이야말로 "인간의 협동적인 노력이 생생하고 힘차게 합목적으로 발휘되는" 순간이라 생각한다.[667] 홉킨스의 이러한 생각은 러스킨의 영향을 받은 것이다. 러스킨은 일찍이 건축이 "인간의

협동적인 노력"을 통해 완성되며, 인간의 "노동에 기대는 유일한 예술"이라고 정의했다.[668] 칼리지의 건축 현장을 보며 홉킨스는 '그저 그런 비평가 열두 명을 합친 것보다' 러스킨이 더 통찰력이 있다고 느낀다.[669]

홉킨스로서는 스토니허스트의 자연을 다시 보게 된 것도 행복한 일이다. 스토니허스트에 대해 "대체로 공기가 탁하다. 하지만 공기가 맑을 때는 랭커셔의 웅장한 풍경을 조망할 수 있다. 펜들 힐, 리블스데일(Ribblesdale), 그리고 높은 언덕 지대들이 한눈에 보인다. 전체적으로 황량하지만 장엄하고 아름답다"라고 기록한다.[670] 공기가 탁한 이유는 영국의 고질병인 대기오염이 스토니허스트까지 잠식한 탓이다. 그래도 시적 영감을 샘솟게 하기에는 충분하다. 시를 쓰지 않겠다고 결심하고 꼬박 1년 만에 되살아난 시심이다. 이때 완성한 시가 「리블스데일」("Ribblesdale")이다. 리블스데일은 랭커셔에 있는 작은 계곡 이름이다.

> 대지, 다정한 대지, 다정한 풍경이 무성한 잎으로
> 낮게 굽은 풀잎으로 하늘에 호소한다
> 간청할 혀가 없어, 느낄 가슴이 없어
> 존재한다 그리 오래도록 존재만 한다
>
> 그저 존재하는 것이 아니라 잘 존재한다
> 네 아름다운 계곡을 무너뜨린, 아니 지금도 무너뜨리고
> 네 강을 이리 비틀고 전부 뒤틀고 망가뜨리는
> 인간에게 강력히 항의하면서
>
> 대지의 눈, 혀, 심장은 사랑스럽지만 억센 인간에게
> 달리 무엇인가, 다른 것인가? 아 상속받은 자는
> 뒤틀린 자기 자아에 그리 얽매여, 자기 행위에 그리 노예가 되어

우리의 풍요로운 둥근 세상이 헐벗도록 마구 강탈한다

누구도 이후의 세상에 마음 쓰지 않는다 이것이

대지의 이마를 그토록 근심, 근심 어린 간절한 걱정으로 채운다[671]

여기서 "상속받은 자"(the heir)는 인간을 의미한다. 인간은 마치 주인처럼 자연을 마음대로 훼손한다. 그래도 자연은 항의하지 않는다. 오히려 "간절한 걱정"(dear concern)으로 인간을 바라본다. 홉킨스는 이런 상황이 안타깝다.

성 이냐시오는 "이 땅의 다른 존재는 인간을 위해, 인간이 창조의 목적을 실행하는 것을 돕기 위해 창조되었다"라고 가르친다.[672] 성경의 창조 원리도 이와 비슷하다. 오랫동안 인간과 자연을 이분법적으로 구분해 온 전통적인 기독교 관념은, 인간이 필요에 따라 자연을 함부로 이용하는 것을 당연하게 여겼다.[673] 이에 의문을 제기하는 사람들이 비록 소수지만 빅토리아시대 중반부터 생겨난다. 그들은 사실상 산업화와 도시화가 자연에 미친 악영향을 실제로 경험한 첫 번째 인류이다.[674] 매연으로 덮인 하늘, 더러운 물이 흐르는 강에서 그들은 재앙의 징후를 읽는다. 홉킨스도 그들 중 하나이다. 홉킨스는 인간이 더 이상 자연을 훼손하지 않기를 진실로 바란다. 창조 후 "하느님이 보시니 손수 만드신 모든 것이 참 좋았다"(『창세』1:31)라는 구절처럼, 자연이 좋은 모습 그대로 보존되기를 염원한다. 홉킨스의 자연관은 빅토리아시대에 처음 시작된 환경 인식과 가톨릭 신학이 결합됐다는 점에서 새롭다.

내친김에 시 한 편을 더 완성한다. 1880년 10월에 시작했으나 근 2년을 묵혀두었던 「납 메아리와 금 메아리」("The Leaden Echo and the Golden Echo")를 마침내 완성한다. 이 시는 단독 작품이 아니다. 오래전부터 구상해 온 극시 『성 위니프리드의 우물』에 들어갈 합창곡이다. 이 때문에 이 시에는 "『성 위니프리드의 우물』의 아가씨들 합창"(Maidens' Song from St Winefred's Well)이라는 부제도 붙어있다. 위니프리드는 7세기에 영국 웨일스에 살았던 처녀인데, 신앙심이 매우 깊어 수

성 위니프리드

녀가 되기로 결심한다. 그 사실을 용납하지 못한 약혼자는 격분해서 그녀를 참수한다. 그녀의 목이 떨어진 자리에 치유 능력이 있는 신비한 우물이 솟아난다. 많은 사람이 우물에서 기적을 경험하고 그녀의 행적을 추앙하자, 로마 가톨릭은 그녀를 성녀로 시성(詩聖)한다.

위니프리드 이야기는 홉킨스가 좋아하는 관념을 모두 담고 있다. 신앙, 결심, 희생, 순교, 초자연적 신비가 바로 그것들이다. 홉킨스는 웨일스에서 이 우물을 처음 본 후 오래도록 이를 기반으로 작품을 구상해 왔다. 「납 메아리와 금 메아리」를 완성한 것은 그 시작이다. 이후에도 홉킨스는 이 극시를 완성하기 위해 애쓰지만 끝내 완성하지 못한다. 현재 남아있는 부분은 「납 메아리와 금 메아리」 외에 제1막의 제1장과 제2막의 일부이다.[675] 원고가 소실되었을 가능성도 있지만, 시간이 갈수록 긴 호흡을 요구하는 장편 시를 쓸 여력이 없어 실제로 쓰지 못했을 가능성이 크다.

전체 구상과 별개로 「납 메아리와 금 메아리」는 홉킨스의 전체 시 경력에서 중요한 전환점이 되는 시이다. 우선 상반되는 두 이야기를 담았다는 점에서 이전 시들과 다르다. 홉킨스가 이제껏 구현한 시 세계는 개체성과 단일 질서로 요약된다. 즉, 각양각색의 다양한 존재가 저마다의 개체성으로 빛나지만, 동시에 그 모두가 하나의 질서 속에서 유기적으로 통합된다. 반면에 「납 메아리와 금 메아리」의 세계는 "납"과 "금"으로 분리되어 있다. 전반부인 "납 메아리"(The Leaden Echo)는 늙음, 절망 그리고 죽음을 노래하고, 후반부인 "금 메아리"(The Golden Echo)는 청춘의 아름다움을 찬양한다. 이는 세계를 바라보는 홉킨스의 시선에 중대한 변화가 있음을 알리는 것이다.

아래 인용한 부분은 "납 메아리"이다.

어떻게 지키랴, 어떤, 어떤 것이 있으랴, 그런 건 없는가, 어디에도 알려진 것은 없는가, 아름다움을 붙잡아 둘 댕기나 브로치, 끈 끈이나 쥠쇠, 레이스, 걸쇠, 덫 혹은 열쇠가 있어

사라져 가는… 그것, 아름다움, 아름다움을, 아름다움을, 아름다움을 되돌릴 수 있을까?

오 이 주름들, 깊이 파인 우울한 주름들을 쫓아낼 수는 없을까?

가장 애절한 전령들, 침묵의 전령들, 백발을 훔쳐 가는 슬픈 전령들을 거부할 수 없을까?

아니 그런 건 없다 그런 건 없다 오 없다 하나도 없다

너는 지금 아름다운 너인 채로 오래도록 존재할 수 없다

네가 할 수 있는 일, 그 일, 네가 할 수 있는 일을 하라

그러면 지혜가 빠르게 절망에 닿으리라

시작하라 왜냐면 어떤 것도, 막을 수 있는 어떤 것도

마련되지 않았으니

늙음과 늙어감의 폐해, 허연 머리칼

주름살과 잔주름, 굽고 죽어가고 죽음의 가장 나쁜 것, 수의, 무덤 벌레, 썩어가는 것

시작하라 절망을 시작하라

오 아무것도 없다, 그래 그래 그렇다 아무것도 없다

절망을 시작하라 절망을

절망하라 절망하라 절망하라 절망하라[676]

젊음이 지나간 자리는 늙음이 차지하고 늙음이 지나간 자리는 죽음이 차지한다. 죽음의 자리에 남은 것은 벌레를 꾀며 썩어가는 육신뿐이다. 그것과 함께하는 것은 오직 절망뿐이다. 이 죽음에는 어떤 종교적 구원이나 초월적 의미도 없

다. 신앙적 위안은 찾아볼 수 없다.

제목만 놓고 보면 "납 메아리"는 비관적이고 "금 메아리"는 희망적일 것 같다. 기대를 충족시키듯, "금 메아리"의 첫 일성은 "그만하라"(Spare)이다. 마치 한탄과 절망을 멈추고 새로운 희망을 향해 준비하라는 말처럼 들린다. 하지만 "금 메아리"도 전혀 밝지 않다. "납 메아리"만큼이나 비장하고 고통스럽다. 이유는 분명하다. "금 메아리"의 세계가 청춘의 아름다움이 영원토록 보존되는 곳이기 때문이다. 그런 세상은 '지금 여기'가 아니다. 저 하늘 "높은 곳!"(What high as that!)에 있어 생을 마친 후에야 도달할 수 있는 곳이다. 그곳에 가기 위해 인간은 온 생애를 애써야 한다. 홉킨스는 "우리가 따르리라"(We follow)라고 말해 그 험난한 행로에 자신을 포함시킨다. 이 시에서 홉킨스는 더 이상 인간을 측은하게 여기고 구원을 돕는 사제가 아니다. 저 "높은 곳"을 향해 지친 발걸음을 계속하는 측은하고 불쌍한 그저 보통의 인간이다. 홉킨스의 마음이 어둡게 변하고 있다.

「납 메아리와 금 메아리」가 중요한 또 다른 이유는 홉킨스가 형식적 제약에서 완전히 자유로워졌기 때문이다. 이전에 홉킨스는 "스프링 리듬으로 된 작품도" 다른 일반적인 시처럼 "규칙성이 있다"라고 주장했다.[677] 이를 증명하기 위해 자신이 만든 나름의 규칙을 유지하려 애썼다. 이 때문에 「인버스네이드」, 「리블스데일」, 「펠릭스 랜들」 등은 시행의 길이가 비교적 일정하다. 반면에 「납 메아리와 금 메아리」에서는 그동안 고수해 온 시적 규칙에서 과감히 벗어난다. 만약 규칙을 고려했다면, 제1행("어떻게 지키랴 - 열쇠가 있어"가 원문의 제1행에 해당)처럼 무려 29개의 단어로 구성된 시행을 만들 수는 없다. 이 시에는 이만큼 파격적인 시행들이 여럿 더 있다.

홉킨스도 지나친 불규칙성을 염려해 시 전체에 거의 80개에 달하는 이중 강세 표시(")를 붙여 합창단이 강조해야 할 부분을 표시한다.[678] 하지만 그것들은 실제로 아무런 도움이 되지 않는다. 아무리 기교가 뛰어난 합창단도 29개 단어로 구성된 악절과 4개 단어의 악절을 같은 길이로 연주할 수는 없다. 홉킨스는 악기를 연주하고 작곡을 하니 더욱 잘 안다. 그럼에도 이토록 자유분방한 시를 완성한 배경에는 앞으로 시를 출판하지 않겠다는 결심이 강하게 작동한다. 이제 그는 더 이상 출판 과정이나 출판 후 자신의 시를 접하게 될 사람들의 일반적인 평가에 신경 쓰지 않는다. 이것이 억눌렸던 개성을 마음껏 분출하게 만든다.

홉킨스의 시인 친구들은 「납 메아리와 금 메아리」의 독특한 형식미를 매우 긍정적으로 평가한다. 특히 평소에 홉킨스의 시를 야박하게 비평해 온 브리지스가 "아주 훌륭한 시"라고 극찬해 홉킨스를 흐뭇하게 한다.[679] 더해서 이 시가 휘트먼의 자유시와 비슷하다고 평가한다. 홉킨스도 그 점을 인정한다. "나는 살아 있는 사람 중에서는 휘트먼이 나의 마음과 가장 많이 닮았다고 속으로 늘 생각해 왔다. 그러나 그는 정말로 대단한 불한당이기에, 이런 고백을 하는 것이 썩 유쾌하지는 않다. 이 때문에 휘트먼의 시를 읽고 싶은 마음이 커지는 동시에 절대로 읽지 않겠다는 결심도 커진다."[680] 홉킨스도 자신의 시가 본질적으로 휘트먼과 닮았다는 것을 알고 있다. 하지만 전통적 질서를 중시하기 때문에 자유사상의 상징인 휘트먼을 닮고 싶지도 않고, 닮아서도 안 된다고 생각한다. 그래서 휘트먼의 시를 읽지 않겠다고 결심하지만, 그럴수록 읽고 싶은 충동은 더욱 커진다. 이러한 갈등은 홉킨스의 삶 전체를 관통하는 딜레마와 매우 닮았다. 홉킨스는 예수회로 사는 내내 자유롭게 상상력을 펼치고 싶은 예술가적 충동과 예수회의 규율에 순응하겠다는 종교적 결심 사이를 오간다. 그 진폭이 커질수록, 반복될수록, 홉킨스의 내적 고통도 커진다.

10월, 학기를 시작하고 얼마 되지도 않았는데 홉킨스는 과중한 업무 때문에 피곤을 느낀다. 정규 수업 외에 과외 업무도 많아 여유롭게 책을 읽거나 차분히 글을 쓸 시간이 없다. 점점 그의 신경이 날카로워진다. 11월까지도 같은 상태가 유지된다. 결국 홉킨스는 절제의 힘을 잃고 개성 넘치는 성격을 외부로 표출하기 시작한다. 이 무렵 홉킨스의 이상 행동이 여러 번 관찰된다. 마리아니(Paul Mariani)에 따르면, 홉킨스는 늦은 밤 방으로 들어가기 위해 규칙을 어기고 창문을 타 넘는다. 이를 문제 삼는 지적에 '시간을 줄이기 위해서'라고 당당하게 응수한다. 또 다른 날은 옷을 전부 입은 채로 헤엄치는 모습이 목격된다. 그 이틀 후에는 한 형제의 애완 원숭이가 지붕 위로 올라가자, 홉킨스가 가파른 지붕 가장자리까지 올라간다. 지상에 있던 예수회 형제들은 위험하게 지붕에 매달려 있는 홉킨스의 검은 형체를 보며 기함한다. 또 어느 날은 축구 골대 위에서 혼자 춤추는 모습이 목격된다. 자세한 이야기는 다음과 같다. 한 신학생이 치통을 달래려고 나왔다가 정원을 산책하던 홉킨스를 발견한다. 홉킨스가 갑자기 손에 든 책을 내려놓더니 축구 골대 위로 올라가 혼자 어깨를 흔들며 춤을 추기 시작한다. 한참 동안 춤을 추더니 또 그렇게 갑자기 골대를 미끄러져 내려와 아무 일 없다는 듯 먼지를 휘날리며 가던 길을 계속 간다. 이 신학생은 눈으로 보고도 믿기지 않아 한순간 치통을 정말로 새까맣게 잊을 수 있었다고 증언한다.[681]

홉킨스가 창문을 넘어 들어간 것은 예수회에 정식으로 보고된 사건이다. 원숭이 구조 사건은 스토니허스트에 있는 예수회 형제들이 함께 목격한다. 축구 골대 사건을 목격한 신학생 구디어(Fr Alban Goodier)는 나중에 주교로 서품된다. 홉킨스 입장에서는 모두 큰일이 아닐 수 있다. 홉킨스가 어릴 적 나무 타기를 즐겼다는 동생 시릴의 증언으로 보아, 그는 원래 높은 곳을 두려워하지 않았던 것으로 보인다. 그러니 수도원 형제의 걱정을 덜어주기 위해 건물에 올라가 원숭이를 구하는 것은 그에게 그리 어려울 일이 아니다. 옷이 귀하던 시대임을 고려하면 사제복을 입고 헤엄치는 것이 바람직하지 않을 수 있다. 물론 이 일도 오늘날의 관점으로 보면 그리 큰 문제가 아니다.

하지만 빅토리아시대는 일반적으로 종교 지도자에게 점잖고 온유한 태도를 기대한다. 더구나 모든 예수회 수도원은 규칙 준수와 절제를 생활화한다. 홉킨스의 행동은 점잖은 사제라는 대중적 이미지에 어울리지 않고, 예수회의 엄격한 분위기에도 맞지 않는다. 예수회에서 홉킨스는 규칙을 쉽게 깨는 사람, 소명을 위해 헌신해야 할 신체를 함부로 다루는 사람으로 보인다. 심지어 정신이 이상한 방향으로 흐른다는 의심을 불러온다. 이러한 평판이 스토니허스트 울타리를 넘어 예수회 최상층부까지 올라간다.

1883년 11월부터 예수회는 홉킨스의 운명에 대해 논의하기 시작한다. 논의를 촉발한 쪽은 아일랜드 예수회이다. 아일랜드 더블린에 있는 가톨릭 유니버시티 칼리지(Catholic University College) 학장 신부 딜라니(Fr William Delany)가 교수 충원을 위해 인재를 영국 예수회

옛 유니버시티 칼리지 더블린

에서 물색하면서이다. 가톨릭 유니버시티 칼리지는 1852년 로마 가톨릭 아일랜드 관구가 영국에 있는 뉴먼에게 대학 설립을 맡기면서 시작되었다. 뉴먼은 각고의 노력 끝에 1854년에 아일랜드 가톨릭 대학을 개교하고 초대 학장을 맡는다. 당시 아일랜드에서 최고 명문 대학은 개신교 계열의 트리니티 칼리지 더블린(Trinity College Dublin)이었다. 아일랜드 가톨릭 관구는 새로 설립한 대학이 그에 버금가는 가톨릭 명문 대학으로 자리 잡기를 바란다. 더해서 영국인에 비해 열악한 상황에 처해 있는 아일랜드인들에게 전문적인 직업 교육을 해주기를 원한다. 반면에 뉴먼은 새로운 가톨릭 대학이 옥스퍼드 대학처럼 고전 중심의 정통 학문 대학이 되도록 설계한다. 이러한 목표 차이로 아일랜드 가톨릭 관구의 충분한 협조를 받지 못한 뉴먼은 1857년 대학에서 손을 떼고 영국으로 돌아간다. 그 후 대학은 제대로 된 교육기관 역할을 하지 못한다.

1881년 명색만 대학인 아일랜드 가톨릭 대학을 아일랜드 예수회가 떠맡는다. 아일랜드 예수회는 학교명을 가톨릭 유니버시티 칼리지로 변경하고 아일랜드 출신 딜라니 신부를 학장으로 선임한다. 종교적, 민족적 사명감에 충만한 딜라니 신부는 의욕적으로 대학 운영에 뛰어든다. 심지어 1880년에 설립된 아일랜드 왕

립대학(The Royal University of Ireland) 운영도 떠맡는다. 대학을 거의 새로 설립하는 것과 같은 상황에서 딜라니 신부는 비용을 줄이면서 최고의 교수진을 갖추기 위해 노력한다. 여러 조건을 따진 끝에 그는 영국인 예수회 사제가 최적의 대안이라 판단한다. 예수회 사제는 일반 교수보다 훨씬 적은 사제 급료만 지급하면 된다. 조직에 대한 헌신도 일반 학자보다 클 것으로 기대된다. 특히 당시 영국 예수회에는 다른 가톨릭 목회자보다 교육 수준이 높은 지식인들이 많이 포진해 있다는 평판이 있었다.[682] 딜라니 신부는 영국 예수회에 적절한 사람을 골라 아일랜드로 파견해 달라고 요청한다.

딜라니 신부의 요청을 받고 로마에 있는 예수회 총장(The Jesuit General)의 영국 관구 담당 보좌신부 포터(George Porter, S.J., English Assistant)는 홉킨스를 그 자리에 추천한다. "홉킨스는 총명하고 잘 훈련받았으며 가르치는 것도 잘하지만, 결코 크게 성공하지는 못했으며, 그의 정신은 기이한 방향으로 흘러갑니다"라고 쓴 추천서를 보낸다.[683] 며칠 후 포터 신부에게 홉킨스를 추천했던 영국 예수회 관구장 퍼브릭 신부(Fr Edward Purbrick)도 딜라니 신부에게 편지를 보낸다. "그는 매우 총명하고 훌륭한 학자입니다... 하지만 그토록 기이한 사람을 당신에게 보내는 것은 참으로 못 할 짓입니다. 저는 올해 그가 스토니허스트에서 신학사 과정을 지도하게 했습니다만, 두렵고 떨리는 마음으로 지켜봐 왔습니다"라고 쓴 편지이다.[684] 더해서 애초에 물망에 올랐던 총 7명의 후보 중에 홉킨스를 제외한 나머지 6명은 "우리 관구의 최고 인재"라서 파견할 수 없다는 말도 덧붙인다. 거칠게 말해, 일곱 중 여섯이 최고라면 나머지 한 명은 평균 이하라는 해석도 가능하다. 홉킨스를 추천하겠다는 건지, 철회하겠다는 건지조차 헷갈릴 정도이다. 굳이 그 의도를 짐작하자면, 영국은 홉킨스에 대해 할 수 있는 한 솔직하게 밝혔으니 최종 결정과 그에 따른 책임은 아일랜드에서 지라는 뜻으로 보인다.

딜라니 신부는 아일랜드 사람이다. 마음 깊은 곳에 영국에 대한 불신이 있다. 영국 예수회 관구장의 말을 완전히 무시한 것은 아니지만, 공동체 형제인 사제를 그처럼 부정적으로 평가하는 영국 관구의 말을 곧이 곧대로 받아들이지 못한다. 마음이 '기이한 방향'으로 흘러간다는 표현도 이해하기 어렵기는 마찬가지이다. 결국 딜라니 신부는 예수회 공식 채널을 두고 옥스퍼드 대학에 홉킨스의 평판을 조회한다. 이에 옥스퍼드에서 홉킨스의 첫 튜터였던 조웻이 홉킨스를 "벨리올 칼리지의 스타이자, 지금껏 벨리올 칼리지에서 본 가장 훌륭한 그리스 학자"라는 극찬을 보낸다.[685]

로마 가톨릭은 1860년 아일랜드를 영국에서 분리해 독립 관구로 지정했다. 그 후 20년 넘게 영국 관구와 아일랜드 관구는 거의 교류하지 않았다. 딜라니 신부가 영국 예수회에 더 깊이 관여하거나 영향을 미칠 수 있는 상황이 아니라는 말이다. 어차피 딜라니 신부가 필요한 것은 대학에서 학생을 지도할 교수이다. 영국에서 내주겠다고 한 사람이 공교롭게도 온 유럽에 명성이 자자한 대학자, 조웻이 '가장 훌륭한 그리스 학자'라고 평가한 사람이다. 딜라니 신부는 그 정도면 괜찮은 인선이라고 판단한다.

홉킨스는 어떤 낌새도 알아차리지 못한 채 1883년 새해를 맞이한다. 새해 벽두부터 건강이 좋지 않다. "공휴일이 시작된 이후로 계속 지치고 힘이 없다. 이유는 알 수 없지만 항상 졸리고 읽거나 생각하는 데 집중을 못 한다."[686] 이런 상태가 열흘 이상 더 지속되자 급기야 기분까지 가라앉는다. 이에 대해 "나는 내 학생들을 좋아하고, 나의 일을 아주 싫어하지 않는다. 하지만 몸과 마음이 무겁고 지친 상태이며, 그런 상태가 지속된다. 마치 에너지가 다 사라져 버린 것 같다. (…) 읽는 것에도 진전이 없다. 마치 반 푼짜리 인간이 된 것 같다. 이런 말을 해야 하는 것이 슬프다"라고 고백한다.[687]

사순 시기가 되어서야 기분을 전환할 계기가 생긴다. 『스토니허스트 매거진』에 "2운각 8행시 3중주"라는 제목으로 세 편의 시를 한꺼번에 게재한다. 브리지스는 홉킨스의 "3중주"를 혹독하게 비평하며 시를 받자마자 없애버렸다고 말한다.[688] 그 시들이 홉킨스답지도 않고 홉킨스에게 전혀 명예롭지 않다고 판단했기 때문이다. 그만큼 "2운각 8행시 3중주"는 홉킨스의 개성과 거리가 멀다. 하지만 홉킨스는 예수회가 발행하는 잡지에 게재된 것으로 만족한다. 그중 하나는 제목이 「'아이는 어른의 아버지'」("'The child is father to the man'")이다.

> '아이는 어른의 아버지'
> 어떻게 그럴 수 있나? 이 말은 막무가내
> 그렇게 될 수 있는 사람에게서 나온 생각
> '아이는 어른의 아버지'
> 아니, 시인이 쓴 것은
> '어른이 아이의 아버지'란 말만 연상시킨다
> '아이가 어른의 아버지라니!'
> 어떻게 그럴 수 있나? 막무가내다[689]

"아이는 어른의 아버지"라는 말은 워즈워스의 시에서 빌려온 것이다. 워즈워스는 1802년 「나의 가슴이 뛴다」("My Heart Leaps Up")에서 이 말을 처음 사용한 후 「어린 시절을 회상하고 영생불멸을 깨닫는 노래」("Ode: Intimations of Immortality from Recollections of Early Childhood")에서 한 번 더 언급한다. 이후 널리 알려지면서 워즈워스의 사상을 대표하는 표현으로 자리 잡는다.

워즈워스 시절에 영국에서 가장 영향력이 컸던 종교적 관념은 칼뱅주의적 복음주의였다. 이에 따르면 어린이들은 도덕적 훈련이 부족해 어른보다 훨씬 더 죄에 취약하다. 따라서 죄로 물들지 않도록 매우 엄하게 훈육되어야 한다. 반면에 워즈워스는 인간의 본성이 순수하다고 보았다. 어른이 되는 과정에서 어린 시절의 순수를 잃었기 때문에, 잃어버린 순수를 되찾는 것이 인간다움을 회복하는 길이라고 주장했다. 이러한 생각을 명쾌하게 요약한 경구가 '아이는 어른의 아버지'이다. 홉킨스가 「봄」에서 "소년 소녀 안에 있는 순수한 마음"을 노래한 것도 이와 비슷한 관념을 반영한다. 그랬던 홉킨스가 이제 와서 워즈워스의 사상을 일종의 농담거리로 만든다. 북부 산업도시의 경험을 통해 세상이 순수를 지키기에 적당하지 않은 곳임을 깨달은 탓이다. 낭만주의적 이상으로는 세상을 구원할 수 없다는 것을 절감한 탓도 있다.

5월 성모의 달을 맞아 홉킨스는 「우리가 숨 쉬는 공기에 비유되는 성모」("The Blessed Virgin compared to the Air we Breathe")라는 제목의 성모 시를 완성한다. 5년 전에 「오월의 성모 송가」를 학교에 제출했지만 성모 전시회(Our Lady's Gallery)에 전시되지 못한 경험이 있다. 그때를 교훈 삼아 「우리가 숨 쉬는 공기에 비유되는 성모」는 개성을 절제하고 "대중적 취향과 약간 타협"한다.[690]

> 야생의 공기, 세상을 보살피는 공기는
> 모든 곳에서 나를 포근히 안아주며
> 눈썹 하나 머리칼 하나하나 에워싼다
> 가장 양털 같고 가장 연약한 모피 같은
> 눈송이 사이에도 자연스레 스며들어
> 정직하게 신비와 뒤섞이며
> 모든 작은 것들의 삶을 가득 채운다
> 이처럼 필요하고 결코 다함이 없으며
> 보살피는 요소이며
> 고기와 술보다 더욱 내게 중한 것
> 눈 깜빡이는 모든 순간 나의 끼니인 것
> 이러한 공기를 삶의 법칙으로
> 나의 폐가 들이마시고 들이마셔
> 이제 찬양으로 내보내려 하니
> 여러 방식으로 생각하게 된다

그 여인에 대해, 하느님의 무궁함을

축소하여 젖먹이에게 주고

자궁과 젖가슴으로

환영했을 뿐만 아니라

탄생, 젖 그 외 온갖 것으로

모든 새로운 은총을 기르시어

지금 우리 인류에게 닿게 한 여인

정결한 마리아

그저 한 여인이나

그 존재는 어느 여신이

생각지도 꿈꾸지도 못할 만큼

거룩한 힘이라, 그녀가

하는 일은 오직 한 가지

하느님의 모든 영광이 이루어지게

하느님의 영광이 그 여인을 통해 나아가고

그녀로부터 흘러나오게 하는 것

그것 없으면 세상 어떤 것도 이루어지지 않으리[691]

총 126행의 긴 시로, 여기서는 첫 33행만 인용했다. 홉킨스는 대중적 취향과 타협했다지만, "가장 양털 같고 가장 연약한 모피"(The fleeciest, frailest-flixed)는 짧은 구절임에도 특유의 두운(fl/fr/fl)이 중첩되고, 새로 만든 단어(flixed)까지 포함되어 있다. 이외에도 난해한 리듬이나 생경한 어휘가 간간이 발견되지만, 시 전체의 무난함을 해칠 정도는 아니다. 이런 절제 덕분에 이 시는 성모 전시회에 게시된다. 홉킨스는 5년 만에 성모 시를 성모에게 봉헌한 것에 매우 만족한다.

무난하게 일상이 지나가는 동안 여름이 찾아온다. 7월 말이 되자 홉킨스는 9

월에 있을 예수회 정기 인사에 대해 생각하기 시작한다. 이번에도 다른 곳으로 전출될 것이라고 예감한다. 그로 인한 쓸쓸한 심정이 다음 글에 담긴다.

> 우리의 한 해는 가을에 시작한다. 따라서 대학의 자리 배치는 다음 달 1일에 발표된다. 나는 여기서 쫓겨날 가능성이 크다. 내가 어디로 가게 될지는 전혀 알지 못한다. 다만 나는 오래도록 운명의 축구공이었기에, 이번에도 운명의 발길질을 맞기 위해 크고 팽팽한 결심의 주머니를 다시 부풀리고 있다. 스토니허스트를 떠나면 슬플 것이다. 하지만 떠나든 머무르든 간에, 내가 이제껏 하고 있는 어떤 일도 계속 이어질 가능성이 없어 보인다. 도무지 이유를 알 수 없다. 병이 든 것도 아닌데, 늘 피곤하고 늘 시들어 있는 듯하다. 일이 많지 않을 때도 마찬가지이다. 무엇을 하려는 충동이 내 안에서 오래 지속되지 않고 쉽게 사그라진다.[692]

홉킨스는 스토니허스트에 더 머물고 싶어 한다. 그러나 이제까지의 경험에 비추어 보면 희망을 품는 것은 무의미하다. 그는 그저 "운명의 축구공"(Fortune's football)에 불과하기 때문이다. 서품 이후 그는 계속 옮겨 다녔다. 한 해에 여러 번 이동한 적도 있다. 일을 했다기보다 이곳저곳을 떠돌아다녔다는 말이 더 적합할 듯하다. 떠나고 싶을 때는 머물러야 했고 더 머물고 싶은 곳은 떠나야 했다. 여기도 더 머물고 싶지만 그렇게 되지 않을 것이다. 어디로 갈지 어떤 일을 맡게 될지 모르지만 명령에 순종하겠다고 마음먹는다. "크고 팽팽한 결심의 주머니"는 이동하는 삶이 그에게 만만치 않은 무게로 다가왔음을 말해준다. "운명의 축구공"은 옮겨 다니는 삶에서 오는 비애를 담은 말이다.

홉킨스는 현재 상태를 고려할 때 어디로 옮겨도 달라질 것이 없다고 생각한다. 늘 무엇인가를 계획하지만 끝까지 마무리하지 못하고 중단되기 일쑤이다. 제3수련기를 마칠 때 수련원장이 특별히 당부했던 영신 수련 주해서 집필도 진척되지 않는다. 『성 위니프리드의 우물』도 중단 상태에 있다. 계획했던 모든 일들이 지속적 실천을 통한 성과로 이어지지 못한다. 이 때문에 그는 자신의 계획을 '계획'이나 '의도'가 아니라 "충동"(impulse)이라 부른다. 일반적으로 사람들은 주된 업무가 과중하면 부수적인 일은 미룬다. 이에 대해 죄책감을 느끼지도 않는다. 하지만 홉킨스는 일반적인 사람이 아니다. 학교 일만 해도 버겁지만 '예수회의 높은 기준'을 충족하기 위해 더 많은 일을 하고자 한다. 자신을 채찍질하고 실패하면 낙담한다. 흔히 홉킨스의 낙담을 아일랜드 시기의 특성으로 보지만, 실은 그보다 훨씬 일찍부터 그의 내면에 쌓이기 시작했다.

서전트, <패트모어의 초상>, 1894

스토니허스트를 떠날지도 모른다는 불안감이 최고조에 달할 때, 다행스럽게도 주의를 돌릴 만한 일이 생긴다. 7월 29일 당대 유명 시인 패트모어가 칼리지 웅변대회 심사 위원으로 위촉되어 학교를 방문한다. 현재 패트모어와 홉킨스는 문학사의 위치나 영향력 면에서 비교가 되지 않는다. 홉킨스는 빅토리아시대 후기를 대표하는 시인이자 현대 시의 선구자로 평가받는다. 던(John Donne), 허버트(George Herbert)와 함께 영문학의 3대 종교 시인으로 불리고, 가장 탁월한 자연 시인 중 하나로 꼽힌다. 반면에 패트모어는 대중적 관심을 거의 받지 못하며, 비평에서 언급될 때도 부정적으로 평가된다. 그의 대표작 『집안의 천사』(The Angel in the House)는 여성을 "상냥하고 자기희생적이며 가정적 미덕의 화신"으로 그려 전근대적 이데올로기 안에 고착시켰다고 비판받는다.[693] 현대에 와서 이런 비판을 받는다는 것은 역설적으로 그의 작품이 당대에 대단한 영향력을 발휘했다는 뜻도 된다. 실제로 빅토리아시대 중산층 가정의 침실에 성경책 다음으로 많이 발견되는 책이 패트모어의 시집이라는 말도 있었고, 영국뿐 아니라 미국, 캐나다, 호주 등 영어권 전역에서 베스트셀러로 팔렸다.

홉킨스도 패트모어의 열렬한 팬 중 하나이다. 얼핏 보기에는 홉킨스가 패트모어의 시를 좋아할 이유가 없어 보인다. 패트모어가 평생 남녀의 사랑과 결혼이라는 주제 하나에만 전념했기 때문이다. 그러나 가만히 살펴보면, 홉킨스가 패트모어의 시를 좋아할 이유는 차고 넘친다. 우선 패트모어는 라파엘 전파 시인이다. 라파엘 전파만의 화사한 색감과 감각적 언어들을 능숙하게 다룬다. 또한 매우 종교적인 분위기를 추구해 라파엘 전파와 다른 독자적 영역을 구축한다. 특히 영국 국교회에서 가톨릭으로 개종한 이력이 있어 홉킨스의 공감을 산다. 홉킨스는 연애와 결혼이라는 세속적 주제를 라파엘 전파적 아름다움으로 종교적 맥락 속에 담아내는 패트모어의 시들을 '보기 드물게 훌륭한 그리스도교인의 시'라고 높이 평가한다. 대학 시절에는 자신의 시를 "패트모어 스타일과 비슷한 부분이 있는 소품"이라 자평할 만큼 닮으려 애쓴 적도 있다.[694]

그런 패트모어를 직접 만났으니 이만저만 기쁜 것이 아니다. 마침 학장이 홉킨스에게 패트모어의 에스코트를 맡긴다. 홉킨스는 패트모어가 머문 3일 동안 자신이 그의 시를 얼마나 좋아하는지 열정적으로 이야기한다. 패트모어는 1854년 『집안의 천사』를 출판한 후 대단한 사랑을 받았고, 이후 출판한 연작들도 계속 환영받았다. 하지만 1870년대 후반을 지나면서 그의 작품은 예전 같은 환호를 받지 못한다. 한 비평가는 "1881년 당시 패트모어라는 이름은 거의 조롱의 대상이었으며, 1877년 출판한 『미지의 에로스』(The Unknown Eros)는 완전히 무시되었다. 『집안의 천사』는 굉장하지만 어딘가 촌스러운 성공을 거둔 후 비평계의 독재자들로부터 철저히 외면당했다"라고 기록한다.[695] 비평가의 어조에 지나친 감이 있지만, 점잖고 보수적인 비평계가 패트모어의 작품을 의도적으로 무시한 것은 사실이다. 그들은 남녀간의 사랑과 결혼이라는 세속적 주제에 진지한 가치를 부여할 필요가 없다고 보았기 때문이다. 이런 상황에서 홉킨스처럼 지적인 예수회 사제 교수가 자신의 시를 이러저러해서 좋아한다고 말하는 것에 패트모어는 고무된다. 두 사람은 교류를 계속하자고 흔쾌히 약속한다.

홉킨스는 9월 3일 보몬트에서 피정한다. 하지만 "오래도록 힘들게 했던 고통스러운 생각과 혐오감" 때문에 묵상에 집중하지를 못한다.[696] 무엇이 그토록 오래 그를 괴롭히는지는 분명하게 밝히지 않는다. 하지만 피정 안내자인 킹돈 신부(Fr George Kingdon)에게 이 문제를 의논한 기록은 남아있다. 킹돈 신부는 "더 이상 그 생각에 머물러 있지 말라"라고 충고한다. 홉킨스는 킹돈 신부의 충고를 따랐음에도 생각이 멎지를 않는다. 이번에는 두 번째 '긴 피정'의 지도자였던 휘티 신부의 말을 떠올린다. 일상의 의무를 잘 수행하는 것이 종교적 인간이 해야 할 가장 중요한 일이라고 했던 가르침을 떠올리고 위안을 얻는다.[697]

차분해진 마음으로 묵상에 집중하게 된 그는 한 가지 기도에 응답을 받는다. "오늘 명상 중에 나는 우리 주님께 나의 작품들을 굽어살펴 주시길 간절히 청했다. 그것들이 소실되거나 아무것도 아닌 것이 되는 것은 기꺼이 받아들일 수 있지만, 다른 사람의 적대감이나 경솔함 혹은 나의 실수로 인해 그것들이 나에게 해를 끼치지 않게 해달라고 기도했다. 나의 작품들이 주님 것이 되어 주님께서 적당하다고 판단하시는 대로 그것들을 사용하시든 사용하지 않으시든 그분 뜻에 따르게 해달라고 간청했다. 나는 이 기도에 응답을 받았다고 믿는다."[698] 홉킨스는 여러 해 동안 자신의 시가 예수회 밖에서 출판될까 봐 걱정했다. 그런 일이 일어나면 예수회 안에서 자신의 입지가 더욱 곤란해질 것이라 염려했다. 마침내 자신이 쓴 모든 시의 운명을 온전히 신에게 맡긴다는 기도에 응답받았다. 홉킨스의 마음이 편해진다. 신에게 큰 은총을 받았음을 다시 한번 느낀다.

홉킨스는 기도를 계속 이어간다. 피정이 끝난 후, 피정 동안의 묵상을 통해 얻은 깨달음을 다음과 같이 기록한다.

이번 피정 내내 나는 하느님께 간절히 자주 기도했다. 나 자신을 뛰어넘어 더 높은 은총의 단계로 이끌어지기를, 그분과 더 깊이 하나되기를, 그분의 뜻을 더 열정적으로 실행할 수 있기를, 죄로부터 더 자유로워질 수 있기를 간청했다. 어젯밤은 내가 예수회에 들어온 지 정확히 15년째 되는 날이다. 오늘 저녁 '유혹'에 관한 명상 중에 영적으로 우리 주님과 함께 황야에 있었다. 그때 다시 한번 주님께 간청했다. 그리고 갈망하는 것조차 위대한 은총임을 깨달았다. 나의 그러한 갈망조차 진실로 순수하고 강렬하며 깊은 영성과 일관성에 의해 오래도록 지속될 수 있기 때문이다.[699]

그는 신의 뜻을 더 열정적으로 실행할 수 있는 은총을 간청한다. 그러다 자신이 예수회에 들어온 지 15년이 되었다는 사실에 생각이 머문다. 그토록 긴 세월 동안 신을 향한 순수한 사랑을 일관되게 지켜온 것도 큰 은총임을 깨닫는다.

피정을 끝낸 홉킨스는 스토니허스트로 돌아온다. 얼마 지나지 않아 패트모어가 보낸 편지가 도착한다. 당시 패트모어는 그동안 출판한 시집의 재판을 준비 중이었다. 그 일을 홉킨스가 도와주면 좋겠다고 매우 정중하게 청한다. 홉킨스는 일말의 망설임없이 승낙하며 다음과 같은 답장을 보낸다. "선생님께서 제게 맡긴 일은 너무 명예롭고 위험스러운 것이라 떠맡기에 주제넘다고 느낍니다. 그럼에도 제가 이 일을 해야 하고 신속하게 해내야 한다고 느낍니다."[700] 이후 홉킨스는 패트모어의 시집 전부를 꼼꼼히 읽으며 수정 사항을 정리한다. 이를 받은 패트모어는 "그토록 주의 깊게 숙고하며 메모와 제안을 보낸 당신의 노고에 깊이 감사합니다. 나는 그것들 대부분에 동의하며, 대부분을 반영하기 위해 노력하겠습니다"라고 답장한다.[701] 이후 패트모어는 홉킨스가 보낸 수정 목록을 참조해 시집을 수정하며 수정한 것에는 "했음"(done)이라고 표기한다.[702] 패트모어는 홉킨스의 날카로운 안목 덕분에 많은 오류를 쉽게 바로잡는다.

홉킨스도 패트모어와의 관계에서 얻는 것이 있다. 홉킨스는 시 출판을 간절히 바랐지만 상황 때문에 어쩔 수 없이 포기했다. 패트모어처럼 현역으로 활동하는 유명 시인의 출판 작업에 관여하면서 홉킨스는 간접적으로나마 전문적인 문학 세계를 경험한다. 이를 통해 출판에 대한 궁금증과 갈증을 해소하고, 매우 지적이고 문학적인 일에 참여한다는 자긍심을 느낀다. 이후에도 두 사람은 꾸준히 문학적 교류를 이어간다.

긍정적 에너지가 홉킨스의 내면을 채운다. 1882년 11월 홉킨스는 과학 저널 『네이처』(Nature)에 「특이한 광륜」("A Curious Halo")이라는 제목의 에세이를 기고했다.[703] 상하이 주재 예수회 사제이자 천문학자인 드셰브랑(Fr Marc Dechevrens)이 중국에서 매우 특이한 광륜 현상을 관찰했다고 주장한 글을 반박한 것이다. 여기서 홉킨스는 그 특이한 광륜 현상이 영국에서도 이미 여러 차례 관측된 바 있다고 밝힌다. 또한 중국보다 영국에서 이 현상이 더 드물게 나타나는 이유는 영국 대기에 수증기가 지나치게 많기 때문이라고 설명한다. 비록 짧은 글이지만, 당시 과학계가 주목하던 대기 현상에 관한 논쟁에 참여한 것이라 상당한 주목을 받는다. 패트모어 시집 수정 작업을 마친 후 홉킨스는 한가로운 마음으로 하늘을 바라보다 그 '특이한 광륜' 현상을 다시 목격한다. 관찰을 이어간 끝에 최근 영국에서 같은 현상이 여러 번 발견되었다는 짧은 보고서를 작성해 『네이처』에 기고한다. 이 글은 「해 질 녘 동쪽 하늘의 희미한 빛줄기」("Shadow-Beams in the East at Sunset")라는 제목으로 1883년 11월 호에 게재된다.

홉킨스는 11월 호 출판을 확인하자마자 석양에 관한 글을 하나 더 작성해 『네이처』에 기고한다. 당시 『네이처』는 대기 현상에 대한 과학계의 비상한 관심을 반영해 1884년 1월 호에 특별 기획을 마련한다. 홉킨스가 작성한 「놀라운 석양」("The Remarkable Sunsets")은 이 기획 섹션의 대부분을 차지할 정도로 비중 있게 다루어진다. 당시 태양 에너지가 증가한다고 주장해 이목을 끌던 레즐리(Robert C. Leslie)의 이론을 정면으로 비판했기 때문이다. 홉킨스는 논리를 보강하기 위해 여러 나라의 논문 자료를 광범위하게 참조하고 정밀한 관찰을 통해 수집한 증거를 제시한다. 현재 비평가들은 "레즐리에 대한 홉킨스의 비판이 정확하고 효과적이며 글의 수준도 매우 높다"라고 평가한다.[704] 아쉽게도 더 이상 같은 수준의 글을 발표하지는 못한다. 아일랜드에는 스토니허스트에 버금가는 과학 설비나 논문 자료가 없기 때문이다.

그동안 운명의 여신은 홉킨스를 아일랜드로 보내기 위해 열심히 '운명의 축구공'을 굴린다. 영국 예수회는 홉킨스에 대한 평판을 계속 모은다. 오랜 시간 강도 높은 훈련을 통해 배출한 인재를 배치하는 데 성급한 판단이나 실수가 있어서는 안 되기 때문이다. 예수회는 신중에 신중을 기하지만, 홉킨스를 영국에 붙들어 둘 만한 보고서는 올라 오지 않는다. 1883년 11월 20일 스토니허스트 칼리지의 교장, 에어 신부(Fr William Eyre)는 "제라드 맨리 홉킨스 신부는 언제든 완전히 제정신을 잃을 수 있습니다. 그러므로 (1) 그가 스스로의 생각에서 벗어나도록 하는 것이 좋겠고, (2) (…) 제가 관할할 때 그 결말을 맞는 것이 좋을 것이기에, 홉킨스 신부를 윌리엄 딜라니 신부에게 맡길 것을 강력히 추천합니다"라고 쓴 보고서를 제출한다.[705] 여기서 '언제든 완전히 제정신을 잃을 수 있다'라는 말이 정확히 어떤 상태를 의미하는지 아무도 모른다. 예수회 누구도 이에 대해 증언하지 않았다. 결국 영국 예수회는 "홉킨스 신부의 현재 임무는 보충될 수 있다"라는 결론에 이른다.[706]

딜라니 신부도 영국 예수회가 연이어 보내는 부정적 신호들을 우려한다. 그렇다고 홉킨스만 한 조건을 갖춘 사람을 다시 찾기도 어렵다. 개학까지 시간이 얼마 안 남았기 때문이다. 딜라니 신부는 한 번 더 옥스퍼드에 홉킨스의 평판을 조회한다. 이번에는 대학에서 연구원으로 재직 중인 네틀쉽이 응답한다. 네틀쉽은 홉킨스가 견습 수사 수련기를 보내던 겨울에 만레사 하우스를 방문할 만큼 각별했던 사이다. 그는 옛 친구를 향한 우호적인 감정까지 담아 아주 긍정적인 답변서를 보낸다. 홉킨스가 "그 시절 옥스퍼드 대학에서 가장 총명하고 가장 창의적인 사람 중의 하나"였다는 말도 덧붙인다.[707] 딜라니 신부는 네틀쉽의 의견이 조웻에게 받았던 것과 다르지 않다고 판단한다.

1883년 크리스마스 공휴 후 딜라니 신부가 직접 스토니허스트로 와 홉킨스에게 교수직을 제안한다. 홉킨스는 어차피 어디론가 보내질 것이라고 예상했었다. 달리 선택의 여지가 없기에 딜라니 신부의 제안을 받아들인다.

17.
아일랜드 ①
'어둠의 소네트'

1884년 2월 18일 홉킨스는 아일랜드에 도착한다. 아일랜드에 부임하며 받은 홉킨스의 공식 직함은 '아일랜드 왕립대학 평의원이자 유니버시티 칼리지 더블린의 고전학 평의원 및 그리스 라틴 문학 교수'(A fellowship at the Royal University of Ireland, and as Fellow in Classics and Professor of Greek and Latin Literature at University College, Dublin)이다. 그지없이 명례로운 직함이다. 홉킨스도 이에 상당히 만족한다. 인구 대부분이 가톨릭 신도인 아일랜드에 뉴먼이 설립한 대학, 더구나 영국에는 없는 가톨릭 대학에 교수로 부임한다는 사실에 자긍심도 느낀다.

아일랜드에 도착한 직후 홉킨스의 기대감은 실망으로 바뀐다. 더블린은 "런던만큼 매연으로 가득 차 기쁨이 없는 도시"이고 대학은 "일종의 폐허"와 같다.[708] 그사이 딜라니 신부는 가톨릭 유니버시티

옛 유니버시티 칼리지 더블린 홉킨스 기념 명판

칼리지라는 교명을 유니버시티 칼리지 더블린(University College Dublin)으로 변경했다. 가톨릭 이념에 한정되지 않는 아일랜드 명문 대학으로 성장시키겠다는 딜라니 신부의 야망이 반영된 결과이다. 가톨릭 대학에 부임한다고 설렜던 홉킨스는 적잖이 실망한다. 더욱이 대학 건물은 볼품없고 각종 설비도 열악하다. 도서관에는 책도 거의 비치되어 있지 않다. 홉킨스는 그곳이 연구나 강의 준비에 적합한 환경이 아니라고 판단한다.

곧이어 아일랜드 왕립대학에도 실망한다. 아일랜드 왕립대학은 1880년 인가된 신생 교육기관이다. 감자 기근 이후 계속되는 인구 유출을 막고 아일랜드인의 민족 감정을 달래기 위해 급조되었다. 교육의 목적보다 정치적 계산으로 탄생한 기관이라 대학 본연의 가치와 체계는 갖추지도 못한 상태이다. 게다가 강의 없이 오직 시험으로만 학위를 수여한다. 영국의 런던 대학과 비슷하지만 수준은 비할 바가 못 된다. 덕분에 대학 학위를 손쉽게 취득할 기회가 열리자, 많은 아일랜드인들이 지원한다. 이들을 위해 출제하고 채점하는 일이 아일랜드 왕립대학 평의원으로서 홉킨스가 할 일이다. 실제로 홉킨스가 아일랜드에 머무는 동안 가장 많은 시간과 에너지를 쏟은 일이다.

딜라니 신부는 두 대학을 정상 궤도에 올리기 위해 교수 초빙에 상당한 공을 들였다. 프랑스와 독일에서 우수한 학자라고 정평이 난 예수회 학자들을 초빙했고, 영국의 유명한 고전학자인 토머스 아놀드(Thomas Arnold)도 임용했다. 홉킨스는 모두가 자신을 "따뜻하게 환영하고 매우 친절하게 대접한다"라고 느낀다.[709] 하지만 이마저도 곧 실망으로 바뀐다. 예수회가 대학을 인수했다고 하나, 대학을 구성하는 교직원 대다수는 아일랜드인이다. 이들은 학교에 영국인 비율이 높아지는 것을 좋아하지 않는다. 홉킨스의 임용이 가장 마지막에 결정되었기 때문에 대학 구성원들 사이에 '또 영국인'이라는 불만이 터져 나온다. 홉킨스는 도착하고 얼마 되지 않아 자신의 부임을 둘러싸고 어떤 논쟁들이 오갔는지 알게 된다.[710] 그는 적잖이 슬퍼하고 당황한다. 가톨릭의 땅에서 가톨릭 사제인 자신이 배척당하리라고 상상도 못 했기 때문이다.

  그렇지 않아도 홉킨스는 자신이 사랑하는 모든 것에서 멀어졌다. 영국에서도 가족과 친구를 자주 만난 것은 아니다. 그래도 가능성은 열려있었다. 예수회 공동체도 마찬가지이다. 홉킨스는 예수회에서 15년의 세월을 보냈다. 영국 내에 있는 예수회의 집 어디를 가도 반가운 얼굴이 있었다. 하지만 더블린에는 아는 얼굴이 하나도 없다. 아일랜드 관구는 1860년에 영국 관구에서 독립한 후 영국과 거의 교류하지 않았다. 홉킨스는 영국에서 아일랜드로 파견된 유일한 '영국인' 사제이다. 이 사실은 홉킨스가 아일랜드에 머무는 동안 한 번도 변하지 않는다. 홉킨스는 철저하게 혼자라는 느낌을 받는다.

  겹겹의 소외가 자신의 운명을 에워쌌다는 생각이 「'이방인이 내 운명'」에 담긴다.

> 이방인이 내 운명, 이방인들 가운데 있는 것이 나의 삶
> 사랑하는 아버지 어머니 형제자매는
> 그리스도 안에서 가까이 있지 않으니
> 그분은 나의 평화이자 이별이며 칼이자 투쟁이다
>
> 오 영국은 내 온 마음으로 그 영광을 구애하는
> 나의 창조적 정신의 아내이나 내가 간청해도
> 내게 귀 기울이지 않으니 이제 나도 간청하지 않는다
> 나는 쓸모없는 존재임에 지치고 내 옆에선 싸움만 가득하다
>
> 나는 지금 아일랜드, 지금 나는 세 번째로 이동한 것
> 나는 모든 이동에서 친절한 사랑을 주고받지 못했다
> 내 마음이 낳은 가장 현명한 말은

> 어두운 하늘의 당황스러운 반대로 가로막히거나
>
> 지옥의 주문으로 좌절될 뿐, 듣는 이 없고 들어도 관심 없으니
>
> 이것이 나를 애초부터 외톨이가 되게 했다[711]

홉킨스는 이번 이동이 "세 번째"(a third)라고 말한다. 첫 번째 이동은 개종이었고, 두 번째 이동은 예수회 가입이다. 개종 후에도, 예수회 입회 후에도, 가족은 변함없이 그에게 친절하고 다정했다. 그럼에도 그는 로마 가톨릭 신자로서 경험하는 것을 가족과 나눌 수 없었다. 이것이 내내 그의 쓸쓸함이 되었다. 영국이 시를 인정하지 않은 것도 서글픈 일이다. 비록 그의 시를 거부한 것은 영국 예수회지만, 아일랜드에 있는 그에게 영국과 영국 예수회는 분리되지 않는다. 이런 이유로 영국은 그가 사랑하는 대상이자 그의 사랑을 매정하게 거부한 연인이다. 창조적 영감을 불어넣는 "아내"이자 자신의 간청을 들어주지 않는 무정한 존재이다. 그런 영국이 이제 그를 낯선 아일랜드로 보냈다. 홉킨스는 아주 먼 곳으로 추방된 것처럼 느낀다. 애초부터 자신은 외로운 운명이었다고 생각한다.

홉킨스가 아일랜드에서 겪은 내적 고통을 담은 시를 통칭해 '어둠의 소네트'라 한다. 대체로 1885년에서 1886년 사이에 완성된 것으로 추정한다. '추정'이라 표현하는 이유는 언제 완성되었는지 정확하게 알지 못하기 때문이다. 이는 홉킨스의 시에서 매우 이례적인 일이다. 어둠의 소네트를 제외하고, 그의 시는 거의 완성 시기가 분명하게 밝혀져 있다. 홉킨스는 시를 완성하면 원고에 날짜를 기록한다. 혹은 완성한 시를 친구들에게 보낸 날짜가 명확하다. 반면에 어둠의 소네트는 아무런 기록이 없다. 단 한 번, 브리지스에게 이 시들을 보내려 했지만 결국 보내지 않는다. 홉킨스 스스로가 이 시들을 세상에 공개하면 안 된다고 판단했기 때문이다. 그럼에도 비평가들은 홉킨스의 심리 상태와 편지들을 고려해 그즈음 완성되었다고 추정한다. 다만 「'이방인이 내 운명'」은 어둠의 소네트 중 유일하게 1884년 아일랜드에 도착한 직후 완성된 것으로 추정한다. 다른

어둠의 소네트와 달리 홉킨스가 느끼는 소외감이 매우 현실적이고 슬픔과 외로움 등의 감정이 담백하게 서술되어 있기 때문이다. 아직 심리적 고통이 절정에 이르기 전의 상태를 반영한다고 본다.

홉킨스는 추방의 운명을 담담하게 받아들이려고 노력하지만 아픔은 사라지지 않는다. 현실적인 문제가 초래하는 어려움도 갈수록 누적된다. 아일랜드에 도착한 첫해 동안 홉킨스는 이것들을 억누르기 위해 필사적으로 노력한다. 이는 1884년 한 해 동안 그가 쓴 편지의 숫자로도 알 수 있다. 1884년 2월 더블린에 도착한 후 홉킨스가 쓴 첫 편지는 2월 20일 뉴먼의 생일을 맞아 보낸 아주 짧은 생일 축하 메시지이다.[712] 편지다운 편지는 3월에 브리지스에게 보낸 것이 처음이다. 특히 어머니에게 보내는 편지는 거의 끊기다시피 한다. 해마다 3월이면 어머니의 생일에 맞추어 거르지 않고 축하 인사를 해왔다. 하지만 1884년 3월 편지는 없다. 현재 남아있는 1884년의 편지 중 어머니에게 보낸 첫 편지는 11월에 쓴 것이다. 편지가 소실되었을 가능성도 있지만, 실제로 편지를 자주 쓰지 않은 것으로 보인다. 그는 어머니에게 "편지를 쓴 지 너무 오래되었습니다. 그러면 안 되는데 죄송합니다... 무슨 이유가 있었던 간에요"라고 쓴다.[713] 말줄임표는 아마도 그동안 편지를 쓰지 못한 이유를 밝히려다 포기한 것으로 짐작된다. 어머니에게 잘 지내지 못한다는 말을 차마 하고 싶지 않았을 것이다.

홉킨스를 현실적으로 가장 힘들게 한 일은 아일랜드 왕립대학 시험관 업무이다. 이에 대해 홉킨스는 다음과 같이 설명한다. "나는 연봉으로 4백 파운드를 받는다. 하지만 해마다 6번의 시험을 치러야 하고, 그중 5번은 반복되는 졸업 시험이다. 지난해 졸업 시험 지원자가 750명이었다는 것을 고려하면, 우리 대학은 유럽에서 가장 큰 광장인 스티븐 그린(Stephen's Green)을 금으로 뒤덮는다 해도 내 급료를 충당하지는 못할 것이다. 이 일은 명예롭고 새로운 기회이며 밝은 면이 많다. 그러나 현재로서는 어두운 면도 있다. 특히 나의 건강 상태가 도무지 좋지 않다는 것이다. 이 일이 요구하는 만큼 충분히 건강하지 못하고, 어떻게 건강을 회복할 수 있을지 전혀 알 수 없다는 점이 가장 암울하다."[714]

스티븐 그린 광장은 대학 본부 앞에 있는 매우 큰 광장이다. 홉킨스가 아일랜드 시절 내내 "더블린 스티븐 그린 85, 86번지, 유니버시티 칼리지"(University College, 85, 86, Stephen's Green, Dublin)라는 주소를 사용한 것으로 미루어, 광장이 곧 대학의 상징이다. 홉킨스는 청빈을 맹세한 예수회 사제이다. 세속의 부가 욕심 났다면 예수회를 택하지도 않았을 것이다. 따라서 급료의 많고 적음이 문제가 아니라 그만큼 일이 많다는 의미를 강조하는 것이다. 더구나 그는 그 모든 일을 해낼 만큼 건강하지 못하다. 이 편지를 쓸 때 그는 아직 한 번의 시험도 치르지 않았다. 하지만 건강 때문에 소명을 다하지 못할까 미리부터 걱정한다.

실제로 시험지 채점은 홉킨스가 아일랜드에 머무는 동안 가장 자주 고통을 호소한 일이다. 다음은 1888년 어머니에게 쓴 편지의 일부이다. "지금 하루 종일 시험지를 채점하고 있습니다. 지난달에 시작해 이번 달까지 계속하고 있습니다. 굉장히, 정말 굉장히 지루한 일입니다. 물론 그 일이 완전히 쓸모없다는 의미는 아닙니다. 하지만 대부분 쓸모없습니다. 제가 저를 망가뜨리면서까지 선한 목적에 전혀 도움이 되지 않는 짐 덩어리를 지고 있는 듯합니다."[715] 현재 전하는 기록도 시험지 채점이 홉킨스에게 매우 과중한 업무였음을 증명한다. 1887년 한 해 동안 홉킨스가 채점한 답안지는 무려 1,795매에 달하고, 더블린에 있는 6년 동안 그가 담당한 학생 수는 매해 1,300-1,800여 명 사이를 오갔다.[716]

이와 반대되는 증언도 있기는 하다. 함께 근무했던 달링톤 신부(Fr Joseph Darlington)는 "홉킨스의 일이 특별히 힘들지는 않았다. 그는 대여섯 명의 학생에게 일주일에 세 번 그리스어를 가르쳤는데, 이를 모두 합쳐도 일주일에 약 세 시간밖에 되지 않았다. 그리스어 시험은 일 년에 두 번만 치러졌고 그나마 응시자도 아주 적었다. 더블린에서 홉킨스가 겪었던 고통은 신체적이거나 영적인 것들이었다"라고 기억한다.[717] 또 다른 신부도 "아일랜드 전체에서 그보다 덜 힘든 일을 찾을 수는 없을 것이다"라고 말한다.[718]

당시 상황을 면밀하게 살펴보면, 이들의 증언이 틀렸다는 것을 금방 알 수 있다. 홉킨스가 유니버시티 칼리지 더블린에 부임할 당시 고전학 교수로 스튜어트 (James Stewart)와 오언즈비(Robert Ornsby)가 이미 재직 중이었다. 이들은 뉴먼이 학장일 때 임용된 인물로 매우 연로하고 경력도 많아 행정직을 겸하고 있었다. 고전학은 대학 내 모든 강좌 중에 가장 중요한 기초 교양 과목이지만, 고전학 교수 셋 중 강의 업무를 제대로 맡을 수 있는 사람은 홉킨스뿐이다. 아일랜드 왕립대학 시험관을 겸직한 사람도 홉킨스뿐이다. 홉킨스의 일이 힘들지 않았다는 주장은 이러한 실상을 제대로 파악하지 못하고 하는 말이다. 게다가 예수회는 홉킨스가 유명해진 후 예상치 못한 비난에 시달렸다. 어떤 증언들은 이런 비난으로부터 예수회를 변호하려는 의도가 다분하다.

홉킨스가 시험관 일로 더욱 힘들었던 이유는 업무를 대하는 태도와 방식이 남달라서이다. 기록에 따르면, "그는 채점관으로서 줄 수 있는 수많은 점수 중에 단 하나를 결정하지 못해 혼란을 겪었다. 문장마다 세밀하게 평가하여 0.25점이나 0.5점 단위로 점수를 매기는 데는 탁월했지만, 불행히도 그런 소수점들을 합산하는 데는 서툴렀다. 시험 관리 위원회가 채점 결과를 넘겨달라고 애타게 사정하는 동안에도 젖은 수건을 머리에 감은 채 1점의 정확성을 두고 고뇌하는 모습이 발견되곤 했다."[719]

일반적으로 같은 업무를 반복하다 보면 요령이 생기게 마련이다. 하지만 홉킨스는 절대로 일반적일 수가 없다. 자신이 몸담은 예수회가 다른 어떤 곳에서도 찾아볼 수 없는 높은 기준을 제시하는 곳이라 확신하는 사람이다. 종교적 인간으로서 가장 의미 있는 일은 일상의 의무를 잘 수행하는 것이라고 배운 사람이다. 이 때문에 그는 시험지 한 장도 대충 다루지 못한다. 젖은 수건을 두르고 조그마한 실수도 생기지 않도록 한 장 한 장 최선을 다한다. 그것이 자신에게 주어진 소명에 정직한 태도라고 믿는다. 그 과정에서 일을 기한 내에 마치지 못할까 불안해하고, 소명을 충분히 잘 수행하지 못하고 있다는 죄의식을 느끼게 된다.

정치적으로 홉킨스를 괴롭게 한 요인은 아일랜드의 민족주의 운동이다. 홉킨스는 아일랜드에 도착한 후 얼마 지나지 않아, 대학의 거의 모든 구성원이 아일랜드 민족운동과 직간접적으로 연결되어 있다는 확신을 얻는다. 그들이 하는 일이 대영제국을 향한 반역이라고 생각하고, 대학 전체가 불법 행위의 온상이라고 단정한다. 이 때문에 자신이 '선한 목적에 전혀 도움이 되지 않는 짐 덩어리'를 떠맡았다고 생각한다. 밤잠을 설치면서 애써 하는 일이 불법적 세력을 도와준다는 생각에 참을 수 없는 갈등을 느낀다. 자기 일에서 정당성을 찾지 못하고 자기 존재를 긍정하지 못하는 것 때문에 고통스러워한다.

홉킨스는 이 문제를 아일랜드에 있는 내내 해결하지 못한다. 3년이 지난 후 같은 영국인 가톨릭 사제로서 아일랜드 대학에서 근무한 경험이 있는 뉴먼에게 이 문제에 대해 조언을 구한다. 뉴먼이라면 자신에게 공감할 것이라 기대했지만, 뉴먼의 답장은 예상과 달랐다. "당신이 간과한 점이 하나 있습니다. 아일랜드 민족주의자들에 따르면 그들은 한 번도 스스로 영국의 지배에 굴복한 적이 없습니다. 따라서 영국법의 지배를 받은 적도 없으니, 그들은 결코 반역자가 아닙니다."[720] 뉴먼의 답장은 홉킨스가 아일랜드 민족주의자들의 입장에 좀 더 공감해야 한다는 의미를 담고 있다. 그러나 홉킨스의 태도는 조금도 바뀌지 않는다.

아일랜드 학생들도 대체로 홉킨스에게 협조적이지 않다. 물론 배우기를 좋아하는 학생이 있어 홉킨스를 즐겁게 하지만,[721] 안타깝게도 대부분은 그렇지 않다. 아일랜드인 대학생들은 영국인 사제 홉킨스를 좋아하지도, 존경하지도 않는다. 홉킨스가 아일랜드에서 학생들과 일반적인 사제 관계를 맺지 못했다고 추론할 수 있는 증언은 여럿 있다. 예를 들어 "진실인지 거짓인지는 모르겠지만 전설 같은 이야기가 하나 있다. 이날 이야기는 유명하다. 학생들이 트로이 전쟁 속 헥토르의 운명을 설명하던 홉킨스 교수를 설득해 그를 바닥에 눕히고 발목을 잡아 질질 끌며 테이블을 돌았다."[722] 홉킨스가 학생들의 의도를 알고도 기꺼이 협조했는지 알 수 없지만 학생들에게 일종의 '만우절 놀잇감'으로 여겨진 것은 분명하다. 비슷한 증언은 또 있다. "홉킨스는 구식의 영국 보수주의자였다. 학생들은 그를 놀렸다. 그것이 아일랜드 민족주의 때문이라고 생각하지는 않지만, 이상하리만치 순수하고 진지한 성품으로 인해 홉킨스는 종종 놀림거리가 되곤 했다. 확실히 그의 수업은 소란스러웠다."

영국에 있을 때 홉킨스는 이처럼 무례한 학생들을 만난 적이 없다. 영국에서 가르쳤던 학생들은 예수회 수사, 신학생, 그리고 가톨릭계 초, 중등학교 학생들이었다. 예수회 수사와 신학생들은 진지하고 열성적이며 홉킨스를 존경했다. 초, 중등학교 학생들은 대부분 종교적인 환경에서 성장했기 때문에 학교 분위기에 잘 적응했다. 반면 아일랜드 대학생들은 홉킨스가 지도한 일반 학생 중 가장 나이가 많은 그룹이다. 이들에게 홉킨스의 '이상하리만치 순수하고 진지한 성품'은 존경할 만한 것이 아니라 만만한 것이다. 게다가 영국인 사제라는 정체성은 학생들의 반감을 사기에 안성맞춤이다. 영국에도 로마 가톨릭과 예수회에 대한 거부감이 있지만, 일반적으로 가톨릭 신부를 존중했고 예의를 갖추었다. 직접적인 모욕이나 멸시를 경험하지 못했던 홉킨스는 아일랜드 학생들의 태도에 당황한다. 급기야 "그들이 사적으로 나에게 무례한 것에 대해서는 개의치 않지만 교수나 신부에게 무례한 것은 참을 수 없다"라고 말하기에 이른다.

홉킨스도 아일랜드 학생들과의 갈등에 책임이 있다. 민족주의로 들끓는 젊은 이들 앞에서 종종 제국주의적 발언을 하고 아일랜드의 자치권 요구(The Home Rule movement)를 공개적으로 반대한다. 더구나 수업에서 중요하게 다룬 내용을 시험에 출제하지 않는다. 강의를 듣는 유니버시티 칼리지 더블린 학생과 강의를 듣지 않는 아일랜드 왕립대학 학생이 같은 조건에서 시험을 봐야 한다는 생각 때문이다. 수업에서 중점적으로 다룬 내용이 시험에 나오지 않는다는 것을 알게 된 학생들은 점점 더 수업에 집중하지 않는다. 홉킨스는 특유의 정직한 태도, 혹은 "돈키호테식 정의감" 때문에 자기 수업을 들을 필요가 없는 수업으로 만든다.[723]

이런 부정적 요인들이 겹치면서, 아일랜드를 위해 일하는 고전학 교수라는 직업 정체성이 홉킨스 내면에 긍정적으로 안착되지 못한다. 홉킨스는 여러 가지 어려움에도 불구하고 교구사제의 역할에 대체로 만족했다. 성사를 주관하면서 신과 인간을 연결한다는 자부심을 느끼고 소명의 기쁨을 누렸다. 아마도 그는 스토니허스트에 근무할 때만 해도 교구사제 직무에서 영원히 배제되었다고 생각하지 않았던 듯하다. 늘 그렇듯 새로운 명령이 내려오면 교구에 배치될 것이라 기대했을 것이다. 이제 아일랜드에서는 모든 상황이 변했다. 교구사제로 돌아가려면 우선 영국으로 돌아가야 한다. 홉킨스가 보기에도 영국으로 귀환이 쉬울 것 같지 않다. 고전학 교수가 남은 소명이라는 생각이 점점 짙어진다.

원래 홉킨스는 문화적으로 매우 유연한 태도를 지닌 사람이다. 선구적으로 새로운 사상을 받아들이고 종파를 구분하지 않고 사람들과 교류했다. 패트모어도 "내가 이제껏 만난 사람 중에서 홉킨스가 유일하게 정통적 신앙을 가진 성자 같은 인물이다. 그러나 종교가 그의 보편적 견해와 공감력을 제한한 적은 한 번도 없었다"라고 기억한다.[724] 1879년 홉킨스는 그리스 신화를 소재로 「안드로메다」("Andromeda")라는 시로 쓰면서 "가톨릭교회 안드로메다"(The Catholic Church Andromeda)라는 부제를 붙인다.[725] 기독교 신앙과 그리스 고전을 융합한 것이다. 그런 유연함이 아일랜드에 와서 모두 사라진다. 그리스 고전 세계가 "고상하게 꾸민 하잘것없는 야비한 관념"으로 채워졌다고 비난한다.[726] 고전학 교수라는 직업적 정체성을 내면화하지 못한 데서 비롯된 거부 반응이다.

아일랜드에서 맞는 첫 사순 시기는 더욱 고통스럽게 지나간다. 4월이 다 가기도 전에 몸과 마음이 완전히 지친 그는 자신이 "굉장히 쇠약한 상태"에 있다고 기록한다.[727] 그로부터 2주 후 "나는 신경쇠약의 깊은 구덩이(아마도 그렇게 불러야 할 것 같다)에서 회복 중이다. 그렇게 믿고 있다. 하지만 내가 죽어가고 있다는 것 외에 아무것도 알 수 없다"라고 쓴다.[728] 이즈음 첫 번째 아일랜드 왕립대학 시험 기간이 지났다. 홉킨스는 죽을 것처럼 힘든 상태에서 미처 회복되기도 전에 다음 시험 기간을 맞는다. 결국 6월에는 양심 성찰 기도를 지키기도

어려운 상태가 된다.⁷²⁹

 양심 성찰 기도는 예수회가 지키는 매일의 필수 기도이다. 그것마저 지키기 어려운 상태가 된 홉킨스는 예수회의 높은 기준을 충족할 수 있다는 자신감이 완전히 무너진다. 깊은 절망과 죄책감에 빠진다. 그렇지 않아도 아일랜드에서 예수회의 묵상 규칙을 지키는 일은 쉽지 않다. 영국에서 홉킨스는 예수회 공동체 안에서 생활했다. 모두가 같은 규칙을 지키는 그곳에서, 그는 특별히 노력하지 않아도 자연스럽게 묵상 규칙을 지킬 수 있었다. 아일랜드에서 홉킨스는 어디에도 속하지 않는다. 아일랜드 예수회는 홉킨스에게 친절하지만 손님으로 대한다. 대학은 예수회 사제가 아니라 교수로 대한다. 일상생활을 제어하는 모든 규칙은 오롯이 홀로 책임져야 한다. 이런 상황이 홉킨스에게 심각한 소외감을 안겨준다. 동시에 모든 결정을 스스로 하는 고도의 자율성을 부여한다. 홉킨스는 더 자유롭고 싶은 본능과 신앙적으로 더욱 투철하겠다는 의지 사이에서 갈등한다. 갈등은 죄의식을 부르고, 죄의식은 고통을 키운다.

 홉킨스는 소명에 최선을 다하기 위해 다른 일에 마음을 쓰지 않겠다고 결심한다. 그리고 그 결심을 다음과 같은 글로 남긴다. "나 자신을 무심하게 만들자. 선택적 의지(elective will)를 통해 그렇게 하되, 근본적으로 정서적 의지(affective will)를 배제하자. 정서적 의지는 결국 따라올 것이다. 나는 하느님께 나의 믿음을 굳건히 해달라고 기도해야 한다. 그렇지 않으면 나는 양심 성찰 기도를 지속할 수도 없게 될 것이다."⁷³⁰ 비평가들은 이날의 결심을 상당히 비중 있게 다룬다. 홉킨스의 정서와 창작 태도에 큰 영향을 미치기 때문이다.

 아일랜드에 오기 전까지 홉킨스는 신학적으로 선택적 의지와 정서적 의지가 상호보완적 관계에 있다고 보았다. 제3수련기에 쓴 다음 글이 그러한 생각을 잘 보여준다.

 은총의 작용은 두 가지로 나타난다. 하나는 인간이 한 영역에서 옳은 목표를 향해 의지를 발휘하도록 돕는 것이고, 다른 하나는 그 영역에서 더 높은 차원이나 비슷한 수준으로 의지를 끌어올리는 것이다. 또한 그것은 항상 옳은 차원에서 옳은 방향으로 옳은 목표를 향해 나아가도록 의지를 자극하는 작용을 한다. 따라서 실제로 은총의 작용은 두 가지가 아니라 세 가지 요소로 구성된다. 첫째는 대상을 향해, 선을 향해, 의지를 북돋아 주고 자극하는 것이다. 이는 특히 **정서적 의지**에 의해 이루어지며 자연스러운 은총으로 볼 수 있다. 높은 차원에서 초심자들에게 내려오는 은총으로 여겨지기도 한다. 둘째는 교정하는 것으로, 마치 바늘이 호를 그리며 통과하듯이 의지를 한 방향에서 다른 곳으로 돌리거나 다른 방향을 향해 조정하는 것이다. (…) 이는 **선택적 의지**에 의해 이루어지며, 이러한 은총은 특히 성숙한 정신을 가진 사람들에게 주어진다. 셋째는 **고양하는 것**으로, 수련자를 한 수준에서 다른 수준으로 혹은 그리스도 안에서의 생명의 행위로 끌어올리는 것이다. 이는 하느님께서 직접 작용하시어 인간의 본질적인 핵심을 자극하는 것이며 다른 힘에 의해서는 전혀 가능하지 않다. 인간은 단순히 기본적인 인식으로만 이에 응답할 수 있으며, 이는 하느님께서만 감지할 수 있는 '반응'이다.[731]

이에 따르면 인간의 의지는 세 가지로 나뉜다. 첫 번째, 정서적 의지는 외부에 감각적으로 이끌릴 때 발휘되는 일종의 '자극'이다. 자연스럽게 "초심자"에게 내려지는 은총이다. 두 번째, 선택적 의지는 "교정"의 의지이다. 잘못된 방향을 바로잡고 올바른 선택을 하는 것으로 "성숙한 정신을 가진 사람들"에게 은총으로 내려진다. 마지막, "고양"은 신의 은총에 감응하고 자신을 내어주는 희생적 의지이다. 인간 본질의 깊은 부분에 신이 직접 작용하는 은총이다. 영국에 있을 때 홉킨스는 종교적으로 살아가기 위해 이 세 가지 의지가 모두 필요하다고 신학적으로 확신했다.

아일랜드로 온 후 그러한 생각에 변화가 생겼다. 옳은 방향으로 이끄는 선택적 의지를 강화함으로써 종교적으로 더 엄숙해지고 대학교수라는 소명에 더 적합한 사람이 되고자 한다. 외부의 아름다움에 반응하는 정서적 의지를 차단함으로써 더욱 목표 지향적이고자 한다. 이 결심 후 홉킨스는 단호하게 외부 세계로 향하는 시선을 거두어들인다. 내부에서 생겨나는 창조적 의지도 억압한다. 그 결과 홉킨스의 세계에서 자연이 사라진다. 이제껏 홉킨스는 자연을 관찰하며 신의 은총을 발견하고, 그것을 노래하며 신을 찬양했다. 그에게 자연은 신의 은총을 발견하는 매개이며 그와 신을 연결하는 가교였다. 정서적 의지를 차단함으로써 홉킨스는 그것들을 잃는다.

이제 홉킨스에게 남은 것은 신과 그의 자아뿐이다. 그가 할 수 있는 일 혹은 해야 할 일은 명확하다. 신을 향해 초월하거나 자아의 심연으로 가라앉는 것이다. 전자는 쉽지 않고 후자는 내적 갈등을 심화시켜 자아를 더욱 무겁게 한다. 많은 비평가는 정서적 의지를 의도적으로 억압한 것이 아일랜드에서 첫 2년 동안 홉킨스의 내적 고통을 가중시킨 원인이라고 본다. 자연스럽게 누려온 기쁨을 의식적으로 억압하는 일은 모든 이에게 그렇듯 홉킨스에게도 쉽지 않다. 홉킨스는 많은 순간 결심에 실패하고 그로 인해 죄의식과 자기혐오에 빠진다. 이런 부정적 감정들이 어둠의 소네트의 탄생으로 이어진다. 어둠의 소네트들에서 자연의 아름다움이 사라지고 내면의 심연만 강조되는 것은 이런 이유 때문이다.

7월에도 여전히 건강하지 못하다. 이러한 상태를 다음과 같이 고백한다. "내가 겪고 있는 고통은 오직 신경쇠약뿐이다. 일반적인 의미에서 비정상적인 신경 상태가 아니므로 '신경'이라는 말을 쓰면 안 될 것 같지만, 이 증상이 여전히 지속되고 있고 당분간 눈에 띄게 나아질 가능성은 없어 보인다."[732] 9월이 되어도 상황은 나아지지 않는다. 여지없이 시험지 무덤에 파묻혀 있는 데다 눈까지 탈이 난다. "나는 정말 과중한 시험 업무를 처리 중이고, 눈은 영구적인 손상을 입을 위험에 처해 있다. 다음 달 중순까지는 전혀 시간이 나지 않을 것이고, 그 후에도 여유가 많을 것 같지 않다. 수업은 이미 시작되었지만 지금은 강의 준비조차 할 수 없는 상태이다."[733] 이 와중에 브리지스가 자신의 결혼식에 신랑 들러리

를 부탁한다. 홉킨스는 시험 기간과 겹쳐 거절한다.[734]

　10월 중순에 이르러서야 잠시 숨 돌릴 틈이 생긴다. 그 틈을 타 홉킨스는 시를 쓰기 시작한다. 「시빌의 잎이 들려주는 주문」("Spelt from Sibyl's Leaves")이다. 아일랜드에 와서 처음 쓴 시로, 고통스럽게 갈등하는 두 세계를 그리고 있다.

　　　진정 속세에서 벗어나 균등하고 조화롭게 둥글게 솟아 풍성하고. . . 거대한
　　　저녁이 만물의 자궁, 만물의 집, 모든 밤의 묘지인 광막한 시간이 되려 애쓴다
　　　그녀가 좋아하는 노란 뿔 모양 빛은 상처 입어 서쪽으로 향하고 마구잡이 텅 빈
　　　빛살은 높은 곳에 매달려 소진된다
　　　그녀의 가장 이른 별 고귀한 별 우두머리 별들이 우리를 굽어보니
　　　하늘을 꾸미는 불이다, 대지를 위해 그녀의 존재가 해방되고 그녀의 알록달록
　　　함도 끝난다
　　　길을 잃고 득실거리며 모두 함께 무리 지어 자아는 자아 속에 가라앉아 곤죽이
　　　된다
　　　이제 완전히 잊히고 훼손된다, 마음이여 그대가 내내 내게 말했듯
　　　우리의 저녁이 우리를 덮쳤다, 우리의 밤이 우리를 짓눌러, 짓눌러 끝장낼 것이다

　　　용 같은 가지에 새 부리 같은 잎만이 기계같이 매끈한 음산한 빛을, 검은 빛을
　　　새겨 넣는다
　　　그곳에서 영원히 검을 빛이다, 우리 이야기다, 우리에게 내리는 신탁이다! 생명
　　　이 시들게 두라
　　　아 생명이 한때 실타래처럼 얽히고 얼룩져 결이 졌던 제 다양성을 풀어내 두 개
　　　의 실패에 휘감게 하라, 나누어 감금하고 틀어막게 하라
　　　이제 생은 전부 둘로, 둘로 나눠 검거나 희고 옳고 그르다, 그러니 오직 생각하
　　　고 오직 헤아리고 명심하라

오직 이 둘에서 오직 이것만 있는 세계를 경계하니, 이 둘이 서로가 서로에게 말한다, 고문대에 대해

비틀린 자아, 긴장된 자아가 움츠러들고 쉴 곳 없는 생각이 생각과 싸우느라 신음을 내며 갈리는 그곳에 대해[735]

이 시는 홉킨스가 이제껏 발전시켜 온 시적 실험의 결정체이다. 기본 뼈대는 일반적인 14행 소네트이지만 알렉산더격과 스프링 리듬이 혼재해 매우 복잡하다. 홉킨스는 맨 처음 알렉산더격 리듬을 「빈지의 미루나무들」에 부분적으로 실험한 후,[736] 「펠릭스 랜들」에서 본격적으로 시 전체에 활용한다. 그 후 계속 더 연구하면서 리듬 효과를 극대화하기 위해서는 시행 중간에 반드시 중지점(a break)이 있어야 한다는 결론에 이른다.[737] 시행이 전후반부로 나뉘어 대구를 이루는 것을 분명히 하기 위해서이다. 「시빌의 잎이 들려주는 주문」은 시행 중간에 중지점을 표시하는 세로선(Ⅰ)을 처음 도입한 작품이다. 이후 홉킨스의 시에는 이 같은 세로선이 종종 발견된다.

내용적으로는 홉킨스가 이제껏 유지해 온 단일 세계관에서 완전히 벗어나 있다. 앞서 「납 메아리와 금 메아리」도 분열의 조짐을 보였지만, 그럼에도 개체성의 세계를 묘사하고 그 세계가 추구하는 궁극의 목표를 분명히 제시했다. 반면에 「시빌의 잎이 들려주는 주문」에는 개체성 신학에 대한 확신이나 세계를 주관하는 단일 질서에 대한 신념이 보이지 않는다. 세계는 빛을 잃었고 모든 존재는 한데 뒤섞여 곤죽이 되었다. 어떤 물질도 새로 생성되지 않고 어떤 것도 완벽하게 소멸되지 않는다. 모든 존재가 흑백으로 나뉘어 영원히 대립하고 갈등한다. 이 세계는 창조가 있고 멸망이 있는 기독교적 세계가 아니다. 신의 은총이 사라지고, 조화와 구원의 위안을 찾아볼 수 없는 그저 생명의 "고문대"(a rack)이다. 그 속에서 인간의 자아는 고통받으며 움츠러들고 뒤틀리며 신음한다. 홉킨스도 그런 인간 중 하나이다.

비평가들 사이에는 「시빌의 잎이 들려주는 주문」을 어둠의 소네트로 분류할지에 대한 논쟁이 있다. 일부 비평가는 어둠의 소네트에 포함하지만,[738] 대다수는 이에 반대한다. 이유는 이 시가 비록 내적 고통을 반영하고 있으나, 어둠의 소네트의 핵심적 특징과 거리가 멀기 때문이다. 어둠의 소네트는 우선 홉킨스의 시선이 외부 세계가 아니라 철저히 내면으로 향해 있다. 또한 가상의 청자를 일반 독자로 설정하지 않는다. 오직 신과 홉킨스의 자아만이 청자이다. 시 속 화자는 구원을 위해 분투하는 사제의 모습이 아니라 내적 고통에 짓눌려 신음하는 가엾은 인간으로 그려진다. 더해서 정확한 완성 날짜를 확인할 수 없고, 형식적 실험이나 현란한 기교가 없어 단순하다. 마지막 특징들은 홉킨스가 이 시들을 외부에 공개할 계획이 없었던 것에서 비롯된다.

「시빌의 잎이 들려주는 주문」은 이상의 이유 중 어느 것에도 부합하지 않는다. 시인의 시선은 세상을 향해 있고, 청자는 세상 사람으로 설정되어 있다. 홉킨스는 이들에게 듣고, 헤아리고, 명심하라고 충고한다. 이는 자기 고통에 허우적거리는 보통의 인간이 아니라 세상을 근심하고 고통받는 사람에게 공감하는 사제의 정체성을 반영한다. 시의 형식이 매우 실험적이고 완성 날짜가 분명한 것도 이 시를 어둠의 소네트에 포함시키지 않는 이유가 된다.

어머니에게는 자신의 내적 갈등을 철저히 감추고 행복을 가장한다. 자신이 얼마나 좋은 사람들에게 둘러싸여 있는지를 강조하는 데 여념이 없다. 홉킨스는 딜라니 신부를 "관대하고 활달하며 열린 마음의 소유자"라고 소개한다.[739] 같은 시기에 자연과학 교수로 임용된 아일랜드 예수회 소속의 커티스 신부(Fr Robert Curtis)와 친구가 되었다고 말한다. 커티스 신부가 "말로 표현할 수 없는 위안이 되어주어 마치 기대하지 않았던 신의 선물을 받은 듯하다"라고 덧붙인다. 실제로 커티스 신부는 홉킨스가 사망할 때까지 학내에서 가장 가까운 친구로 지낸다.

홉킨스는 크리스마스에 어머니를 만나러 가지 못한다고 말한다. 어머니도 쉽게 이해할 거라며 여러 가지 이유를 든다. "겨울에 장거리 여행을 하는 것은 더 힘들고 더 피곤하며, 잠을 제대로 못 자는 것도 아주 고통스러운 일"이라고 설명한다. 휴가가 짧은 것과 시험 기간이 다가오는 것도 핑계의 일부이다. 한 비평가는 아일랜드 시절 홉킨스가 부모를 만나기 위해 특별히 노력하지 않았다고 주장한다.[740] 일리 있는 분석이다. 홉킨스는 가족과 함께 있으면서 내면의 갈등을 감추기가 어렵다고 느낀다. 설명조차 하기 힘든 고통을 드러내어 가족에게 상처를 주고 싶어 하지 않는다.

가족은 홉킨스가 아일랜드에서 어떤 고통을 겪었는지 거의 알지 못한다. 홉킨스가 사망한 후 브리지스를 통해 처음으로 제대로 알게 된다. 다음은 브리지스가 홉킨스의 어머니에게 보낸 편지이다. "사랑하는 제라드는 과로했고 불행했습니다. 위대한 어떤 것도 남기지 못해 결코 위안을 얻지 못했습니다. 만약 그의 재능이나 성과가 더 빛났더라면, 상황은 훨씬 더 비극적이었을 겁니다. 예수회 때문에 그는 완전히 길을 잃고 망가졌습니다."[741] 홉킨스의 불행이 모두 예수회 탓이라는 뜻이다. 만약 홉킨스가 뛰어난 성과를 냈다면, 예수회가 그를 더욱 괴롭혔을 것이라는 뜻도 담겨있다.

브리지스는 자신의 주장을 증명하기 위해 홉킨스가 보낸 편지 몇 통을 어머니에게 보낸다. 어머니는 그제야 아들이 아일랜드에서 심한 고통을 겪었음을 절감한다. 이에, "진실로 나의 아들이 때때로 고통받았음을 알게 되었다. 특히 지난해 심각한 정신적 우울로 괴로웠고, 재능을 충분히 활용하거나 발전시킬 수 없다는 생각 때문에 더욱 힘들어했다는 것도 알게 되었다"라고 답장한다.[742] 이것이 훗날 예수회가 홉킨스의 시를 출판하려 할 때, 홉킨스 가족이 예수회의 뜻을 거부하는 결정적 이유가 된다. 브리지스는 예수회가 홉킨스의 시를 제대로 출판할 의도와 능력이 없다고 설득하고, 가족은 브리지스의 뜻을 더 존중한다.

홉킨스는 어머니에게 행복한 사람들과 잘 지낸다고 말하지만, 세월이 지난 후 나온 증언들은 홉킨스의 대인 관계에 문제가 많았다고 암시한다. 홉킨스가 "경쾌한 노신사"라고 부른 프랑스 출신 철학 교수인 말락 신부(Fr Jacques Mallac)는

"나는 그 작은 영국인을 좋아하지 않았다"라고 고백한다.[743] 말락 신부가 감정을 숨기는 데 능숙하거나, 홉킨스가 타인의 감정을 읽는 데 서툴렀다는 뜻이다. 홉킨스가 외부 세계를 관찰하기 좋아하고 감수성이 예민하다는 점을 고려하면, 선뜻 이해되지 않을 대목이다. 그러나 엄밀히 말하면 홉킨스의 관찰은 대상을 있는 그대로 받아들이는 것이 아니라, 대상에 자신의 감정과 세계관을 투영하는 방식이다. 이 때문에 홉킨스의 시는 대체로 그의 감정 상태를 반영해 "높은 흥분과 깊은 좌절"이라는 두 극단을 오간다.[744]

같은 특성이 대인 관계에서도 그대로 반영된다. 이 때문에 홉킨스가 타인의 입장에 충분히 공감하지 못하는 일이 종종 일어난다. 예를 들어 그는 대학 운영진 회의가 한창인 사무실의 열쇠 구멍에 후춧가루를 불어 넣어 참석자들 모두가 재채기하게 만든 일도 있다.[745] 운영진 회의를 방해하기 위해서이다. 교수 회의에 참석한 점잖은 사람들은 홉킨스의 장난기에 당황한다. 홉킨스를 "매우 즐거운 동료"라고 기억하는 사람도 있지만,[746] 안타깝게도 긍정적으로 평가하는 사람보다 부정적으로 평가하는 사람이 더 많아진다. 홉킨스는 더블린에서 유일한 영국인 사제이다. 행동 하나하나가 필요 이상으로 주목받고 가십거리가 될 수밖에 없다. 홉킨스에게 비정상적인 면이 많다는 평판이 더블린에 퍼지는 데 그리 오랜 시간이 걸리지 않는다.

1885년이 시작된다. 홉킨스는 새해 첫 달도 시험지를 채점하며 보낸다. 감기에 걸리지만 그럭저럭 견딜 만하다. 크리스마스 휴가 동안 잠시 휴식을 취하며 에너지를 회복했기 때문이다. 그마저도 3월이 되자 모두 소진된다. 아일랜드 문제는 홉킨스를 더욱 맥 빠지게 한다. 당시 아일랜드인에게 가장 중요한 이슈는 토지법(Irish Land Act)이다. 토지법은 아일랜드인의 요구를 수용하는 척하면서 지주 제도(The Landlordism)를 계속 유지한다. 지주 제도는 아일랜드인의 토지 소유권을 인정하지 않는 오랜 식민정책이다. 이에 아일랜드 인구 대부분을 차지하는 농민들이 맹렬히 분노한다. 급진파 피니언당(Fenian)과 온건파 자치당(Home Rule Party)

피니언 폭탄 풍자 카툰, 1893

으로 분열되었던 아일랜드 민족진영이 토지 동맹(Land League)을 맺고 단합한다. 아일랜드 인구의 전폭적 지지를 받은 민족주의 운동은 더욱 강렬해지고 과감해진다. 급기야 1885년 1월 민족주의자들이 런던의 웨스트민스터 홀과 런던 탑에 폭탄을 터트리는 일이 발생한다. 홉킨스는 영국의 오랜 유적이 폭력 사건으로 파손될 뻔했다는 소식에 충격받는다. 이런 소식들 때문에 몹시 슬프지만, 그 감정을 겉으로 드러내지는 못한다.[747]

건강은 계속 나빠진다. 이 때문에 1885년 사순 금식은 지키지 못한다. 곁에서 지켜보던 말락 신부는 홉킨스가 "빈혈로 죽어간다"라고 진단한다.[748] 홉킨스는 모든 인간이 그렇듯이 자신도 죽음을 향해 간다고 느낀다. 설상가상으로 옥스퍼드 대학 동기인 겔다트가 죽었다는 소식이 들려온다. 홉킨스는 그 친구의 죽음이 "자살"이라고 확신한다.[749] 다른 친구들의 죽음에도 생각이 미친다. "옥스퍼드에서 친했던 친구 셋이 투신자살했다. 나의 지인과 동년배 중에 많은 이들이 각각 다른 방식으로 스스로 목숨을 끊었다. 이것이 우리 시대의 끔찍한 현실이며, 나의 마음 깊이 새겨진 진실이다"라고 기록한다. 홉킨스의 기분은 심하게 가라앉는다.

1885년 4월 홉킨스는 자신의 상태를 일종의 "병"이라고 솔직히 고백한다.

> 편지를 오래도록 쓰지 못한 것도 나의 병 가운데 일부이다. 그렇게 부를 수 있다면 말이다. 내가 평생 시달려 온 우울증이 최근 몇 년 동안 더 극심해진 것은 아니다. 대신 그 증세가 더 넓게, 더 지속적으로 퍼져서 나를 무력하게 만든다. 증상 중 가장 가볍지만 가장 성가신 것은 해야 할 일을 늘 의식하며 느끼는 일상적인 불안이

다. 이 불안 때문에 나는 종종 일을 중단하거나, 해야 할 일 외에는 다른 어떤 것도 끝마치지 못한다. 이 문제에 대해 더 이야기해 봐야 소용없다. 최악의 상태에 있을 때조차 판단력은 명료하지만, 나의 상태는 거의 광기(madness)에 가깝다. 나는 이 상태를 극복하거나 당장 해야 할 일이 아닌 어떤 중요한 일을 성취할 수 있으리라는 희망이 전혀 없다.[750]

이 상태는 5월에도 지속된다. 도무지 회복될 기미가 보이지 않는다. 끝없이 이어지는 우울에서 벗어나려면 "변화가 유일한 위안"이라 믿지만, 그마저도 거의 일어나지 않아 더욱 절망한다.[751]

홉킨스가 말하는 "광기"가 어떤 상태를 의미하는지 분명하지 않다. 다만 홉킨스 사후에 아일랜드 예수회는 그의 증세에 대해 "몇 가지 측면에서 예수회 수학자이자 동료인 커티스 신부가 앓은 뇌전증과 비슷했다. 실제로 발작하지는 않았지만 신경성 우울증 때문에 다소 지속적으로 고통받았다"라고 증언한다.[752] 오랫동안 비평가들은 홉킨스의 내적 갈등에 숭고한 의미를 부여하기 위해 애썼다. 종교적으로 해석하는 학자들은 신앙적, 영적 갈등이라고 주장하고, 문학적으로 해석하는 학자들은 문학적 좌절에서 오는 시적 갈등이라고 주장했다. '예수회 수도사제 시인'이라는 미리 정해진 프레임에서 벗어나지 못했기 때문이다. 하지만 아일랜드 예수회의 사후 증언은 홉킨스의 내적 갈등이 조용히 홀로 영적으로 숙고하고 인내하는 종교적, 예술적 고통이 아니라, 속해 있던 조직이 알아챌 만큼 실질적이고 격렬한 고통이었음을 분명히 한다.

홉킨스는 육체적으로도 "만성적인 설사, 열, 점진적인 체중 감소와 심각한 피로" 때문에 힘들어한다.[753] 당시 아일랜드 공중위생은 영국과 비교할 수 없을 만큼 열악했다. 홉킨스의 여동생은 "오빠가 아일랜드식의 깔끔하지 않은 무질서와 더러움, 그것들이 드러내는 흉측함 때문에 고통받았다"라고 증언한다.[754] 아마도 비위생적인 환경이 장내 염증을 더욱 악화시켰을 것이다.

홉킨스는 정신적으로나 육체적으로 견디기 힘든 고통 속에 있지만, 그것을 줄일 방법을 모른다. 그저 '변화'가 오기만을 고대하며 견딘다. 동시에 나약하고 무기력한 자신을 혐오하고 죄의식을 느낀다. 아일랜드에서 고통받는 홉킨스에게 누구도 진심으로 공감하지 않는다. 브리지스조차 의사의 관점에서 홉킨스가 증상을 과장하고 자신의 상태에 지나치게 신경 쓴다고 말한다.[755] 급기야 소외의 고통, 죄의식, 자기혐오가 견딜 수 없는 수준에 이른다. 홉킨스는 피를 토하듯 시를 쓰기 시작한다. 이렇게 탄생한 것이 바로 '어둠의 소네트'이다.

홉킨스가 처음으로 어둠의 소네트의 존재에 대해 언급한 것은 1885년 5월이다. 이때 홉킨스는 브리지스에게 "오랜 침묵 끝에 두 편의 소네트를 썼고 현재 다듬는 중이다. 만약 피로 쓴 작품이 있다면, 그중 하나일 것이다"라고 말한다.[756] 9월에는 "조만간 소네트 몇 편을 보낼 예정이다. 다섯 편이나 그 이상 될 것이다. 그중 네 편은 나의 의지에 반하는 초대받지 않은 영감에 의해 완성되었다"라고 설명한다.[757] 이로 미루어 홉킨스는 적어도 다섯 편 이상의 소네트를 완성했다. 그중 네 편은 올바른 방향을 추구하겠다는 "선택적 의지"를 위반한 시들이다. 또 그중 한 편은 마치 "피로 쓴 작품"처럼 처절한 고통이 담긴 시이다. 하지만 홉킨스는 "조만간" 시를 보내겠다는 약속을 지키지 않는다. 세상 밖으로 내보내는 것이 옳지 않다고 판단했기 때문이다. 이후 어둠의 소네트는 홉킨스가 사망한 후 브리지스가 회수할 때까지 책상 서랍 속에서 잠잔다. 이 때문에 홉킨스가 언급한 "의지에 반하는" 시가 어떤 것인지, "피로 쓴 작품"이 무엇인지 명확히 알 수 없다.

그럼에도 브리지스는 어둠의 소네트들을 보자마자 「육신의 위안」이 피로 쓴 것이라고 단정한다.[758] 그 후 많은 비평가가 어둠의 소네트를 연구했지만 이에 대해 이의를 제기하는 사람은 없었다. 그만큼 「육신의 위안」에 담긴 고통은 처절하다.

아니 절망아, 나는 그대가 육신의 위안으로 포식하게 두지 않으리라
내 안에 인간의 마지막 끈이 비록 느슨해져도 풀리게 두지 않으리라
몹시 지쳐 더는 할 수 없다고 소리치지 않으리라, 나는 그러리라
뭔가를 희망하고 다가올 날을 소망하고, 죽기를 선택하지 않으리라

아 그러나 오 무서운 그대, 그대는 왜 세상을 비트는 선한 발로
나를 마구 흔드나? 사자의 발로 나를 넘어뜨리나? 삼킬 듯 어두운 눈으로
내 피멍 든 뼈를 훑나? 오 그리고도 태풍이 오면 나를 그곳에 올려
휘돌리는가? 그대를 피해 달아나려 미친 듯이 애쓰는 나를

왜? 쭉정이를 날려 순수하고 깨끗한 나의 알곡을 남기려는 것이리라
그 모든 고역과 소용돌이 중에, 나는 회초리에, 더 정확히는 그 손에
키스했으니 (그랬던 것 같다) 내 마음은 하! 힘 나고 몰래 기뻐 웃고 환호했다
그런데 누굴 환호할까? 하늘을 다루는 솜씨로 날 내던지고 짓밟는 그 영웅을?
아니면 그와 싸우는 나를? 오 둘 중 누구? 둘 다? 지금은 지나간 그해 그 밤
어둠 속에서 가엾은 나는 나의 신과 (나의 주님!) 씨름하며 누웠다[759]

'육신'(carrion)은 '썩어가는, 혹은 혐오스러운'이라는 의미를, '위안'(comfort)은 '위로'와 '먹이'라는 의미를 동시에 갖는다.[760] 그동안 홉킨스는 절망이 더 자라지 못하도록 필사적으로 싸웠다. 자신의 병약한 몸을 절망의 먹이로 내주지 않으려 애썼다. 극도로 지쳐 더는 버틸 수 없는 순간에도 포기하지 않았다. 희망하고 소망해야 마땅한 것들만을 구하며 청해 왔다. 계속 그렇게 살기를 선택할 수 있는 의지가 있음에 감사해 왔다.

그러나 신은 더욱 가혹한 시험으로 몰아붙이기만 한다. "세상을 비트는 선한 발"(Thy wring-world right foot rock)과 "사자의 발"(a lionlimb)로 지친 그를 가혹하게 다

룬다. 그의 온몸에 피멍이 든다. 고통은 끊이지 않고 오히려 점점 더 가중된다. 이전에 그는 고통 속에서도 신의 손에 입 맞추며 영원한 복종을 맹세했다. 복종이 그를 위로하고 기쁘게 했다. 하지만 이제는 아무리 소망하고 복종해도 신이 그의 고통을 멈추어 주지 않을 뿐 아니라, 더욱 고통스러운 방식으로 몰아간다는 것을 안다. 그것이 벌이 아니라 자기 안의 불순물을 걷어내고 진정한 알곡만 남기려는 거룩한 의도임을 알기에 더욱 괴롭다. 하늘을 가뿐하게 다루는 힘으로 지친 자신을 끊임없이 괴롭게 하는 신을 응원해야 할지, 신에게 사랑받으려 애쓰느라 기진맥진한 자신을 응원해야 할지 혼란스럽다. 지금 그가 유일하게 확신하는 것은 자신이 가련한 존재라는 것이다.

홉킨스는 아일랜드에 온 지 1년이 넘었다. 힘들 때마다 "결국 나는 절망하지 않는다. 상황이 변할 수도 있고 어떤 일이든 일어날 것이다"라는 말을 주문처럼 되뇌었다.[761] 하지만 간절하게 바라는 변화는 오지 않았다. 결국 헛된 결말을 위해 분투하는 자신을 향한 연민이 끝없이 깊어진다. 「'나는 깨어 낮이 아니라 어둠의 털가죽을 느낀다'」("'I wake and feel the fell of dark, not a day'")는 홉킨스가 아일랜드에서 보낸 어느 고통스러운 밤의 기록이다.

> 나는 깨어 낮이 아니라 어둠의 털가죽을 느낀다
> 우리는 몇 시간을, 오 캄캄한 시간들을 얼마나 보냈는가
> 오늘 밤! 마음아, 너는 어떤 광경을 보았느냐? 그것이 네가 지나온 길!
> 그런데도 틀림없이 더 남았다 아직도 빛은 한참 더 기다려야 한다
>
> 나는 진실하게 말한다 내가 시간이라 칭한 것은
> 여러 해를, 온 생애를 뜻한다 그리고 나의 슬픔은
> 끝없는 비명, 저 멀리 계시는 가장 사랑하는 분에게
> 보내는 죽은 편지 같은 비명이다 슬프다!

나는 쓸개즙, 불에 탄 심장이다, 하느님의 가장 심오한 업적은

나를 쓴맛 나게 하신 것, 나의 맛이 나다

내 안에 서있는 뼈들, 가득 채워진 살, 그득한 피는 저주다

정신의 자기 효모가 둔한 반죽을 상하게 한다 나는 안다

실족한 자도 이와 같음을, 그들이 받을 채찍은

그들의 땀 흘리는 자아, 내가 나의 자아이듯, 그러나 더 나쁜 것[762]

"털가죽"(the fell)이라는 단어는 중의적이다. 적어도 다섯 개의 동음이의어가 상호작용한다. 가죽 덮개(a covering of hide), 스쳐서 쓸리다(gall), 황폐한 언덕(a waste hillside), 충격(blow), 야만적인(savage) 혹은 무자비한(ruthless)이 그것들이다.[763] 오래도록 언어 연구를 해온 홉킨스는 이 의미들을 모두 알고 있었을 가능성이 크다. 그렇다면 홉킨스가 표현하고자 한 밤은, 마치 황폐한 언덕처럼 거칠고 황량한 가죽 덮개가 그의 영혼을 무겁게 짓누르는 것과 같다. 무자비하게 껍데기를 벗기며 그의 육신에 견딜 수 없는 고통을 가하는 것과 같다. 그는 한참이나 그런 고통을 견뎠지만 남아있는 밤은 여전히 길다. 그의 고통을 연장하려고 밤이 아침을 더디 오게 애쓰는 듯하다.

홉킨스는 가만히 "마음"(heart)에 말을 건다. "마음"은 그의 내적 자아를 가리킨다. 고통을 함께 나누는 존재가 자신의 자아뿐인 밤, 그는 절대적으로 고독하다. 돌아보면 고독은 그날 밤만이 아니라 "여러 해"(years) 혹은 "온 생애"(life) 동안 지속된 듯하다. 그는 자신의 정체성이 "쓸개즙"(gall) 혹은 쓸개즙에서 우러나는 "쓴맛"(bitter)이라는 것을 깨닫는다. 자신의 뼈, 살, 피는 "저주"(the curse)라고 확신한다. "자기 효모"(selfyeast)는 죄가 영혼 속에서 점점 부피를 키워가는 것을 상징한다.[764] 홉킨스는 자신이 죄의 존재라고, 자신을 "저주" 받은 존재로 만든 것이 신의 "가장 심오한 업적"이라고 단언한다. 자기혐오가 극에 다다랐다.

전통적인 비평가들은 홉킨스의 부정적인 자의식을 영적 신비를 추구하는 종교인들에게 흔히 발견되는 낙담의 단계라고 분석한다. 그러나 어둠의 소네트에 나타난 고통의 패턴은 전혀 종교적이지 않다. 적어도 그가 배운 "영신 수련의 묵상 패턴에서는 완전히 벗어나 있다."[765] 가톨릭 신자든 아니든 간에, 거의 모든 비평가는 어둠의 소네트들에 담긴 잔인한 신, 허무주의, 자살 암시, 기독교적 위안을 조롱하는 태도 등을 흠잡을 데 없이 신앙심 깊은 예수회 사제의 특징이라고 보지 않는다.[766] 이 시의 마지막에 "실족한 자"(The lost)보다 자신이 더 나쁘다고 (worse) 말하는 부분도 가톨릭 사제답지 않다.[767] 신학적으로 타당하지 않기 때문이다.

그렇다고 홉킨스가 종교적 회의에 빠졌거나 신앙심이 옅어진 것은 아니다. 그가 가장 사랑하는 존재는 언제나 신이다. 아무리 고통스러운 상황에도 그는 신을 원망하거나 신에게 분노하지 않는다. 예수회에 대해서도 마찬가지이다. 홉킨스의 내면에 예수회를 향한 원망이 전혀 없다면, 그것은 거짓말일 것이다. 예수회는 종교 시인이 되고자 하는 소망을 꺾었고, 매번 기대와 다른 명령을 내려 실망을 안겼다. 그래도 아랑곳하지 않고 진심으로 복종했고 예수회의 높은 기준에 부응하기 위해 최선을 다했다. 그런 자신을 고립무원의 아일랜드에 보내고 1년이 넘도록 소식이 없다. 영국 예수회가 자신을 잊은 것은 아닌지 의심이 든다. 그럼에도 그는 예수회를 의심해선 안 된다. 그것은 지금까지 예수회원으로 걸어온 모든 시간과 결심을 헛되이 하는 것이다. 결국 홉킨스의 분노는 자신으로 향할 수밖에 없다.

홉킨스의 심리 상태는 더 이상 나빠질 수 없을 만큼 악화한다. 자기 자신을 향한 극도의 원망과 분노가 「'더 나쁜 것은 없다, 아무것도 없다'」("No worst, there is none'")에 담긴다.

더 나쁜 것은 없다, 아무것도 없다, 고조의 슬픔이 최고조에 이르면

이전의 고통을 배워 더 거세게 비틀며 더 많은 고통을 몰고 온다
위로하는 이여 어디에, 당신의 위로는 어디에?
우리의 어머니 성모여 당신의 위안은 어디에?
나의 비명은 양 떼처럼 길게 넘실거리고 가장 큰 최고의 비애
세상 슬픔으로 모여든다, 오래된 모루 위에서 움찔하며 소리친다
그리고 잠잠해져 그리고 사라진다, 분노가 소리 지른다
'더는 꾸물대지 마라! 나를 포악하게 두라, 힘써 빨리 끝내라'
오 마음, 마음에는 산이, 어떤 인간도 깊이를 알 수 없는
가파르고 무서운 추락의 절벽이 있다 거기 매달려 본 적 없는 이는
그것을 하찮게 여기리라 우리의 작은 인내는 그 가파름과 깊이를
길게 견디지 못하리라 자 여기로!
가엾은 이여 소용돌이가 안겨줄 평안 아래로 기어들라
모든 삶은 죽음이 끝이고 매일은 잠으로 죽는다[768]

비평가들은 "더 나쁜 것은 없다"(No worst)를 두 가지 의미로 해석한다. 하나는 '현재 내가 처한 상황보다 더 나쁜 상황은 없다'이고, 다른 하나는 '나보다 도덕적으로 더 나쁜 인간은 없다'이다.[769] 만약 전자라면 극도의 자기 연민을 담은 것이고, 후자라면 극도의 자기혐오를 의미한다. 그는 자신에게 닥쳐오는 새로운 고통이 마치 이전의 고통으로부터 배워 성장하기라도 한 것처럼 한층 더 강력하고 무자비하다고 말한다. 이 때문에 익숙해질 틈도 없이 새롭게 몰아닥치는 고통에 잠식된다고 소리친다. 그의 비명은 양 떼처럼, 혹은 모루 위에서 벼려지는 칼처럼 날카롭다. 고통의 비명이 멀리까지 울려 퍼지다 힘을 다해 스스로 잦아든다. 그런데도 간절하게 기다리는 "위로하는 이"(Comforter)는 오지 않는다.

이제 홉킨스는 "추락의 절벽"(cliffs of fall) 앞에 서있다. 직접 경험하지 않고는 그 깊이를 짐작할 수 없고 사람의 인내심으로는 오래 매달릴 수도 없는 가파른

절벽이다. "분노"(Fury)의 신은 "가엾은"(Wretch) 그에게 절벽으로 기어들어 가라고 고함친다. 차라리 소용돌이 속에서 "평안"(a comfort)을 찾으라 한다. 소용돌이 속의 '평안'은 죽음을 상징한다. 일부 비평가는 이 시기의 홉킨스가 실제로 자살을 고려했다고 믿는다.[770] 가톨릭 사제인 홉킨스가 자살을 진지하게 고민했다고 단정하기는 어렵지만, 적어도 그의 시는 그렇게 보인다.

1885년 여름 홉킨스에게 드디어 기대하던 변화가 찾아온다. 아일랜드에 온 후 처음으로 긴 휴가를 받아 영국으로 돌아간다. 가족과 친구들을 만나고 새로운 에너지를 얻는다. 새로운 다짐을 하고 시도 한 편 쓴다. 「인간의 아름다움은 무엇에 쓰이는가?」("To What Serves Mortal Beauty?")이다.

　　인간의 아름다움은 무엇에 쓰이는가? 위험하다 피를 들끓게 한다
　　저 모습 저대로 봉인하고 싶도록 퍼셀의 음률보다 더 위풍당당함을
　　발산한다 보라, 저 아름다움이 이리 한다, 사람의 지혜를
　　만물에 붙들어 뜨겁게 지켜낸다, 얼마나 좋은가, 한 번의 시선이
　　오래 응시하는 무안한 시선보다 더 많은 것을 알아낸다, 그렇지 않다면
　　촉촉하고 싱그럽고 사랑스러운 저 친구들이 전쟁의 폭풍에 낙과할 때
　　그레고리 신부가 번잡한 로마에서 어찌 그들을 구할 수 있었겠나?
　　오로지 하느님께서 그 나라에 그날의 소중한 기회를 내리셨다
　　숭배할 네모난 물건이나 어리석은 돌덩이가 필요한 인간들에게
　　우리 법은 말한다, 알려진 것 중 가장 가치 있는 사랑을 사랑하라고
　　세상 가장 사랑스러운 건 사람의 자아, 몸과 얼굴에서 반짝이는 자아라고
　　그럼 어찌할까? 어찌 아름다움을 만날까? 그저 마주하라 소유하라
　　마음 깊은 곳에 천국의 다정한 은총을, 그런 후 두어라 가만히 두어라
　　그래 그리 소망하라 신의 선한 아름다움을, 은총을 온전히 소망하라[771]

여기서 "네모난 물건이나 어리석은 돌덩이"(block or barren stone)는 우상숭배를 의미한다. 고대 영어에서 '우상'(idol)이 네모난 것을 의미하기 때문이다.[772] "그레고리 신부"는 우상숭배와 싸운 위대한 교황 성 그레고리(Saint Gregory the Great, 540-604)를 가리킨다. 홉킨스는 이단과 싸우다 죽은 청년들이 '낙과했다'(have glean èd)라고 표현한다. 다 익은 과일이 저절로 떨어지듯 청년들이 성숙하여 수확할 때가 되었다는 뜻이다. 수확은 구원을 뜻한다. 청년들이 구원받은 이유는 '촉촉하고 싱그럽고 사랑스럽기'(Those lovely lads once, wet-fresh) 때문이다. 얼핏 눈에 보이는 신체적 아름다움을 구원의 이유로 꼽은 것처럼 보이지만, 이보다는 풍부하고 깊은 의미를 담고 있다.

홉킨스의 미 관념은 다음 글에서 잘 나타난다. "누구도 신체의 아름다움을 나보다 더 잘 찬미할 수는 없다. 친구에게서 그런 아름다움을 발견하거나 그 아름다움에서 친구를 발견하는 것은 큰 위로가 된다. 그러나 이런 종류의 아름다움은 위험하다. 다음은 천재적 재능과 같은 아름다운 정신이다. 이것은 신체의 아름다움보다 훌륭하며 위험하지 않다. 아름다운 정신보다 더 아름다운 것은 성품의 아름다움, 즉 '멋진 마음'이다."[773] 신체적 아름다움보다 정신적 아름다움이, 정신적 아름다움보다 마음의 아름다움이 더 높은 단계라는 뜻이다. 홉킨스는 자연의 아름다움처럼 신체의 아름다움도 즐거움과 위안의 대상이 된다고 솔직하게 인정한다. 그 누구보다도 그것을 멋지게 찬미할 자신도 있다. 하지만 외면의 아름다움은 참된 진리를 가릴 위험이 있기에 경계한다. 외피 속에 감춰진 진실하고 본질적인 아름다움을 발견하기 위해 노력한다. 이교와의 전쟁에서 죽은 젊은 이들이 아름다운 이유도 그들의 내면에 '멋진 마음'이 있기 때문이다. 그 '멋진 마음'이 신의 눈에 들게 만든 참된 아름다움이다.

홉킨스는 이 시에서 세계에 신의 은총과 구원의 손길이 미친다고 이야기한다. 독자들에게 신을 찬양하고 은총에 감사하라고 가르친다. 어둠의 소네트에서 사라졌던 바로 그 사제 정체성이 복원된 것이다. 홉킨스는 시를 완성하자마자 세상에 내보내도 괜찮을 시라고 확신한다. 8월 23일이라고 날짜를 표기한 후 곧바로 딕슨에게 보낸다.[774] 이 때문에 「인간의 아름다움은 무엇에 쓰이는가?」는 비슷한 시기에 완성됐음에도 어둠의 소네트에 포함되지 않는다.

　슬프게도 휴가는 계속될 수 없다. 아일랜드로 돌아온 홉킨스는 얼마 지나지 않아 휴가 전의 상태로 돌아간다. 홉킨스는 영국으로 돌아가기를 간절히 바랐다. 영국에 휴가를 다녀온 후 그 바람은 더욱 강렬해진다. 예수회가 9월 정기 인사에 맞추어 자신을 영국으로 불러들이기를 내심 기대한다. 하지만 영국 예수회는 어떤 소식도 보내오지 않는다. 실망한 홉킨스는 다시 깊은 걱정에 사로잡힌다. "지난 봄과 여름처럼 내 정신이 너무나 망가져 거의 미친 것 같은 상태로 되돌아갈까 두렵다. 스스로 더 잘 관리하지 못하고, 변화를 만들어 내지 못한 것은 내 잘못이다. 누구의 탓도 아니다."[775] 홉킨스가 두려워하는 '지난 봄과 여름'은 어둠의 소네트를 쏟아내던 바로 그 무렵이다. 홉킨스는 다시 그때처럼 마음을 통제하기 어려운 상태가 될까 겁낸다.

　강의를 하고 시험 업무를 보는 나날이 지나간다. 침침한 눈을 비벼가며 인내하겠다고 다짐한다. 이 결심이 「인내」라는 시에 담긴다.

인내는 힘든 것! 기도하고 청하기에도
어려운 것이 인내! 인내는 청하는 이에게
전쟁과 상처를 요구하고 시간과 소명을 지치게 한다
부족한 대로 살라하고 낙마하고 복종하라 한다

귀한 인내는 이런 것에 뿌리를 두기에 이것들이 없으면
어디도 존재하지 못한다, 타고난 마음의 담쟁이덩굴 같은
인내가 우리의 무너진 과거의 목적을 덮는다
거기에 온종일 물기 머금은 잎의 보랏빛 눈과 바다를 입힌다

우리는 우리의 마음이 스스로 부딪쳐 갈리는 소리를 듣는다

그것이 더 크게 멍들면 죽음이다 그러나 우리의 반역 의지는

그렇게라도 하느님을 향해 굽도록 우리 스스로 하느님께 청한다

달콤한 친절을 더 많이 더 많이 증류하시는 그분은

어디 계시는가? 그분은 인내하신다, 인내는 그분의

바삭바삭한 벌집을 채우며 우리가 아는 그 방법으로 온다[776]

학자들은 이 시가 1886년 봄쯤 완성되었다고 추정한다.[777] 인내가 유일한 방편이라는 깨달음에 이르기까지 심리적 갈등의 시간이 상당히 필요했다고 판단하기 때문이다.

아일랜드에 도착한 첫해에 홉킨스는 견디기 힘든 갈등 상황에 노출된다. 추방됐다는 슬픔, 외로움, 과중한 업무, 낯선 환경, 영국인 사제라는 특수한 위치, 대학 구성원들의 따가운 눈초리, 학생들의 무례함, 아일랜드의 정치적 상황, 이교도 학문을 가르치는 고전학 교수라는 역할, 이 중 어느 것도 그를 덜 괴롭히는 것은 없었다. 그럼에도 누구에게도 터놓고 이야기하지 못했다. 더 종교적이고 더 완벽하게 소명을 완수하기 위해 가혹하게 자신을 채찍질했다. 그 결과 불안과 우울, 미칠 듯한 절망이 그의 마음을 집어삼켰다. 1885년 봄과 여름, 억눌렸던 내적 갈등이 어둠의 소네트*를 통해 한꺼번에 터져 나왔다. 짧은 휴가는 꿈처럼 지나갔고, 길고 어두운 아일랜드의 가을과 겨울을 한 번 더 견뎠다. 그렇게 꼬박 2년을 보낸 후 그는 자신의 상황을 냉정히 바라본다. 그가 할 수 있는 유일한 선택을 한다. 그것이 인내이다.

* 오늘날 비평가들은 '어둠의 소네트'에 「이방인이 내 운명」, 「육신의 위안」, 「나는 깨어 낮이 아니라 어둠의 털가죽을 느낀다」, 「더 나쁜 것은 없다, 아무것도 없다」, 「인내」, 「내 마음이 나를 더욱 가련히 여기도록 하자」를 포함시킨다. 여기에 「주님, 당신이 진실로 옳으십니다」와 「시빌의 잎이 들려주는 주문」을 더하는 비평가도 있다.

인내란 결코 쉬운 것이 아니다. "힘든 것"(hard thing)이고 마치 전쟁과도 같은 투쟁을 요구한다. 애초에 즐거운 사람은 인내할 필요가 없다. 삶이나 일이 지루하고 힘겨운 사람만 인내가 필요하다. 그러니 필연적으로 인내하는 자의 마음은 고요할 수가 없다. 인내하는 자의 내면에서는 항상 두 마음이 싸운다. 한쪽 마음이 인내를 권하면, 다른 마음은 "잠시 다른 데로 생각을 돌려라"(call off thoughts awhile / Elsewhere)라고 속삭인다.[778] 홉킨스는 지난 경험을 통해 인내가 무수한 실패로 이어진다는 것을 안다. 다 알면서도 신이 자신을 위해 인내하듯 그렇게 인내하기로 결심한다. 온통 겨울 같던 아일랜드의 첫 2년이 이렇게 지나간다.

18.
아일랜드 ②
"해야 할 일"

    1886년 봄 홉킨스의 삶에 긍정적인 변화들이 조금씩 생기기 시작한다. 홉킨스를 가장 먼저 흥분시킨 것은 스튜어트 교수(Sir Robert Stewart)를 만난 일이다. 스튜어트는 트리니티 칼리지 음악 교수이자 더블린 오케스트라 지휘자이다. 당시 아일랜드에서 가장 영향력 있는 음악가이다. 음악은 홉킨스가 늘 관심을 가져온 분야이다. 바이올린과 피아노를 배웠고, 작곡도 종종 한다.[779] 현재 비평가들은 홉킨스의 작곡 실력이 전문적이지 않다고 평가한다. 홉킨스는 작곡에 필요한 음악 이론을 체계적으로 배울 기회가 없었다. 그래서 늘 음악 이론에 대한 갈증이 있었다. 아일랜드에서는 가능하면 스튜어트 교수의 수업을 수강하고 싶다는 생각도 품었다.[780] 그런 스튜어트 교수를 직접 만났으니 이만저만 기쁜 것이 아니다. 홉킨스는 그에게 자신이 작곡한 노래의 악보를 봐주겠다는 약속도 받아낸다.

    스튜어트 교수의 관점에서 보면 홉킨스의 음악은 미숙하고 오류가 많다. 그런데도 홉킨스는 음악적 실수를 인정하거나 조언을 받아들이지 않는다. 스튜어트는 홉킨스의 이런 태도를 다음과 같이 지적한다. "신부님은 제가 신부님의 글이나 음악에 대해 지적하는 것에 변명으로 일관하고 계십니다. 그래서 제가 신부님의 완벽이라는 행복한 꿈을 방해하는 것 같아 마음이 편치 않습니다. 신부님은 인정하지 않으시겠지만, 신부님의 음악은 거의 모든 것이 잘못되었습니다."[781] 스튜어트는 악보까지 그려가며 잘못된 부분을 하나하나 지적하지만, 홉킨스는 오히려 자신의 작곡 의도를 길게 설명하며 스튜어트를 설득하려 한다. 홉킨스는 시에서 그러했듯 음악에서도 모든 소리가 저마다의 개체성을 드러내야 한다고 믿기에, 바로 그 원칙에 따라 작곡했다. 스튜어트가 그런 실험 정신을 이해해 주기를 바라지만, 스튜어트의 눈에는 홉킨스가 그저 매우 고집스럽게 보인다. 이후에도 두 사람의 교류는 계속된다. 홉킨스는 음악에 대한 열정 때문에, 스튜어트는 영국인 가톨릭 신부에 대한 예의 때문에 관계를 유지한다.

홉킨스는 교수 역할에서도 긍정적인 변화를 꾀한다. 수업을 준비하던 중에 호머(Homer)의 작품에서 이집트가 그리스 문명에 상당한 영향을 미쳤다는 증거를 발견한다. 그는 이 주제를 체계적으로 연구해 책이나 논문으로 발표하겠다는 계획을 세운다. 대학 도서관에 자료가 없어 이집트에서 요양 중인 베일리에게 도움을 청한다.[782] 베일리는 기꺼이 홉킨스를 도와주겠다고 답한다. 이후 두 사람 사이에 많은 편지가 오가며, 홉킨스가 호머 연구에 얼마나 열정을 쏟았는지를 보여준다. 홉킨스는 몰두할 수 있는 연구 주제를 찾은 것에 크게 만족하고, 또 베일리처럼 마음 맞는 친구와 꾸준히 편지를 주고받는 것에 특별한 즐거움을 느낀다. 베일리에게 "누군가 어떤 것에 관심을 갖게 만들어 내 편지에 답장을 쓰게끔 하는 것이 나에게 큰 도움이 된다. 일종의 지적 자극이 되기 때문이다. 슬프게도 나는 존재하기 위해 일반적인 자극이 필요하다. 내 삶이 몹시 지루하고 괴롭기 때문이다"라고 고백한다.[783] 친구와 편지를 주고받으며 지적인 대화를 나누는 것이 지루한 삶을 견딜 수 있게 만드는 활력소가 된다는 말이다.

하지만 연구가 진행될수록 홉킨스는 자주 불안감을 느낀다. 그의 의지와 무관하게, 연구가 완성되지 못할 것이라고, 설혹 완성된다 해도 예수회가 출판을 허락지 않을 것이라고 걱정한다. 나아가 예수회에 들어와 시도했던 모든 일이 그랬듯이 "이 일도 결국 무위로 끝날 것"이라고 확신한다. 예수회에서 경험했던 몇 번의 중요한 실패들이 그를 심리적으로 '학습된 무기력'(learned helplessness) 상태로 만든 것이다. 그럼에도 홉킨스는 "부정적 가능성만 생각하면 아무것도 할 수 없다"라며 자신을 격려한다. 그는 예수회에 들어오면서 성 이냐시오처럼 살겠다고 맹세했다. 이냐시오는 "관념에 빠지지 않고 훌륭하게 많은 일을 실행한 사람"이다.[784] 이냐시오처럼 살겠다는 맹세에는 "훌륭하게 많은 일을 실행"한다는 결심도 포함된다. 1886년 2월에 시작한 호머 연구는 홉킨스가 당장 눈앞에 닥친 강의와 시험 업무 외에 "더 많은 일"을, 고전학 교수라는 소명에 걸맞은 생산적인 일을 시작했다는 뜻이다.

연구 진척 상황을 보여주는 편지가 3월에는 6통, 4월에는 7통이나 남아있다. 하지만 5월이 되면서 편지의 숫자는 눈에 띄게 줄어든다. 결국 호머 연구는 출판되지 않는다. 홉킨스가 아일랜드에서 실행했으나 세상 빛을 보지 못한 학문적 산문은 상당수에 이른다. 그중 굵직한 것만 모아도 다음과 같다.

- 호머의 그리스어에 미친 이집트의 영향 연구 (홉킨스 최초 언급-1886. 02.)
- 빛과 에테르(Light and the Ether)에 관한 논문 (1886. 08.)
- 도리아식 리듬(Dorian rhythm)에 관한 논문 (1886. 11.)
- 아이스킬로스(Aeschylus)의 서정시에 관한 논문이나 책 (1887. 11.)
- 그리스어의 부정어(The Greek Negatives)에 관한 철학적 논문 (1888. 01.)
- 『영국 방언 대사전』(*The Great English Dialect Dictionary*) 수록을 위한 『아일랜드 어휘와 관용어구집』(*A Collection of Irish Words and Phrases*) 편찬 (1888. 03.)
- 논문 「소포클레스의 해석과 번역」("Readings and Renderings of Sophocles") (1888. 05.)
- 논문 「통계와 자유의지에 관하여」("On Statistics and Free Will") (1888. 10.)
- 고대 인신 공양 풍습의 잔재인 아르게이(Argei)에 관한 논문 (1889. 03.)

홉킨스는 호머 연구를 시작으로 사망 직전까지 끊임없이 새로운 연구 주제를 찾아낸다. 고전학자로서의 소임을 다하기 위해 최선을 다한 것이다. 그러나 아쉽게도 그의 모든 노력은 허사가 된다. 어떤 연구는 착상 단계에서 주저앉고, 어떤 것은 출판 단계에서 무산된다.

아일랜드에서 쓴 많은 글이 흔적도 없이 사라진 것에 대한 책임 소재를 따질 수밖에 없다. 홉킨스가 사망하자 더블린으로 달려간 브리지스는 수많은 서류 더미 속에서 오직 시만 골라 챙긴다. 홉킨스의 다른 학문적 글은 가치가 없다고 생각해 관심을 두지 않는다. 홉킨스가 아일랜드에서 쓴 "영적 일기는 예수회의 실수로 가족에게 보내졌고, 두 여동생은 일기장을 읽지 않고 태운다."[785] 일기장에 "누가 보든 읽지 말고 태워달라"라고 적혀있었기 때문이다. 그 외의 문서들은 아일랜드 예수회가 처리한다. 당시 아일랜드 예수회는 홉킨스를 그저 특이한 성격의 영국인 사제 교수로 평가했다. 굳이 홉킨스의 문서들을 검토하거나 보관할 필요성을 느끼지 못한다. 결국 홉킨스가 애써 쓴 고전학 관련 산문들은 모두 불에 타 없어진다.

이런 연유로 홉킨스가 아일랜드 시절에 남긴 것은 어둠의 소네트와 그보다 훨씬 덜 알려진 몇 편의 시들 뿐이다. 이 시들에도 분명 홉킨스의 진실이 담겨있다. 하지만 홉킨스가 더 많은 시간과 노력을 쏟아부은 것들은 사라져 버린 산문들이다. 이것들이 사라지면서 아일랜드에서 홉킨스의 삶이 온통 고통과 갈등으로만 점철되었다는 오해가 생긴다. 고전학 교수로서 소명을 다하기 위해 그가 얼마나 부지런했는지, 매번 얼마나 큰 용기를 냈는지에 대해서는 제대로 평가받지 못하고 있다.

1886년 5월 홉킨스는 영국에 간다. 예전 근무지인 옥스퍼드 세인트 알로이시어스 곤자가 성당으로 보름간 파견 근무를 가라는 명령이 내려와서이다. 이는 어느 모로 보나 지극히 이례적인 일이다. 증기기관 덕분에 예전보다 이동이 쉽다고는 하나 바다를 건너는 일이다. 게다가 홉킨스를 영국으로 부르기 위해서는 영국 예수회가 아일랜드 예수회에 사정을 설명하는 요식 행위가 필요하다. 겨우 보름을 위해 그런 번거로운 일을 하느니 영국 안에서 자체적으로 충원하는 것이 더 간단하다. 아마도 예수회는 홉킨스를 영국으로 복귀시킬 가능성을 타진한 것 같다. 홉킨스도 그렇게 짐작한다. 적어도 영국 예수회가 홉킨스를 완전히 잊은 게 아니라는 것은 분명해졌다. 긍정적인 기대감에 홉킨스의 발걸음이 한층 가벼워진다. 가족과 브리지스를 만나 행복감을 느낀다.

영국을 떠날 때 슬픈 것은 매양 같지만 이번에는 특히 깊은 상실감을 느낀다. 가족이 곧 다른 곳으로 이사할 예정이기 때문이다. 이사 소식을 처음 들었을 때는 "마치 죽을 것 같은" 큰 슬픔을 느낀다.[786] 아일랜드에서 떠올리는 영국의 집은 고향 그 자체이다. 가족이 있고, 어린 시절과 청년 시절의 추억이 있는 곳이다. 이제 그가 추억하는 집에는 더 이상 가족이 살지 않는다. 그는 자신이 마치 영원히 유랑하는 실향민 신세가 된 것처럼 느낀다.

여름휴가를 보낸 후 홉킨스의 마음은 조금 편안해진다. "휴가 덕분에 많이 나아졌다. 불안감도 거의 사라졌다. 지금 당장은 일이 많이 밀려서 따라잡을 수 없을 정도이다. 나를 불안하게 하는 원인이 이전보다 더 많은데도 지금은 불안하지 않다. 더 나아지지 않겠지만 더 나빠지지도 않을 것이다"라고 말할 정도이다.[787] 아마도 영국으로 돌아갈 수 있다는 기대감이 상황을 좀 더 긍정적으로 보게 만든 것 같다. 앞으로는 자신을 심하게 다그치지 않겠다는 결심도 한다. 이런 마음이 「'내 마음이 나를 더욱 가련히 여기도록 하자'」("'My own heart let me more have pity on'")에 담긴다.

> 내 마음이 나를 더욱 가련히 여기도록 하자
> 지금부터는 나의 슬픈 자아에 친절하자
> 자비를 베풀자, 이제는 고통스러운 마음이
> 고통스러운 마음으로 고통받지 않게 하자

나의 위로 없는 세계를 더듬으며 얻지도 못할

위안을 쫓는 것은 어둠 속에서 보이지 않는 눈으로

대낮을 쫓는 것과 같다, 온통 젖은 세계에서

갈증이 완벽한 갈증을 찾아내는 것과 같다

영혼이여 자아여 오라, 가련한 보통의 자아여 내가 너에게

충고하니 지친 대로 존재하라 잠시 다른 데로 생각을 돌려라

위안이 안착할 여유를 주라 즐거움이 자라게 하라

하느님께서 아시도록, 그때면 하느님께서 무엇인지 아시어

자연스러운 미소로 여러분도 알듯 전혀 예상 못 한 순간

산 사이 알록달록 솟은 하늘처럼 아름다운 길을 비추시리라[788]

"위로"(comfort)는 멀리서 더디게 오지만 그는 조급해하며 자신을 몰아세우지 않겠다고 다짐한다. 고통받는 자아에 위로와 자비를 베풀기로 한다. 잠시라도 다른 곳에 눈을 돌리거나 적당한 즐거움을 찾으려 한다. 그러다 보면 "예상 못 한 순간"(unforeseen times)에 신이 미소 지으며 어두운 길을 밝혀줄 것이라 믿는다. 우울감이 완전히 사라진 것도 아니고, 상황이 변한 것도 아니다. 여전히 우울하고 자주 절망한다. 그러나 이제는 자신의 영혼을 가련히 여기기로 한다. 책망하기보다 위로하기로 한다. 자기혐오보다 자기연민이 더 도움이 된다는 것을 배웠기 때문이다.

문제는 적절한 위안을 찾아도 오래 지속되지 않는다는 점이다. 현실의 버거움이 애써 찾은 위안거리를 좌초시킨다. 호머 연구 역시 실패를 향해 가고 있다. 홉킨스는 자기혐오가 다시 내면을 덮치려 하자 예수의 삶을 묵상하며 자신을 위로한다.

저 높은 곳에 계신 우리 주 그리스도, 그분의 삶은 짧았다. 그분은 성공을 원하셨을 것이다. 누구도 실패를 위해 자신을 내던지지는 않는다. 현명함은 가장 중요한 미덕 중 하나이며, 그분은 세상 어느 누구보다 현명하셨다. 그런데도 그분은 실패를 통해 성공하도록 예정되어 있었다. 그분의 계획은 좌절되었고, 희망은 산산이 부서졌으며, 위업은 이루어지지 못한 채 끝났다. 그분은 이 모든 것을 완전히 이해했지만 이를 받아들이는 것은 참으로 견딜 수 없는 슬픔이라는 것도 아셨다. 그럼에도 그분께서 본을 보이셨다.[789]

예수는 실패를 통해 더 크게 성공하기로 예정되었다. 그것을 알기에 신중하고 사려 깊게 인내했다. 홉킨스는 자신의 실패도 더 큰 성공을 위해 마련된 것이라고 믿는다. 실패의 목록 위에 새로운 실패를 더하고 있지만 절망하지 않기로 한다.

8월이 되자 홉킨스는 새로운 주제에 관심을 두기 시작한다. 빛과 에테르에 관한 것이다. 홉킨스는 아일랜드에 오기 전에 세 편의 과학 에세이를 『네이처』에 기고했다. 그 과정에서 대기 현상과 에너지를 다룬 책과 논문을 많이 읽었다. 빛과 에테르를 제대로 설명한 영어책이 없다는 사실도 깨달았다. 홉킨스는 이 주제를 심층적으로 다룬 좋은 영어책을 직접 쓰겠다고 결심한다.

나는 지친 마음과 끊임없는 불안 때문에 아무것도 할 수가 없다. 시는 거의 쓸 수 없고, 그나마 가끔 소네트를 한 편 쓰는 것이 고작이다. 하지만 시간이 허락하는 한, 비록 단편적으로라도 손을 댈 수 있는 일들이 있기는 하다. 예를 들어 지금 나는 빛과 에테르에 관한 일종의 대중적 설명서를 집필 중이다. 다만 '대중적'(popular)이라는 말은 꼭 알맞은 표현은 아니다. 쉽게 읽히도록 쓸 의도는 아니기 때문이다. 이처럼 난해한 주제를 쉽게 만들 수 있는 방법은 지나치게 요약하고 개략적으로만 다루는 것뿐인데, 내가 하고자 하는 방식은 그것과는 다르다. 나는 수학을 사용하지 않고, 모든 전문 용어를 설명해 주면서, 차분히 읽을 의지가 있는 비전문가나 학생들을 위한 글을 쓰고자 한다. 내 목표는 그런 독자들이 내가 다루는 범위 안에서 이 문제를 완벽하게 이해할 수 있도록 충분히 설명하는 것이다. 이런 설명서를 대신할 만한 자료는 현재 존재하지 않는다. 특히 영어로 된 과학 서적들은 매우 불만족스러운 수준이다.[790]

홉킨스는 다른 과학자들이 쓴 것보다 이해하기 쉬우면서 자세한 설명이 담긴 책이나 논문을 쓰는 중이다. 그는 분명히 "집필 중"이라고 말한다. 그러나 그중 단 한 페이지도 남아있지 않다.

9월 휴가에 맞춰 홉킨스는 영국 북웨일스로 떠난다. 한 손에는 웨일스의 자연을 담은 시를, 다른 손에는 하숙집 주인이 정성스럽게 마련한 아침 식사를 들고 있는 순간을 만끽한다.[791] 하지만 행복은 이내 깨어진다. 함께 여행 온 커티스 신부에게 대학이 편지와 전보를 계속 보내며 괴롭히기 때문이다.[792] 빨리 돌아와 일을 하라는 것이다. 결국 커티스 신부는 예정보다 빨리 아일랜드로 돌아간다. 여행에서 돌아온 홉킨스를 기다린 것 역시 학교가 배당한 "331장의 시험지"이다.[793] 물론 "더 많은 시험지가 도착할 예정"이다. 그래도 예전만큼 두려워하거나 불안해하지 않는다. "웨일스에서 돌아온 후 평상시보다 건강 상태가 좋아져서 일할 만하고 정신 상태도 한결 안정되었다"라고 느낀다.[794]

1886년 10월 21일 홉킨스는 "오늘은 내가 20년 전 가톨릭에 입교한 날이다"라고 기록한다.[795] 초봄에 시작한 호머 연구와 여름에 시작한 빛과 에테르 연구는 계획대로 진척되지 않고 있다. 결과를 얻기 위해서는 더 많은 시간과 노력을 쏟아부어야 하지만 뜻대로 되지 않는다. 잦은 시험 업무가 리듬을 깨트리기 일쑤고, 한번 리듬이 깨어지면 연구에 대한 흥미도 줄어든다. 결국 홉킨스는 또 다른 새로운 일거리를 찾아 나선다. 흥미를 잃은 일에 시간을 쏟으려면 인내가 필요하고, 인내는 마음속에 갈등을 불러온다. 그래서 인내할 필요가 없는 즐거운 일을 찾아 나서는 것이다.

다행히 1886년이 끝나기 전에 홉킨스의 관심을 사로잡은 것이 나타난다. 이번에는 고대 그리스 도리아식 리듬이다. 그는 도리아식 리듬이 "그리스어와 라틴어 서정시의 절반, 혹은 그 이상에 사용된 중요한 운율"이라는 사실을 알게 된다.[796] "의심할 여지 없이 확실한 발견"이라 생각하고, 이에 대해 무언가를 쓰기로 결심한다. "이와 관련된 논문을 올해 안에 그리스 연구회(The Society of Hellenic Studies)에 기고하겠다. 만약 올해 기고가 안 된다면 책으로 집필하겠다"라는 구체적 계획도 세운다. 원래도 리듬 실험에 관심이 많았던 홉킨스는 도리아식 리듬 연구에 굉장한 열정을 쏟는다.

하지만 시간이 지나면서 여러 가지 방해 요인이 나타난다. "도리아식 리듬에 관한 내 책은 현재 진행 중이다. 하지만 외부 요인에서 오는 어려움, 시험, 그 외 다른 방해들 때문에 곧 좌초하거나, 혹은 그 자체의 어려움으로 인해 주저앉을 가능성이 크다"라고 예상한다.[797] '그 자체의 어려움'이란 도리아식 리듬의 난해함을 의미한다. 하지만 난해함은 문제가 되지 않는다. 오히려 그의 도전 의식을 자극한다. 해가 바뀌고 1887년 봄이 되어도 도리아식 리듬에 대한 관심은 식지 않는다. 자신이 계획하고 있는 여러 프로젝트 중에서 이 책이 가장 먼저 완성되기를 바란다.[798]

1886년 가을부터 홉킨스의 편지에는 더블린 사람들과의 사적 관계가 언급되기 시작한다. 홉킨스가 대학과 예수회 공동체를 넘어서 지역에 사는 일반인들과 친교를 쌓은 것이다. 이것이 1886년에 일어난 모든 긍정적 변화 중에서 가장 의미가 크다. 감수성이 예민한 홉킨스가 그간 느꼈던 외로움, 고립감 그리고 서글픔을 더는 데 큰 도움이 된다. 사실 홉킨스는 아일랜드인들과 좋은 관계를 맺기 어려운 조건을 두루 갖추었다. 기록에 따르면, 홉킨스는 고집이 세고 완고하며 악의 없는 애국심을 매우 솔직하게 드러냈다. 대학생들이 무례하고 학문에 관심이 없으며 반영국적이라고 생각해 학생들에게 냉담했다. 게다가 일찍 잠자리에

드는 습관이 있어 사회적 활동에 제약을 받았다.[799]

다른 것은 홉킨스의 성향으로 미루어 짐작할 만하지만, "일찍 잠자리에 드는 습관"은 의외의 증언이다. 어둠의 소네트를 통해 상상되는 홉킨스의 밤은 불면의 시간이기 때문이다. 추측하건대, '일찍 잠자리에 드는 습관'과 불면증은 둘 다 진실이다. 홉킨스가 생각하는 가장 큰 문제는 건강이다. 그는 건강 탓에 맡겨진 일만 간신히 처리할 뿐, 더 높은 차원의 일을 할 힘이 없다고 생각한다. 이로 인해 소명을 완수하지 못할까 불안해하고 심지어 죄의식까지 느낀다. 더구나 아일랜드에 와서는 눈의 통증까지 겹쳐 업무에 상당한 지장을 받는다. 이 때문에 홉킨스는 "잠이 아주 조금만 부족해도 눈이 망가진다"라고 말하며 잠에 집착한다.[800] 이러한 강박적 태도가 오히려 불면증을 악화시켰을 것이다.

홉킨스의 행동 패턴도 더블린 사회에 좋지 않은 평판을 만들었다. 기록에 따르면, 홉킨스는 어느 날 들판에서 일하는 농부를 지켜보다 갑자기 굽은 고랑을 어떻게 쟁기질하는지 가르쳐 달라고 애원한다. 또 어느 날에는 목적지도 말하지 않고 무작정 짐마차에 올라타 한참을 간 후, 불현듯 자신이 너무 멀리 왔다는 것을 깨닫고 기차를 타고 돌아온다. 아일랜드인의 집에 초대받아서는 바느질을 직접 하며 바늘 움직임을 아주 열심히 관찰한다.[801]

홉킨스가 쟁기질하는 농부에게 관심을 가진 것은 오래전부터 있던 일이고, 무작정 마차를 타고 달린 것은 그의 상황에서 선택할 수 있는 유일한 일탈이다. 혼자 바느질하는 것도 예수회 수련기를 보낸 사람이라면 특별히 어려운 일이 아니고, 더욱이 홉킨스는 모든 사물을 자세히 관찰하고 그 특성을 발견하는 것을 즐기는 사람이다. 이해하려면 못 할 것도 없는 이 행동들이 계급주의가 뿌리 깊은 아일랜드 사회에서 기행으로 받아들여진다. 여기에 영국인 사제라는 정체성까지 더해져 더욱 특이하게 보인다.

이런 약점에도 불구하고 1886년부터 홉킨스는 더블린 지역 사회와 좋은 관계를 형성하기 시작한다. 그만큼 홉킨스가 아일랜드에 오래 머물렀다는 뜻이기도 하다. 아일랜드 예수회 동료들은 영국에서 온 손님인 홉킨스 신부가 잘 지내도록 "친절하게 대한다."[802] 특히 러셀 신부(Fr Matthew Russell)는 홉킨스가 더블린에 잘 안착하도록 돕는다. 홉킨스에게 여류 문학가 타이난(Katherine Tynan)과 시인 예이츠(William Butler Yeats)를 소개한 사람도 러셀 신부이다. 홉킨스는 타이난을 만나자마자 브리지스의 시를 소개한다. 타이난은 브리지스의 열렬한 팬이 되지만, 홉킨스가 시를 쓴다는 사실은 꿈

타이난

에도 모른다. 홉킨스가 영국에서의 일을 교훈 삼아 아일랜드에서는 시를 쓴다는 사실을 철저히 숨겼기 때문이다. 홉킨스 사망 후 브리지스가 더블린에 와서 홉킨스가 시인이라는 사실을 알렸을 때 많은 아일랜드인이 놀란다.

브리지스는 홉킨스의 시가 세상에 알려지지 않은 이유를 예수회 탓으로 돌린다. 홉킨스는 자신 때문에 더 이상 예수회를 비난하지 말라고 매우 단호한 어투로 말한다.

> 우리 예수회가 알지도 못하는 것을 인정하지 않는다는 이유로 비난해선 안 된다. 내가 나의 시를 보여준 사람은 이 정도에 불과하다. (행사용 작품은 제외한다) 이들 중 일부는 (…) 다른 사람들에게 나의 시를 보여주기도 했다. (1) 『월간』의 편집자와 부편집자가 내가 보낸 「난파」와 「유리디시호」를 보았고 (2) 아버지, 어머니, 두 여동생도 이 시들을 보았다. 한 편 혹은 두 편 다 보았고, 이외에 다른 몇 작품을 더 읽었다. (3) 그리고 자네 (4) 대성당 참사회원 딕슨 (5) 패트모어 씨 (6) 「난파」가 꽤 소문이 난 후 스토니허스트에 있는 스플레인 신부가 내게 편지를 보내 이 시를 보여달라고 청했다. 그는 이것 외에 다른 시가 더 있다면 함께 보내달라고 청했다. 내가 그 청에 응했고, 스플레인 신부는 이 시들을 읽고 다른 사람들에게 보여주었다. (…) (7) 그 외에 수련생 시절 동료이며 나의 강론을 칭찬했던 베이컨 신부가 두

편 다 읽었다. 그는 정말로 진지하게 나의 시를 칭찬했다. 그러니 나의 시는 쉽게 말해 결코 널리 알려지지 않았다. 나는 시를 직업으로 삼은 적이 한 번도 없다.[803]

이처럼 편지의 내용에 번호를 붙이는 것은 무언가를 강하게 주장할 때 홉킨스가 즐겨 쓰는 방식이다. 요지는 예수회가 자신의 시를 인정하지 않았다고 예수회 전체를 비난해서는 안 된다는 것이다. 자신의 시가 널리 알려지지 않았기 때문에 예수회는 인정하고 말고 할 기회도 없었다는 것이다. 마지막으로, 자신은 시를 직업으로 삼은 적이 없다는 말을 덧붙인다. 이는 1882년에 의사를 그만두고 전업 시인이 된 브리지스를 빗댄 말이다. 브리지스는 시인이 직업이니 비평적 혹은 대중적 성공이 중요하겠지만, 자신은 시를 직업으로 삼은 적이 없으니 대중적 발표와 인정이 그다지 중요하지 않다는 뜻이다.

이날의 편지는 생애 중 홉킨스의 시를 읽은 사람들이 구체적으로 명시되었다는 점에서도 중요한 의미가 있다. 아마도 더 샅샅이 조사하면, 홉킨스가 언급한 숫자보다 많을 것이다. 브리지스와 딕슨이 출판 가능성을 타진하기 위해, 혹은 관심사를 공유하기 위해 주변에 홉킨스의 시를 보였기 때문이다. 정확하게 얼마나 많은 사람이 홉킨스의 독자였는지에 대해서는 여러 의견이 있다. 홉킨스 생애 중 "그가 시를 쓴다는 것을 알았던 사람은 채 6명이 안 된다"라는 견해부터 "6백 명은 안 되어도" 그렇게 적은 수는 아니라는 견해까지 다양하다.[804]

어느 주장이 맞건 간에 아일랜드에서는 아무도 홉킨스의 시를 몰랐다. 만약 타이난이 홉킨스 생애 중 그 사실을 알았다면, 분명코 아일랜드에서 홉킨스의 삶은 더 풍성해졌을 것이다. 타이난이 홉킨스의 시를 매우 열렬히 좋아했기 때문이다. 훗날 홉킨스의 시를 출판하기 위해 무던히 애를 쓰지만 브리지스의 비협조로 뜻을 이루지 못한 일도 있다. 1886년 12월 타이난이 홉킨스에게 "봄이 와 저의 집이 아름다워질 무렵, 러셀 신부님과 함께 저를 방문해 주시겠어요?"라고 쓴 편지가 현재까지 남아있다.[805]

러셀 신부가 홉킨스에게 예이츠의 아버지 존 버틀러 예이츠(John Butler Yeats)를 소개한 것은 1886년 11월이다. 홉킨스는 존 예이츠의 화실을 방문한 후 상당히 자세하게 이날의 일을 기록한다.[806] 아마도 예이츠의 아버지 존은 홉킨스에게 예이츠의 첫 시집 『모사다: 극시』(Mosada: a Dramatic Poem)를 평가받고 싶었던 듯하다. 영국인 예수회 사제이자 옥스퍼드 대학 벨리올 칼리지 출신 고전학 교수라는 직함

존 버틀러 예이츠

은 아일랜드에서 보기 드문 경력이니 그럴 만도 하다. 그러나 존 예이츠의 기대와 달리, 홉킨스는 예이츠의 첫 시집을 그리 훌륭하게 평가하지 않는다. 당연히 예이츠의 아버지가 기대하는 열렬한 칭찬도 해주지 않는다.

50년 후 예이츠는 홉킨스와의 만남을 다음과 같이 회상한다. "아버지의 화실에서 그를 만났다. 거의 아무것도 기억나지 않는다. 주머니에 휘트먼을 꽂은 17살의 소년은 민감하고 짜증을 잘 내는 학자에게 전혀 관심이 없었다."[807] 여기서 "17살의 소년"은 예이츠를, "민감하고 짜증을 잘 내는 학자"는 홉킨스를 가리킨다. 홉킨스의 성격에 대한 부정적 평판은 어느 정도 사실로 보인다.

크리스마스부터 새해까지 이어지는 연휴 동안 홉킨스는 캐시디(Eleanor Cassidy)의 집에 머문다. 캐시디는 아일랜드에서 대단히 성공한 사업가 집안의 딸로, 교육을 잘 받은 상류층 여성이다. 매우 다재다능해 프랑스어와 이탈리아어를 구사하며, 노래, 피아노, 하프를 연주하고 수채화를 그린다.[808] 신앙심도 매우 깊어 아일랜드 예수회와 좋은 관계를 맺고 있다. 한마디로 말해 캐시디는 홉킨스가 좋아하는 것을 모든 갖춘 여성이다. 더구나 세련된 사교적 태도를 지녀 생각이 많은 홉킨스를 학교 밖으로 끌어내는 데 언제나 성공한다. 홉킨스는 종종 그녀의 집에 머물며 마치 영국 고향 집에 있는 듯한 편안함을 느낀다. 홉킨스가 캐시디를 자주 언급하자 영국 친구들이 그녀에 대해 궁금해한다. 이에 홉킨스는 "미스 캐

시디가 누구냐고? 종종 나를 모나스터레반(Monasterevan)으로 초대하는 연로한 숙녀이다. 그녀의 따뜻한 환대가 내게 새로운 변화와 휴식을 선사한다. 그것이 내게 버팀목이 되어주고 살아가는 데 큰 힘이 되어준다"라고 설명한다.[809] 모나스터레반은 캐시디가 거주하는 더블린 남쪽 작은 시골 마을이다.

캐시디의 집에서 마음이 편해지자, 시흥(詩興)이 솟아난다. 그간 홉킨스는 거의 모든 시간을 학교 업무와 연구에 쏟았다. 시를 완전히 잊은 것이 아닐까 싶을 만큼 시간이 그냥 흘렀다. 그 흐름을 깬 것이 캐시디의 집에서 쓴 「두 아름다운 젊은이의 초상에 부쳐」("On the Portrait of Two Beautiful Young People")이다. "오누이"(A Brother and Sister)라는 부제가 붙어있는 작품이다.

홉킨스에게 영감을 준 초상화는 캐시디의 이웃집에 걸린 그림이다. 그 집안 젊은 남매의 7년 전 어린 시절을 그린 것이다. 안타깝게도 모티프가 된 그림은 현재 전하지 않는다. 이 시가 유명해진 후 사람들의 기억에 의존해 복제품이 만들어진다. 그것을 본 이들에 따르면, 그림에서 "남자아이는 약간 뒤로 물러서서 여동생을 내려다본다. 나뭇잎 모양의 장식이 어색하게 그들 사이를 굽이친다. 소녀는 진지하면서도 다정한 눈빛으로 정면을 응시하고 있다. 과일과 꽃이 바구니에 넘쳐 흐르고 포도 덩굴이 그들의 얼굴을 화관처럼 둘러싼다. 아이들의 얼굴만큼이나 큰 사과가 비율에 맞지 않게 바구니 위에 조심스럽게 얹혀있다."[810] 이로 미루어 탁월한 기량을 보여주는 그림은 아닌 듯하다. 그런데도 심미안을 지닌 홉킨스의 마음을 완전히 사로잡는다.

홉킨스는 이 시를 시작한 이유를 다음과 같이 설명한다. "나는 멋진 장소에서 친절한 사람들과 함께 머물고 있다. 아쉽게도 내일 아침이면 떠나야 하지만 머무는 동안 밝은 빛을 보았기에 시를 한 편 시작했다."[811] 여기서 "밝은 빛"은 그림 속 두 남매의 어린 시절 순수함이다.

오 나는 감탄하며 바라본다 그리고 슬퍼한다! 마음의 눈이

너, 어둠의 지배자가 짓밟는 세월을 발견하고 애통해 한다

푸른 실잔대를 풍성하게 통과한 액즙이 덩굴 잎 속으로 내달린다

아름다움이 더할 나위 없이 제일 좋아하는 잎맥은 눈물이다

아이들의 아버지 어머니는 행복했겠다! 너무 성급했다

그리 단순한 것이 아니다, 인간은 모두 나약하여 공평한 타락 속에

단 한 번 축복받았다 그런데도 시간이 빚는 대로

인간은 온통 애쓰고 희망하고 위태롭고 근심한다

그래서 아이들이 이러한가? 빛을 빚어내는 훌륭한 손가락이

아이들의 젊고 기쁨에 찬 시간을 포착했다

그렇지 않았다면 한낮의 꿈처럼 덧없이 지나갔겠다

달리듯 부풀어 오른 곱슬머리는 갈색 무덤이 되었겠다

그녀는 만족스러운 애정으로 그에게 기대고 있다

여동생으로 그리 앉았으니 부인이 되어도 잘하리라

그의 모습은 그의 영혼의 편지라, 저 너머를 바라본다

응시하고 인생의 앞날을 똑바로 내려다본다

그러나 아 빛나는 앞머리, 너는 좋은 품성과

마음과 건강과 젊음이 합쳐진 것이리라

너의 이정표는, 항해의 목표는, 영혼의 별은 어디에 있느냐?

너에게 유용한 것은 오직 진리다 그리스도가 진리이다

오직 선만이 선이다 너희 둘 모두에게 그러하다

너를 흔드는 것이 아마도 이 사랑스러운 아가씨도 흔들리라
오직 하느님만이 선하시다, 이는 선한 신께서
저울 잴 때 부족함이 드러난 이를 일깨우는 경고이다

인간은 명부에 살고 그것에 의지하니
어떤 지혜로운 이도 측정이나 추측으로 예상할 수 없다
가장 이상하고 가장 고요하고, 자아 없는 자아의 자아는
단단하게 말리어 가부가 미리 결정된다

그대들의 축제가 이러하니 그대의 진지한 눈에 담긴 것은
오로지 그대의 근심을 더 흥청거리게 하리라
최고가 최악이리라, 우리는 외친다, 어떤 벌레가 여기에
하늘을 향해 솟아난 가지에 이토록 대혼란의 자국을 남기나?

그만하면 충분하다, 타락은 세계의 첫 슬픔이다
내 마음을 내 이해 너머로 굳이 끌어내어야 하는가?
오 그러나 나는 인간의 거칠고 음탕한 일을
증언하는 불타는 증인이 되리라.
 . . . . [812]

여기까지 쓰다 휴가가 끝나 더 이상 쓰지 못한다. 이 사실이 아일랜드 시절 홉킨스가 얼마나 바쁘게 쫓기며 살았는지를 잘 말해준다. 비록 미완성으로 남아 있지만, 홉킨스의 말처럼 "충분하다"(Enough). 말하고자 하는 요지를 잘 전달하고 의미의 완결성도 갖추었다.

처음 남매의 초상화를 본 홉킨스는 감탄하지만 이내 슬픔에 잠긴다. 시간이

흐르면서 그들의 순수한 아름다움과 생기가 사라졌을 것이라 확신하기 때문이다. 인간이 원죄로 인해 쉽게 악으로 기운다는 홉킨스의 생각이 "나약"(frailty)이라는 표현에 담겼다. 오빠가 여동생을 보는 시선을 "똑바로 내려다본다"(fall directly forth)라고 표현한 것도 그들 앞에 놓인 타락(fall)을 암시한다. 홉킨스는 그들이 타락하지 않았기를 진심으로 바란다. 그들이 예수가 유일한 진리이며 삶의 이정표임을 깨달았기를 소망한다. 하지만 그는 삶이 곧 "타락"(corruption)의 여정이라는 것도 잘 안다. "가장 이상하고 가장 고요하고, 자아 없는 자아의 자아"(The selfless self of self, most strange, most still)는 아직 어떤 특성도 더해지지 않는 순수한 자아를 의미한다.[813] 이 자아가 어떻게 타락할지는 오직 신만이 알아, 인간은 명부의 운명을 예측하지 못한다. 이런 불확실성 때문에 인간은 심판의 저울에 오르기 전까지 계속 타락의 길로 간다. 그래서 삶은 "축제"(feast)가 아니라 "슬픔"(woe)이다.

사실, 순수를 찬양하고 타락을 경계하는 것은 홉킨스 시에서 새로운 일이 아니다. 이 시의 특별한 점은 홉킨스의 내면이 긍정적 방향으로 변하고 있음을 보여주는 것에 있다. 이 시에서 홉킨스는 타락하는 인간을 근심하고, 그들에게 죄와 구원에 대해 충고한다. 어둠의 소네트에서 찾아볼 수 없던 사제의 정체성이 완전히 회복되었다. 또한 홉킨스는 아일랜드라는 낯선 땅에서 자신이 해야 할 역할을 새로이 규정하고 있다. 예수회는 예수를 대신해 전쟁하는 예수의 군대이며, 그들의 전쟁터는 인간을 구원하기 위해 악과 싸우는 세상이다. 하지만 홉킨스는 대학에서 예수회 사제가 아니어도 할 수 있는 일을 하고 있다. 이것이 지금까지 그를 못내 힘들게 했다. 이제야 그는 그곳에 자신이 놓인 이유를 찾았다. "불타는 증인"(burning witness)이 되어 타락하는 인간을 지켜보고 증언하기 위해서이다. "불타는"은 고통과 순수, 둘 다를 의미한다. 모든 불순물이 제거된 순수한 존재가 되기 위해 불의 정련이 필요하다는 관념이 반영되었다. 자신이 처한 현실적 조건을 수용하고 그에 적절한 역할을 재설정한 것이라, 홉킨스의 아일랜드

여정에서 매우 의미 있는 순간이다.

아일랜드에서 세 번의 겨울을 보냈다. 홉킨스는 아일랜드의 겨울을 지나는 어려움을 다음과 같이 토로한다. "아일랜드에는 눈이 거의 오지 않고 서리도 내리지 않는다. 스케이트를 타는 사람이 없다. 그런데도 날씨가 참으로 모질다. 지금까지 경험한 어떤 날씨보다 더 혹독하다. 그렇다고 감기에 걸린 것은 아니다. (…) 하지만 매일 아침 날씨 때문에 기진맥진한다. 이런 상태가 오래 지속된다면 날씨 때문에 죽을지도 모른다. 내가 현재 가장 걱정하는 것은 날씨가 내 시력을 망쳤다는 점이다. 아마 안경을 써야 할지도 모른다. 초점은 여전히 잘 맞고 모든 거리의 물체가 선명하게 보이지만 조금이라도 눈을 쓰면 계속 아프다."[814] 홉킨스는 여름이 되면 마흔세 살이다. 그동안 연구와 시험지 채점으로 눈을 혹사한 것으로 미루어, 안구건조증 같은 증상이 생겼을 수도 있다. 그런데도 눈을 쉬지 못하고 계속 과로하니 점점 더 통증이 심해질 수밖에 없다.

1887년 2월 18일 홉킨스는 아일랜드에 온 지 3년이 되었다. 지난 3년을 돌아보고 다음과 같이 소회를 밝힌다.

내일이면 내가 아일랜드에 온 지 3년이 된다. 힘들고 지치며 소모적으로 낭비된 3년이다. 오늘 오후 미스 타이난을 만났다. 그녀는 나를 처음 보았을 때 스무 살쯤으로 짐작했다고, 그녀의 친구들은 심지어 열다섯 살쯤으로 보았다고 말했다. 이제는 그들 눈에 내가 그렇게 보이지 않을 것이다. 그들은 하얗게 센 머리카락으로 덥수룩해진 나의 심장과 창자를 볼 것이다. 그 시간 동안 나는 대체로 신의 뜻에 따라 살았고 많고 많은 시험지를 채점했다. 나는 적당한 품위를 유지해야 하는 직위에 있고, 고전학과 관련해 내가 잘 다룰 수 있고 학문의 진보에도 도움이 될 수 있는 주제를 연구해야 할 의무 비슷한 것이 있다. 내게는 적당한 주제가 있다. 이를 쓰려는 노력도 하지만 결국 해내지 못할 것이다. 앞으로는 지금보다 더 못하게 될 것이다. 내가 할 수 있는 가장 맞춤하고 가장 쉬운 일조차 해내지 못한다면, 다른 일은 더욱 어려울 것이다. 그런데도 내가 일상의 직무에 즐겁게 헌신할 수 있단 말인가? 아니다. 나는 탈진 상태에 있다. 웨일스 휴가가 잠깐이나마 나에게 힘을 북돋아 주었지만, 이제는 그 효력이 다했다. 아일랜드를 벗어난다 해도 더 좋아지지 않을 것이다. 어쩌면 오히려 더 나빠질지도 모른다. 내게 필요한 것은 오직 하나다. 일을 할 수 있는 건강과 힘이다. 그것만 있다면, 그것만 있다면 어떤 일이든지 인간 본성에 맞게 인내하고 즐길 수 있을 것 같다. 만약 그것이 채워지지 않는다면 모든 것이 정말 어렵게 진행될 것이다.[815]

홉킨스는 지난 3년 세월을 신의 뜻에 따라 시험지를 채점하며 보냈다. 그러는 동안 고전학자로서 이렇다 할 연구 성과를 내지 못했다. 분명히 학문의 진보에 도움이 될 만한 주제를 찾았고, 그것을 해낼 충분한 능력도 있다. 실제로 도리아식 리듬 연구는 상당히 진척되었다. "만약 새로운 과학적 내용을 포함하지 않았다면 벌써 완성되었을 것이다."[816] 그런데도 홉킨스는 "아직도 그 일을 계속할 수 있을지 확신하지 못한다. 일을 하고 남는 시간에만 계속할 수 있고, 더 어려운 문제는 남는 힘으로 해야 한다는 것이다."[817] 그가 하는 일 중에서 더 시급한 것은 강의와 시험지 채점이다. 이것들을 마친 후에야 연구나 집필 활동을 할 시간이 생긴다. 그때는 에너지가 남아있지 않다.

아일랜드에 와서 홉킨스는 부쩍 늙고 쇠약해졌다. "눈가에 주름도 늘고 전체적으로 초췌해 보인다."[818] 흰머리가 머리뿐 아니라 "심장과 내장"도 덮은 것 같다. 아일랜드에 처음 도착했을 때 다른 사람 눈에 열다섯이나 스무 살처럼 보였다는 말이 오히려 서글프게 느껴진다. 지난해 봄 옥스퍼드에 파견된 후 영국 예수회에서는 아무런 소식이 없다. 한동안 깊이 낙담한 후 아일랜드를 떠날 수 있다는 기대 자체를 버렸다. 이제 홉킨스에게 가장 큰 문제는 아일랜드가 아니라 건강이다. 건강만 하다면 어디에 있든 무슨 일이든 할 수 있을 것 같다고 생각한다. 자신이 직면한 모든 문제를 건강 탓으로 돌리지만, 그 안에는 아일랜드에 머물 수밖에 없는 현실을 받아들이려는 마음도 포함되어 있다.

9월에는 짧은 휴가를 얻는다. 홉킨스는 "건강이 썩 좋지는 않지만, 꽤 괜찮은 정신 상태"가 되었다고 생각한다.[819] 마음이 안정되자 자연스럽게 영감이 떠오른다. 얼마 전 관찰했던 쟁기질 하는 농부의 모습을 시로 옮기고, "매우 잘된 작품"이라고 만족한다. 제목을 「농부 해리」라고 지은 후 브리지스에게 보낸다. "농부 해리가 마음의 눈앞에 있는 듯이 선명하게" 묘사하려 노력했고, "다른 뒷생각 없이 오직 쟁기질하는 농부를 그대로 구현했다"라는 설명도 덧붙인다.[820] 농부의 움직임과 역동성을 세밀하게 묘사하다 보니 유달리 수식어가 많다. 대부분이 문법에 맞지 않고 일반적이지 않아 읽기가 매우 어려워졌다. 이에 "의심할 여지 없이 문장 구조가 어렵지만" "참을 수 없는 격렬함과 기교로 충격을 주려는 의도"이니 참고 견디라고 브리지스를 다독인다. 읽기 어렵지만 그만한 가치가 있는 작품이라는 뜻이다.

> 울타리처럼 탄탄한 팔이 황금빛 씩씩한 털 사이로
> 온 사방 숨을 쉰다, 시렁 같은 갈비뼈, 둥글게 팬 옆구리, 동아줄 근육 덮인
> 쭉 뻗은 허벅지, 마차 바퀴 같은 무릎, 술통 같은 정강이
>   머리와 발, 어깨와 정강이
> 회색빛 눈의 명령에 잘 움직이는 일체의 승무원들, 임무를 받고
> 긴장하며 대기한다, 사지 각각은 수퇘지같이 힘세다
> 그의 근육은 한곳에서 뭉치고 다른 곳에서 파이거나 가라앉는다
>   솟거나 가라앉는다
> 너도밤나무 줄기처럼 단단해도 점호하듯이 제자리를 찾는다
> 그리고 살 아래서 각각 그가 해야 할 일의 특징을 보여준다
>   해야 할 곳에서 근육이 할 일을

해리가 그것에 의지한다, 숙인다, 보라, 등, 팔꿈치, 땀 젖은 허리

그 안에 모든 것이 쟁기의 일렁임에 따라 움찔한다 뺨은 진홍빛이 되고

곱슬머리는 흔들리고 헝클어진다 바람에 들리고 휘감긴다

보라, 바람에 휘감기는 백합 같은 머리털을

농부의 은총, 한 남자의 힘의 산물, 그것이 어떻게

그것을 매달아 흔드는지를—넓고 무딘 가죽신에 묶인 그의 찡그린 발!

달려간다, 무쇠 같은 바위 아래 차갑게 감겨오는 그것들을 따라 함께

샘물의 빛나는 솟아오름으로 감겨온다.[821]

  이 시는 "해리"(Harry)라는 이름보다 "농부"(Ploughman)에, "농부"보다 '쟁기질'(plough)이라는 행위에 초점을 맞추어야 더 쉽게 이해된다. 홉킨스가 농부의 움직임을 마치 초 단위로 프레임을 나누듯 정밀하게 묘사했기 때문이다. 농부의 신체, 농부의 손에 들린 쟁기, 쟁기질에 일렁이는 흙 외에 다른 것은 언급조차 없다. 오직 묵묵히 땅을 가는 농부의 신체에서 관찰되는 것들만 도드라진다. 덕분에 농부의 근육 하나, 솜털 하나까지 살아있다. 농부의 머리칼은 백합처럼 빛나고 쟁기질에 솟아오른 흙은 반짝인다. 마치 한가로운 농촌의 어느 특별한 순간을 포착한 전원시처럼 보인다.

  하지만 이 시는 결코 한가롭고 평화로운 시가 아니다. 홉킨스의 보수적인 정치사상이 매우 은유적으로 녹아든 시이다. 당시 아일랜드에서 농부는 낭만적인 존재가 아니다. 아일랜드 산업 구조에서 가장 큰 비중을 차지하는 농부들은 토지법 때문에 모두 소작농이다. 이들이 영국에 상당한 불만을 품은 것은 거의 당연하다. 아일랜드인 소작농을 중심으로 이루어지는 일련의 정치적 움직임과 영국에서

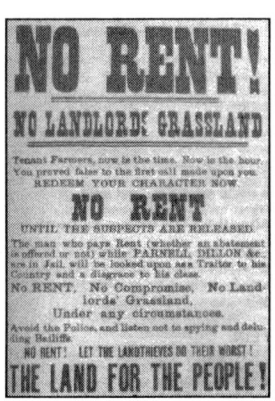

토지 동맹 지대 거부 운동 포스터

독립하려는 아일랜드의 열망은 분리되지 않는다.[822] 홉킨스는 아일랜드 민족주의 진영의 움직임에 늘 촉각을 곤두세우고 있다. 그가 아일랜드인 소작농을 "다른 뒷생각 없이" 그렸다는 것은, 아일랜드인 소작농이 "다른 뒷생각 없이" 땅만 일구기를 바라는 마음이 반영된 것이다. 홉킨스는 아일랜드인 소작농 '해리'에게서 정치색을 없애는 방식으로 자신의 정치색을 입힌다.

이 시는 홉킨스의 전통적인 가톨릭적 세계관도 잘 드러내는 시이다. 가톨릭적 세계관에서 만물은 마치 사슬처럼 서로 연결되어 있다. 사슬을 연결하는 존재들은 각자의 자리에서 고유한 역할을 한다. 각 존재 사이에는 어떤 방식의 간격도 존재하지 않는다.[823] 만약 하나라도 자리에서 이탈하면 전체의 조화가 깨어지기 때문이다. 아일랜드인 소작농들도 마찬가지이다. 홉킨스는 그들이 맡은 역할을 제대로 이행하지 않으면 영국 전체에 균열이 생길 것이라고 믿는다. 아일랜드인 소작농 해리를 영국의 한 부분으로 보기 때문이다. "일체의 승무원들"(one crew)에서 "승무원들"은 해군 함정의 일반 사병을 가리킨다. 홉킨스는 해군이 제국의 바다를 지키듯이, '해리'도 영국의 대지를 지키기를 바란다. 그런 바람을 충족시키듯 해리의 근육들은 대지를 지키기 위해 스스로 협동하는 단일 공동체가 된다. 이 때문에 해리는 최고의 은총을 받는다. 해리의 "바람에 휘감기는 백합 같은 머리털"(his wind-lilylocks-laced)에서 '백합'은 기독교 맥락에서 순결, 순수, 성스러운 은총을 상징한다.

홉킨스는 곧바로 「톰의 영관」("Tom's Garland")을 시작한다. 「농부 해리」와 비슷한 시기에 시작했지만 완성 시기는 차이가 난다. 두 시 사이에 시험 기간이 있었고, 다른 급한 일이 많아 「톰의 영관」이 후순위로 밀린 것이다. 완성된 시기는 다르지만 비슷한 영감에서 시작되었기에 「톰의 영관」은 "농부 해리와 닮은 점이 많다."[824] 주제가 같고 노동 계층 남성을 대상으로 삼은 것도 같다. 하지만 세부 사항에서는 다른 점이 많다. '해리'는 농부지만, 「톰의 영관」에서 톰(Tom)은 건설 현장에서 일하는 일용직 노동자다. 묘사 방식도 다르다. 「농부 해리」는 오롯이 해리를 집중적으로 관찰해 순간의 움직임을 포착한 반면에 「톰의 영관」은 톰의 삶 전체를 재현한다. 굳이 비유하자면, 「농부 해리」는 강렬한 순간을 포착한 스틸 컷 사진 같고 「톰의 영관」은 삶을 추적하는 단편영화와 같다.

「톰의 영관」은 "실업자에 관하여"(upon the Unemployed)라는 부제가 붙어있다. 제목 「톰의 영관」이 홉킨스가 품은 이상적 노동자 상을 반영한다면, 부제목 "실업자에 관하여"는 노동문제에 대한 그의 근심과 문제의식을 드러낸다.

    톰이, 땅딸막하고 뭉툭한 강철 영관을 쓴
    톰이, 그 다음은 톰의 황갈색 장화 신은 동료 딕이
    곡괭이를 옆에 쌓아두고 바위 불을 튀기며 집으로 향한다
    마음 편한 톰, 날품팔이 톰, 지금은 저녁 식사 중이다
    지금은 분명코 잠자리에 들었다, 낮게 두어라 활기차게 낮은 자리를
    (결코 굶주릴 걱정 없는 톰은 거의 아프지도 않고
    마음 고생은 더욱 없어 빽빽한 수천의 가시, 생각이 찌르는 것을
    견디며 밟고 간다) 활개 치고 다니게 두어라, 공동체라니
    조금도 개의치 않아! 모두가 낮은 자리라도 빵만 있다면 말이야
    무어라! 국가는 우리 모두에게 충분히 명예로운 것, 군왕의 머리는
    천상의 빛에 쌓여 높은 곳에 있고 힘센 발은 어머니인 대지를
    일구지, 그러나 마음도 몸의 힘도
    쓸 곳이 없으니 황금이 어찌 영관이 되겠나
    위태로워라 오, 되지 못한다, 안전하게 땅 딛는 신발 소리가 없다
            소외되었으니 편안한 대지
    영광스러운 대지의 경계를 모두 벗어나 누구에게도
    드넓은 세상 부유함 어디에도 속하지 못한다, 귀한 금과 거친 강철
        둘 다 부족해 근심, 오직 근심만을 나눈다

이것이 절망으로 우둔한 건달을 낳고 분노로

더 나쁜 인간 늑대를 낳는다 그들 무리가 시대를 좀먹는다[825]

「톰의 영관」을 이해하기 위해서는 1880년대 후반 영국의 노동문제를 먼저 살펴야 한다. 영국은 산업혁명 이후 외형적으로 엄청나게 성장한다. 1870년대에 들어 성장에 가려졌던 각종 부정적인 경제지표들이 가시적으로 드러나기 시작한다. 가장 심각한 문제는 빈부격차이다. 통계에 따르면, 런던에서 절대 빈곤, 혹은 빈곤 상태에 놓인 인구가 전체의 30.7%에 이른다.[826] 주기적으로 반복되는 대량 실업 사태도 상황을 악화시킨다. 1880년대가 되면 "실업자"(The unemployed)라는 용어가 보편적으로 사용된다.[827] 사회는 실업이 개인의 도덕적 실패가 아니라 불합리한 경제 상황의 결과라는 인식을 공유하기 시작한다. '상시 고용 노동자'들이 '비상시적 고용 노동자'들과 정치적으로 연대하기 시작한다. 처지가 달라 협력이 어려웠던 두 그룹이 연대한 이후 노동운동은 훨씬 더 조직적이고 과감해진다. 런던에서는 대규모 폭동이 일어난다. 아일랜드에 있는 홉킨스는 런던 폭동에 관한 증언이나 떠도는 정치적 가십을 모으기 위해 애쓴다.[828] 「톰의 영관」은 이에 대한 근심을 담은 시이다.

「톰의 영관」은 「농부 해리」보다는 스타일이 단순하다. 그럼에도 어휘가 일반적이지 않고 이야기 흐름에 생략과 암시가 많다. 브리지스가 제대로 이해하지 못하자, 홉킨스는 시를 산문처럼 상세히 풀어서 설명한다.

내가 반드시 해석해야 하나? 그러면 이렇게 설명할 수 있다. 성 바울, 플라톤, 홉스, 그리고 그 외 모두가 말했듯이, 코먼웰스나 잘 조직된 하나의 공동체는 하나의 인간과 유사하다. 하나의 몸이 여러 요소를 갖추고, 각각의 요소는 각자의 기능을 수행한다. 어떤 것은 더 높은 위치에 있고 어떤 것은 더 낮지만, 모든 것이 명예롭고, 그 명예는 전체에 귀속한다. 머리는 군왕으로 하느님 외에 더 높은 상급자가 없다.

군왕의 권위는 하늘에서 내려온다. 따라서 군왕의 머리는 맨머리라고 상상해야 한다. (성 바울이 이 부분에 대해 많이 이야기했다) 말하자면 오직 태양과 별만 왕의 머리를 덮을 수 있다. 왕관은 상징이고 장식이기에 실제 덮개가 아니다. 엄청나게 큰 모자나 천국의 둥근 천장을 상징한다고 보면 된다.

발은 날품팔이꾼이며 징을 단 장화로 무장한다. 이는 발이 신발을 신어야 하고 땅에 닿아야 하기 때문이다. 이 또한 상징적이다. 인부들이나 날품팔이꾼들은 대규모로 집단을 이루어 주로 도랑을 파고 터널을 뚫고 폭파한다. 달리 말하면 땅의 모양을 바꾸고 '조각'한다. 작은 규모에서는 혼자서 얕게나마 자신들의 발자국을 지표면에 새긴다. 그들의 장화에 박힌 징은 코먼웰스에서 그들이 차지하는 가장 낮은 위치를 상징하는 '영광의 왕관'이다. 이 위치에서도 그들은 여전히 공공의 명예를 공유한다. 비록 영광이나 대중적 명예라는 이점이 부족할지라도, 대신 마음의 평안과 근심 없는 삶으로 보상받는다. 이것을 금과 철로 된 영관으로 상징했다. (오, 한번 설명하고 나니 얼마나 명확한가!) 그래서 이 시의 배경은 저녁으로 설정되었다. 이 시간에야 날품팔이꾼들이 일을 마치고 생계를 위한 도구들을 차곡차곡 쌓은 후 건들거리며 집으로 돌아갈 수 있다. 이들은 더 이상 애쓰지 않지만, 그저 발걸음만으로도 대지에 불꽃을 튀기며 힘차게 터벅터벅 걷는다. 딱딱한 땅도 어려움 없이 쉽게 지나간다. 그렇게 저녁을 먹고 잠자리에 든다.

이 부분에서 격렬하지만 효과적인 분위기 전환 혹은 지연이 발생한다. 노동자의 움직임은 마음의 움직임을 반영한다. 그는 낮지만 근심 없는 자신의 운명을 바라본 후, 그것을 강렬하고 갑작스럽게 어깨 너머로 던지거나 가벼운 태도로 멀리 내던진다. 이처럼 가벼운 마음을 보며 나는 급진적 수평주의자(Radical Levellers)의 어리석음에 분노한다. 그러나 곧 깨닫는다. 이는 코먼웰스 안에 있는 사람들, 즉 어떤 형태로든 공공복지를 공유하는 사람들에게나 가능한 일이다. 우리 시대의 저주는 많은 사람들이 이를 공유하지 못하고 코먼웰스 밖에 존재하며 안정도, 번영도 누리지 못한다는 점이다. 그들은 상류층의 근심과 하류층의 어둠을 공유하지만 부유함이나 편안함을 공유하지는 못한다. 이런 상태가 놈팡이들, 부랑자들, 거리의 부랑아들, 불량배들, 사회주의자들 그리고 사회의 다른 해충들을 만드는 원인이다.[829]

여기서 톰은 홉킨스가 리버풀 시기에 목격한 건설 노동자를 상징한다. "도랑을 파고 터널을 뚫고 폭파한다"라는 표현은 1880년대 리버풀에서 활발했던 해안 간척 사업을 암시한다. 간척장에서는 특별한 기술이 없는 톰 같은 노동자도 "날품팔이"(Navvy)로 일한다. 톰이 땅에 곡괭이질을 하면 불꽃이 튄다. 곡괭이질이 힘차고 돌멩이 같은 장애물에도 거침없다는 뜻이다. 일터를 떠나 집으로 돌아가는 길에도 톰의 장화에 달린 징은 대지와 부딪치며 불꽃을 낸다. 톰은 건강하고 힘이 넘치며 장애물도 거뜬하게 해결하는 강인한 노동자이다. 거의 아프지도 않고 근심 걱정도 없다.

톰의 동료인 딕(Dick)도 톰과 비슷한 인물이다. 딕은 하루 일을 마치는 순간에 등장한 후 시에서 완전히 사라진다. 딕이 사라진 이유에 대해서는 다음과 같이 설명할 수 있다. 먼저 톰은 모든 건설 노동자를 상징한다. 따라서 딕은 톰에게 동료가 있다는 사실을 알리는 역할 외에 별도의 서사를 쌓을 필요가 없다. 또한 톰이 일터를 벗어난 후 동료와 어울리기를 바라지 않는 홉킨스의 마음이 반영되었다. 홉킨스는 일과 후 노동자들이 어울려 다니면 술을 마시고 타락한다고 믿는다. 더해서, 노동자들이 연대하기를 바라지 않는 마음도 반영되었다. 홉킨스는 일터에서 벗어난 노동자들이 어울려 다니면 사회의 근심거리가 된다고 믿는다. 여기서 '사회의 근심거리'는 노동운동을 포함한 모든 급진적인 정치 세력을 포함한다.

그래서 톰은 동료와 함께 일하지만 하루 일을 마치면 하루치 먼지를 씩씩하게 털어내고 '혼자' 집으로 돌아간다. 집에서 저녁을 먹고 잠자리에 드는 톰은 어떤 불만도 없고 세상의 문제나 구호에도 관심이 없다. 비록 처지가 사회에서 가장 낮아 공동체의 "발"(foot)에 해당하지만 조금도 개의치 않는다. 홉킨스는 톰과 같은 마음의 소유자들이 공동체를 유지한다고 믿는다. 이 때문에 톰에게 명예로운 "영관"을 씌운다. 왕의 영관이 태양과 별로 장식된 것이라면, 노동자인 톰의 영관은 "강철"(steel)과 "징"(hobnail)으로 장식된다. 징은 톰이 세상에 발을 딛도록 도와주는 장식이자, 세상의 가장 낮은 곳에 그를 단단히 붙박아 둘 도구이다. "금"은 명예로움에 대한 덤이다.

문제는 공동체의 가장 낮은 곳에서 직분을 다해야 할 노동자들이 노동에서 '소외되는'(undenizened) 것, 즉 실업자가 되는 것이다. 홉킨스는 톰 같은 일꾼이 세상의 가장 낮은 자리에서 일하면서도 "안정"과 "번영" 그리고 "부유함이나 편안함"을 누리기를 바란다. 홉킨스는 그들이 실업자가 되면 공동체의 질서에서 벗어나 "우둔한 건달"(Handdog dull)이 된다고 믿는다. 그들 마음속에 "근심"(care)과 "절망"(Despair)이 "분노"(Rage)로 바뀌고, 결국 그들을 "더 나쁜 인간 늑대"(Manwolf, worse)로 만든다고 염려한다. "우둔한 건달"은 "놈팡이들, 부랑자들, 거리의 부랑아들, 불량배들"을 의미하고, "더 나쁜 인간 늑대"는 "사회주의자들"과 "급진적 수평주의자들"을 의미한다.

급진적 수평주의자는 영국 자유주의에서 가장 급진파로 보통선거와 왕정 폐지를 주장하는 그룹이다.[830] 영국은 이미 세 차례 선거법을 개정했다. 1884년에는 성인 남자의 28%가 유권자가 되었다. 과거에 비하면 괄목할 일이지만, 수평주의자들은 진정한 보통선거를 위해 더 진보해야 한다고 주장한다. 홉킨스는 왕이 "머리"이고 노동자가 "발"인 세상을 꿈꾸는 사람이다. 전통 질서에서 기독교 신앙과 자연의 아름다움이 더 온전히 보호될 수 있다고 확신하기 때문이다. 당연히 영국에서 일어나는 급격한 사회 변화에 근심이 늘어날 수밖에 없다. 이제 홉킨스가 아일랜드에 도착한 지 꼬박 4년이 지났다.

19.
아일랜드 ③
"불멸의 금강석"

1888년이 되었다. 여러 달 동안 홉킨스는 「톰의 영관」을 수정하고 설명하는 일 외에 다른 일에서는 거의 진척을 보지 못하고 있다. 이 같은 상황이 왜 계속 반복되는지 곰곰이 생각한 끝에 하나의 결론에 이른다.

웨일스에서 보낸 두 주를 제외하면 아일랜드에 머문 지난 몇 년 동안 단 한 번도 소네트 한 편 쓸 시간보다 더 오래 영감이 머문 적이 없다. 이제야 나는 그것이 단순히 시간이 부족해서가 아니라, 그보다 더 근본적인 이유가 있어서라는 것을 깨달았다. 바로 내가 영위하는 삶의 모든 것이 나의 시와 창작을 방해하고 있다는 것이다. 그래서 불행히도 나는 시와 같이 사치스러운 것뿐 아니라, 나의 직무와 관련해 작성해야 할 거의 의무적인 글이나 직무 중에 생긴 자연스러운 결과물인 과학적인 글조차 완성하지 못하고 있다. 요즘은 그리스어의 부정어에 관한 철학적 논문을 쓰고 있는데, 내가 언제 그것을 마칠 수 있을까? 설령 마친다 해도 검열을 통과할 수 있을까? 설령 통과한다 해도 『고전 비평』(Classical Review)이나 다른 잡지에서 받아줄까? 이런 충동이 나를 주저하게 만든다. 더 이상 나아가야 할 충분한 이유를 나 자신에게 부여하지 못하게 된다. 내가 하는 그 어떤 것도 결과로 이어지지 않는다. 나는 고자이다. 하지만 이것은 천국을 위한 것이다.[831]

'웨일스에서 보낸 두 주'는 1886년 9월의 일이다. 그 후 거의 2년이 지났다. 그동안 홉킨스는 무언가를 새로 완성하는 일을 거의 하지 못했다. 어쩌다 짧은 소네트 한 편 쓰는 정도가 고작이다. 『성 위니프리드의 우물』 같이 긴 호흡을 요하는 작품은 손도 대지 못하고 있다. 교수로서 연구 성과도 내지 못하고 있다. 그의 삶의 모든 요소가 시와 창작을 방해하기 때문이다. "충동"이란 홉킨스의 관심을 외부로 돌려 결심을 흐리게 만드는 자극이 아니다. 그를 불안하게 만들어 주저하게 만드는 모든 생각들이다. 예컨대, 설령 논문을 쓴다 한들, 설령 책을 마친다 한들, 설령 검열에 통과한들 등이다. 이런 의심이 불쑥불쑥 찾아와 그를 나약하게 만든다.

아일랜드 예수회도 영국 예수회와 마찬가지로 홉킨스의 시와 글을 좋아하지 않는다. 홉킨스의 사상에 깊이 뿌리내린 개체성 신학이 예수회 주류 신학과 맞지 않기 때문이다. 전하는 바에 따르면, 아일랜드 예수회 신학자인 핀레이 신부(Fr Peter Finlay)는 홉킨스의 이론에 동의하지 않는다. 핀레이 신부가 직접적으로 영향력을 행사했다는 증거는 없지만, 아일랜드 예수회 학계가 홉킨스에게 배타적이었다는 사실은 충분히 짐작할 수 있다. 실제로 홉킨스가 「통계와 자유의지에 관하여」를 아일랜드 잡지 『리세움』(The Lyceum)에 기고했을 때, 편집자들이 일부 내용에 반대해 논문이 게재되지 못한다. 이 논문에 반대한 이들이 바로 핀레이 신부의 아일랜드 예수회 형제들이다.[832]

홉킨스는 이 논문을 처음 시작했을 때만 해도 자신감이 넘쳤지만, 이런 사정들로 인해 점점 상황을 부정적으로 보게 된다. "내 글은 분명히 깔끔하고 심지어 물 흐르듯 흘러간다. 마침, 내가 우리 대학 산하 조직이 발행하는 『리세움』에 실릴 논문을 하나 썼다. 그쪽에서 요청해 일부 수정했고 다음 달에 게재될 예정이다. 하지만 장담하건대 그것은 출판되지 않을 것이다. 운명이 그것을 허락하지 않을 것이다."[833] 홉킨스의 예언은 적중한다. 1888년 1월에 시작한 이 논문은 9월 편집자의 요청에 따라 수정까지 마친다. 그럼에도 논문은 가타부타 한마디 설명도 없이 출판되지 않는다. 그는 대단히 실망한다. 이런 일련의 사건들이 홉킨스가 아일랜드에서 겪은 불행에 일조한다.

홉킨스는 생산적이지 못한 자신을 "고자"(a eunuch)라고 비하한다. 이 표현을 「'주님, 당신이 진실로 옳으십니다'」에서 "시간의 고자"라는 말로 한 번 더 강조한다. 아일랜드에서 홉킨스가 교수와 학자로서 어떤 노력을 기울였는지는 잘 알려지지 않았다. 그래서 대체로 이 말은 시인으로 성공하지 못한 것에서 오는 좌절감으로 해석된다. 일리는 있다. 그는 시를 계속 쓰고 싶어 했고, 의미 있는 작품을 남기기를 바랐다. 하지만 그것이 전부는 아니다. 엄밀히 말하면 시를 세상에 내보지 않겠다고 결정한 사람은 홉킨스이다. 그는 자신의 시가 매우 독창적이라고 인정했고, 예수회가 수용할 수 없는 것도 이해했다. 그의 내면 깊은 곳에서는 자신이 쓴 시의 독창성에 대한 긍지가 있었다. 무엇보다도, 시가 직업적 소명과 직접적인 관계가 없다고 스스로를 설득할 수 있다. 하지만 아일랜드에서 쓴 책과 논문들은 다르다. 전공 분야에 도움이 되는 글을 발표하는 것은 직업적 의무에 가깝다. 그 때문에 계속 실패하면서도 새로운 주제를 찾아 이곳저곳 문을 두드린다. 만약 성과없는 삶 때문에 홉킨스가 고통받았다면, 학자로서 연구한 것들이 빛을 보지 못한 것도 큰 요인일 수 있다.

홉킨스는 직업에 도움이 되는 일을 하기 위해 계속 노력한다. 1888년 3월에는 "아일랜드 어휘와 관용어구집 편찬"을 시작한다.[834] 옥스퍼드 대학 교수 라이트(Joseph Wright)가 편찬하는 『영국 방언 대사전』에 수록하기 위해서이다. 홉킨스는 "편집자와 서신을 교환"하며 작업을 진행한다. 하지만 홉킨스가 완성한 부분은 끝내 출판되지 않는다. 홉킨스가 정리한 자료는 미출판 자료 목록에 "G. M.

홉킨스 목사 [아일랜드]"라고 표기된 채 남아있다.[835] 출판 과정에서 라이트 측이 배제한 것이다.

그동안 동생 에버라드의 결혼 선물로 계획한 시 「결혼 축가」("Epithalamion")는 자꾸 미뤄진다. 이에 대해 홉킨스는, "동생의 결혼식에 맞추어 밝은 시행들이 들어있는 축시를 쓰기 시작했다. 하지만 아직 완성하지 못했다. 사실은 더 나쁘다. 결혼식이 이미 지

유니버시티 칼리지 더블린 홉킨스 센터

난달이었기 때문이다"라고 말한다.[836] 동생 부부가 신혼여행에서 돌아온 후에도 시를 완성하지 못한다. 날짜가 너무 지나 시를 계속 쓸 필요가 없어진다.

이후 이 시는 미완성인 채로 남아있다가 홉킨스 사망 후 브리지스에 의해 발견된다. 이때 총 세 버전의 원고가 나왔다. 초안은 유니버시티 더블린 칼리지 학생들의 고전학 시험 문제를 출제하던 중에 작성한 것이고, 두 번째는 여러 차례 나누어 쓴 듯 필기구가 중간에 바뀌어 있고, 세 번째는 아일랜드 왕립대학교 시험지 4장에 적혀있다.[837] 홉킨스가 더블린 유니버시티 칼리지 고전학 교수 업무와 아일랜드 왕립대학 시험관 업무 사이를 오가며 이 시를 완성하려 애쓰는 모습이 눈에 보이는 듯하다. 더구나 이 무렵 홉킨스는 "아일랜드 어휘와 관용어구집" 편찬 작업과 그리스어의 부정어에 관한 논문 집필을 병행하고 있었다. 아일랜드의 삶은 그에게 시 한 편 편안하게 쓸 여유도 주지 않았다.

미완성인 「결혼 축가」는 총 다섯 단락으로 나뉜다. 마지막 단락에는 말줄임표가 있고 내용 연결도 다소 어색하다. 이 점만 제외하면 「결혼 축가」는 홉킨스의 다른 어떤 완성작과 비교해도 손색이 없으며, 오히려 새로운 가능성을 보여주는 특별한 시이다.

들어라, 청자여, 내 말에 귀를 기울여다오, 생각하고 믿어다오

늘어진 가지가 다발로 매달려 그늘을 드리운 나무들이

지붕을 인 어딘가에서 우리는 나뭇잎에 압도되었다네

남쪽 계곡 혹은 랭커셔 골짜기 혹은 데본 골짝이라네

언덕의 엉덩이 살을 따라 기대서 사탕 색깔 아교처럼

황갈색 대리석 같은 강이 거칠고 아름답게 나무뿌리와 바위 사이를

춤추며 애무하네 한꺼번에 거품 내며 물풍선 만들며 내려가네

우리가 거기 있네 그때 우리는 외마디 소리를 듣네

늘어진 인동덩굴과 강아지 귀 모양 개암나무가

덤불에서 머뭇거리게 하고 주춤하게 만드는 소리라네

그건 틀림없이 읍내에서 멱 감으러 온

사내애들의 가지각색

고함 소리, 그건 즐거운 여름 왕국이라네

그 곁을 힘없는 나그네가 지나가네

그 시끄러운 소리에 이끌려 강을 향해 내려가네

모습을 감춘 채 무리 지은 그들을 보네 어떻게 소년들이

겁 없이 하강하는 돌고래처럼 빛나는 종 같은 몸을 웅크렸다 펴는지

땅 세계 하늘 세계 물 세계 전부를 가로지르며 들어갔다 나오는지

영예로운 그들의 뜀질이 번쩍 신호를 보내네

그의 가슴이 너무나 갑작스러운

여름철의 즐거움을 향한 열의로 채워져

옆에 있는 물웅덩이로 급히 가네, 그는 보고 말았네

최상의 것을, 가장 다정하고 가장 신선하고 가장 그늘진 것이 거기 있음을

요정의 땅이라네 비단결 너도밤나무, 굽이치는 물푸레나무, 그득한 플라타너스,
제멋대로인 느릅나무, 뇌문 모양 시어나무가 옆에 높다랗게 솟았네

나뭇잎들이 조각조각 뭉치고 뭉쳐 빛을 만드네, 그리 나뉘어 하늘 위에 그림을
그리네

매나 박각시나방처럼 별이나 천사처럼 거기에 고요히 떠있네

결코 땅을 알지 못하듯 결코 뿌리 내린 적 없듯 서있네

여기서 그가 축제를 벌이네 모두가 사랑스럽네! 더는 필요 없네

그가 빛바랜 양면 양모 옷을 벗어 내려놓으니 딩하고 소리 나네

이것들이 조심성 없이 색색의 풀 다발 위에 굴러 내려앉네

그때 곱슬거리는 머릿단이 앞으로 내려오네

이마를 찡그리며 바싹 마른 입술을

손가락으로 잡아 뜯네, 단단히 휘감은

장화를 열어 마침내 비틀어 떼어내네

그때야 맨발로 세상을 걸을 수 있네

우연히 채굴된, 스스로 채굴된 흰 껍질 같은 바위가

강건하게 막고 선 보물 금고가 놓인 곳으로

물이 노래하는 곳으로, 유리 같은 풀들이 은빛으로 빠르게 전율하며 리본처럼
쪼개지고

황야를 내려온 하늘 같은 신선함이 그대로 그득한 곳

그늘과 빛이 연속하는 곳으로, 여기서 그는, 여기서 그는

무감동하고 냉담한 함대가 갈비뼈를 가로질러 길게 쪼개지도록 두네

사치스러운 놀이에 빠진 그를 그곳에 두고 우리는 떠나네 그때도 그는 주변을
둘러보며 웃고 헤엄치네

이제 충분하네, 내가 의도한 것은 신성한 것이니

> 나는 방종하리만치 오래 그것이
>
> 즐거이 뛰놀고 메아리치는 지상의 노래 위에 떠있게 둬야 하네
>
> 이 즐거운 계곡 ………… 무엇일까?
> 결혼식이라네, 물은 무엇일까? 부부간의 사랑이라네
>
> …………
>
> 돌아가네
>
> 아버지, 어머니, 남동생들, 여동생들, 친구들이
> 정자를 둘러싼 요정 나무숲으로 야생 꽃 더미 안으로
> 고사리들 속으로[838]

첫 행의 "들어라, 청자여, 내 말에 귀를 기울여다오"는 시끌벅적한 결혼식장에서 축가를 낭독하기 전에 하객들의 시선을 집중시키기 위해 하는 말이다. 이는 고대 로마식 결혼 축가에서 흔히 볼 수 있는 패턴이다. 아이들이 등장하는 것도 고대 결혼 축가의 전형적인 특성이다. 다산과 풍요를 기원하는 마음이 반영되었다. 홉킨스는 지난 몇 년 동안 고전학 교수로 일하며 친숙해진 고대 결혼 축가 관습을 이 시에 반영한다. 다만 로마식 축가에는 소년들이 신랑 신부를 짓궂게 놀리는 역할을 하지만, 홉킨스의 아이들은 물놀이를 즐긴다는 점이 다르다.

계곡을 감각적으로 표현한 것은 라파엘 전파적 특징이다. 특히 "애무하네"(dandled)와 같이 에로틱한 분위기를 자아내는 표현은 당시 교류하던 패트모어의 영향을 받은 것이다.[839] 덕분에 계곡 묘사가 지나치게 육감적이라는 인상을 준다. 나체 소년의 이미지는 19세기 말 화가 투크(Henry Scott Tuke)의 미소년 누드 그림과 종종 비교된다. 이 때문에 때때로 이 시는 시인의 호색적 욕망을 분출한 것이라 오해를 받기도 한다.

그러나 엄밀히 말해, 홉킨스가 창조한 계곡에서 뛰어노는 소년 이미지는 시대

적 산물이다. 19세기 후반 영국 사회의 순수를 향한 집착은 시각 예술 장르에서 나체 소년의 등장으로 이어진다. 당시는 "순수하고 착한 아이는 부끄러움을 모른다. 마치 낙원의 아담과 이브처럼 나체임을 창피해하지 않으며 오히려 자랑스러워 한다"라고 생각했다.[840]

투크, <루비, 황금, 그리고 공작석>, 1902

또한 제국주의 영향도 반영되어 있다. 19세기 중반까지는 복음주의와 옥스퍼드 운동의 영향으로 절제하며 기도하는 소년이 바람직하게 여겨졌다. 하지만 1880년대 들어 제국주의 열풍으로 인해 건강하고 신체 활동을 즐기는 소년이 이상화된다. 이들이 곧 영국의 미래이고 강인한 제국 군인이 될 것이라는 기대를 반영한다. 물놀이도 소년에게 권장되는 건강한 신체 활동 중 하나이다. 누구나 특별한 옷이나 장비 없이 쉽게 즐길 수 있는 평범한 놀이지만, 소년에게만 허락되는 배타적 활동이고, 여름 한때만 가능한 찰나의 놀이이다.[841] 홉킨스가 「결혼 축가」에서 구현한 이미지는 1880년대 영국이 가장 이상적이라 여기는 소년상을 구현한 것이다. 그들은 벌거벗고도 부끄러움이 없고 바위틈에서도 두려움이 없다. 홉킨스는 동생 부부에게 이처럼 흔하지만 귀하고, 순수하지만 건강한 삶과 자손이 함께 하기를 바란다.

마침 그곳을 "힘없는 나그네"(a listless stranger)가 지나간다. 이 나그네는 누가 보아도 홉킨스이다. "빛바랜 양면 양모 옷"(His bleached both and wool woven wear)은 그가 입은 사제복을 가리킨다. 홉킨스는 무더운 여름날 무거운 사제복을 입고 오랜 시간 걸어와 지쳐있다. 우연히 시원한 계곡에서 물놀이하는 아이들을 본다. 처음에는 조용히 지켜보지만, 이내 자신도 물에 들어가고 싶은 열망을 느낀다. 아이들의 즐거움을 방해하지 않기 위해 그는 다른 물웅덩이를 찾는다. 사제복과 장화가 땅에 떨어지는 순간 "딩"(dings) 하고 소리를 낸다. 그 순간 그를 옭아매던 모든 무거운 현실이 사라진다. 빛과 그림자가 번갈아 지나는 계곡에 들어선 그는 잃었던 생기를 회복한다. 아이들에 가려 제대로 보지 못했던 계곡의 모습도 선명해진다. 그곳에는 바위 하나, 나무 하나까지, 모든 존재와 순간이 빛나는 개체성의 "축제"(feast)가 펼쳐지고 있다. 홉킨스는 그곳을 세상에서 "가장 다정하고 가장 신선하고 가장 그늘진 것"(sweetest, freshest, shadowiest)들이 모인 "요정의 땅"(Fairyland)이라고 부른다. 가장 그늘진 곳이라고 말한 이유는 "그것이 천국의 그림자를 가장 짙게 받기 때문이다. 즉, 가장 큰 영광 아래에 있다는 뜻이다."[842]

결혼식에 참석한 가족이 돌아간 후에도 홉킨스는 계속해서 헤엄치며 즐거워한다. 이는 가족에게 아일랜드에 있는 자신이 온전히 행복하다고 알리기 위해서다. 이로써 홉킨스가 애초에 의도했던 이야기는 완성되었다. 동생 부부의 미래에 축복이 가득하고 그것을 지켜본 자신이 행복하다는 이야기 말이다. 그래서 "이제 충분하네"(Enough now)라고 말한다. 홉킨스가 "이 즐거운 계곡"(the delightful dean)이 "결혼"(Wedlock)이라고 규정한 이유는 결혼이 세계를 진실로 통합하는 사건이라 믿기 때문이다.

일부 평론가는 홉킨스의 대체 자아인 나그네가 주인공이 되었기 때문에 이 시가 길을 잃었고, 그런 의미에서 이 시는 진정한 결혼 축하 시가 아니라고 평가한다. 하지만 홉킨스의 가족이 이 시를 읽었다면, 그의 의도를 충분히 짐작했을 것이다. 영국에서 "계곡"(dean)은 좁고 깊은 골짜기와 영국 국교회 성당 주임 사제를 의미하는 동음이의어이다. 문화적으로 잘 교육받은 홉킨스의 가족은 계곡이 주임사제가 주관하는 결혼식장을 상징하고, 계곡 전체를 뛰노는 아이들이 결혼의 축복을 상징한다고 이해했을 것이다. 홀로 행복한 사제는 멀리서 결혼을 축하하는 홉킨스라고 알아챘을 것이다.

결과적으로 「결혼 축가」는 홉킨스가 아일랜드 시절에 쓴 시 중에서 가장 행복한 시가 되었다. 비록 현실이 바뀐 것은 아니지만, 그의 내면에 행복을 상상할 만한 여유가 생겼다. 오랫동안 그의 시에서 사라졌던, 형형색색으로 빛나는 개체성의 세계도 돌아왔다. 홉킨스의 시에도 긍정적인 변화가 생긴 것이다. 또한 이 시에는 종교적 관념도 담겨있지 않다. 영국 국교회 신도인 가족을 배려한 결과이지만, 덕분에 홉킨스의 시 세계가 종교시를 넘어 일반적으로 확장될 가능성도 엿보인다.

이즈음 홉킨스는 또 다른 논문「소포클레스의 해석과 번역」을 세상에 내보내기 위해 애쓴다. 그는 이 논문을 완성해 투고하기까지 누구에게도 이 사실을 말하지 않는다. 자신도 알 수 없는 이유로 실패를 반복하는 것이 부끄럽기 때문이다. 역시나 이번 논문도 좋지 않은 방향으로 흘러간다. 정신없이 바쁜 와중에 기어코 완성해서『고전 비평』에 투고했지만, 홉킨스의 논문을 게재할 여분의 페이지가 없다고 한다. 만약 홉킨스만 괜찮다면 두 단락 정도의 짧은 메모 형태로 소개해 주겠다고 제안한다.[843] 홉킨스는 애써 완성한 논문을 겨우 두 단락으로 줄이는 것에 실망하지만, 편집자의 뜻에 따른다.

그 후 한참이 지났는데도『고전 비평』에서는 아무런 소식이 없다. 홉킨스는 "이 논문이 결국 아무것도 아닌 것이 될까 두렵다. 무언가를 완성하고 내보낸 후 타인에 의해 실패로 판명되는 것이 내게는 거의 성공과 같다"라고 탄식한다. 실패를 성공이라 표현한 이유는 자신의 예측이 매번 정확히 맞아떨어지기 때문이다. 걱정했던 대로 논문을 소개하는 짧은 메모도 실리지 않는다. 이 일은 홉킨스가 아일랜드에서 학자로 성공하기 위해 얼마나 필사적으로 애썼는지, 그리고 그 과정에서 얼마나 많은 상처를 받았는지를 극명하게 보여준다.

1888년 여름은 홉킨스에게 여러 가지로 긍정적인 일이 일어난다. 그중에 가장 의미 있는 것은「저 자연은 헤라클레이토스의 불이며 부활의 위안」을 완성한 것이다. 봄에 썼던「결혼 축가」가 상처 입은 내면의 치유 가능성을 제시했다면,「저 자연은 헤라클레이토스의 불이며 부활의 위안」은 홉킨스의 혼란스러운 내적 자아를 통합한 시이다. 홉킨스는 이제까지 고전학자로서의 정체성을 긍정적으로 내면에 안착시키지 못했다. 자신이 대체로 부도덕하고 이교도적인 내용을 가르친다고 혐오했고, 꾸준히 연구한 고전학 관련 논문들은 인정받지 못했다. 그에게 고전학자라는 정체성은 자신을 아일랜드로 유배시킨 죄목과 같았다. 아일랜드에 온 지 4년하고도 반이 지난 1888년 여름 홉킨스는 마침내 고전학자라는 정체성과 예수회 사제라는 정체성을 완벽하게 통합한다. 그것이 시를 통해 구현된 것이「저 자연은 헤라클레이토스의 불이며 부활의 위안」이다.

　　먼지버섯 같은 구름, 갈라진 풀밭, 던져 올린 베개들이 으스대며 나아간다 공기로 만든
　　큰길 위를 달린다, 하늘의 술꾼들이 즐거이 무리 지어 떼 지어 반짝이며 행진한다
　　초벽칠 아래 황홀한 회반죽 아래 온통 느릅나무 아치를 이루어
　　빛을 쪼개고 긴 채찍 같은 끈으로 그림자와 씨름하고 찔러대며 짝짓는다
　　활기찬 밝은 바람이 즐겁게 지난날 폭풍으로 헐벗은 땅을 휘감고
　　씨름하고 두들긴다, 웅덩이와 움푹 팬 표면에 물을 말리고
　　진흙을 쥐어짜 흩으니 흙덩이가 되고 마른 흙이 되고 먼지가 된다
　　노역의 진창인 그곳에 새겨진 군집한 가면과 인간의 표식을 없앤다
　　단단하게 한다, 엄청난 연료가 자연의 모닥불을 태운다
　　가장 어여쁜, 가장 사랑스러운 자연의, 자연의 가장 깨끗한 본체인 불꽃이 꺼지면
　　인간은 얼마나 빨리 불의 자국을, 정신의 표식을 잃는가!
　　둘 다 헤아릴 수 없이 되어 모두 어마어마한 어둠 속에 잠긴다
　　오 연민과 분노! 여럿 아닌 한 개의 별처럼 순수하게 빛나던
　　인간 형상에 죽음이 검은색을 입힌다 어떤 자국도
　　　　　남기지 않아 그토록 황량하다
　　그러나 광막함이 열어지고 시간이 고르게 고동친다, 충분하다! 부활이다!
　　마음이 나팔을 분다! 슬픔에 숨죽이던 기쁨 없는 날들이, 낙담이 멀어진다
　　　　　나의 침울한 항구를 가로질러 빛나는

> 봉홧불, 영원의 빛, 섬광이 흐려지고 필멸의 쓰레기는
> 시체 먹는 벌레에게로 간다 세상의 거친 불은 오로지 재만 남긴다
> 한 번의 섬광에, 요란한 나팔 소리에
> 나는 갑자기 그리스도적 존재가 된다, 그분이 나란 존재 그리고
> 평범하고 한심한 불쌍한 질그릇, 바보, 불쏘시개, 불멸의 금강석이다
> 불멸의 금강석이다[844]

헤라클레이토스(Heraclitus)는 고대 그리스의 철학자이다. 그는 세계가 상반되는 두 속성이 끊임없이 상호작용하는 것으로 유지된다고 보았다. 이러한 세계에는 변화와 유동만 있을 뿐 시작과 끝이 없다. 즉, 창조와 심판이 있는 기독교적 세계가 아니다. 하지만 홉킨스는 헤라클레이토스의 이교적 세계관에서 가톨릭적으로 해석할 여지를 발견한다. 바로 질서와 로고스이다. 헤라클레이토스의 사상에서 "변화는 질서 있게 이루어지며 법칙으로 통제된다. 세계를 관통하는 이성인 로고스가 존재하며, 로고스가 모든 사물을 규정하고 규율한다. 우주적 유동성의 이해는 영원한 원칙에 대한 이해가 동반돼야 한다. 영원한 원칙은 변하지 않으며, 영원히 영원한 원칙이다."[845] 여기서 "영원히 영원한 원칙"을 상징하는 표상이 "불"이다. 홉킨스는 이 관념을 그대로 가져온다.

이 시에 유독 4원소의 이미지가 풍부하게 담긴 것도 고대 그리스 철학을 반영한다. 4원소란 공기, 물, 흙, 불을 가리킨다. 고대 그리스 철학자 엠페도클레스(Empedokles)가 처음 제시한 관념을 아리스토텔레스가 이어받아 학문적으로 체계화한 것이다. 홉킨스는 시의 전반부에서 4원소 중 공기, 물 그리고 흙의 이미지를 다양하게 섞어 혼돈에 휩싸인 세상을 그린다. 그런 후 후반부에 이르러 "불" 하나에 특별한 의미를 부여하는 방식으로 이야기를 집중시켜 나간다. "불"은 인간의 노역으로 인해 진창이 된 땅에서 "인간의 표식"(manmarks)을 없애준다. 가장 어여쁘고 가장 사랑스러운 것으로서 "정신의 표식"(mark on mind)이 된다. 불이 없

어지면, 인간의 삶에는 어둠과 죽음뿐이다. 인간은 존재도 없이 사라지고 질서는 허물어진다. 오직 절망만이 존재하게 된다. 홉킨스는 "충분하다!"(Enough!)라고 소리친다. 절망과 무질서는 이제 끝이라는 외침이다. 그 순간 고통받던 시간은 물러가고 "봉홧불, 영원의 빛"(A beacon, an eternal beam)이 솟아오른다. 이는 곧 "부활"(the Resurrection)이다.

이어서 "요란한 나팔 소리"(at a trumpet crash)가 들려온다. 그 순간 홉킨스는 "갑자기 그리스도적 존재가 된다"(I am all at once what Christ is). 이는 성경의 "순식간에, 눈 깜박할 사이에, 마지막 나팔 소리에 그리될 것입니다. 나팔이 울리면 죽은 이들이 썩지 않는 몸으로 되살아나고 우리는 변화할 것입니다"(『1코린』15:52)에서 빌려온 것이다. 이제 그리스도적 존재가 되기 위해 애쓰나 되지 못해 절망하는 과거의 홉킨스는 없다. 여전히 "평범하고 한심한 불쌍한 질그릇"(Jack, joke, poor potsherd)과 같지만, 그는 "불멸의 금강석"(Immortal diamond)으로 재탄생했다. "불멸의 금강석"은 홉킨스가 남긴 모든 말 중에 가장 찬란한 자기 긍정의 표현이다. 많은 비평가는 이 시를 아일랜드 시절 후반기에 홉킨스가 이룩한 것 중 가장 두드러지는 성취라고 평가한다.

홉킨스는 여름휴가를 보내기 위해 스코틀랜드로 도보 여행을 떠난다. 커티스 신부와 함께 출발하지만, 도중에 헤어진다. 홉킨스가 잉글랜드 동북부에 있는 해안 도시 휘트비(Whitby)에서 동생들을 만나기로 했기 때문이다. 동생 중 한 명은 아서가 확실하지만, 다른 동생에 대해서는 기록이 없다. 홉킨스는 동생들과 일주일을 보낸 후 아일랜드로 돌아가기 위해 길을 나선다. 아서는 이날의 홉킨스를 다음과 같이 기억한다. "형이 우리를 떠나면서 '안녕'이라고 말했습니다. 그때 형의 얼굴에는 놀랄 만큼 아름다운 표정이 떠올랐습니다. 그것을 보고 우리는 눈물이 고였습니다. 형이 밀어져가는 동안 나는 형의 얼굴을 두 번 다시 보지 못할 것이라는 느낌을 받았습니다."[846] 동생들과 헤어지고 아일랜드로 돌아가는 홉킨스에게도 차마 입 밖에 내지 못한 아득한 감정이 있었을 것이다. 그의 "놀라울 만큼 아름다운 표정"에는 오랜 시간 모든 것을 인내해 온 사람 특유의 체념과 깊은 슬픔이 담겨있다. 이것이 이들 형제의 마지막 만남이다.

영국에서 3주간 휴가를 보내고 아일랜드로 돌아온 홉킨스는 마음이 가볍지 않다. 동생들과 보낸 시간이 외로움을 더 크게 한다. 석사 학위 시험지를 처리해야 하지만 이해하기도, 설명하기도 어려운 내적 갈등으로 고통스럽다.[847] 이 때문에 일의 진척이 더욱 더디다. 설상가상으로 눈도 몹시 아프다. 의사는 괜찮다고 하지만, 홉킨스는 믿지 못한다. 급기야 브리지스에게 눈에도 통풍이나 류머티즘이 생기는지 묻는다.[848] 그처럼 심각한 병이 아니라면 도저히 이해할 수 없을 만큼 끔찍한 고통이 계속되기 때문이다. "마치 비누나 레몬이 눈에 들어간 것 같아"[849] 다음 주까지 계속되는 시험지 채점에 지장이 있을까 걱정한다.

이 무렵 홉킨스는 연달아 두 편의 시를 쓴다. 첫 번째는 「'나를 낳아준 이 땅을 위해 무엇을 할까요'」("What shall I do for the land that bred me'")이다. 이 시는 애초부터 "군인을 위한 애국 노래"로 계획되었다.[850] 이 때문에 홉킨스는 각 연마다 여럿이 합창할 수 있는 후렴구를 배치한다. 다양한 종파가 군대에 있는 점을 고려해 종교적 색채도 없앤다. 교육 수준이 낮은 군인들도 쉽게 부를 수 있도록 단어와 리듬을 평범하고 관습적으로 구성한다. 홉킨스는 시를 완성하고 직접 곡을 붙인 후 브리지스에게 보낸다.[851] 브리지스는 홉킨스가 보낸 악보를 음악가 록스트로(W. S. Rockstro)에게 보여주고, 록스트로는 연주가 가능하도록 악보에 화음을 붙여준다.[852]

두 번째 시는 「성 알폰서스 로드리게즈」("St Alphonsus Rodriguez")이다.[853] 예수회 평수사 로드리게즈(Alphonsus Rodriguez)의 시성을 기념하는 첫 축일 행사에 맞춰 쓴 것이다. 시를 잘 모르는 사람들도 "쉽게 이해할 수 있도록" 평이하게 완성한다.[854] 홉킨스는 영국 관구에 있을 때 예수회의 요청으로 종종 행사용 시를 썼다. 종교적 분위기와 대중성을 적절히 조화한 홉킨스의 행사용 시들은 수도원 안에서 반응이 좋았다. 그래서 홉킨스는 「성 알폰서스 로드리게즈」도 축일 행사에 소개될 것이라고 기대한다. 하지만 시는 어디에도 공개되지 않는다. 홉킨스는 몹시 실망한다. 아일랜드에 온 후 이제껏 시인의 정체성을 숨겨왔다. 5년간 고수해 온 그 원칙을 깨고 시를 써서 내보였다. 그로서는 긍정적 변화를 만들기 위해 큰 용기를 낸 것인데, 결과가 좋지 않아 더욱 실망이 크다.

홉킨스는 12월에 피정한다. 원래 8월과 9월 사이에 치러야 했다. 일반적으로 예수회는 성 이냐시오가 맹세한 8월 15일의 의미를 되새겨 이 무렵 피정을 한다. 9월 정기 인사에 맞춰 영성을 재무장한다는 의미도 있다. 홉킨스는 아일랜드 왕립대학의 출석 서류에 오류를 수정하고 그 외 소소한 사무를 보느라 제때 피정하지 못했다.[855] 홉킨스는 대학이 그다지 중요하지 않은 일로 예수회의 규칙을 깨도록 만든 것이 못마땅하다. 대학도 나름의 이유는 있다. 비록 예수회가 운영하는 대학이지만 다른 교직원에게 예수회를 특별히 배려한다는 인상을 주지 않으려 한다.

덕분에 홉킨스는 피정 중에 1889년 새해를 맞는다. 묵상하며 마음이 고요하게 가라앉자 예수회로서 살아온 지난 세월을 돌아보고 현재를 성찰한다. 이때 쓴 글이 홉킨스가 남긴 모든 글 가운데 가장 냉철한 자기 고백을 담고 있다.

나는 어떤가? 나는 태어나면서부터 혹은 세례받은 후부터 그리스도교인이었다. 이후 나는 가톨릭으로 개종했고, 예수회에 들어와 20년을 보냈다. 이제 나는 마흔네 살이 되었다. 나의 신앙은 결코 흔들린 적이 없으며 가톨릭으로 개종한 후에도 변함이 없었다. 문제는 내가 봉사해 온 부분에서 얼마나 발전해 왔는가이다. 그것이 내적인 성장이든 외적인 성장이든 말이다. 외적으로 볼 때, 나는 거의 또는 전혀 가치 없는 일에 쓰였다고 생각한다. 내가 생각하는 다른 일을 했다면 더 많은 가치를 창출했을지도 모른다. 아일랜드의 가톨릭 신도에게 더 높은 수준의 학문을 제공하는 일은 중요하다. 그것이 부분적으로나마 예수회의 관리하에 이루어지는 것도 좋은 일이라고 생각한다. 나의 일과 월급이 그들에게 도움이 되고 있다는 점 역시 의미 있는 일이다. 그러나 아일랜드 가톨릭교회와 그 관구, 그리고 우리 대학은 불법적 방법을 부추기는 불법 조직과 깊이 연루되어 있다. 이는 나의 의지에 반하는 일이다.

이로 인해 나는 혐오감과 고뇌 속에서, 마치 적의 포병으로 복무하는 죄수처럼 인내하며 그들을 돕는다. 이 때문에 외부적으로 내가 훨씬 더 잘할 수 있는 일, 하고 싶은 일, 더 발전하고 싶은 일을 하지 못하고 있는 것 같다. 이런 삶을 지속하는 것은 참으로 슬프다. 물론 마음속으로 선악을 구분해 한쪽을 선택하고 다른 한쪽에 반대하며 살아갈 수는 있다. 이것이 나를 어느 정도 정당화할 수는 있겠지만, 현실을 바꾸지는 못한다. 만약 내게 쾌활한 영혼과 육체적 에너지만 있다면 이런 삶도 충분히 견뎌낼 수 있을 것이다. 그러나 하느님께서는 나에게 그런 것을 주지 않으셨다.

이제 남아있는 더욱 중요한 부분은 내적 헌신이다. 오늘 저녁에는 이런 생각이 꼬리를 문다. 나는 종종 느껴왔던 혐오감과 절망에 빠져들고 있다. 이런 감정은 나를 공포로 몰아넣고, 피정 중이 아니었다면 묵상조차 포기하게 했을 것이다. 지금도 그런 상태이다. 내가 할 수 있는 일이라고는 '오, 주여, 주의 심판이여'와 같은 말들을 반복하는 것뿐이다. 그러다 지쳐 고개를 떨구고 정신을 차려 다시 시작한다.

이처럼 비참한 나의 삶에는 도대체 어떤 의미가 있단 말인가? 아일랜드에서 거의 5년의 시간이 아무런 성과 없이 지나갔다. 나는 아무것도 이루지 못한 것이 부끄럽고 시간을 낭비한 것이 부끄럽다. 나의 무력함과 허약함은 겉으로 드러나지 않을 만큼 미미하지만, 그렇다고 해서 존재하지 않는 것은 아니다. 현명하신 하느님께서는 우리에게 스스로를 그런 식으로 변명하지 말라고 가르치셨기에 나는 변명하지 않는다. 하지만 목표도 없고, 자극도 없고, 도움받을 길마저 없는 삶이 무슨 의미가 있을까? 그래서 나는 죽음을 갈망한다. 그러나 지금 죽는다면 나는 여전히 불완전한 채로, 나의 삶을 완전히 주도하지 못한 채로 죽는 것이다. 그것이야말로 모든 실패 중에서 가장 나쁜 실패이다. 오 나의 하느님. 나를 굽어살피소서![856]

홉킨스는 대학과 예수회, 그리고 가톨릭 신도를 돕는 것에는 찬성하지만, 민족주의 운동을 돕는 것에는 반대한다. 이 문제에 대해 마음속으로 찬반을 정하는 것은 쉬운 일이지만 현실에서는 그렇게 간단치가 않다. 민족주의 진영과 깊이 연루된 대학을 위해 일하는 것은 자신의 헌신이 아일랜드 독립 운동에 도움이 되는 것을 감내하는 일이다. 그것이 그를 몹시 힘들게 한다.

지난 5년 동안 아무것도 이룩하지 못했다는 자책도 그를 괴롭힌다. 그는 계속 열심히 많은 일을 했지만 최선을 다했다거나 최상의 능력을 발휘했다고 확신하지 못한다. 분명 다른 사람의 눈에 나태해 보일 만큼 허투루 살지 않았지만 양심에 비추면 변명할 여지가 없다. 도대체 왜 삶이 "목표도 없고, 자극도 없고, 도움받을 길마저 없는" 상태로 지속되는지 알 수 없다. 결국 죽음만이 유일한 해결책일 것 같지만, 죽음도 두렵다. 만약 지금 상태로 죽는다면 온통 실패만 쌓은 채 죽는 것이 된다. 심판의 순간에 실패로 점철한 삶을 내보이는 것이 된다. 그에게 이보다 더 두렵고 절망적인 것은 없다. 신에게 자신을 구원해 달라고 간절하게 기도한다. 이것이 홉킨스 생애 마지막 피정의 일이다.

3월까지도 상황은 변하지 않는다. 간절히 바라는 도움의 손길은 없다. 그럼에도 계속해서 일을 하고 실패하지 않기 위해 애쓴다. 홉킨스는 점점 피폐해져 간다. 계속 쇠락하는 그에게 나쁜 세력은 점점 번성하는 것처럼 보인다. 왜 세상이 이토록 불공평하게 지속되는지 의문에 빠진다. 이런 생각이 이즈음 완성된 시 「'주님, 당신이 진실로 옳으십니다'」에 담긴다.

새로운 연구도 구상한다. 이번에 고른 주제는 고대 아르게이 풍습이다. 아르게이란 고대 로마에서 짚으로 사람 형상을 만들어 강에 던지는 종교 관습으로 고대 인신 공양의 변형이다.[857] 종교, 희생 그리고 제의는 홉킨스가 평소 좋아하는 주제이다. 당연히 의욕적으로 이 연구에 몰입한다. "궁금증이 생기는 주제이고 연구하기에도 흥미롭다. 아직 수정 단계나 필사 단계에 이르지 못했고, 전부 다 쓴 상태도 아니다. 그래도 만약 다 쓰면 출판하기 위해 노력할 것이다"라고 말한다.[858] "만약 다 쓰면"이라는 말에는 자신감이 느껴지지 않는다. 그럼에도 계속 노력한다.

마음이 불안해지자 엉뚱하게도 가장 자주 연락하는 브리지스와 마찰을 빚는다. 브리지스가 편지를 받자마자 없애 버려,[859] 홉킨스가 어떤 말을 써 보냈는지 알 수 없다. 냉정히 말해 두 사람 관계에서 브리지스는 아쉬울 게 없다. 브리지스는 "우정의 천재"라는 소리를 들을 만큼 인간관계가 풍부한 사람이다.[860] 홉킨스를 통해 알게 된 딕슨과 패트모어와도 아주 친밀하다. 예이츠와 친해진 후에는 두꺼운 책으로 출판될 만큼 많은 편지를 주고받는다. 브리지스는 홉킨스 외에도 문인 친구가 많지만, 홉킨스에게는 브리지스가 거의 유일무이하다. 딕슨과 패트모어와도 계속 교류하지만 브리지스만큼 막역하지 않다. 베일리와도 친하지만 시를 주고받지는 않는다. 오직 브리지스만 젊은 날의 추억과 시를 모두 공유한다. 더구나 홉킨스는 자신이 쓴 모든 시의 운명을 브리지스에게 맡겼다. 그만큼 믿고 의지한다. 실제로 아일랜드에서 보낸 시간이 길어질수록, 다른 사람에 보내는 편지에 비해 브리지스에게 보내는 편지가 절대적으로 많아진다. 이번에도 홉킨스가 먼저 화해의 손길을 내민다.

다행히 4월 들어 모든 상황이 갑자기 좋아진다. 파라비시니 부부가 아일랜드로 와서 홉킨스를 방문한다. 이들 부부는 홉킨스가 아일랜드에 머문 6년 동안 영국에서 찾아온 유일한 손님이다. 홉킨스는 몹시 기뻐하지만, 파라비시니 부부는 홉킨스를 보고 너무나 놀란다. 그들이 기억하는 홉킨스는 사랑스러운 표정으로 사제 일이 즐겁고, 신앙생활이 평온하다고 이야기하던 사람이다. 그런 사람이 10년 만에 병색이 완연하고, 우울과 낙담이 겉으로 드러날 만큼 쇠약해져 있었다. 파라비시니 부부는 영국으로 돌아오자마자 홉킨스를 영국으로 데려오기 위해 백방으로 노력한다. 이에 대해 파라비시니 부인은 다음과 같이 증언한다. "다른 사람들에게 홉킨스 신부에 대해 말했고, 영국으로 다시 데려오기 위해 애썼습니다. 당시 홉킨스 신부가 많이 아팠기 때문입니다. 올해 여름쯤이면 옥스퍼드에서 홉킨스 신부를 다시 뵐 수 있으리라 예상했습니다."[861] 꼭 집어 '올여름 옥스퍼드'를 언급한 것은 이들 부부가 믿을 만한 곳에서 이와 비슷한 답을 받았다는 뜻이다. 홉킨스를 영국으로 다시 불러들일 결정을 할 수 있는 주체는 영국 예수회밖에 없다. 홉킨스는 기대에 부푼다. 생기를 되찾고 "오늘은 아프지만, 나의 영혼이 건강하기 때문에 상관이 없다"라고 기록한다.[862]

기분이 맑아진 홉킨스는 브리지스에게 화해의 편지를 보낸다. 편지에 "농담을 할 수 있고, 그 농담에 상대방이 화를 낼 수 있다는 글귀를 공책에 적어두었다"라는 말을 함께 보낸다. 농담이 지나쳤음을 인정하고, 앞으로는 주의하겠다는 뜻을 담은 말이다. 내친김에 브리지스에게 헌정하는 소네트도 함께 보낸다. 이것이 홉킨스의 마지막 시 「R. B.에게」("To R. B.")이다.

> 섬세한 기쁨이 생각을 낳는다. 바람총의
> 화염처럼 생기 있게 내리꽂히는 강한 원동력으로
> 단 한 번 숨을 쉬고, 올 때보다 더 빠르게 꺼진다
> 그래도 불멸하는 노래의 모태를 마음에 남긴다
>
> 그녀는 아홉 달을, 아니 여러 해를, 아홉 해를
> 그녀 안에 품어 한결같이 견디고 보살피고 빗질한다
> 그녀는 통찰력을 상실한 과부로 살며 이제는 알게 된
> 목표를, 이제는 절대 잘못될 리 없는 그 일을 돕는다.
>
> 시심의 아버지는 다정한 불이다, 내 영혼에 필요하다
> 나는 시적 영감이 안겨주는 한 번의 황홀이 필요하다
> 오 그러니 만약 네가 느려 터진 나의 시에서

울림, 소생, 찬송, 그리고 창조를 발견하지 못한다면

그때는 축복을 거의 마시지 못한 나의 겨울 세계가

한숨 쉬며 우리의 변명을 마련하리라[863]

홉킨스는 좋은 시를 쓰고 싶지만, 시심은 강력하게 찾아왔다 빠르게 사라져 버린다. 다행히 잠시 머물다 간 시적 영감이 오래도록 마음에 남아 창작의 밑거름이 된다. "그녀"(she)는 뮤즈를 가리킨다. 뮤즈를 "과부"(the widow)라고 표현한 이유는 "시심의 아버지"(the sire of muse)가 곁에 없기 때문이다. 이런 상태에서 쓰는 시는 "아홉 해"(nine years) 만큼 오랜 시간을 거쳐 어렵게 완성된다. 홉킨스는 그리 힘들게 배태되었다 나온 시에서 "울림, 소생, 찬송, 그리고 창조"(The roll, the rise, the carol, the creation)가 드러나기를 바란다. 만약 브리지스조차 그것을 알아채지 못한다면, 자신이 아일랜드에 있기 때문이라는 변명을 할 수밖에 없다. "나의 겨울 세계"(My winter world)는 아무것도 생산할 수 없는 불모의 땅, 아일랜드를 의미한다. "우리의 변명"(our explanation)에서 "우리"는 홉킨스와 그의 시적 영감을 가리킨다. 홉킨스는 아일랜드에서 겨울 같은 시간을 보내는 자신을 브리지스가 이해하고 공감하기를 바란다.

홉킨스는 5월 1일 시험 준비로 한창 바쁠 시기에 병이 난다. 열이 심하게 나서 처음에는 "일종의 류머티즘 열"이라고 짐작한다.[864] 아픈 것보다 시험 업무에 지장이 생길까 봐 더 걱정한다. 다음 날이면 괜찮아지기를 바라며 무던히 견딘다. 안타깝게도 그가 희망하는 일은

더블린 세인트 프란시스 자비에 성당

일어나지 않는다. 간신히 하루를 버티고 5월 3일 결국 자리에 눕는다. 홉킨스는 온종일 자리에 누웠으니 전보다 상태가 좋아진 것 같다고 느낀다.[865] 덕분에 어머

니에게 짧은 편지를 쓴다. 5월 4일에 의사가 찾아와 진찰하지만 원인을 찾지 못한다. 누워서 유동식만 먹는 상태가 된다. 홉킨스는 "완벽한 휴식"을 취하게 되어 오히려 좋다고 말한다.[866] 고통을 수용하고 체념하는 것이 몸에 밴 것이다. 5월 8일 홉킨스는 자기 손으로 편지를 쓰지 못할 정도로 나빠진다. "홉킨스 신부의 말을 받아쓴"이라는 글귀로 시작하는 편지는 "내가 앓는 병은 일종의 장티푸스 열이지만, 심각하지 않으며 잠시도 정신을 잃은 적이 없다"라고 전한다.[867] 이것이 홉킨스의 마지막 편지이다.

홉킨스가 묻힌 예수회 합동 묘역

지금도 홉킨스의 병명은 확실하지 않다. 대부분이 장티푸스라고 추측하지만, 주변에 같은 증세를 앓거나 사망한 사람은 없다. 그를 영국으로 데려갈 여름이 얼마 남지 않은 6월 5일 누구라도 그의 죽음을 예상할 수 있을 만큼 상태가 나빠진다. 아일랜드 예수회는 홉킨스의 부모를 아일랜드로 부른다. 부모는 이틀간 아들의 곁을 지킨다. 6월 8일 홉킨스는 병자성사를 한 번 더 받고 편안하게 임종한다.

장례식은 6월 11일 더블린에 있는 예수회 소속 세인트 프란시스 자비에 성당(St Francis Xavier's Catholic Church)에서 거행된다. 아들의 서품식에도, 아들이 주관하는 미사에도 참석한 적 없는 부모가 아들의 장례식을 보기 위해 가톨릭 성당에 앉았다. 장지는 더블린 프로스펙트 공동묘지(Prospect Cemetery)로 결정되었고 그곳에 있는 예수회 합동 묘역에 묻혔다. 예수회 사람으로 20년을 산 마흔네 살의 홉킨스가 남긴 마지막 말은 "나는 아주 행복합니다. 나는 아주 행복합니다"(I am so happy, I am so happy)로 알려져 있다.[868]

홉킨스 연대기

1844. 7월 28일 런던 스트라트포드 출생.

1852. 햄스테드 오크 힐로 이사, 햄스테드에 있는 주간 학교 입학.

1854. 하이게이트 스쿨 입학.

1857. 아버지, 동생 시릴과 함께 벨기에와 라인강 유역 여행.

1860. 「에스코리알」로 하이게이트 스쿨 백일장 수상, 아버지와 라인강 유역과 독일 남부 여행.

1862. 라틴시 경연대회 금메달 수상, 10월 옥스퍼드 대학 벨리올 칼리지 장학생 경시대회 실패.

1863. 1월 옥스퍼드 대학 벨리올 칼리지 장학생으로 선발, 「걸프 강의 겨울」을 『주간』에 게재, 4월 17일 옥스퍼드 대학 입학.

1864. 2월 첫 고해성사, 11월 20일 종합시험 최우등 통과.

1866. 7월 로마 가톨릭으로 개종 결심, 10월 21일 뉴먼을 통해 로마 가톨릭에 입교.

1867. 1월 버밍엄 오라토리오 수도회에서 피정, 6월 최우등으로 졸업 시험 통과, 9월 10일 버밍엄 오라토리오 수도회 부설 세인트 필립 가톨릭 학교 근무 시작.

1868. 4월 15일 세인트 필립 가톨릭 학교 사직, 5월 2일 예수회 만레사 하우스에서 피정, 예수회 수도사제가 되기로 결심, 5월 11일 시를 불태움, 7월 3일부터 8월 1일까지 스위스 도보 여행, 9월 7일 만레사 하우스에서 예수회 견습 수사 수련 시작.

1870. 9월 9일 스토니허스트 신학대학 세인트 메리 홀에서 연학 수련기 철학사 과정 시작.

1872. 8월 중세 신학자 스코투스 신학서 발견, 스코투스 신학을 시학의 근간으로 삼음.

1873. 9월 만레사 하우스 주니어리트 수사학 교수로 부임.

1874. 9월 웨일스 세인트 뷰노에서 연학 수련기 신학사 과정 시작.

1875. 12월 「도이칠란트호의 난파」 시작.

1876. 예수회 잡지 『월간』이 「도이칠란트호의 난파」 게재 거절.

1877. 2-9월 「신의 장엄」, 「황조롱이」, 「봄」 등 완성, 7월 '긴 과정' 진학 실패, 9월 21-23일 사제 서품식, 10월 마운트 세인트 메리 칼리지 라틴어 교사로 부임.

1878. 4월 「유리디시호의 상실」 완성, 4월 스토니허스트 칼리지 수사학 교사로 부임, 6월 딕슨과 서신 교환 시작, 7-11월 런던 성모 잉태 성당 보좌신부로 복무, 8월 「형제」 완성, 12월 옥스퍼드 세인트 알로이시어스 곤자가 보좌신부로 발령.

1879. 2-10월 「둔스 스코투스의 옥스퍼드」, 「헨리 퍼셀」, 「빈지의 미루나무들」 등 완성, 10-12월 베드포드 리 세인트 조셉 성당 보좌신부로 복무, 12월 20일 리버풀 세인트 프란시스 자비에 성당 선임 강론 신부로 부임.

1881. 8월 10일 글래스고 세인트 조셉 성당 보좌신부로 부임, 10월 만레사 하우스에서 제3수련기 시작.

1882. 8월 15일 예수회 영적 보좌주교로서 맹세, 9월 스토니허스트 신학대학 세인트 메리 홀 고전학 교수와 스토니허스트 칼리지 영어 교사 겸직 발령.

1883. 8월 패트모어와 친교 시작, 1882-83년 『네이처』에 대기 현상에 관한 글 세 편 기고.

1884. 1월 30일 아일랜드 왕립대학 평의원과 유니버시티 칼리지 더블린 그리스 라틴 문학 교수 겸직 발령, 2월 17일 더블린 도착, 「이방인이 내 운명」 완성.

1885. 「육신의 위안」, 「나는 깨어 낮이 아니라 어둠의 털가죽을 느낀다」 등의 '어둠의 소네트' 완성.

1886. 5월 영국으로 휴가.

1887. 8월 영국으로 휴가, 「두 아름다운 젊은이의 초상에 부쳐」, 「농부 해리」, 「톰의 영관」 완성.

1888. 7월 「저 자연은 헤라클레이토스의 불이며 부활의 위안」 완성, 8월 스코틀랜드 도보 여행.

1889. 4월 「R. B.에게」 완성, 5월 1일 발병, 6월 8일 임종, 더블린 프로스펙트 공동묘지 예수회 묘역에 묻힘.

주 석

* 독자의 이해를 돕기 위해 동일한 저작물이라도 쪽수, 날짜, 수신인, 발신인 등의 정보를 모두 명시하였다. 같은 이유로 동일 쪽수의 재인용도 반복 표기하였다.
* 홉킨스의 저작물과 주요 참고 문헌은 약어로 표시했으며, 약어의 쓰임은 인용 문헌에서 확인할 수 있다.
* 표기된 날짜는 홉킨스가 해당 글, 시, 편지를 작성한 날짜이다.

1. 행복한 유년기

1   Nixon, "Fathering Graces at Hampstead: Manley Hopkins' "The Old Trees" and Gerard Manley Hopkins' "Binsey Poplars"," 194.
2   Thomas, 211.
3   Ruggles, 10.
4   Martin, 11.
5   Lahey, 2.
6   Hopkins, *Journals*, 465-97. 홉킨스가 작곡한 악보들이 수록.
7   Ruggles, 11.
8   Lahey, 8. 재인용.

2. 하이게이트 스쿨의 작은 영웅

9   Martin, 12.
10 Hopkins, *Correspondence*, 12, 1878.10.05. From Hopkins to Dixon.
11 박형지·설혜심, 230-31.
12 Kitchen, 26.
13 Hopkins, *Further*, 1-2, 1862.05.07. From Hopkins to Luxmoore.
14 Martin, 17. 재인용.
15 Lahey, 6.
16 Lahey, 17.
17 Lahey, 7.
18 Bergonzi, 3.
19 Pick, *Gerard Manley Hopkins: Priest and Poet*, 4.
20 Martin, 15.
21 박형지·설혜심, 208.
22 Hopkins, *Journals*, 3, 1862.04.13.
23 Hopkins, *Further*, 4, 1862.05.07. From Hopkins to Luxmoore.
24 Ruggles, 18.
25 Hopkins, *Further*, 14, 1862.09.03. From Hopkins to Coleridge.
26 Lahey, 5. 재인용.

27　Hopkins, *Further*, 5, 1862.09.03. From Hopkins to Coleridge.
28　Hopkins, *Further*, 8, 1862.09.03. From Hopkins to Coleridge.
29　Roberts, 3.
30　Hopkins, *Further*, 8, 1862.09.03. From Hopkins to Coleridge.
31　Hopkins, *Poems*, 8-11. 인용은 제1-19행. 1862.12.25. 모든 시의 완성 날짜는 Mackenzie의 *The Poetical Works*를 기준으로 삼음.
32　Hopkins, *Journals*, 456-57. 약 60편의 연필 스케치가 456-57쪽 사이에 첨부.
33　Pick, *Gerard Manley Hopkins: Priest and Poet*, 2.
34　설혜심, 19.
35　Martin, 15.
36　Hopkins, *Oxford Essays*, 41.
37　Hopkins, *Poems*, 12-13, 1864.02.14.

3. 옥스퍼드 대학 ① "나의 공원, 나의 기쁨"

38　Hopkins, *Poems*, 21-22, 1865.
39　Hopkins, *Journals*, 63.
40　Martin, 27. 재인용.
41　Hopkins, *Further*, 69, 1863.04.22. From Hopkins to His Mother.
42　Hopkins, *Further*, 75, 1863.05.04. From Hopkins to His Mother.
43　Martin, 29.
44　Hopkins, *Further*, 79, 1863.05.04. From Hopkins to His Mother.
45　Martin, 31. 재인용.
46　Hopkins, *Further*, 72, 1863.04.22. From Hopkins to His Mother.
47　Bergonzi, 14.
48　Hopkins, *Further*, 71, 1863.04.22. From Hopkins to His Mother.
49　채프먼, 98-99.
50　Altick, 207.
51　Hopkins, *Further*, 220, 1864.09.10. From Hopkins to Baillie.
52　Hopkins, *Further*, 401, 1866.10.18. From Liddon to Hopkins.
53　Hopkins, *Further*, 70, 1863.04.22. From Hopkins to His Mother.
54　Abbott, *Further Letters*, 254.
55　Martin, 44.
56　Hopkins, *Further*, 254, 1885.04.24. From Hopkins to Baillie.
57　Schlatter, 523.
58　Hopkins, *Further*, 449, 1889.06.17. From Baillie to Hopkins's Mother.
59　Hopkins, *Further*, 199, 1863.07.10. From Hopkins to Baillie.
60　Hopkins, *Further*, 202, 1863.07.10. From Hopkins to Baillie.
61　Hopkins, *Journals*, 56, 1865.02-03.
62　Hopkins, *Further*, 204, 1863.09.06. From Hopkins to Baillie.
63　Hopkins, *Correspondence*, 131, 1886.06.21. From Hopkins to Dixon.
64　김연규, 「홉킨스의 노동하는 인물과 러스킨」, 139. 재인용.
65　Higgins, 68.
66　Higgins, 50-65.
67　Higgins, 41-42.
68　Higgins, 41-50. 당시 옥스퍼드 대학 학기 운영에 관한 사항은 이 책을 참조.

69　Higgins, 52. 재인용.
70　Higgins, 42.
71　Hopkins, *Further*, 73, 1863.04.22. From Hopkins to His Mother.
72　Martin, 362.
73　Higgins, 12. 재인용.
74　Higgins, 221, 1872.06.19.
75　Higgins, 4, 1863.09.24.
76　Hopkins, *Further*, 1863.10.19. From Hopkins to His Mother.

4. 옥스퍼드 대학 ② "부정한 나 자신"

77　Higgins, 10.
78　Bergonzi, 9.
79　Marin, 57.
80　Mariani, *A Life*, 431.
81　Dumbleton, 432. 1908-09년에 있었던 홉킨스 시 출판 노력은 이 논문을 참조.
82　Kitchen, 52.
83　Hopkins, *Journals*, 17, 1864.01-02.
84　House, 328. 재인용.
85　Higgins, 10.
86　Hopkins, *Further*, 207, 1864.03. From Hopkins to Baillie.
87　Ruggles, 30-31.
88　Pick, *Gerard Manley Hopkins: Priest and Poet*, 5. 재인용.
89　가스펠서브, 549.
90　Hopkins, *Further*, 17, 1864.06.01. From Hopkins to Coleridge.
91　Hopkins, *Poems*, 16-17, 1864.07.22-25.
92　Higgins, 74.
93　Hopkins, *Further*, 213, 1864.07.20. From Hopkins to Baillie.
94　Sobolev, 134.
95　윤일권·김원익, 250.
96　Newman. *The Idea of a University*, 147-48.
97　Dowling, xiv. 옥스퍼드 대학 내 헬레니즘 문화는 이 책을 참조.
98　Higgins, 34.
99　MacKenzie, *The Early Poetic Manuscripts*, 23.
100　Nelson, 161. 재인용.
101　Higgins, 34.
102　Mackenzie, *The Early Poetic Manuscripts*, 22.
103　Hopkins, *Further*, 213, 1864.07.20. From Hopkins to Baillie.
104　Hopkins, *Early Poetic*, 182, 1865.08.
105　Hopkins, *Further*, 50, 1868.06.13. From Hopkins to Urquhart.
106　Reece, 2.
107　Hopkins, *Journals*, 30, 1864.07.18. 날짜 추정.
108　Hopkins, Poems, 19. 날짜 불명.
109　Mackenzie, *The Poetical Works*, 2:240. 육필 원고에 관한 역사적 사실은 이 책을 참조.
110　Hopkins, *Further*, 216, 1864.09.10. From Hopkins to Baillie.
111　Hopkins, *Journals*, 38, 1864.

112 Hopkins, *Further*, 215, 1864.09.10. From Hopkins to Baillie.
113 Higgins, 43-44.
114 Hopkins, *Journals*, 59, 1865.02-03; Martin, 46.
115 Lahey, 16.
116 Hopkins, *Journals*, 56, 1865.02-03.
117 Hopkins, *Further*, 18, 1865.01.06. From Hopkins to Urquhart.
118 Hopkins, *Further*, 17, 1865.01.06. From Hopkins to Urquhart.
119 Martin, 92.
120 Hopkins, *Journals*, 58, 1865.03.12-13.
121 Kitchen, 70.
122 Hopkins, *Poems*, 20-21, 1865.05.
123 Hopkins, *Early Poetic*, 156, 1865.04.03.
124 White, Norman, 115.
125 Hopkins, *Poems*, 26, 1865.06.24.
126 Hopkins, *Further*, 226-27, 1865.09.10-12. From Hopkins to Baillie.
127 Newman, *Tract No. 73*, 34.
128 Hopkins, *Poems*, 27, 1865.09.07.
129 Hopkins, *Poems*, 28, 1865.10; Newman, *Verses on Various Occasions*, 148-49.
130 Newman, *Apologia pro Vita Sua*, 186.
131 Hopkins, *Poems*, 28-29, 1865.10.
132 Hopkins, *Journals*, 71, 1865.10.16-18.
133 Martin, 119; Kitchen, 82.

5. 옥스퍼드 대학 ③ "진실한 가톨릭의 장소에"

134 Hopkins, *Journals*, 72, 1866.01.23.
135 Hopkins, *Poems*, 31-32, 1866.01.18-19.
136 Hopkins, *Poems*, 32-34, 1866.02.14-03.31.
137 Roberts, 9.
138 Miller, 2.
139 Zaniello, 91.
140 Martin, 131.
141 Hopkins, *Journals*, 133-34, 1866.05.03.
142 Hopkins, *Further*, 245, 1880.05.22. From Hopkins to Baillie; *Letters*, 48, 1878.04.02. From Hopkins to Bridges.
143 Lahey, 21-22. 재인용.
144 Hopkins, *Journals*, 141, 1866.06.20.
145 Hopkins, *Journals*, 146, 1866.07.17.
146 나종일·송규범, 하권, 593.
147 Abbott, *Further Letters*, 397. 재인용.
148 Bergonzi, 91. 재인용.
149 Hopkins, *Further*, 95, 1866.10.16. From Hopkins to His Father.
150 Hopkins, *Further*, 21-22, 1866.08.28. From Hopkins to Newman.
151 Newman, *Apologia pro Vita Sua*, 4. 재인용.
152 Hopkins, *Letters*, 5, 1866.09.22. From Hopkins to Bridges.
153 Martin, 147.

154　Hopkins, *Further*, 29, 1866.10.15. From Hopkins to Newman.
155　Hopkins, *Further*, 91, 1866.10.16. From Hopkins to His Father.
156　Bergonzi, 46.
157　Bergonzi, 47.
158　Hopkins, *Further*, 93, 1866.10.16. From Hopkins to His Father.
159　Hopkins, *Further*, 96, 1866.10.18. From His Father to Hopkins.
160　Hopkins, *Further*, 96-97, 1866.10.18. From His Father to Hopkins.
161　Hopkins, *Further*, 434, 1866.10.15. From Hopkins's Father to Liddon.
162　Hopkins, *Further*, 400-01, 1866.10.16. From Liddon to Hopkins.
163　Hopkins, *Further*, 401-02, 1866.10.18. From Liddon to Hopkins.
164　Hopkins, *Further*, 402, 1866.10.19. From Liddon to Hopkins.
165　Hopkins, *Further*, 403, 1866.10.20. From Liddon to Hopkins.
166　Fairchild, *Religious Trends in English Poetry*, 3.
167　Newman, *Apologia pro Vita Sua*, 208.
168　Lahey, 43. 재인용.
169　Dubois, 280.
170　Hopkins, *Further*, 91, 1866.10.16. From Hopkins to His Father.
171　Hopkins, *Further*, 404, 1866.10.18. From Newman to Hopkins.
172　Hopkins, *Further*, 31-33, 1866.10.15. From Hopkins to Liddon.
173　Hopkins, *Further*, 403, 1866.12.06. From Newman to Hopkins.
174　Martin, 122.
175　Hopkins, *Further*, 406, 1866.12.16. From Newman to Hopkins.
176　Hopkins, *Further*, 406, 1867.01.14. From Newman to Hopkins.
177　Higgins, 49.
178　Hopkins, *Further*, 406, 1867.02.22. From Newman to Hopkins.
179　Higgins, 49.
180　Hopkins, *Further*, 101, 1867.04.13. From Hopkins to His Mother.
181　Higgins, 49; Bergonzi, 49.
182　Hopkins, *Journals*, 148, 1867.07.17.
183　Hopkins, *Letters*, 16-17, 1867.08.30. From Hopkins to Bridges.
184　Hopkins, *Further*, 38, 1867.07.07. From Hopkins to Urquhart.

6. 첫 직장: 버밍엄 오라토리오 수도회 세인트 필립 가톨릭 학교

185　Hopkins, *Journals*, 157, 1867.09.11.
186　Hopkins, *Further*, 44, 1867.09.30. From Hopkins to Urquhart.
187　Martin, 168.
188　Hopkins, *Further*, 43, 1867.09.30. From Hopkins to Urquhart.
189　Hopkins, *Further*, 44, 1867.09.30. From Hopkins to Urquhart.
190　Hopkins, *Letters*, 18, 1867.11.01. From Hopkins to Bridges.
191　Hopkins, *Further*, 231, 1868.02.12. From Hopkins to Baillie.
192　Hopkins, *Poems*, 212-13, 1867-70.
193　Mackenzie, *The Poetical Works*, 2:300.
194　Hopkins, *Poems*, 204-05, 1868.07.18.
195　Hopkins, *Poems*, 173-74, 1868.03.
196　Mackenzie, *The Poetical Works*, 2:300.

197 Hopkins, *Letters*, 87, 1864.01.23. From Hopkins to Bridges.
198 Hopkins, *Further*, 231, 1868.02.12. From Hopkins to Baillie.
199 Hopkins, *Letters*, 22, 1868.01.09. From Hopkins to Bridges.
200 Abbott, *The Letters*, 22. Note 1. 재인용.
201 Hopkins, *Letters*, 22, 1868.01.09. From Hopkins to Bridges.
202 Bergonzi, 53.
203 Hopkins, *Further*, 230-32, 1868.02.12. From Hopkins to Baillie.
204 Hopkins, *Journals*, 164, 1868.04.15.
205 Thomas, 21.
206 Hopkins, *Journals*, 164, 1868.05.02; 165, 1868.05.05.
207 Hopkins, *Journals*, 165, 1868.05.07.
208 Hopkins, *Journals*, 165, 1868.05.11.
209 Hopkins, *Letters*, 24, 1868.08.07. From Hopkins to Bridges.
210 Hopkins, *Letters*, 24, 1868.08.07. From Hopkins to Bridges.
211 Hopkins, *Letters*, 15, 1866.12.22. From Hopkins to Bridges.
212 Hopkins, *Poems*, 35-36, 1868.08.07. 이전으로 추정.
213 Mackenzie, *The Poetical Works*, 2:256.
214 Hopkins, *Letters*, 24, 1868.08.07. From Hopkins to Bridges.
215 Hopkins, *Further*, 408, 1868.05.14. From Newman to Hopkins.
216 봐이스마이어, 『초기교회』, 126-27. 참조.
217 봐이스마이어, 『근세교회』, 18-19. 참조.
218 카트레트, 242. 예수회에 관한 역사적 사실은 이 책을 참조.
219 Martin, 176.
220 Hopkins, *Further*, 231, 1868.02.12. From Hopkins to Baillie.
221 Hopkins, *Further*, 51, 1868.06.13. From Hopkins to Urquhart.
222 Kitchen, 1.
223 Kitchen, 113.
224 McKenzie, 53.
225 Martin, 153. 재인용.
226 Hopkins, *Correspondence*, 12, 1878.10.05. From Hopkins to Dixon.
227 Hopkins, *Further*, 49, 1868.06.05. From Hopkins to Liddon.
228 Hopkins, *Further*, 51, 1868.06.13. From Hopkins to Urquhart.
229 Hopkins, *Journals*, 172-73, 1868.07.12; 179, 1868.07.20.

7. 예수회 견습 수사 수련기: 영신 수련

230 Mariani, *A Life*, 80.
231 Hopkins, *Further*, 105, 1868.09.10. From Hopkins to His Mother.
232 Ruggles, 90.
233 Martin, 186.
234 Hopkins, *Further*, 105, 1868.09.10. From Hopkins to His Mother.
235 Martin, 189. 재인용.
236 Hopkins, *Letters*, 196, 1884.08.21. From Hopkins to Bridges.
237 Thomas, 69. Note 6.
238 Ong, *Hopkins, the Self, and God*, 55.
239 Downes, 56.

240 키홀레, 97.
241 키홀레, 98-99.
242 Loyala, 30.
243 Hopkins, *Journals*, 189, 1868.09.17.
244 Hopkins, *Poems*, 69, 1877. 여름 추정.
245 Hopkins, *Journals*, 189, 1868.09.18.
246 Thomas, 31-33. 예수회 견습 수사 일과는 이 책을 참조.
247 Ruggles, 92.
248 Downes, 42.
249 Ruggles, 93.
250 Hopkins, *Journals*, 189, 1868.12.06.
251 House, 351. Note 137.3.
252 Hopkins, *Further*, 105-06, 1869.02.07. From Hopkins to His Mother.
253 Ruggles, 92.
254 Ruggles, 93.
255 Kitchen, 125.
256 Hopkins, *Journals*, 190. 날짜 불명.
257 Hopkins, *Journals*, 191, 1869.06.28; 1869.07.08-09.
258 Hopkins, *Further*, 142, 1876.09.23. From Hopkins to His Mother.
259 Hopkins, *Journals*, 191, 1869.09.09.
260 Hopkins, *Letters*, 26, 1869.10.14. From Hopkins to Bridges.
261 Hopkins, *Further*, 107, 1869.10.20. From Hopkins to His Mother.
262 Hopkins, *Letters*, 26-27, 1871.04.02. From Hopkins to Bridges.
263 Thomas, 28. Note 1.
264 Mariani, *A Life*, 86.
265 Hopkins, *Further*, 111, 1870.03.01. From Hopkins to His Mother.
266 Thomas, 82. 재인용.
267 Hopkins, *Journals*, 197, 1870.03.22.
268 Hopkins, *Journals*, 198-99, 1870.03.22-05.14.
269 Hopkins, *Journals*, 195, 1869.12.23-1870.02.12.
270 Hopkins, *Journals*, 199, 1870.05.18.
271 Hopkins, *Oxford Essays*, 311; 315.
272 Kitchen, 128.

8. 예수회 철학 수련기: 스코투스의 개체 신학

273 Bergonzi, 66.
274 Hopkins, *Journals*, 200, 1870.09.09.
275 Thomas, 90; 91-93. 스토니허스트 신학대학 운영 세부 사항은 이 책을 참조.
276 Thomas, 89. 재인용.
277 Hopkins, *Further*, 112, 1870.09.10. From Hopkins to His Mother.
278 Hopkins, *Further*, 112-13, 1870.09.10. From Hopkins to His Mother.
279 Thomas, 97-103. 스토니허스트 신학대학 토론 수업에 관한 사항은 이 책을 참조.
280 Thomas, 104.
281 Hopkins, *Journals*, 203, 1871.03; 205, 1871.03.14.
282 Hopkins, *Journals*, 205, 1871.03-04.

283 Hopkins, *Journals*, 201, 1870.10.25.
284 Hopkins, *Journals*, 205, 1871.03.17; 204, 1871.03.
285 Hopkins, *Letters*, 26, 1871.04.02. From Hopkins to Bridges.
286 Hopkins, *Further*, 234, 1871.04.10. From Hopkins to Baillie.
287 Hopkins, *Journals*, 210-11, 1871.05.29.
288 Higgins, 254.
289 Hopkins, *Poems*, 172-73, 1866. 날짜 불명.
290 나종일·송규범, 하권, 559-60.
291 Hopkins, *Letters*, 27-28, 1871.08.02. From Hopkins to Bridges.
292 Hopkins, *Letters*, 29, 1874.01.22. From Hopkins to Bridges.
293 Phillips, *Robert Bridges: A Biography*, 58.
294 Phillips, *Robert Bridges: A Biography*, 57.
295 Hopkins, *Journals*, 213-14, 1871.08.16-28. 홉킨스의 첫 빌라 여행 일정은 이 책을 참조.
296 Thomas, 93.
297 Hopkins, *Further*, 118-19, 1872.03.05. From Hopkins to His Mother.
298 Hopkins, *Journals*, 218, 1872.03.13.
299 Hopkins, *Further*, 56, 1872.03.22. From Hopkins to Garrett.
300 Hopkins, *Journals*, 218, 1872.03.13.
301 Hopkins, *Journals*, 221, 1872.08.03.
302 김현태, 269.
303 김현태, 119.
304 김현태, 120.
305 Swart, 77.
306 Christ, 2-3.
307 Zanielo, 87.
308 Hopkins, *Poems*, 90, 1877.03-04.
309 Hopkins, *Correspondence*, 95, 1881.12.01. From Hopkins to Dixon.
310 Hopkins, *Journals*, 221, 1872.08.05.
311 Hopkins, *Journals*, 221, 1872.08.07.
312 Hopkins, *Journals*, 222-23, 1872.08.08.
313 Hopkins, *Poems*, 69-70, 1877. 여름 추정.
314 Hopkins, *Letters*, 56, 1878.07.16. From Hopkins to Bridges.
315 Hopkins, *Further*, 120, 1872.08.30. From Hopkins to His Mother.
316 Hopkins, *Journals*, 227, 1872.10.05.
317 Cates, 4-5. 재인용.
318 차은정, 250.
319 Zaniello, 61.
320 Hopkins, *Letters*, 151, 1882.09.26. From Hopkins to Bridges.
321 Nixon, *Garard Manley Hopkins and His Contemporaries: Liddon, Newman, Darwin, and Pater*, 126.
322 Hopkins, *Further*, 128, 1874.09.20. From Hopkins to His Mother.
323 Hopkins, *Letters*, 281, 1888.08.15. From Hopkins to Bridges.
324 Hopkins, *Journals*, 227, 1872.10.27.
325 House, 421.
326 Hopkins, *Further*, 238-39, 1872.12.03. From Hopkins to Baillie.
327 Hopkins, *Journals*, 229, 1872.12.30.
328 House, 421. 재인용.
329 Hopkins, *Journals*, 230, 1873.01.21.

330　Hopkins, *Journals*, 230, 1873.02.24.
331　Hopkins, *Further*, 121, 1873.03.02. From Hopkins to His Mother.
332　Hopkins, *Journals*, 230, 1873.04.08.
333　Hopkins, *Poems*, 78-79, 1879.03.13.
334　Hopkins, *Journals*, 232, 1873.06.16.
335　Hopkins, *Journals*, 232, 1873.06.20.
336　Hopkins, *Journals*, 232, 1873.06.23.
337　Kitchen, 144.
338　Hopkins, *Further*, 122, 1873.08.02. From Hopkins to His Mother.
339　Hopkins, *Journals*, 232, 1873.07.12.
340　Hopkins, *Journals*, 234, 1873.07.30.
341　Martin, 213-14.
342　나종일·송규범, 하권, 571.
343　Hopkins, *Further*, 122, 1873.08.02. From Hopkins to His Mother.
344　Hopkins, *Journals*, 235, 1873.08.12.
345　Hopkins, *Journals*, 236, 1873.08.16.
346　Hopkins, *Journals*, 236, 1873.08.17.
347　Zaniello, 117.
348　House, 423.
349　Feeney, *The Playfulness of Gerard Manley Hopkins*, 27. 재인용.
350　Kitchen, 145.
351　Hopkins, *Journals*, 236, 1873.08.27.

9. 예수회 주니어리트 담당 수사학 교수

352　Hopkins, *Further*, 123, 1873.08.02. From Hopkins to His Mother.
353　Martin, 223.
354　Hopkins, *Further*, 122-23, 1873.08.02. From Hopkins to His Mother.
355　Hopkins, *Journals*, 236, 1873.08.30-09.08.
356　Hopkins, *Further*, 148, 1877.10.09. From Hopkins to His Mother.
357　Thomas, 129.
358　Hopkins, *Journals*, 237, 1873.09.08.
359　Hopkins, *Journals*, 237-38, 1873.09.18.
360　Hopkins, *Further*, 60, 1874.04.19. From Hopkins to Bond.
361　Hopkins, *Further*, 238, 1872.12.03. From Hopkins to Baillie.
362　Hopkins, *Journals*, 238, 1873.09.18.
363　Thomas, 131.
364　Hopkins, *Journals*, 265-88.
365　Mariani, *A Life*, 122.
366　Arkins, 461. 재인용.
367　Hopkins, *Journals*, 239, 1873.10.
368　Hopkins, *Journals*, 240, 1873.12.01.
369　Thomas, 137-38.
370　Hopkins, *Further*, 94, 1866.10.16. From Hopkins to His Father.
371　Hopkins, *Journals*, 240, 1873.12.
372　Hopkins, *Letters*, 29, 1874.01.22. From Hopkins to Bridges.

373 Hopkins, *Further*, 123, 1874.03.02. From Hopkins to His Mother.
374 Hopkins, *Journals*, 241, 1874.04.06.
375 House, 429.
376 Hopkins, *Journals*, 241-42, 1874.04.06.
377 Hopkins, *Poems*, 175, 1876. 날짜 불명.
378 Hopkins, *Poems*, 86-87, 1880.08.28.
379 Hopkins, *Further*, 61, 1874.04.19. From Hopkins to Bond.
380 나종일·송규범, 하권, 656-57.
381 Thomas, 20. 재인용.
382 Thomas, 247.
383 Hopkins, *Journals*, 249, 1874.07.23.
384 Hopkins, *Poems*, 70, 1877.09.
385 Lommis, 85.
386 Hopkins, *Journals*, 249-50, 1874.07.31-08.06.
387 Hopkins, *Letters*, 30, 1875.02.20.
388 Hopkins, *Journals*, 254, 1874.08.17.
389 Hopkins, *Poems*, 66-67, 1877.03.03.
390 Hopkins, *Journals*, 257, 1874.08.28.

10. 예수회 신학 수련기 ① 「도이칠란트호의 난파」

391 Hopkins, *Further*, 124, 1874.08.29. From Hopkins to His Father.
392 Hopkins, *Journals*, 258, 1874.09.06.
393 Hopkins, *Poems*, 67-68, 1877-79.04.08.
394 Hopkins, *Journals*, 258, 1874.09.06.
395 Hopkins, *Further*, 126, 1874.09.01. From Hopkins to His Mother.
396 Hopkins, *Journals*, 258, 1874.09.06.
397 Hopkins, *Further*, 124, 1874.08.28. From Hopkins to His Father.
398 Hopkins, *Further*, 141-42, 1876.09.23. From Hopkins to His Mother.
399 Hopkins, *Journals*, 257, 1874.09.03.
400 Hopkins, *Poems*, 69, 1877.08.08.
401 Hopkins, *Letters*, 85, 1879.06.22. From Hopkins to Bridges.
402 Mackenzie의 *The Poetical Works*를 기준으로 삼음
403 Harrison, 448.
404 Mackenzie, *The Poetical Works*, 2:377.
405 Hopkins, *Further*, 126, 1874.09.20. From Hopkins to His Mother.
406 Hopkins, *Further*, 124, 1874.08.29. From Hopkins to His Father.
407 Thomas, 155-56. 재인용.
408 Hopkins, *Journals*, 261-62, 1874.11.11.
409 Hopkins, *Journals*, 263, 1875.02.07.
410 Thomas, 247, 1874.12.20.
411 Hopkins, *Letters*, 30-31, 1875.02.20. From Hopkins to Bridges.
412 Hopkins, *Letters*, 31, 1875.02.20. From Hopkins to Bridges.
413 Hopkins, *Further*, 131, 1875.04.24. From Hopkins to His Mother.
414 Hopkins, *Further*, 114, 1871.03.02. From Hopkins to His Mother.
415 Feeney, "Consule Jones: A New Found Poem by Gerard Manley Hopkins," 13. 재인용.

416 Feeney, "Consule Jones: A New Found Poem by Gerard Manley Hopkins," 14.
417 Thomas, 166. 재인용.
418 Mackenzie, *The Poetical Works*, 2:306.
419 Hopkins, *Poems*, 213, 1872-74. 날짜 불명.
420 Hopkins, *Correspondence*, 14, 1878.10.05. From Hopkins to Dixon.
421 Hopkins, *Poems*, 51, 1875. 날짜 불명.
422 Hopkins, *Poems*, 54, 1875. 날짜 불명.
423 Mackenzie, *The Poetical Works*, 2:329. 재인용.
424 Hopkins, *Poems*, 55, 1875. 날짜 불명.
425 Hopkins, *Poems*, 56, 제14연, 1875. 날짜 불명.
426 Hopkins, *Poems*, 56, 제15연, 1875. 날짜 불명.
427 Hopkins, *Poems*, 56, 제16연, 1875. 날짜 불명.
428 Hopkins, *Poems*, 57, 제17연, 1875. 날짜 불명.
429 Abbott, *Further Letters*, 443. 재인용.
430 Hopkins, *Poems*, 59, 제23연, 1875. 날짜 불명.
431 Hopkins, *Poems*, 59, 제24연, 1875. 날짜 불명.
432 Hopkins, *Poems*, 61, 제31연, 1875. 날짜 불명.
433 Hopkins, *Further*, 136, 1876.03.02. From Hopkins to His Mother.
434 Hopkins, *Further*, 138, 1876.06.26. From Hopkins to His Mother.
435 Martin, 248.
436 House, 382.
437 Hopkins, *Further*, 138, 1876.06.26. From Hopkins to His Mother.
438 Hopkins, *Letters*, 89, 1879.08.14. From Hopkins to Bridges.
439 Hopkins, *Poems*, 55, 제13연, 1875. 날짜 불명.
440 Hopkins, *Poems*, 58, 제21연, 1875. 날짜 불명.
441 Hopkins, *Poems*, 53, 제24연; and 60, 제27연, 1875. 날짜 불명.
442 Hopkins, *Further*, 138, 1876.06.26. From Hopkins to His Mother.
443 Hopkins, *Letters*, 46, 1878.02.25. From Hopkins to Bridges.
444 Hopkins, *Further*, 138, 1876.06.26. From Hopkins to His Mother.
445 House, 382.
446 Hopkins, *Further*, 138, 1876.06.26. From Hopkins to His Mother.
447 Hopkins, *Letters*, 46, 1878.02.25. From Hopkins to Bridges.
448 Gardner, 235.
449 Mackenzie, *The Poetical Works*, 2:317.
450 Hopkins, *Poems*, 63, 1875. 날짜 불명.
451 Martin, 249. 재인용.
452 Hopkins, *Further*, 143, 1877.03.01. From Hopkins to His Mother.
453 Hopkins, *Poetical*, 1:128-131, 1876. 날짜 불명.
454 Mackenzie, *The Poetical Works*, 2:350.
455 Hopkins, *Further*, 139-40, 1876.08.06. From Hopkins to His Father.
456 Hopkins, *Poems*, 64-65, 1876. 날짜 불명.
457 Mackenzie, *The Poetical Works*, 2:355.

11. 예수회 신학 수련기 ② 「신의 장엄」

458 Mariani, *A Life*, 160-61.

459 Hopkins, *Further*, 141, 1876.09.23. From Hopkins to His Mother.
460 Schneider, 237.
461 Leavis, 130.
462 Hopkins, *Letters*, 50, 1878.05.13. From Hopkins to Bridges.
463 Hopkins, *Further*, 353, 1884.03.20. From Hopkins to Patmore.
464 Hopkins, *Letters*, 66, 1879.02.15. From Hopkins to Bridges.
465 Hopkins, *Further*, 124, 1874.08.29. From Hopkins to His Father.
466 Hopkins, *Further*, 240-42, 1877.01.06. From Hopkins to Baillie.
467 Abbott, *Further Letters*, 448.
468 Hopkins, *Further*, 242, 1877.01.06. From Hopkins to Baillie.
469 Hopkins, *Poems*, 66. 1877.02.23.
470 Day, 181.
471 Fairchild, "The Romantic Movement in England," 20-21.
472 김연규, 「『리라 아포스톨리카』를 통해서 본 존 헨리 뉴먼의 소책자 시학」, 98.
473 Hopkins, *Poetical*, 1:139.
474 Hopkins, *Letters*, 31, 1877.02.24. From Hopkins to Bridges.
475 Hopkins, *Letters*, 32, 1877.02.24. From Hopkins to Bridges.
476 Hopkins, *Further*, 143, 1877.03.01. From Hopkins to His Mother.
477 Mackenzie, *A Reader's Guide*, 56.
478 Loomis, 88.
479 Hopkins, *Further*, 144, 1877.03.01. From Hopkins to His Mother.
480 Hopkins, *Sermons*, 225, 1877.03.11.
481 Hopkins, *Sermons*, 233, 1877.03.
482 Mariani, *A Life*, 141. 재인용.
483 Hopkins, *Letters*, 34, 37, 38, 1877.04.03. From Hopkins to Bridges.
484 Miles, 129.
485 Guérard, 106-07.
486 Hopkins, *Letters*, 33, 1877.04.03. From Hopkins to Bridges.
487 Hopkins, *Further*, 145-46, 1877.04.20. From Hopkins to His Mother.
488 Thomas, 178.
489 Mackenzie, *The Poetical Works*, 2:350.
490 Hopkins, *Poems*, 68, 1877.05.
491 Bennet, 161.
492 Hopkins, *Poems*, 67, 1877.05.
493 Heuser, 71.
494 Hutchison, 218; 230.
495 Mariani, *A Life*, 181; Martin, 267.
496 Roberts, 70.
497 Mariani, *A Life*, 182.
498 Mariani, *A Life*, 181.
499 Hopkins, *Poems*, 70-71, 1877.07.25-08.08.
500 김문수·이두진·이철, 116.
501 Ong, "The Barbarian Within and Other Fugitive Essays and Studies," 251.
502 Hopkins, *Letters*, 42, 1877.08.08. From Hopkins to Bridges.
503 Abbott, *The Letters*, xvi.
504 Hopkins, *Letters*, 42, 1877.08.08. From Hopkins to Bridges.
505 Hopkins, *Letters*, 43, 1877.08.10. From Hopkins to Bridges.

506 Hopkins, *Letters*, 44, 1877.08.21. From Hopkins to Bridges.
507 Abbott, *The Letters*, 42. 재인용.
508 Hopkins, *Letters*, 43, 1877.08.10. From Hopkins to Bridges.
509 Hopkins, *Letters*, 56, 1878.07.16. From Hopkins to Bridges.
510 Mariani, *A Life*, 187.
511 Martin, 267.
512 Hopkins, *Further*, 148, 1877.10.09. From Hopkins to His Mother.
513 Hopkins, *Poems*, 71, 1877.
514 Mackenzie, *The Poetical Works*, 2:366.

12. 사제로서 적당한 자리 찾기

515 Hopkins, *Further*, 148-49, 1878.01.27. From Hopkins to His Mother.
516 Hopkins, *Letters*, 47, 1878.02.25. From Hopkins to Bridges.
517 Hopkins, *Letters*, 47-48, 1878.04.02. From Hopkins to Bridges.
518 Flegel, 1021.
519 Mariani, *A Life*, 191-92.
520 Hopkins, *Further*, 149, 1878.01.27. From Hopkins to His Mother.
521 Hopkins, *Further*, 150, 1878.04.24. From Hopkins to His Mother.
522 Hopkins, *Poems*, 87-88, 1879.08.14.
523 Mackenzie, *The Poetical Works*, 2:421.
524 Hopkins, *Letters*, 106, 1880.09.05. From Hopkins to Bridges.
525 Mariani, *A Commentary*, 174.
526 Mackenzie, *The Poetical Works*, 2:422.
527 Mackenzie, *The Poetical Works*, 2:391. 유리디시호에 관한 역사적 사실은 이 책을 참조.
528 Weyand, 375-76. 재인용.
529 Hopkins, *Letters*, 54, 1878.05.30. From Hopkins to Bridges.
530 Hopkins, *Poems*, 72-76, 1878.04.
531 Mackenzie, *The Poetical Works*, 2:390.
532 Hopkins, *Letters*, 48, 1878.04.02. From Hopkins to Bridges.
533 Hopkins, *Correspondence*, 15, 1878.10.05. From Hopkins to Dixon.
534 Inglis, 121-22.
535 Hopkins, *Further*, 150, 1878.04.24. From Hopkins to His Mother.
536 Hopkins, *Further*, 150, 1878.04.24. From Hopkins to His Mother.
537 Roberts, 76.
538 Hopkins, *Poems*, 76-78, 1878.05.
539 Dixon, 106.
540 Hopkins, *Correspondence*, 132, 1886.06.30. From Hopkins to Dixon.
541 Hopkins, *Letters*, 50, 1878.05.13. From Hopkins to Bridges.
542 Hopkins, *Letters*, 52, 1878.05.30. From Hopkins to Bridges.
543 Hopkins, *Journals*, 60, 1865.
544 Hopkins, *Correspondence*, 1, 1878.06.04. From Hopkins to Dixon.
545 Hopkins, *Correspondence*, 2, 1878.06.04. From Hopkins to Dixon.
546 Lahey, 78-79.
547 Sambrook, 61.
548 Hopkins, *Correspondence*, 2, 1879.06.04. From Hopkins to Dixon.

549 Hopkins, *Correspondence*, 8-9, 1879.06.13. From Hopkins to Dixon.
550 Hopkins, *Correspondence*, 3, 1878.06.08. From Dixon to Hopkins.
551 Hopkins, *Correspondence*, 4, 1878.06.08. From Dixon to Hopkins.
552 Hopkins, *Correspondence*, 5, 1878.06.13. From Hopkins to Dixon.
553 Hopkins, *Correspondence*, 14, 1878.10.05. From Hopkins to Dixon.
554 Hopkins, *Correspondence*, 26, 1879.04.05. From Hopkins to Dixon.
555 Hopkins, *Correspondence*, 27, 1879.05.05. From Dixon to Hopkins.
556 Hopkins, *Correspondence*, 28, 1879.05.12. From Hopkins to Dixon.
557 Mariani, *A Life*, 204-05. 재인용.
558 Mariani, *A Life*, 451.
559 Martin, 280.
560 Hopkins, *Letters*, 55, 1878.07.13. From Hopkins to Bridges.
561 Hopkins, *Letters*, 57, 1878.08.08. From Hopkins to Bridges.
562 Mariani, *A Life*, 206. 재인용.
563 Kitchen, 188.
564 Hopkins, *Letters*, 58, 1878.11.03. From Hopkins to Bridges.
565 Roberts, 87.
566 Hopkins, *Letters*, 59, 1878.12.16. From Hopkins to Bridges.

13. 교구사제 ① 옥스퍼드

567 Roberts, 79. 재인용.
568 Evangelista, 208-09.
569 Bergonzi, 155. 재인용.
570 Roberts, 80.
571 Hendrickson, 67.
572 Hendrickson, 75-77.
573 Hopkins, *Letters*, 110, 1880.10.26. From Hopkins to Bridges.
574 Hopkins, *Further*, 152, 1879.02.12. From Hopkins to His Mother.
575 Hopkins, *Letters*, 66, 1879.02.15. From Hopkins to Bridges.
576 Hopkins, *Letters*, 66, 1879.02.15. From Hopkins to Bridges.
577 Hopkins, *Letters*, 59, 1879.12.16. From Hopkins to Bridges.
578 Hopkins, *Poems*, 79, 1879.03.
579 맥그라스, 59.
580 Hopkins, *Poems*, 80, 1879.04.
581 Bridges, 394-402.
582 Hopkins, *Poems*, 80, 1879.03.
583 Hopkins, *Letters*, 170, 1883.01.04. From Hopkins to Bridges.
584 Hopkins, *Letters*, 83, 1879.05.26. From Hopkins to Bridges.
585 Milroy, 6.
586 Hopkins, *Correspondence*, 26, 1879.03.12. From Hopkins to Dixon.
587 Hopkins, *Correspondence*, 28, 1879.05.12. From Hopkins to Dixon.
588 Hopkins, *Letters*, 97, 1879.10.22. From Hopkins to Bridges.
589 Hopkins, *Letters*, 80, 1879.04.22. From Hopkins to Bridges.
590 Hopkins, *Letters*, 86, 1879.08.14. From Hopkins to Bridges.
591 Hopkins, *Poems*, 81-82, 1879. 날짜 불명.

592　Hopkins, Eric, 224.
593　Hopkins, *Letters*, 92, 1879.10.08.
594　Hopkins, *Poems*, 82-83, 1879.07.27.
595　Hopkins, *Poems*, 81, 1879.
596　Hopkins, *Sermons*, 14-15, 1879.07.16.

14. 교구사제 ② 북부 대도시

597　Hopkins, *Letters*, 90, 1879.10.08. From Hopkins to Bridges.
598　Hopkins, *Correspondence*, 29, 1879.10.24. From Hopkins to Dixon.
599　Hopkins, *Correspondence*, 29, 1879.10.19. From Dixon to Hopkins.
600　Hopkins, *Correspondence*, 29-30, 1879.10.24. From Hopkins to Dixon.
601　Hopkins, *Correspondence*, 31, 1879.10.31. From Hopkins to Dixon.
602　Hopkins, *Poems*, 86, 1879.10.21.
603　Roberts, 88.
604　Hopkins, *Correspondence*, 132, 1886.06.30. From Hopkins to Dixon.
605　Martin, 301.
606　Hopkins, *Sermons*, 34-38, 1879.11.23.
607　Hopkins, *Sermons*, 41-42, 1879.11.30.
608　모건, 549.
609　Hopkins, *Further*, 244, 1880.05.22. From Hopkins to Baillie.
610　Hopkins, *Poems*, 86-87, 1880.04.28.
611　김연규, 「홉킨스의 노동하는 인물과 러스킨」 143. 재인용.
612　Hopkins, *Further*, 245, 1880.05.20. From Hopkins to Baillie.
613　Hopkins, *Sermons*, 50, 1880.01.04.
614　Hopkins, *Sermons*, 53, 1880.01.11.
615　Hopkins, *Sermons*, 55-56, 1880.01.11.
616　Hopkins, *Sermons*, 58, 1880.01.18.
617　Hopkins, *Sermons*, 62, 1880.01.25.
618　Hopkins, *Sermons*, 63, 1880.01.25.
619　Hopkins, *Sermons*, 65, 1880.01.25.
620　Bergonzi, 100.
621　Hopkins, *Sermons*, 89, 1880.10.25.
622　Hopkins, *Sermons*, 81, 1880.07.23.
623　Hopkins, *Sermons*, 79, 1880.05.30.
624　Hopkins, *Sermons*, 81, 1880.07.23.
625　Hopkins, *Sermons*, 68, 1880.04.25.
626　Martin, 325. 재인용.
627　Hopkins, *Further*, 156, 1880.03.02. From Hopkins to His Mother.
628　모건, 578-79.
629　Hopkins, *Further*, 158, 1881.03.02. From Hopkins to His Mother.
630　Hopkins, *Correspondence*, 33, 1880.05.14. From Hopkins to Dixon.
631　Hopkins, *Correspondence*, 42, 1880.12.22. From Hopkins to Dixon.
632　Hopkins, *Further*, 245, 1880.05.22. From Hopkins to Baillie.
633　Hopkins, *Further*, 157, 1880.04.30. From Hopkins to His Mother.
634　Hopkins, *Sermons*, 122; 성 이냐시오, 22쪽에서 인용문 번역.

635 Hopkins, *Sermons*, 122-23, 1880.08.20.
636 Hopkins, *Sermons*, 186.
637 Devlin, 107.
638 Hopkins, *Letters*, 104, 1880.09.05. From Hopkins to Bridges.
639 Hopkins, *Poems*, 88-89, 1880.09.07.
640 Mackenzie, *A Reader's Guide*, 141.
641 Hopkins, *Letters*, 110, 1880.10.26. From Hopkins to Bridges.
642 Martin, 318.
643 Thesing, 396.
644 Hopkins, *Poems*, 106-07, 1889.03.17.
645 Hopkins, *Further*, 248-49, 1882.05.02. From Hopkins to Baillie.
646 Hopkins, *Poems*, 89, 1881.09.28.
647 Hopkins, *Correspondence*, 97, 1881.12.01. From Hopkins to Dixon.

15. 제3수련기: '열정을 회복하고 영원을 준비하는'

648 Hopkins, *Correspondence*, 75, 1881.10.12. From Hopkins to Dixon.
649 Thomas, 209.
650 Thomas, 188.
651 Hopkins, *Letters*, 138, 1881.10.22. From Hopkins to Bridges.
652 Hopkins, *Sermons*, 176, 1881.11.19.
653 Hopkins, *Correspondence*, 88, 1881.10.29. From Hopkins to Dixon.
654 Mackenzie, *The Poetical Works*, 2:390.
655 Hopkins, *Correspondence*, 51, 1881.05.29. From Dixon to Hopkins.
656 Hopkins, *Sermons*, 195, 1881.12.08.
657 Hopkins, *Further*, 160, 1881.12.24. From Hopkins to His Mother.
658 Hopkins, *Further*, 162, 1882.01.01. From Hopkins to His Mother.
659 Thomas, 200. 재인용.
660 House, 423.
661 Hopkins, *Correspondence*, 100, 1882.01.28. From Dixon to Hopkins.
662 Hopkins, *Correspondence*, 31, 1879.11.05; 33, 1880.05.14. From Hopkins to Dixon.
663 Hopkins, *Correspondence*, 104, 1882.04.13. From Dixon to Hopkins.
664 Thomas, 285.

16. 가르치는 직업의 소명

665 Hopkins, *Letters*, 150, 1882.09.26. From Hopkins to Bridges.
666 Hopkins, *Letters*, 151, 1882.09.26. From Hopkins to Bridges.
667 Thesing, 397.
668 김연규, 「홉킨스의 노동하는 인물과 러스킨」, 147. 재인용.
669 Hopkins, *Further*, 313-14, 1883.09.28. From Hopkins to Patmore.
670 Hopkins, *Letters*, 151, 1882.09.26. From Hopkins to Bridges.
671 Hopkins, *Poems*, 90-91, 1882.10.
672 Hopkins, *Sermons*, 122, 1880.08.20.
673 White, Lynn Jr., 10.

674 Bump, 150.
675 Hopkins, *Poems*, 187-93.
676 Hopkins, *Poems*, 91-92, 1880.10-1882.10.13.
677 Hopkins, *Correspondence*, 94, 1879.10.22. From Hopkins to Dixon.
678 Mackenzie, *The Poetical Works*, 2:429.
679 Hopkins, *Correspondence*, 105, 1882.12.15. From Hopkins to Dixon.
680 Hopkins, *Letters*, 155, 1882.10.18. From Hopkins to Bridges.
681 Mariani, *A Life*, 294.
682 Bergonzi, 91.
683 Mariani, *A Life*, 295. 재인용.
684 Mariani, *A Life*, 295, 1882.11.10. 재인용.
685 Lahey, 139. 재인용.
686 Hopkins, *Letters*, 168, 1883.01.04. From Hopkins to Bridges.
687 Hopkins, *Further*, 251, 1883.01.14. From Hopkins to Baillie.
688 Mackenzie, *The Poetical Works*, 2:434. 재인용.
689 Hopkins, *Poems*, 183, 1883.03.
690 Hopkins, *Letters*, 179, 1883.05.11. From Hopkins to Bridges.
691 Hopkins, *Poems*, 93-94, 1883.05.
692 Hopkins, *Letters*, 183, 1883.07.26. From Hopkins to Bridges.
693 박형지·설혜심, 115.
694 Hopkins, *Further*, 1864.07.20. From Hopkins to Baillie.
695 Abbott, *Further Letters*, xxviii. 재인용.
696 Hopkins, *Sermons*, 253, 1883.09.03-10.
697 Hopkins, *Sermons*, 253, 1883.09.03-10.
698 Hopkins, *Sermons*, 253-254, 1883.09.03-10.
699 Hopkins, *Sermons*, 253, 1883.09.03-10.
700 Hopkins, *Further*, 299, 1883.09.14. From Hopkins to Patmore.
701 Hopkins, *Further*, 311, 1883.09.27. From Patmore to Hopkins.
702 Champneys, 1:317.
703 Hopkins, *Correspondence*, 161. 홉킨스의 과학 에세이는 161-66쪽에 수록.
704 Zaniello, 129.
705 Roberts, 123. 재인용.
706 Mariani, *A Life*, 312. 재인용.
707 Martin, 362. 재인용.

17. 아일랜드 ① '어둠의 소네트'

708 Hopkins, *Further*, 164, 1884.11.26. From Hopkins to His Mother.
709 Hopkins, *Letters*, 190, 1884.03.07. From Hopkins to Bridges.
710 Hopkins, *Letters*, 191, 1884.03.07. From Hopkins to Bridges.
711 Hopkins, *Poems*, 101, 1885-1886. 날짜 불명.
712 Hopkins, *Further*, 63, 1884.02.20. From Hopkins to Newman.
713 Hopkins, *Further*, 163, 1884.11.26. From Hopkins to His Mother.
714 Hopkins, *Letters*, 190, 1884.03.07. From Hopkins to Bridges.
715 Hopkins, *Further*, 184-85, 1888.07.05. From Hopkins to His Mother.
716 Martin, 373.

717 Martin, 373-74.
718 Abbott, *The Letters*, xxxii. 재인용.
719 Bergonzi, 127. 재인용.
720 Hopkins, *Further*, 413-14, 1887.03.03. From Newman to Hopkins.
721 Hopkins, *Further*, 178, 1887.01.24. From Hopkins to His Mother.
722 Bergonzi, 128. 재인용.
723 Ruggles, 192-93.
724 Champneys, 2:249.
725 Mackenzie, *The Poetical Works*, 2:414.
726 Hopkins, *Letters*, 217, 1885.05.17. From Hopkins to Bridges.
727 Hopkins, *Letters*, 192, 1884.04.16. From Hopkins to Bridges.
728 Hopkins, *Letters*, 193, 1884.04.30. From Hopkins to Bridges.
729 Hopkins, *Sermons*, 256, 1884.06.
730 Hopkins, *Sermons*, 256, 1884.02.22-1885.03.25.
731 Hopkins, *Sermons*, 157-58, 1881.12.30.
732 Hopkins, *Letters*, 193-94, 1884.07.18. From Hopkins to Bridges.
733 Hopkins, *Letters*, 198, 1884.09.30. From Hopkins to Bridges.
734 Hopkins, *Letters*, 193, 1884.07.18. From Hopkins to Bridges.
735 Hopkins, *Poems*, 97-98, 1884.09.
736 Hopkins. *Letters*, 80, 1879.04.22. From Hopkins to Bridges.
737 Hopkins. *Letters*, 203, 1885.01.01. From Hopkins to Bridges.
738 Mackenzie, *The Poetical Works*, 2:443.
739 Hopkins, *Further*, 164, 1884.11.26. From Hopkins to His Mother.
740 Martin, 400.
741 Mariani, *A Life*, 428. 재인용.
742 Roberts, 133. 재인용.
743 Hopkins, *Further*, 167, 1885.01.24. From Hopkins to His Mother; Martin, 375. 재인용.
744 Roberts, 85.
745 Martin, 405.
746 Sambrook, 97.
747 Hopkins, *Further*, 170, 1885.03.02. From Hopkins to His Mother.
748 Hopkins, *Letters*, 208, 1885.03.24. From Hopkins to Bridges.
749 Hopkins, *Further*, 254, 1885.04.24. From Hopkins to Bailie.
750 Hopkins, *Further*, 256, 1885.04.24. From Hopkins to Bailie.
751 Hopkins, *Letters*, 216, 1885.05.17. From Hopkins to Bridges.
752 Abbott, *The Letters*, 216. 재인용.
753 Flegel, 1017.
754 Martin, 368. 재인용.
755 Nixon, "Portrait of a Friendship: The Unpublished Letters of the Hopkins Family to Robert Bridges," 270. 재인용.
756 Hopkins, *Letters*, 219, 1885.05.17. From Hopkins to Bridges.
757 Hopkins, *Letters*, 221, 1885.09.01. From Hopkins to Bridges.
758 Abbott, *The Letters*, 219. 재인용.
759 Hopkins, *Poems*, 99-100, 1885.05.
760 Mackenzie, *The Poetical Works*, 2:456.
761 Hopkins, *Letters*, 222, 1885.09.01. From Hopkins to Bridges.
762 Hopkins, *Poems*, 101. 날짜 불명.

763　Mackenzie, *The Poetical Works*, 2:447-48.
764　Mackenzie, *The Poetical Works*, 2:449.
765　Harris, 4.
766　Harris, 11.
767　Harris, 12.
768　Hopkins, *Poems*, 100, 1885.09.
769　Mackenzie, *The Poetical Works*, 2:450. 재인용.
770　Martin, 386.
771　Hopkins, *Poems*, 98, 1885.08.23.
772　Mackenzie, *The Poetical Works*, 2:454.
773　Hopkins, *Letters*, 95, 1879.10.22. From Hopkins to Bridges.
774　Hopkins, *Correspondence*, 129, 1885. From Hopkins to Dixon.
775　Hopkins, *Letters*, 222, 1885.09.01. From Hopkins to Bridges
776　Hopkins, *Poems*, 102. 날짜 불명.
777　Mackenzie, *The Poetical Works*, 2:460.
778　Hopkins, *Poems*, 103. 날짜 불명.

18. 아일랜드 ② "해야 할 일"

779　O'Connell, 50.
780　Hopkins, *Letters*, 213, 1888.04.01. From Hopkins to Bridges.
781　Hopkins, *Further*, 427, 1886.05.22. From Stewart to Hopkins.
782　Hopkins, *Further*, 257, 1886.02.11. From Hopkins to Baillie.
783　Hopkins, *Further*, 263, 1886.03.29. From Hopkins to Baillie.
784　카트레트, 32.
785　Pick, "Introduction," 5.
786　Hopkins, *Further*, 174, 1885.11.13. From Hopkins to His Mother.
787　Hopkins, *Letters*, 225, 1886.07.01. From Hopkins to Bridges.
788　Hopkins, *Poems*, 102-03. 날짜 불명.
789　Hopkins, *Correspondence*, 137-38, 1886.06.30. From Hopkins to Dixon.
790　Hopkins, *Correspondence*, 139, 1886.08.07. From Hopkins to Dixon.
791　Hopkins, *Correspondence*, 142, 1886.09.30. From Hopkins to Dixon.
792　Hopkins, *Further*, 176, 1886.10.05. From Hopkins to His Mother.
793　Hopkins, *Letters*, 229, 1886.10.06. From Hopkins to Bridges.
794　Hopkins, *Further*, 374, 1886.11.07. From Hopkins to Patmore.
795　Hopkins, *Letters*, 232, 1886.10.21. From Hopkins to Bridges.
796　Hopkins, *Further*, 374, 1886.11.07. From Hopkins to Patmore.
797　Hopkins, *Letters*, 246, 1886.12.11. From Hopkins to Bridges.
798　Hopkins, *Further*, 276, 1887.02.20. From Hopkins to Baillie.
799　Morrissey, 355.
800　Hopkins, *Further*, 178, 1887.01.24. From Hopkins to His Mother.
801　Ruggles, 212.
802　Morrissey, 355.
803　Hopkins, *Letters*, 196-97, 1884.08.21. From Hopkins to Bridges.
804　White, Norman, 109-10.
805　Hopkins, *Further*, 430, 1886.12.27. From Tynan to Hopkins.

806 Hopkins, *Further*, 373-74, 1886.11.07. From Hopkins To Patmore.
807 Bergonzi, 132. 재인용.
808 Morrissey, 351.
809 Hopkins, *Letters*, 305, 1889.04.29. From Hopkins to Bridges.
810 Phillips, "The Mixed Emotions of Hopkins's "Portrait of Two Beautiful Young People"," 138.
811 Hopkins, *Letters*, 248, 1887.01.02. From Hopkins to Bridges.
812 Hopkins, *Poems*, 196-97, 1886.12.25.
813 Mackenzie, *The Poetical Works*, 2:478.
814 Hopkins, *Further*, 178, 1887.01.24. From Hopkins to His Mother.
815 Hopkins, *Letters*, 250-51, 1887.02.17. From Hopkins to Bridges.
816 Hopkins, *Letters*, 254, 1887.05.01. From Hopkins to Bridges.
817 Hopkins, *Further*, 379, 1887.05.12. From Hopkins to Patmore.
818 Hopkins, *Letters*, 253, 1887.03.29. From Hopkins to Bridges.
819 Hopkins, *Letters*, 261, 1887.09.28. From Hopkins to Bridges.
820 Hopkins, *Letters*, 262, 1887.09.28. From Hopkins to Bridges.
821 Hopkins, *Poems*, 104, 1887.09.
822 김연규, 「홉킨스의 노동하는 인물과 러스킨」 158. 재인용.
823 러브조이, 257.
824 Hopkins, *Letters*, 271, 1888.01.12. From Hopkins to Bridges.
825 Hopkins, *Poems*, 103, 1887.09.28.
826 Booth, 555.
827 Isomaki, 475.
828 Hopkins, *Further*, 257, 1886.02.11. From Hopkins to Baillie.
829 Hopkins, *Letters*, 272-74, 1888.02.10. From Hopkins to Bridges.
830 김명환, 79.

19. 아일랜드 ③ "불멸의 금강석"

831 Hopkins, *Letters*, 270, 1888.01.12. From Hopkins to Bridges.
832 Zonneveld, 44.
833 Hopkins, *Letters*, 291-92, 1888.09.25. From Hopkins to Bridges.
834 Hopkins, *Further*, 184, 1888.03.13. From Hopkins to His Mother.
835 Abbott, *Further Letters*, 184.
836 Hopkins, *Letters*, 277, 1888.05.25. From Hopkins to Bridges.
837 Mackenzie, *The Poetical Works*, 2:488.
838 Hopkins, *Poems*, 197-99. 1888.04.
839 김연규, 「축혼가로서의 홉킨스의 「축혼가」-패트모어의 영향을 중심으로」 46.
840 Kincaid, 223.
841 김연규, 「「축혼가」를 통해서 본 홉킨스의 성(sexuality)과 빅토리아시대 소년기」 52-53.
842 김연규, 「축혼가로서의 홉킨스의 「축혼가」-패트모어의 영향을 중심으로」 56.
843 Hopkins, *Letters*, 277, 1888.05.25. From Hopkins to Bridges.
844 Hopkins, *Poems*, 105-06. 1888.07.26.
845 Smith, 125.
846 Kitchen, 227.
847 Hopkins, *Letters*, 282, 1888.09.07. From Hopkins to Bridges.
848 Hopkins, *Letters*, 283, 1888.09.07. From Hopkins to Bridges.

849　Hopkins, *Letters*, 290, 1888.09.25. From Hopkins to Bridges.
850　Hopkins, *Letters*, 283, 1888.09.28. From Hopkins to Bridges.
851　Hopkins, *Letters*, 292, 1888.09.28. From Hopkins to Bridges.
852　Mackenzie, *The Poetical Works*, 2:497.
853　Hopkins, *Poems*, 106, 1888.09.28.
854　Hopkins, *Letters*, 293, 1888.10.13. From Hopkins to Bridges.
855　Hopkins, *Further*, 190, 1888.12.24. From Hopkins to His Mother.
856　Hopkins, *Sermons*, 261-262, 1889.01.01.
857　Mariani, *A Life*, 413.
858　Hopkins, *Letters*, 303, 1889.03.20. From Hopkins to Bridges.
859　Abbott, *The Letters*, 303.
860　Abbott, *The Letters*, xv.
861　Martin, 411. 재인용.
862　Hopkins, *Letters*, 303, 1889.04.29. From Hopkins to Bridges.
863　Hopkins, *Poems*, 108, 1889.04.22.
864　Hopkins, *Further*, 195, 1889.05.01. From Hopkins to His Mother.
865　Hopkins, *Further*, 196, 1889.05.03. From Hopkins to His Father.
866　Hopkins, *Further*, 197, 1889.05.05. From Hopkins to His Mother.
867　Hopkins, *Further*, 197, 1889.05.08. From Hopkins to His Mother.
868　Reece, 5.

인용 문헌

가스펠서브. 『교회용어사전』. 생명의 말씀사, 2019.

김명환. 『영국 자유주의 연구』. 혜안, 2013.

김문수·이두진·이철. 『영미시』. 한국방송통신대학교출판문화원, 2018.

김연규. 「『리라 아포스톨리카』를 통해서 본 존 헨리 뉴먼의 소책자 시학」. 『영어영문학연구』 59.4 (2017): 89-112.

___. 「홉킨스의 노동하는 인물과 러스킨」. 『영어영문학연구』. 55.3 (2013): 137-64.

___. 「축혼가로서의 홉킨스의 「축혼가」—패트모어의 영향을 중심으로」. 『현대영미시연구』 27.2 (2021): 39-65.

___. 「「축혼가」를 통해서 본 홉킨스의 성(sexuality)과 빅토리아시대 소년기」. 『현대영미시연구』 22.2 (2016): 35-67.

김현태. 『둔스 스코투스의 철학 사상』. 가톨릭대학교출판부, 1994.

나종일·송규범. 『영국의 역사』. 2 vols. 한울출판사, 2005.

러브조이, 아서 O(Arthur O. Lovejoy). 차하순 옮김. 『존재의 대연쇄』. 탐구당, 1994.

맥그라스, 알리스터 E.(Alister E. McGrath). 김홍기·이형기·임승안·이양호 옮김. 『역사 속의 신학』. 대한기독교서회, 2011.

모건, 케네스 O(Kenneth O. Morgan). 영국사학회 옮김. 『옥스퍼드 영국사』. 케네스 모건 엮음. 한울 아카데미, 2016.

박형지·설혜심. 『제국주의와 남성성: 19세기 영국의 젠더 형성』. 아카넷, 2016.

봐이스마이어, 요셉(Josef Weismayer). 전헌호 옮김. 『교회영성을 빛낸 수도회 창설자: 근세교회』. 가톨릭출판사, 2002.

___. 『교회영성을 빛낸 수도회 창설자: 초기교회』. 가톨릭출판사, 2000.

성 이냐시오, 로욜라(Ignatius of Loyola). 정제천 옮김. 『영신 수련』. 이냐시오영성연구서, 2022.

설혜심. 『그랜드 투어』. 웅진지식하우스, 2013.

윤일권·김원익. 『그리스 로마 신화와 서양 문화』. 메티스, 2019.

카트레트, 후안(Juan Catret). 신원식 옮김. 『예수회 역사』. 이냐시오영성연구소, 2013.

키흘레, 슈테판(Stefan Kiechle). 이규성 옮김. 『로욜라의 이냐시오』. 분도출판사, 2010.

차은정. 「찰즈 킹즐리의 『물의 아이들』: 환상세계와의 소통과 정신적 진화」. 『동화와 번역』 12 (2006): 247-68.

채프먼, 마크(Mark Chapman). 주낙현 옮김. 『성공회: 역사와 미래』. 비아, 2014.

Abbott, Claude C. "Introduction" and "Notes." *Further Letters of Gerard Manley Hopkins including His Correspondence with Coventry Patmore*. Ed. Claude C. Abbott. Oxford University Press, 1956. [*Further Letters*라 함]

___. "Introduction" and "Notes." *The Letters of Gerard Manley Hopkins to Robert Bridges*. Ed. Claude C. Abbott. Oxford University Press, 1955. [*The Letters*라 함]

Altick, Richard D. *Victorian People and Ideas*. W. W. Norton & Company, 1973.

Arkins, Brian. "Heraclitean Fire: Greek Themes in Hopkins." *International Journal of the Classical Tradition* 3.4 (1997): 458-72.

Bennet, Gaymon L. "Gerard Manley Hopkins on Planet Earth." *A Journal of Theology* 42.2 (2003): 161-66.

Bergonzi, Bernard. *Gerard Manley Hopkins*. The Macmillan Press, 1977.

Booth, Howard J. "Male Sexuality, Religion and the Problem of Action: John Addington Symonds on Arthur Hugh Clough." *Masculinity and Spirituality in Victorian Culture*. Ed. Andrew Bradstock. St. Martin's Press, 2000. 116-33.

Bridges, Robert. *Poetical Works of Robert Bridges: Excluding the Eight Dramas*. Forgotten Books, 2012. Reissued.

Bump, Jerome. "Hopkins' Response to Nature: An Ecological Quest." *Studies in Relevance: Romantic and Victorian Writers in 1972*. Ed. Thomas Meade Harwell. Arkansas State University Press, 1973. 150-168.

Cates, David Isaac. "*Nature Poetry after Darwin.*" Doctoral dissertation. Yale University, 2002.

Champneys, Basil. *Memoirs and Correspondence of Coventry Patmore*. 2 vols. George Bell and Sons, 1900.

Christ, Carol T. *The Finer Optic: The Aesthetic of Particularity in Victorian Poetry*. Yale University Press, 1975.

Day, Brian J. "Hopkins' Spiritual Ecology in "Binsey Poplars"." *Victorian Poetry* 42.2 (2004): 181-93.

Devlin, Christopher. "Introduction" and "Notes." *The Sermons and Devotional Writings of Gerard Manley Hopkins*. Ed. Christopher Devlin. Oxford University Press, 1959.

Dixon, Richard Watson. ed. *The Birthday Bible*. George Routledge and Sons, 1887.

Downes, David Anthony. *Gerard Manley Hopkins: A Study of His Ignatian Spirit*. Noble Offset Printers, 1959.

Dowling, Linda. *Hellenism and Homosexuality in Victorian Oxford*. Cornell University Press, 1996.

Dubois, Martin. "Styles of Translation: Hopkins' Bibles." *Victorian Poetry* 50.3 (2012): 279-96.

Dumbleton, William A. "Bridges and the Hopkins MSS: 1889-1930." *Thought* 47.3 (1972): 428-46.

Evangelista, Stefano. "Platonic Dons, Adolescent Bodies: Benjamin Jowett, John Addington Symonds, Walter Pater." *Children and Sexuality from the Greeks to the Great War*. Ed. George Rousseau. Palgrave Macmillan, 2007. 206-36.

Fairchild, Hoxie N. *Religious Trends in English Poetry*. Vol. 4. Columbia University Press, 1957.

___. "The Romantic Movement in England." *PMLA* 55.1 (1940): 22-26.

Feeney, Joseph J. "Consule Jones: A New Found Poem by Gerard Manley Hopkins," *The Hopkins Quarterly* 29.1/2 (2002): 3-20.

___. *The Playfulness of Gerard Manley Hopkins*. Ashgate, 2008.

Flegel, Kenneth M. "My Winter World: the Illness of Gerard Manley Hopkins." *Lancet* 349.9057 (1997): 1017-25.

Gardner, White H. "Preface to Notes." *The Poems of Gerard Manley Hopkins*. Eds. W. H. Gardner & N. H. Mackenzie. Oxford University Press, 1984. 231-43.

Guérard, Albert J. *Robert Bridges: A Study of Traditionalism in Poetry*. Russell & Russell, 1965.

Harris, Daniel A. *Inspirations Unbidden: The "Terrible Sonnets" of Gerard Manley Hopkins*. California University Press, 1982.

Harrison, Thomas P. "The Birds of Gerard Manley Hopkins." *Studies in Philology* 54.3 (1957): 448-63.

Hendrickson, Kenneth E. *Making Saints: Religion and the Public Image of the British Army, 1809-1885*. Associated University Press, 1998.

Heuser, Alan. *The Shaping Vision of Gerard Manley Hopkins*. Oxford University Press, 1958.

Higgins, Lesley. "Introduction" and "Notes." *Gerard Manley Hopkins: Oxford Essays and Notes*. Ed. Lesley Higgins. Oxford University Press, 2006.

Hopkins, Eric. *Childhood Transformed: Working-Class Children in Nineteenth-Century England*. Manchester University Press, 1994.

Hopkins, Gerard Manley. *Further Letters of Gerard Manley Hopkins: Including His Correspondence with Coventry Patmore*. Ed. Claude C. Abbott. Oxford University Press, 1956. [*Further*라 함]

___. *Gerard Manley Hopkins: Oxford Essays and Notes*. Ed. Lesley Higgins. Oxford University Press, 2006. [*Oxford Essays*라 함]

___. *The Correspondence of Gerard Manley Hopkins and Richard Watson Dixon*. Ed. Claude C. Abbott. Oxford University Press, 1955. [*Correspondence*라 함]

___. *The Early Poetic Manuscripts and Note-Books of Gerard Manley Hopkins*. Ed. Norman H. Mackenzie. Garland Publishing, 1989. [*Early Poetic*이라 함]

___. *The Journals and Papers of Gerard Manley Hopkins*. Oxford University Press, 1959. [*Journals*라 함]

___. *The Letters of Gerard Manley Hopkins to Robert Bridges*. Ed. Claude C. Abbott. Oxford University Press, 1955. [*Letters*라 함]

___. *The Poems of Gerard Manley Hopkins*. Ed. W. H. Gardner and N. H. Mackenzie. Oxford University Press, 1984. [*Poems*라 함]

___. *The Poetical Works of Gerard Manley Hopkins*. 2 vols. Oxford University Press, 1990. [*Poetical*이라 함]

___. *The Sermons and Devotional Writings of Gerard Manley Hopkins*. Ed. Christopher Devlin. Oxford University Press, 1959. [*Sermons*라 함]

House, Humphry. "Notes to Journal." *The Journals and Papers of Gerard Manley Hopkins*. Ed. Humphry House. Oxford University Press, 1959. 291-527.

Hutchison, Hazel. "Eye Rhyme: Visual Experience and the Poetics of Gerard Manley Hopkins." *Victorian Poetry* 49.2 (2011): 217-33.

Inglis, K. S. *Churches and the Working Classes in Victorian England*. Routledge and Kegan Paul, 1964.

Isomaki, Richard. "Hopkins, Community, Function: Tom's Garland." *Nineteenth-Century Literature* 47.4 (1993): 472-90.

Kincaid, James R. *Child-Loving: The Erotic Child and Victorian Culture*. Routledge, 1994.

Kitchen, Paddy. *Gerard Manley Hopkins: A Life*. Carcanet Press, 1989.

Lahey, G. F. Gerard Manley Hopkins. Gordon Press, 1972.

Leavis, F. R. *New Bearings in English Poetry: A Study of the Contemporary Situation*. Penguin Books, 1963.

Loomis, Jeffrey B. *Dayspring in Darkness: Sacrament in Hopkins*. Bucknell University Press, 1988.

Loyola, Saint Ignatius of. Trans. Thomas Corbishley, S.J. *The Spiritual Exercises of Saint Ignatius of Loyola*. Dover Publications, 2011.

Mackenzie, Norman H. *A Reader's Guide to Gerard Manley Hopkins*. Saint Joseph's University Press, 2008. [*A Reader's Guide*라 함]

___. "Commentary on Poems." *The Poetical Works of Gerard Manley Hopkins*. 2 vols. Oxford University Press, 1990. [*The Poetical Works*라 함]

___. "Introduction" and "Notes." *The Early Poetic Manuscripts and Note-Books of Gerard Manley Hopkins*. Ed. Norman H. Mackenzie. Garland Publishing, 1989. 1-49. [*The Early Poetic Manuscripts*라 함]

Mariani, Paul. *A Commentary on the Complete Poems of Gerard Manley Hopkins*. Cornell University Press, 1970. [*A Commentary*라 함]

___. *Gerard Manley Hopkins: A Life*. Viking, 2008. [*A Life*라 함]

McKenzie, Tim. *Vocation in the Poetry of the Priest-Poets George Herbert, Gerard Manley Hopkins, and R. S. Thomas*. The Edwin Mellen Press, 2003.

Martin, Robert Bernard. *Gerard Manley Hopkins: A Very Private Life*. Flamingo, 1992.

Miles, Louis Wardlaw. "The Poetry of Robert Bridges." *The Sewanee Review* 23.2 (1915): 129-39.

Miller, J. Hillis. *The Disappearance of God*. University of Illinois Press, 1975.

Milroy, James. *The Language of Gerard Manley Hopkins*. Deutsch, 1977.

Morrissey, Thomas J. "Gerard Manley Hopkins and His Irish Friend." *Irish Quarterly Review* 100.399 (2011): 349-62.

Nelson, Claudia. *Precocious Children & Childish Adults: An Inversion in Victorian Literature*. The Johns Hopkins University Press, 2012.

Newman, John Henry. *Apologia pro Vita Sua*. Ed. Ian Ker. Penguin Books, 1994.

___. *Tract No. 73*. 1841. *Newman Reader*. https://www.newmanreader.org/works/essays/volume1/rationalism/section1.html. Accessed 10 Oct. 2024.

___. *The Idea of a University Defined and Illustrated*. Longmans, Green, 1922.

___. *Verses on Various Occasions*. Leopold Classic Library, 2016. Reissued.

Nixon, Jude V. "Fathering Graces at Hampstead: Manley Hopkins' "The Old Trees" and Gerard Manley Hopkins' "Binsey Poplars"." *Victorian Poetry* 44.2 (2006): 191-211.

___. *Gerard Manley Hopkins and His Contemporaries: Liddon, Newman, Darwin, and Pater*. Garland Publishing, 1994.

___. "Portrait of a Friendship: The Unpublished Letters of the Hopkins Family to Robert Bridges." *Renascence* 44.4 (1992): 265-302.

O'Connell, Kevin. "The Second Muse of Gerard Manley Hopkins." *The Musical Times* 148.1901 (2007): 49-62.

Ong, Walter J. *Hopkins, the Self, and God*. University of Toronto Press, 1986.

___. *The Barbarian Within and Other Fugitive Essays and Studies*. Macmillan, 1962.

Phillips, Catherine. *Robert Bridges: A Biography*. Oxford University Press, 2008.

___. "The Mixed Emotions of Hopkins's "Portrait of Two Beautiful Young People"." *The Hopkins Quarterly* 16.4 (1990): 137-46.

Pick, John. "Introduction." *Immortal Diamond: Studies in Gerard Manley Hopkins*. Ed. Norman Weyand. Sheed & Ward, 1949. 3-50.

___. *Gerard Manley Hopkins: Priest and Poet*. Oxford University Press, 1966.

Reece, Spencer. "Countless: Father Gerard Manley Hopkins." *American Poetry* 35.5 (2009): 3-5.

Roberts, Gerald. *Gerard Manley Hopkins: A Literary Life*. The Macmillan Press, 1994.

Ruggles, Eleanor. *Gerard Manley Hopkins: A Life*. John Lane the Bodley Head, 1947.

Sambrook, James. *A Poet Hidden: A Life of Richard Watson Dixon 1833-1900*. University of London & The Athrone Press, 1962.

Schlatter, Frederic. "Hopkins and Baillie." *Studies in Philology* 103.4 (2006): 522-44.

Schneider, Elizabeth W. "Sprung Rhythm: A Chapter in the Evolution of Nineteenth-Century Verse." *PMLA* 80.3 (1965): 237-53.

Smith, Constance I. "Heraclitus and Fire." *Journal of the History of Ideas* 27.1 (1966): 125-27.

Sobolev, Dennis. "Hopkins's "Bellbright Bodies": The Dialectics of Desire in His Writings." *Texas Studies in Literature and Language* 45.1 (2003): 114-39.

Swart, Koenraad W. "Individualism in the Mid-Nineteenth Century (1826-1860)." *Journal of the History of Ideas* 23. 1 (1962): 77-90.

Thesing, William B. "Gerard Manley Hopkins's Responses to The City: The Composition of Crowd." *Victorian Studies* 30.3 (1987): 385-408.

Thomas, Alfred. *Hopkins the Jesuit: The Year of Training*. Oxford University Press, 1969.

Weyand, Norman. *Immortal Diamond: Studies in Gerard Manley Hopkins*. Ed. Norman Weyand. Sheed & Ward, 1949.

White, Lynn Jr. "The Historical Roots of Our Ecologic Crisis." *The Ecocriticism Reader: Landmarks in Literary Ecology*. Ed. Cheryll Glotfelty. University of Georgia Press, 1996. 3-14.

White, Norman. "Hopkins: Problems in the Biography." *Studies in the Literary Imagination* 21 (1988): 109-19.

Zaniello, Tom. *Hopkins in the Age of Darwin*. University of Iowa Press, 1988.

Zonneveld, Sjaak. *The Random Grim Forge: A Study of Social Ideas in the Works of Gerard Manley Hopkins*. Van Gorcum, 1992.

홉킨스 작품 찾아보기

* 작품명_본문 페이지

「걸프 강의 겨울」("Winter with the Gulf Stream")_24, 25
「결혼 축가」("Epithalamion")_365, 369, 370, 371
「결혼 행진곡에 부쳐」("At the Wedding March")_249, 250, 257
「'나는 깨어 낮이 아니라 어둠의 털가죽을 느낀다'」("'I wake and feel the fell of dark, not a day'")_326, 333
「'나를 낳아준 이 땅을 위해 무엇을 할까요'」("'What shall I do for the land that bred me'")_375
「'나의 기도는 놋쇠로 된 하늘을 만나'」("'My prayers must meet a brazen heaven'")_57
「나팔수의 첫 영성체」("The Bugler's First Communion")_234, 241, 257
「납 메아리와 금 메아리」("The Leaden Echo and the Golden Echo")_285, 286, 288, 289, 318
「'내 마음이 나를 더욱 가련히 여기도록 하자'」("'My own heart let me more have pity on'")_333, 339
「'내가 그대 주위를 맴도는 새가 되게 하소서'」("'Let me be to thee as the circling bird'")_58
「농부 해리」("Harry Ploughman")_146, 148, 150, 354, 356, 357, 358
「대의」("*Summa*")_92, 119, 121
「'더 나쁜 것은 없다, 아무것도 없다'」("'No worst, there is none'")_328, 333
「도망」("The Elopement")_86, 87, 215
「도이칠란트호의 난파」("The Wreck of the Deutschland")_41, 94, 101, 103, 171, 175, 176, 177, 178, 179, 180, 183, 198, 199, 211, 216, 221, 223, 227, 233, 234, 262, 345
「두 아름다운 젊은이의 초상에 부쳐」("On the Portrait of Two Beautiful Young Peo-

ple")_348

「둔스 스코투스의 옥스퍼드」("Duns Scotus's Oxford")_234

「리블스데일」("Ribblesdale")_284, 288

「멋진 마음」("The Handsome Heart")_234, 239, 257

「물총새가 불꽃을 붙잡고, 잠자리가 불길을 그리듯」("'As kingfishers catch fire, dragonflies draw flame'")_128, 131

「바다와 종달새」("The Sea and the Skylark")_190, 193

「별이 빛나는 밤」("The Starlight Night")_156, 187, 188, 189, 191, 193

「봄」("Spring")_192, 193, 294

「봄과 가을: 어린아이에게」("Spring and Fall: To a Young Child")_267

「부정한 나, 부정한 나 자신에게서」("'Myself unholy, from myself unholy'")_54, 58

「부활절 영성체」("Easter Communion")_53

「빈지의 미루나무들」("Binsey Poplars")_9, 137, 234, 238, 257, 271, 318

「새장 속의 종달새」("The Caged Skylark")_196, 197, 198

「성 도로테아의 초상화에 부치는 시」("Lines for a Picture of St Dorothea")_92, 93, 94

「성 알폰서스 로드리게즈」("St Alphonsus Rodriguez")_375

『성 위니프리드의 우물』(St Winefred's Well)_110, 285, 297, 363

「성 테클라」("St Thecla")_152

「시빌의 잎이 들려주는 주문」("Spelt from Sibyl's Leaves")_317, 318, 319, 333

「신의 장엄」("God's Grandeur")_184, 185, 186, 187, 188, 189, 191, 193, 279

「'아이는 어른의 아버지'」("'The child is father to the man'")_294

「아직 아니다」("Nondum")_63

「아침, 정오, 그리고 저녁 기도」("Morning, Midday, and Evening Sacrifice")_215, 216, 250

「안드로메다」("Andromeda")_313

「알록달록한 아름다움」("Pied Beauty")_103, 130, 146

「에스코리알」("The Escorial")_20, 22, 23

「엘위강 계곡에서」("In the Valley of the Elwy")_160, 193

「오 하느님, 당신을 사랑합니다」("O Deus, ego amo te")_169, 171

「오월의 성모 송가」("The May Magnificat")_213, 215, 223, 295

「옥스퍼드에게」("To Oxford")_27

「옥스퍼드의 홍수」("Inundatio Oxoniana")_86

「완벽의 습관」("The Habit of Perfection")_61

「우리가 숨 쉬는 공기에 비유되는 성모」("The Blessed Virgin compared to the Air we Breathe")_295

「유리디시호의 상실」("The Loss of the Eurydice")_180, 209, 211, 212, 213, 216, 222, 223, 227, 233, 234, 247, 345

「육신의 위안」("Carrion Comfort")_148, 324, 333

「은경축일」("The Silver Jubilee")_180

「'이방인이 내 운명'」("'To seem the stranger lies my lot'")_150, 306, 307, 333

「인간의 아름다움은 무엇에 쓰이는가?」("To What Serves Mortal Beauty?")_330, 332

「인내」("Patience")_134, 332, 333

「인버스네이드」("Inversnaid")_271, 288

「인어들의 환상」("A Vision of Mermaids")_20, 21, 22, 23, 25

「일 미스티코」("Il Mystico")_20

「저 자연은 헤라클레이토스의 불이며 부활의 위안」("That Nature is a Heraclitean Fire and of the Comfort of the Resurrection")_118, 371, 372

「존스가 학장일 때」("Consule Jones")_167, 168, 215

「'주님, 당신이 진실로 옳으십니다'」("'Thou art indeed just, Lord'")_268, 333, 364, 378

「중간에 있는 집」("The Half-way House")_58

「집 밖의 등불」("The Lantern out of Doors")_200

「집 안의 촛불」("The Candle Indoors")_234, 243, 244

「천국의 안식처: 수녀가 되다」("Heaven-Haven: A Nun Takes the Veil")_47

「추수의 기쁨」("Hurrahing in Harvest")_154, 157, 199, 200

「콩드렌 신부의 기도: 오 성모 안에 계시는 주님」("Oratio Patris Condren: O Jesu Vivens in Maria")_85

「타작마당과 술틀의 포도주」("Barnfloor and Winepress")_43

「톰의 영관」("Tom's Garland")_356, 357, 358, 362

「펜메인 호수」("Penmaen Pool")_180

「펠릭스 랜들」("Felix Randal")_152, 255, 257, 288, 318

「헨리 퍼셀」("Henry Purcell")_132, 234, 236

「형제」("Brothers")_205, 207

「황조롱이」("The Windhover")_162, 163, 164, 193

「R. B.에게」("To R. B.")_380

홉킨스 평전

예수회 수도사제 시인 제라드 맨리 홉킨스의 삶과 시

초판 1쇄 발행일 2025년 10월 31일

지은이 김연규

펴낸이 박영희
편 집 조은별
디자인 김수현
마케팅 김유미
인쇄·제본 제삼인쇄

펴낸곳 도서출판 어문학사
주 소 서울특별시 도봉구 해등로 357 나너울카운티 1층
대표전화 02-998-0094 **편집부1** 02-998-2267 **편집부2** 02-998-2269
홈페이지 www.amhbook.com
e-mail am@amhbook.com
등 록 2004년 7월 26일 제2009-2호

X(트위터) @with_amhbook
인스타그램 amhbook
페이스북 www.facebook.com/amhbook
블로그 blog.naver.com/amhbook

ISBN 979-11-6905-052-4(03800)
정 가 23,000원

이 책의 저작권은 지은이와 도서출판 어문학사가 소유합니다.
이 책은 대한민국 저작권법에 의해 보호받는 저작물이므로, 무단 전재와 무단 복제를 금합니다.

※잘못 만들어진 책은 교환해 드립니다.